汲取先贤智慧

铺就成功阶梯

万卷楼

万卷楼

二十四史精华

万卷楼国学经典 升级版

[西汉] 司马迁等 ◎ 著

夏华等 ◎ 编译

张净秋 ◎ 修订

北方联合出版传媒（集团）股份有限公司

万卷出版有限责任公司 2023年·沈阳

ⓒ　司马迁等　夏华等　张净秋　2023

图书在版编目（CIP）数据

二十四史精华 /（西汉）司马迁等著；夏华等编译；张净秋修订 . — 沈阳：万卷出版有限责任公司，2023.12
（万卷楼国学经典：升级版）
ISBN 978-7-5470-6339-2

Ⅰ . ①二… Ⅱ . ①司… ②夏… ③张… Ⅲ . ①二十四史—译文 Ⅳ . ① K204.1

中国国家版本馆 CIP 数据核字（2023）第 145658 号

出　品　人：王维良
出版发行：北方联合出版传媒（集团）股份有限公司
　　　　　　万卷出版有限责任公司
　　　　　　（地址：沈阳市和平区十一纬路 29 号　邮编：110003）
印　刷　者：辽宁新华印务有限公司
经　销　者：全国新华书店
幅面尺寸：170mm×240mm
字　　　数：500 千字
印　　　张：24
出版时间：2023 年 12 月第 1 版
印刷时间：2023 年 12 月第 1 次印刷
责任编辑：刘书吟
装帧设计：徐春迎
责任校对：张　莹
ISBN 978-7-5470-6339-2
定　　　价：35.00 元

联系电话：024-23284090
邮购热线：024-23284050

出版说明

"读万卷书，行万里路"这是中国古人"修身"的两条基本途径。晋代著名史学家陈寿给自己的书斋命名为"万卷楼"，此后，历代以"万卷楼"命名的书斋，由宋至清有数十家：宋代有方略、石待旦等；元代有陈杰、汪惟正等；明代有项笃寿、杨仪、范钦等；清代有孙承泽、黄彭年等。可见，"读万卷书"的理想在中国传统知识分子中是何等的根深蒂固。

读"万卷书"不仅是古人的理想，当我们懂得了读书的意义，都会自然而然地产生强烈的"博览群书"的愿望。然而，人类历史悠久，书籍浩如汪洋大海，时代发展到今天，科技与经济的发展更使得人类的精神领域空前丰富，获取信息与知识的途径不断增加。"万卷书"早已不再是一个象征性的概念，如何从这"万卷"之中，找到最值得细细品读的作品，已经成为人们必须解决的问题。

爱因斯坦曾说过："在阅读的书中找出可以把自己引到深处的东西，把其他一切统统抛掉。"这正是在阐述读书时选择的重要性。而他所说的把我们"引到深处的东西"无疑就是我们所需要深度阅读的作品，也就是我们常说的经典作品。

卡尔维诺对经典作出的定义之一是：经典就是我们正在重读的。的确，在对经典作品反反复复的品味中，人们思想得到了升华，从浅薄走向思考，最后走到通达。我们都曾有这样的感触，面对海量的书籍和信息，一方面，人们在向着功利性浅阅读大张其道，另一方面，我们的精神深处又在不断地呼唤能够滋养自己内心的深度阅读。因此，经典的价值不仅没有因为浅阅读时代的到来而有所损失，反而更显示出其珍贵来。

在惜字如金的中国传统典籍当中，从来不乏这种需要反复品味的经典。从先秦诸子到历代的经史子集，这些经典为一代代的中国人提供了取之不尽的精神滋养，为中华文化的传承和发展建立了基础。我们把这种包蕴中国文化的学问称为国学。国学的范围非常广泛，它包含了文学、历史、哲学、艺术、语言、音韵等在内的一系列内容。

包罗万象的国学经典为我们提供了广泛的教育。阅读国学经典，也就是在与我们的"先圣先贤"对话和交流，一步步地揳进我们的历史和传统。这个过程可以让我们领会先贤的旨趣，把握他们的神髓，形成恢宏的历史意识，可以让我们通晓文义、熟习经史、通彻学问，让我们成为博学之士。另一方面，国学经典所代表的传统学问，更是具有极为厚重的伦理色彩。阅读国学经典的过程，不仅是增进知识的过程，而且是一个熏陶气质、改善性情、提高涵养的过程，这个过程在潜移默化中培养着行谊谨厚、品行端方、敦品励行的谦谦君子。

当然，随着时代的发展，国学早已不再是人们追求事功的唯一法典，我们也不赞成对国学的功能无限夸大。但毫无疑问，阅读国学经典，必能促进我们对真、善、美的崇敬之心，唤起我们对伟大、深邃、美好事物的敏感和惊奇，同时也让我们了解到先贤们在探寻知识过程中思考的重大课题和运用的基本原则。这些作品体现着我们民族精神的精髓，如《周易》所阐述的"自强不息"的君子人格，《论语》所强调的"和而不同"的包容精神，《诗经》所培养的温柔敦厚的情感，《道德经》所闪耀的思辨智慧，等等，它们共同构筑了中华民族传统的精神范式。品读先贤留下的经典，恰如与他们进行一次次心灵的直接触碰，进而去审视我们自己的内心，见贤思齐，激浊扬清。

正是基于对国学经典的这种认识，我们精选了这套《万卷楼国学经典》系列丛书，以期引导步履匆匆的现代人走近国学经典、了解国学经典。在选编过程中，我们希望能够体现这样一些特点。

首先，我们希望这套丛书能够最具代表性。在选目中，我们注重于最经典、最根源的作品，在有限的时间内，把那些最具影响力，最应该知道的作品提交给读者。四书五经、先秦诸子、唐诗宋词等这些具有符号意义的作品无疑是最应该为我们所熟知的，因此，丛书所选的30种作品都是这些经典中的经典。

其次，我们希望能够做出好读的经典。在面对国学作品时，佶屈的文言和生僻的字词常让普通读者望而却步。所以，我们试图用简洁易懂的形式呈现经典，使读者可随时随地以自己的时间、自己的速度来进入阅读。因此，我们为原著精心添加了注音、注释和译文，使读者能够真正地"无障碍阅读"。同时，我们还邀请北京大学、南京大学、复旦大学等知名学府的古代文学方面专家对丛书进行了整体修订，对原文字句及标点进行核准，适当增删注释条目、校订注释内容，对白话翻译做进一步校订疏通，使图书内容臻于完善，整体品质得到了大幅度提升。作为一名读者，也许你会常常感慨，以前没有花更多的时间去读更多的经典，如今没有机会或能力来细读，但实际上，读经典什么时间开始都不算晚，"万卷楼"就是一个极好的途径。重读或是初读这些经典，一样可以塑造我们未来的生活。

第三，我们希望呈现一套富有美感的读物。对于经典而言，内容的意义永远排在第一位，但同时，我们也希望有精彩的形式与内容相匹配，因而，我们在编辑过程中选取了大量的古代优秀版画作为本书的插图，对图片的说明也做了精心设计。此外，图书的编排、版式等细节设计都凝聚了我们大量的思索。我们希望这套经典不只是精神的食粮，拥有文本意义上的价值，更能带来无限美感，成为诗意的渊薮。

"经典作品是这样一些书，我们越是道听途说，以为我们懂了，当我们实际读它们，我们就越是觉得它们独特、意想不到和新颖。"卡尔维诺经典的评论让人击节叹赏，我们也希望这套丛书能够彰显经典的价值，使读者在细细品读中真正融化经典，真正做到"开茅塞、除鄙见、得新知、增学问、广识见"。同时，经典又是可以被享受的。当我们走进经典之时，不能只作为被动的接受者，也可用个人自我的方式进入经典，做精神的逍遥之游，对经典作品进行贴近个体生命的诠释和阅读，在现实社会之中营造自由的人生意境和精神家园，获取一种诗意盎然的人生。

怎样阅读本书

原文：根据权威版本，精心核校，确保准确性，对生僻字反复注音，使读者无障碍阅读。

译文：流畅、贴切，以现代白话完整展现原著全貌。

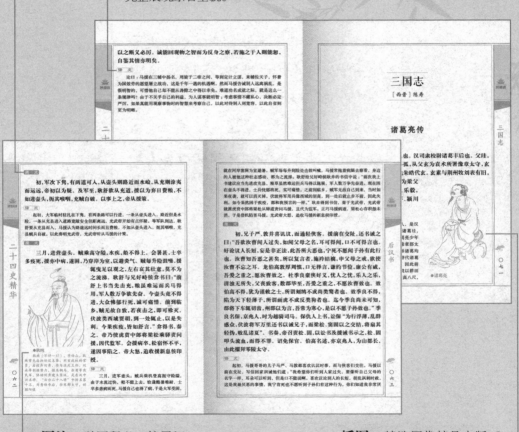

图注：以图释义，扩展阅读，丰富全书知识含量。

插图：精选历代精品古版画，美妙传神，增强美感。

内容概要

　　"二十四史"是中国古代各朝撰写的二十四部史书的总称，涵盖了中国古代政治、经济、文化、军事等各方面内容。它完整、系统地记录了我国从上古文明至明崇祯年间的历史，是研究中国历史的经典史料，更是当之无愧的中华文明百科全书。

　　因原著卷帙浩繁，本书为了便于读者阅读，精选了其中经典篇章于一册，并对原文进行了精心加工，配以译文，并辅以精美的插图和生僻字注音，使全书更具有时代感。

目录

史 记

[西汉] 司马迁

项羽本纪

原 文

　　项籍者，下相人也，字羽。初起时，年二十四。其季父项梁，梁父即楚将项燕，为秦将王翦所戮者也。项氏世世为楚将，封于项，故姓项氏。

　　项籍少时，学书不成，去学剑，又不成。项梁怒之。籍曰："书足以记名姓而已，剑一人敌，不足学，学万人敌。"于是项梁乃教籍兵法，籍大喜，略知其意，又不肯竟学。项梁尝有栎阳逮，乃请蕲狱掾曹咎书抵栎阳狱掾司马欣，以故事得已。项梁杀人，与籍避仇于吴中。吴中贤士大夫皆出项梁下。每吴中有大繇役及丧，项梁常为主办，阴以兵法部勒宾客及子弟，以是知其能。秦始皇帝游会稽，渡浙江，梁与籍俱观。籍曰："彼可取而代也。"梁掩其口，曰："毋妄言，族

●项羽

〇〇一

矣！"梁以此奇籍。籍长八尺余，力能扛_{gāng}鼎，才气过人，虽吴中子弟皆已惮籍矣。

译文

项籍，是下相人，字羽。他最初起事反抗秦朝时，只有二十四岁。项籍的叔父是项梁，项梁的父亲就是楚国的将领项燕，被秦国将领王翦所杀。项家世世代代身为楚将，被封在项地，所以姓项。

项籍年少时，学习读书写字，一无所成，所以就放弃了学文转而去学习剑术，又没有成就。项梁怒斥他。项籍却说："写字只够记记名姓就可以了，剑术也只能对付一个人，都不值得学。我要学能敌万人的本领。"于是，项梁就教项籍兵法，项籍大喜，然而略微知道大意，又不肯继续学下去了。项梁曾被栎阳县追捕，就请蕲县狱掾曹咎写信求助栎阳狱掾司马欣，才将事情平息。项梁杀了人，和项籍到吴中避难。吴中贤士大夫的才智都不如项梁。每当吴中有大徭役和丧葬事，都经常由项梁主办，暗中用兵法部署、管束宾客及子弟，用这个办法来了解他们的才能。秦始皇巡游会稽，渡过浙江，项梁和项籍一起观看。项籍说："那个人，我可以取代他。"项梁急忙捂住他的口，说："不要胡说，那是要被灭族的。"项梁因此认为项籍有奇才。项籍身高八尺有余，力能举鼎，才气超过平常人，即使是吴中当地的年轻人也都很畏惧项籍。

原　文

秦二世元年七月，陈涉等起大泽中。其九月，会稽守通谓梁曰："江西皆反，此亦天亡秦之时也。吾闻先即制人，后则为人所制。吾欲发兵，使公及桓_{huán}楚将。"是时桓楚亡在泽中。梁曰："桓楚亡，人莫知其处，独籍知之耳。"梁乃出，诫籍持剑居外待。梁复入，与守坐，曰："请召籍，使受命召桓楚。"守曰："诺。"梁召籍入。须臾，梁眴_{shùn}籍曰："可行矣！"于是籍遂拔剑斩守头。项梁持守头，佩其印绶。门下大惊，扰乱，籍所击杀数十百人。一府中皆慑_{shè}伏，莫敢起。梁乃召故所知豪吏，谕以所为起大事，遂举吴中兵。使人收下县，得精兵八千人。梁部署吴中豪杰为校尉、候、司马。有一人不得用，自言于梁。梁曰："前时某丧使公主某事，不能办，以此不任用公。"众乃皆伏。于是梁为会稽守，籍为裨_{pí}将，徇_{xùn}下县。

秦二世元年七月，陈涉等人在大泽乡起义。这一年九月，会稽郡守殷通对项梁说："大江以西都起兵反秦，这是上天要灭亡秦的时候。我听说先动手可以控制人，后行动就会被人所控制。我想起兵，派您和桓楚为将。"这时，桓楚逃亡在沼泽草野之中。项梁说："桓楚逃亡，人们不知他的去向，只有项籍知道。"项梁于是出来，告诉项籍拿着剑在外面等待。项梁又进去，与郡守同坐，说："请召见项籍，让他接受使命召请桓楚。"郡守说："好。"项梁叫项

●会稽山麓的禹陵

约公元前2070年，中国史书中记载的第一个世袭制王朝夏朝建立，第一代君主禹在会稽大会天下诸侯，更将自己的陵墓禹陵建在会稽山麓

籍进来。不一会儿，项梁用眼色示意项籍，说："可以行动了！"于是项籍就拔出剑斩下郡守的头。项梁提着郡守的头，挂着郡守的印。郡守部下大惊失色，恐慌大乱，项籍趁机砍杀了一百多人。郡守府中人都拜伏在地，谁也不敢起身。项梁就找来以往所了解的地方豪强官吏，说明这样做是为了举大事，于是调集吴中兵卒。派人接收吴中郡下属各县，共得精兵八千人。项梁任命吴中豪杰担任校尉、候、司马。有一个人未任命职务，便亲自对项梁讲。项梁说："前些时，有一人去世，让你主办某件事，没有办成，因此不能用你。"众人听了都很佩服。于是项梁当了会稽郡守，项籍做了副将，巡视下属各县。

广陵人召平于是为陈王徇广陵，未能下。闻陈王败走，秦兵又且至，乃渡江矫陈王命，拜梁为楚王上柱国。曰："江东已定，急引兵西击秦。"项梁乃以八千人渡江而西。闻陈婴已下东阳，使使欲与连和俱西。陈婴者，故东阳令史，居县中，素信谨，称为长者。东阳少年杀其令，相聚数千人，欲置长，无适用，乃请陈婴。婴谢不能，遂彊立婴为长，县中从者得二万人。少年欲立婴便为王，异军苍头特起。陈婴母谓婴曰："自我为汝家妇，未尝闻汝先古之有贵者。今暴得大名，不祥。不如有所属，事成犹得封侯，事败易以亡，非世所指名也。"

婴乃不敢为王。谓其军吏曰："项氏世世将家，有名于楚。今欲举大事，将非其人，不可。我倚名族，亡秦必矣。"于是众从其言，以兵属项梁。项梁渡淮，黥布、蒲将军亦以兵属焉。凡六七万人，军下邳。

译文

　　这时候，广陵人召平为陈王去争夺广陵，广陵没有归服。召平听说陈王兵败退走，秦兵又快要到了，就渡过长江假托陈王的命令，拜项梁为楚王的上柱国。召平说："江东之地已经平定，赶快带兵西进攻秦。"项梁就带领八千人渡过长江向西进军。听说陈婴已经占据了东阳，项梁就派使者去东阳，想要同陈婴合兵西进。陈婴，原先是东阳县的令史，在县中一向诚实谨慎，人们称赞他是忠厚老实的人。东阳县的年轻人杀了县令，聚集起数千人，想推举出一位首领，没有找到合适的人选，就来请陈婴。陈婴推辞说自己没有能力，他们就强行让陈婴当了首领，县中追随的人有两万人。那帮年轻人想索性立陈婴为王，为与其他军队相区别，用青巾裹头，以表示是新成立的一支义军。陈婴的母亲对陈婴说："自从我做了你们陈家的媳妇，还从没听说你们陈家祖上有显贵的人物，如今你突然有了这么大的名声，恐怕不是吉祥的征兆。依我看，不如去归附别人，起事成功还可以封侯，起事失败也容易逃脱，因为你不是为世所指名注目的人了。"陈婴听了母亲的话，没敢做王。他对军吏们说："项氏世世代代做大将，在楚国是名门。现在我们要起义成大事，那就非得项家的人不可。我们依靠了名门大族，灭亡秦朝就确定无疑了。"于是军众听从了他的话，把军队归属于项梁。项梁渡过淮河向北进军，黥布、蒲将军也率部队归属于项梁。这样，项梁总共有了六七万人，驻扎在下邳。

原文

　　当是时，秦嘉已立景驹为楚王，军彭城东，欲距项梁。项梁谓军吏曰："陈王先首事，战不利，未闻所在。今秦嘉倍陈王而立景驹，逆无道。"乃进兵击秦嘉。秦嘉军败走，追之至胡陵。嘉还战一日，嘉死，军降。景驹

●汉高帝刘邦斩白蛇起义

　　传说，刘邦在芒砀山斩杀了一条大白蛇，这条蛇是白帝子，而刘邦就是赤帝子转世，象征着受天命而起义反抗暴秦。这个传说无论是当时人们为了聚集人心而流传开的，还是后世为了美化帝王的形象而附会的，它都表现了古代人们的君权神授思想

走死梁地。项梁已并秦嘉军，军胡陵，将引军而西。章邯军至栗，项梁使别将朱鸡石、余樊君与战。余樊君死。朱鸡石军败，亡走胡陵。项梁乃引兵入薛，诛鸡石。项梁前使项羽别攻襄城，襄城坚守不下。已拔，皆阬^{kēng}之。还报项梁。项梁闻陈王定死，召诸别将会薛计事。此时沛公亦起沛，往焉。

译文

　　这时，秦嘉已立景驹为楚王，驻军在彭城东面，想抵抗项梁。项梁对军官们说："陈王最先起事，作战不利，不知道现在在哪里。如今秦嘉背叛陈王，拥立景驹，大逆不道。"于是进军攻打秦嘉。秦嘉兵败逃跑，项梁追击败军到胡陵，秦嘉回过头来同项梁交战一天，秦嘉战死，军队投降。景驹逃走，死在梁地。项梁收并了秦嘉的军队，驻军胡陵，准备领兵西进攻秦。章邯的军队到达栗县，项梁派别将朱鸡石、余樊君与之交战。余樊君战死。朱鸡石兵败，逃回胡陵。项梁就率军进入薛地，杀了败将朱鸡石。项梁曾经派项羽另外带领一支军队攻打襄城，襄城坚守，一时难以攻下。攻克之后，项羽把守城官兵全部活埋。项羽回报项梁战功。项梁听说陈王确实已死，便召集各部将领在薛地聚会，商议大事。这时沛公也在沛县起事，率众赶来。

原　文

　　居鄛^{cháo}人范增，年七十，素居家，好奇计，往说项梁曰："陈胜败固当。夫秦灭六国，楚最无罪。自怀王入秦不反，楚人怜之至今，故楚南公曰'楚虽三户，亡秦必楚'也。今陈胜首事，不立楚后而自立，其势不长。今君起江东，楚蜂午之将皆争附君者，以君世世楚将，为能复立楚之后也。"于是项梁然其言，乃求楚怀王孙心民间，为人牧羊，立以为楚怀王，从民所望也。陈婴为楚上柱国，封五县，与怀王都盱^{dū xū}台。项梁自号为武信君。

译文

　　居鄛人范增，七十岁，一向家居不仕，喜好琢磨奇计，前来游说项梁说："陈胜失败理所当然。秦灭了六国，楚国最没罪过。自从怀王到秦国一去不返，楚人怀念楚王至今，因此楚南公说：'楚国即使只剩下三户人家，灭亡秦国的也一定是楚国。'现在陈胜最先起事，不立楚国后人为王，而自立为王，他的势力不会长久。如今您在江东起事，楚地将领有如众蜂而起争先恐后地归附您，也是因为您家世世代代为楚国将领，能够重新拥立楚国后代为王。"项梁认为他说得有道理，就从民间找到楚怀王的孙子熊心，他当时正替人牧羊，项梁便拥立他为楚怀王，以顺应民众的愿望。项梁任命陈婴为楚国的上柱国，封地五县，辅佐楚怀王在盱台建都，项梁自称为武信君。

原文

　　居数月，引兵攻亢父，与齐田荣、司马龙且军救东阿，大破秦军于东阿。田荣即引兵归，逐其王假。假亡走楚。假相田角亡走赵。角弟田间故齐将，居赵不敢归。田荣立田儋子市为齐王。项梁已破东阿下军，遂追秦军。数使使趣齐兵，欲与俱西。田荣曰："楚杀田假，赵杀田角、田间，乃发兵。"项梁曰："田假为与国之王，穷来从我，不忍杀之。"赵亦不杀田角、田间以市于齐。齐遂不肯发兵助楚。项梁使沛公及项羽别攻城阳，屠之。西破秦军濮阳东，秦兵收入濮阳。沛公、项羽乃攻定陶。定陶未下，去，西略地至雍丘，大破秦军，斩李由。还攻外黄，外黄未下。

译文

　　几个月后，项梁领兵攻打亢父，与齐国田荣、司马龙且的军队一起援救东阿，在东阿大败秦军。田荣当即带兵回来，驱逐了齐王田假。田假逃亡楚国。田假的相国田角逃奔赵国，田角的弟弟田间原是齐将，居留赵国不敢回来。田荣就立田儋的儿子田市为齐王。项梁击破东阿一带的秦军之后，便追逐秦军残部。项梁几次派使者催促齐军，想要与他们一道西进。田荣说："楚国杀了田假，赵国杀了田角、田间，齐国才肯出兵。"项梁说："田假是盟国之王，穷途末路来投奔我，不忍心杀他。"赵国也不肯以杀死田角、田间为条件来与齐国做交易。齐国于是不肯发兵帮助楚国。项梁就派沛公和项羽另外去攻打城阳，屠杀城阳守军。再向西进入濮阳东面击破了秦军，秦军收拾败兵退入濮阳城内。沛公、项羽又进攻定陶，定陶未攻下，就离开了，领兵西向攻取城邑直到雍丘，大败秦军，斩杀秦将李由。再回军攻打外黄，外黄未能攻下。

原文

　　项梁起东阿，西，比至定陶，再破秦军，项羽等又斩李由，益轻秦，有骄色。宋义乃谏项梁曰："战胜而将骄卒惰者败。今卒少惰矣，

秦兵日益，臣为君畏之。"项梁弗听。乃使宋义使于齐。道遇齐使者高陵君显，曰："公将见武信君乎？"曰："然。"曰："臣论武信君军必败。公徐行即免死，疾行则及祸。"秦果悉起兵益章邯，击楚军，大破之定陶，项梁死。沛公、项羽去外黄攻陈留，陈留坚守不能下。沛公、项羽相与谋曰："今项梁军破，士卒恐。"乃与吕臣军俱引兵而东。吕臣军彭城东，项羽军彭城西，沛公军砀。

译文

项梁从东阿起程，向西进兵，等到达定陶，再次打败秦军，项羽等人又杀死李由，更加轻视秦军，有骄傲之态。宋义于是劝谏项梁说："打了胜仗，如果将领骄傲，士兵惰怠，就必然失败。现在士兵稍有惰怠，秦兵又一天天增加，我真替您害怕。"项梁不听，却派宋义出使齐国。宋义在路上遇到齐国使者高陵君显，问道："您准备去见武信君吗？回答说："是的。"宋义说："我断定武信君必定兵败。您慢点走可以免死，快行就要遭祸殃。"秦国果然调动全部军队增援章邯，进击楚军，在定陶大破楚军，项梁战死。沛公、项羽离开外黄，攻打陈留，陈留坚守，不能攻下。沛公、项羽相互商量说："现在项梁兵败，士兵恐惧。"于是就和吕臣的军队一起向东。吕臣驻军彭城东面，项羽驻军彭城西面，沛公驻军砀。

原文

章邯已破项梁军，则以为楚地兵不足忧，乃渡河击赵，大破之。当此时，赵歇为王，陈馀为将，张耳为相，皆走入钜鹿城。章邯令王离、涉间围钜鹿，章邯军其南，筑甬道而输之粟。陈馀为将，将卒数万人而军钜鹿之北，此所谓河北之军也。

译文

章邯击败了项梁的军队以后，就以为楚国的兵力不足以虑，于是引兵渡过黄河攻打赵国，大败赵兵。这时，赵歇是赵王，陈馀任大将，张耳任相国，都逃进了钜鹿城。章邯命令王离、涉间包围钜鹿，章邯自己驻军在钜鹿南面，修筑甬道给驻军运送粮食。陈馀为大将，率军几万人驻扎在钜鹿北面，这就是所谓河北之军。

原文

楚兵已破于定陶，怀王恐，从盱台之彭城，并项羽、吕臣军自将之。以吕臣为司徒，以其父吕青为令尹。以沛公为砀郡长，封为武安侯，将砀郡兵。

楚兵在兵败定陶之后，楚怀王很恐惧，从盱台来到彭城，合并项羽、吕臣两支军队，亲自担任统帅。任命吕臣为司徒，任命吕臣的父亲吕青为令尹。任命沛公为砀郡长，封为武安侯，统率砀郡的军队。

原 文

初，宋义所遇齐使者高陵君显在楚军，见楚王曰："宋义论武信君之军必败，居数日，军果败。兵未战而先见败征，此可谓知兵矣。"王召宋义与计事而大说之，因置以为上将军，项羽为鲁公，为次将，范增为末将，救赵。诸别将皆属宋义，号为卿子冠军。行至安阳，留四十六日不进。项羽曰："吾闻秦军围赵王钜鹿，疾引兵渡河，楚击其外，赵应其内，破秦军必矣。"宋义曰："不然。夫搏牛之虻不可以破虮虱。今秦攻赵，战胜则兵罢，我承其敝。不胜，则我引兵鼓行而西，必举秦矣。故不如先斗秦、赵。夫被坚执锐，义不如公；坐而运策，公不如义。"因下令军中曰："猛如虎，很如羊，贪如狼，彊不可使者，皆斩之。"乃遣其子宋襄相齐，身送之至无盐，饮酒高会。天寒大雨，士卒冻饥。项羽曰："将戮力而攻秦，久留不行。今岁饥民贫，士卒食芋菽，军无见粮，乃饮酒高会，不引兵渡河因赵食，与赵并力攻秦，乃曰'承其敝'。夫以秦之彊，攻新造之赵，其势必举赵。赵举而秦彊，何敝之承！且国兵新破，王坐不安席，埽境内而专属于将军，国家安危，在此一举。今不恤士卒而徇其私，非社稷之臣。"项羽晨朝上将军宋义，即其帐中斩宋义头，出令军中曰："宋义与齐谋反楚，楚王阴令羽诛之。"当是时，诸将皆慴服，莫敢枝梧。皆曰："首立楚者，将军家也。今将军诛乱。"乃相与共立羽为假上将军。使人追宋义子，及之齐，杀之。使桓楚报命于怀王。怀王因使项羽为上将军，当阳君、蒲将军皆属项羽。

　　先前，宋义在路上遇见的那位齐国使者高陵君显在楚军中，他求见楚王说："宋义曾断定武信君的军队必定失败，没过几天，就果然战败了。在军队没有打仗的时候，就能事先看出失败的征兆，这可以称得上是懂得用兵了。"楚怀王召见宋义，跟他商议军中大事，非常欣赏他，因而任命他为上将军；项羽为鲁公，任次将，范增任末将，去援救赵国，其他各路将领都隶属于宋义，号称卿子冠军。部队进发抵达安阳，停留四十六天不向前进。项羽说："我听说秦军把赵王包围在钜鹿城内，我们应该赶快率兵渡过黄河，楚军从外面攻打，赵军在里面接应，打垮秦军是确定无疑的。"宋义说："我认为并非如此。能叮咬大牛的牛虻却损伤不了小小的虮虱。如今秦国攻打赵国，打胜了，士卒也会疲惫，我们就可以利用他们的疲惫；打不胜，我们就率领部队擂鼓西进，一定能歼灭秦军。所以，现在不如先让秦、赵两方相斗。若论披坚甲执锐兵，勇战前线，我宋义比不上您；若论坐于军帐，运筹决策，您比不上我宋义。"于是通令全军："像虎一样凶猛，像羊一样不听指挥，像狼一样贪婪，倔强不听指挥的，一律斩杀。"又派儿子宋襄去齐国为相，亲自送到无盐，置备酒筵，大会宾客。当时天气寒冷，下着大雨，士卒一个个又冷又饿。项羽对将士说："我们大家是想齐心合力攻打秦军，他却久久停留不向前进。如今正赶上荒年，百姓贫困，将士们吃的是芋头、豆子，军中没有存粮，他竟然置备酒筵，大会宾客，不趁赵国有粮食率领部队渡河，跟赵合力攻秦，却说'利用秦军的疲惫'。凭着秦国那样强大去攻打刚刚建起的赵国，那形势必定是秦国攻占赵国。赵国被攻占，秦国就更加强大，到那时，还谈得上什么利用秦军的疲惫？再说，我们的军队刚刚打了败仗，怀王坐不安席，集中了境内全部兵卒粮饷交给上将军一个人，国家的安危，就在此一举了。可是上将军不体恤士卒，却派自己的儿子去齐国为相，谋取私利，此人不是国家真正的贤良之臣。"项羽早晨去参见上将军宋义，就在军帐中，斩下了他的头，出来向军中发令说："宋义和齐国同谋反楚，楚王密令我处死他。"这时候，将领们都畏服项羽，没有谁敢抗拒，都说："首先把楚国扶立起来的，是项将军家。如今又是将军诛灭了叛乱之臣。"于是大家一起立项羽为代理上将军。项羽派人去追赶宋义的儿子，追到齐国境内，把他杀了。项羽又派桓楚去向怀王报告。楚怀王于是让项羽做了上将军，当阳君、蒲将军都归属于项羽。

　　项羽已杀卿子冠军，威震楚国，名闻诸侯。乃遣当阳君、蒲将军将卒二万渡河，救钜鹿。战少利，陈馀复请兵。项羽乃悉引兵渡河，皆沈船，破釜甑（zèng），烧庐舍，持三日粮，以示士卒必死，无一还心。于是至则围王离，与秦军遇，九战，绝其甬道，大破之，杀苏角，虏王离。

●铸釜图

釜和甑都是古代普遍使用的炊具。釜圆而无底，类似现代普通的锅。项羽破釜沉舟的意义在于激发军士们必胜的决心，因为求生是人的本能，后路已断，只有打败敌人才能生存

涉间不降楚，自烧杀。当是时，楚兵冠诸侯。诸侯军救钜鹿下者十余壁，莫敢纵兵。及楚击秦，诸将皆从壁上观。楚战士无不一以当十，楚兵呼声动天，诸侯军无不人人惴恐。于是已破秦军，项羽召见诸侯将，入辕门，无不膝行而前，莫敢仰视。项羽由是始为诸侯上将军，诸侯皆属焉。

译 文

项羽杀死卿子冠军宋义以后，威震楚国，在诸侯中赫赫有名。项羽派遣当阳君、蒲将军率领两万人马渡过漳河，去援救钜鹿。战事稍有胜利，陈馀又请求援兵。于是项羽率领全体将士渡过漳河，沉船入水，砸破锅甑，烧掉屋舍，准备三天干粮，用以向将士表示决一死战、无一返还之心。于是一到钜鹿就包围王离，与秦军相遇。交战多次，断绝他们所筑的甬道，大破秦军，杀掉苏角，俘虏王离，涉间拒不降楚，引火自焚而死。这时，楚军勇冠诸侯。诸侯军前来救赵，钜鹿城下十多个营寨的援军，都不敢出兵。等到楚军攻打秦军时，诸侯军的将领都作壁上观。楚国战士英勇无比，以一当十，楚军呼喊叱咤，震动天地，诸侯军无不人人战栗胆寒、惊恐万分。于是在大破秦军之后，项羽召见诸侯将领，他们进入辕门时，个个都跪倒在地，膝行前进，不敢仰视。项羽从此开始成为诸侯的上将军，各路诸侯归属于项羽部下。

原 文

章邯军棘原，项羽军漳南，相持未战。秦军数卻，二世使人让章邯。章邯恐，使长史欣请事。至咸阳，留司马门三日，赵高不见，有不信之心。长史欣恐，还走其军，不敢出故道，赵高果使人追之，不及。欣至军，报曰："赵高用事于中，下无可为者。今战能胜，高必疾妒吾功。战不能胜，不免于死。愿将军孰计之。"陈馀亦遗章邯书曰："白起为秦将，南征鄢郢，北阬马服，攻城略地，不可胜计，而竟赐死。

二十四史精华

蒙恬为秦将，北逐戎人，开榆中地数千里，竟斩阳周。何者？功多，秦不能尽封，因以法诛之。今将军为秦将三岁矣，所亡失以十万数，而诸侯并起滋益多。彼赵高素谀日久，今事急，亦恐二世诛之，故欲以法诛将军以塞责，使人更代将军以脱其祸。夫将军居外久，多内卻，有功亦诛，无功亦诛。且天之亡秦，无愚智皆知之。今将军内不能直谏，外为亡国将，孤特独立而欲常存，岂不哀哉。将军何不还兵与诸侯为从，约共攻秦，分王其地，南面称孤。此孰与身伏铁质，妻子为僇乎？"章邯狐疑，阴使候始成使项羽，欲约。约未成，项羽使蒲将军日夜引兵度三户，军漳南，与秦战，再破之。项羽悉引兵击秦军汙水上，大破之。

译文

　　章邯率军驻扎在棘原，项羽率军驻扎在漳河岸南，两军相持，还没交战。秦军数次后退，秦二世派人责问章邯。章邯恐惧，派长史司马欣回朝请示。司马欣到了咸阳。在司马门留住了三天，赵高不接见，有不信任的意思。司马欣恐惧，逃奔回军，不敢走原来的路，赵高果然派人追杀，没有追到。司马欣回到军中，向章邯报告说："赵高在朝廷中专权，下面的人无法做事。现在作战胜利，赵高必然嫉妒我们的功劳；作战失败，也免不了一死。希望将军仔细考虑这件事。"陈馀也写信给章邯说："白起身为秦国大将，向南征讨楚都鄢郢，向北击败赵国马服君，攻取城池，夺略土地，战功多得不计其数，最后竟被赐死。蒙恬身为秦国大将，北面驱逐匈奴，开辟榆中数千里之广的土地，竟在阳周被斩。这是为什么？因为功劳太多，秦国无法论功全部封赏，故而找借口按律诛杀。现在将军身为秦将已经三年，所损失的士卒人马数十万，而诸侯纷纷起事，日益增多。那赵高一向献媚奉承，时日已久，现在国势危急，

●白起擒杀赵括

公元前262年，白起率军与赵括军对垒，史称长平之战。白起大败赵军，坑杀四十万赵军，后遇信陵君窃符救赵才败退，但赵国从此一蹶不振。由于功勋卓著，并因长平之战而与赵国结下大怨，白起与被韩、赵两国贿赂的范雎将相失和，最终拖着病体被秦昭王赐剑自刎

也担心秦二世会杀他，因此想借国法诛杀将军来推卸自己的责任，派人接替将军来免除他自己的祸殃。将军在外面的时间久了，朝廷内跟您有嫌隙的人就多，有功也是死，无功也是死。况且上天要灭秦，人人皆知。现在将军对内不能进谏，在外已成为亡国之将，孑然孤立却想长久生存，岂不可悲！将军何不倒戈，和诸侯订下合纵之约，共同攻秦，瓜分秦地，各自为王，南面称孤道寡，这样做，与身首异处、妻子儿女被杀相比，哪种更划算呢？"章邯疑虑满腹，暗中派军候始成出使项羽军营，想缔结盟约。和约没能成功，项羽派蒲将军日夜兼程领兵渡过三户津，驻扎漳河之南，与秦军交战，再破秦军。项羽统领全军在汙水边攻击秦军，大败秦军。

原文

　　章邯使人见项羽，欲约。项羽召军吏谋曰："粮少，欲听其约。"军吏皆曰："善。"项羽乃与期洹（huán）水南殷虚上。已盟，章邯见项羽而流涕，为言赵高。项羽乃立章邯为雍王，置楚军中。使长史欣为上将军，将秦军为前行。

译文

　　章邯派人进见项羽，想缔结盟约。项羽召集军官们商议说："粮食短少，想接受他们的盟约。"军官们都说："好。"项羽便和章邯约定在洹水南岸的殷虚上相见。缔结盟约之后，章邯见到项羽，泪流满面，诉说赵高专权害人的恶行。项羽于是立章邯为雍王，安置在楚军中。任命长史司马欣为上将军，统率归降的秦军打先锋。

原文

　　到新安。诸侯吏卒异时故繇（yáo）使屯戍过秦中，秦中吏卒遇之多无状，及秦军降诸侯，诸侯吏卒乘胜多奴虏使之，轻折辱秦吏卒。秦吏卒多窃言曰："章将军等诈吾属降诸侯，今能入关破秦，大善。即不能，诸侯虏吾属而东，秦必尽诛吾父母妻子。"诸将微闻其计，以告项羽。项羽乃召黥布、蒲将军计曰："秦吏卒尚众，其心不服，至关中不听，事必危，不如击杀之，而独与章邯、长史欣、都尉翳（yì）入秦。"于是楚军夜击阬（kēng）秦卒二十余万人新安城南。

译文

　　到了新安。诸侯军中的官兵从前服徭役或屯戍边关路过秦中，秦中官兵对待他们非常苛虐，等到秦军投降诸侯，诸侯军的官兵中很多人乘胜利之威，将秦军官兵视为

二十四史精华

〇一二

奴隶俘虏一般使唤，随便折磨侮辱他们。秦军官兵很多人偷偷议论说："章将军等人欺骗我们投降诸侯，如果攻入关中，击破秦国，那是大好事。如果不能，诸侯必定俘虏我们去关东，而秦国必定杀尽我们的父母妻子儿女。"项羽部下的将领暗中探听到这些议论，报告了项羽。项羽就找来黥布、蒲将军商议说："秦军官兵人多势众，他们内心不服，如果到了关中不服从指挥，事情一定危急，不如把他们都杀掉，只带章邯、长史司马欣、都尉董翳等人进入秦地。"于是楚军乘夜间在新安城南活埋了二十多万秦兵。

原 文

　　行略定秦地。函谷关有兵守关，不得入。又闻沛公已破咸阳，项羽大怒，使当阳君等击关。项羽遂入，至于戏西。沛公军霸上，未得与项羽相见。沛公左司马曹无伤使人言于项羽曰："沛公欲王关中，使子婴为相，珍宝尽有之。"项羽大怒，曰："旦日飨士卒，为击破沛公军！"当是时，项羽兵四十万，在新丰鸿门，沛公兵十万，在霸上。范增说项羽曰："沛公居山东时，贪于财货，好美姬。今入关，财物无所取，妇女无所幸，此其志不在小。吾令人望其气，皆为龙虎，成五采，此天子气也。急击勿失。"

译 文

　　项羽向西行进，夺取秦地。函谷关有兵把守，不能进入。又听说沛公已攻破咸阳，项羽大怒，命令当阳君等人攻取函谷关。项羽于是入关，到达戏水西面。沛公驻扎在霸上，没有和项羽相见。沛公左司马曹无伤派人对项羽说："沛公想在关中称王，要任秦王子婴为相，要将秦国所有的奇珍异宝全部占为己有。"项羽大怒，说："明早，让士卒饱餐，替我击破沛公的军队！"当时，项羽的军队有四十万人，驻扎在新丰鸿门，沛公的军队有十万人，驻扎在霸上。范增劝项羽说："沛公居住在山东时，贪财好色。现在入关，不夺取财物，不宠幸妇女，这表明他的志气不小。我令人观望他的云气，都是龙虎，五彩缤纷，这是天子气象。请赶快攻击，不要错失良机。"

●函谷关地势图

史记

　　楚左尹项伯者,项羽季父也,素善留侯张良。张良是时从沛公,项伯乃夜驰之沛公军,私见张良,具告以事,欲呼张良与俱去。曰:"毋从俱死也。"张良曰:"臣为韩王送沛公,沛公今事有急,亡去不义,不可不语。"良乃入,具告沛公。沛公大惊,曰:"为之奈何?"张良曰:"谁为大王为此计者?"曰:"鲰(zōu)生说我曰'距关,毋内诸侯,秦地可尽王也'。故听之。"良曰:"料大王士卒足以当项王乎?"沛公默然,曰:"固不如也,且为之奈何?"张良曰:"请往谓项伯,言沛公不敢背项王也。"沛公曰:"君安与项伯有故?"张良曰:"秦时与臣游,项伯杀人,臣活之。今事有急,故幸来告良。"沛公曰:"孰与君少长?"良曰:"长于臣。"沛公曰:"君为我呼入,吾得兄事之。"张良出,要(yāo)项伯。项伯即入见沛公。沛公奉卮(zhī)酒为寿,约为婚姻,曰:"吾入关,秋毫不敢有所近,籍吏民,封府库,而待将军。所以遣将守关者,备他盗之出入与非常也。日夜望将军至,岂敢反乎。愿伯具言臣之不敢倍德也。"项伯许诺。谓沛公曰:"且日不可不蚤(zǎo)自来谢项王。"沛公曰:"诺。"于是项伯复夜去,至军中,具以沛公言报项王。因言曰:"沛公不先破关中,公岂敢入乎。今人有大功而击之,不义也,不如因善遇之。"项王许诺。

　　楚左尹项伯,是项羽的叔父,向来与留侯张良有交情。张良这时跟随沛公,于是项伯连夜到沛公的军营,私下见了张良,把项羽要进击沛公的事详细地说了,想要张良跟他一起走。并说:"你不要跟着沛公一起死。"张良说:"我是代替韩王送沛公来的,如今沛公有急难,逃走是不义的,我不能不告诉他。"张良就进去见沛公,把项伯的话全都告诉了沛公。沛公大惊,说:"这件事应该怎么办呢?"张良问道:"谁给大王出的这个主意?"沛公说:"浅薄之人劝我说:'守住函谷关,不接纳诸侯,就可以在整个秦地称王。'我因此听信了他的话。"张良又问:"估计大王的兵力足够抵挡项王吗?"沛公默然不语,半晌说:"本来就不如项王,这该怎么办呢?"张良说:"请让我告诉项伯,说沛公不敢背叛项王。"沛公问:"你怎么和项伯有交情呢?"张良说:"在秦朝的时候,项伯和我有交往,他杀了人,我救过他。如今事情紧急,幸亏他来告诉我。"

沛公问："你和项伯，谁的年纪比较大？"张良回答说："项伯比我年纪大。"沛公说："你替我请他进来，我要用兄长的礼节来对待他。"张良出来，邀请项伯。项伯进去会见沛公。沛公捧上一大杯酒给项伯祝寿，并结为儿女亲家，说："我入关以后，秋毫般的财物也不敢接近，登记官民造册，封存府库公产，专待将军到来。所以派遣将士守住关口，是为了防备其他盗贼出入和特殊变故。日夜盼望将军到来，怎么敢反叛呢？请您仔细向项王说明，我不敢忘恩负义。"项伯应允，对沛公说："明天必须早点来，亲自向项王谢罪。"沛公说："是！"于是项伯连夜赶回去，到军营中，把沛公讲的话全部报告项王。随即说道："沛公不先击破关中，您怎么敢进来呢？现在人家有大功却要攻击他，这是不义的行为，不如因此善待人家。"项王答应了。

●张良

张良，字子房，本是韩国贵族，秦灭韩后，他一直在民间从事反秦活动。张良很有谋略，后被刘邦请为谋士，在多个紧要关头出谋划策。其中，鸿门宴前后，张良几番筹谋与斡旋才避免了刘、项的正面冲突，并帮助刘邦顺利脱险

原文

沛公旦日从百余骑来见项王，至鸿门，谢曰："臣与将军戮力而攻秦，将军战河北，臣战河南，然不自意能先入关破秦，得复见将军于此。今者有小人之言，令将军与臣有郤。"项王曰："此沛公左司马曹无伤言之。不然，籍何以至此。"项王即日因留沛公与饮。项王、项伯东向坐。亚父南向坐。亚父者，范增也。沛公北向坐，张良西向侍。范增数目项王，举所佩玉玦以示之者三，项王默然不应。范增起，出召项庄，谓曰："君王为人不忍，若入前为寿。寿毕，请以剑舞，因击沛公于坐，杀之。不者，若属皆且为所虏。"庄则入为寿，寿毕，曰："君王与沛公饮，军中无以为乐，请以剑舞。"项王曰："诺。"项庄拔剑起舞，项伯亦拔剑起舞，常以身翼蔽沛公，庄不得击。于是张良至军门，见樊哙。樊哙曰："今日之事何如？"良曰："甚急。今者项庄拔剑舞，其意常在沛公也。"哙曰："此迫矣，臣请入，与之同命。"哙即带剑拥盾入军门。交戟之卫士欲止不内，樊哙侧其盾以撞，卫士仆地，哙遂入，披帷西乡立，瞋目视项王，头发上指，目眦尽裂。项王按

剑而跽曰：“客何为者？”张良曰：“沛公之参乘樊哙者也。”项王曰：“壮士，赐之卮酒。”则与斗卮酒。哙拜谢，起，立而饮之。项王曰：“赐之彘肩。”则与一生彘肩。樊哙覆其盾于地，加彘肩上，拔剑切而啗之。项王曰：“壮士，能复饮乎？”樊哙曰：“臣死且不避，卮酒安足辞！夫秦王有虎狼之心，杀人如不能举，刑人如恐不胜，天下皆叛之。怀王与诸将约曰‘先破秦入咸阳者王之’。今沛公先破秦入咸阳，毫毛不敢有所近，封闭宫室，还军霸上，以待大王来。故遣将守关者，备他盗出入与非常也。劳苦而功高如此，未有封侯之赏，而听细说，欲诛有功之人。此亡秦之续耳，窃为大王不取也。”项王未有以应，曰：“坐。”樊哙从良坐。坐须臾，沛公起如厕，因招樊哙出。

●项庄舞剑，意在沛公

在鸿门宴中，项庄听从范增的计策献剑舞欲袭击刘邦，开启了鸿门宴的高潮，并因此而留名后世。作为项羽麾下的武将，项庄一直追随项羽南征北战，最后在乌江边战死

<h3>译　文</h3>

第二天一早，沛公带领随从一百余骑来见项王，到达鸿门，谢罪说：“我与将军合力攻打秦国，将军在河北作战，我在河南作战，然而，我自己也没有料到能先入函谷关攻破秦国，能够在这里再和将军见面。现在有小人进献谗言，使将军和我之间产生隔阂。”项王说：“这是沛公手下的左司马曹无伤说的，不然，我何至于这样。”项王当即就留沛公一同饮酒。项王、项伯面向东坐，亚父面向南坐。亚父，就是范增。沛公面向北坐，张良面向西陪坐。范增屡次用眼色示意项王，多次举起自己所佩的玉玦来暗示项王，项王默不作声，没有反应。范增起身，出去召唤项庄，对他说：“君王为人心地良善，不忍下手。你走进帐中去，上前向沛公等人敬酒，等到把酒敬完了，就请求舞剑。趁着舞剑的机会，在坐席上刺杀沛公。如果不这样做的话，你们这些人都将被他俘虏。”项庄就进去敬酒。敬完酒之后，说：“君王和沛公饮酒，军中没有什么娱乐，请允许我舞剑助兴。”项王说：“好。”项庄拔剑起舞，项伯也拔剑起舞，时常用自己的身体来掩护沛公，以至于项庄没

有机会刺杀沛公。于是张良到军门，见到樊
哙。樊哙问："今天的事情怎么样？"张良说：
"十分紧急。现在项庄拔剑起舞，他的用意常
在沛公身上。"樊哙说："这太紧迫了，让我
进去，与他同生共死。"樊哙立即带剑拿着盾
牌闯进军门。军门卫士把手中的戟交叉在一
起拦住进帐的路，想制止他，不让樊哙进去，
樊哙侧过盾一撞，卫士扑倒在地，樊哙就掀
开帷帐进去，向西而立，瞪大双眼，怒视着
项王，头发竖起，眼角都裂开了。项王按着
腰间的宝剑挺直上身大声问道："来客是什么
人？"张良说："是沛公的参乘，名字叫樊哙。"
项王说："壮士！赐他一杯酒。"项王身边的
侍从就给他一大杯酒。樊哙拜谢，起身，一
饮而尽。项王说："赐给他猪腿。"身边的侍
从就又送给樊哙一条生猪腿。樊哙把盾牌覆
在地上，把猪腿放到盾牌上，拔剑切了就吃。
项王说："壮士，能再喝酒吗？"樊哙说："我
连死尚且不回避，一杯酒又怎么值得推辞呢？

●樊哙鸿门闯宴

樊哙是跟随刘邦在沛县起义的兄弟之
一，他虎背熊腰、勇武过人。鸿门宴中的樊
哙不顾个人安危勇闯军帐，以英雄气概震慑
项羽，并将其说服，可谓有勇有谋。樊哙一
直追随刘邦左右，并娶吕雉的妹妹吕媭为
妻，霸业功成之后被封为舞阳侯

史记

那秦王有虎狼一般的心，杀人唯恐不能杀完，用刑唯恐不能用尽，天下人都背离他。
怀王和诸将有约：'先击破秦国攻入咸阳的就为王。'如今沛公先攻破秦国进入咸阳，
毫毛般的财物都不敢接近，封闭宫室，回军霸上，等待大王到来。所以派遣将士把守
关口，是为了防备盗贼出入与非常变故。像这样劳苦而有大功，没有封侯的奖赏，大
王却听信小人的谗言，要杀死沛公这样有功的人。这不过是继续走秦国灭亡的老路罢
了，我私下认为，大王不能采取这种做法。"项王没话回答，说："坐。"樊哙于是跟
随张良坐在一起。坐了一会儿，沛公起身上厕所，趁机招呼樊哙出来。

原文

　　沛公已出，项王使都尉陈平召沛公。沛公曰："今者出，未辞也，
为之奈何？"樊哙曰："大行不顾细谨，大礼不辞小让。如今人方为刀
俎，我为鱼肉，何辞为。"于是遂去。乃令张良留谢。良问曰："大王
来何操？"曰："我持白璧一双，欲献项王，玉斗一双，欲与亚父，会其
怒，不敢献。公为我献之。"张良曰："谨诺。"当是时，项王军在鸿门

下，沛公军在霸上，相去四十里。沛公则置车骑，脱身独骑，与樊哙、夏侯婴、靳彊、纪信等四人持剑盾步走，从郦山下，道芷阳间行。沛公谓张良曰："从此道至吾军，不过二十里耳。度我至军中，公乃入。"沛公已去，间至军中，张良入谢，曰："沛公不胜桮杓，不能辞。谨使臣良奉白璧一双，再拜献大王足下。玉斗一双，再拜奉大将军足下。"项王曰："沛公安在？"良曰："闻大王有意督过之，脱身独去，已至军矣。"项王则受璧，置之坐上。亚父受玉斗，置之地，拔剑撞而破之，曰："唉。竖子不足与谋。夺项王天下者，必沛公也，吾属今为之虏矣。"沛公至军，立诛杀曹无伤。

译　文

沛公出帐后，项王派都尉陈平召沛公回来。沛公说："现在出来，没有告辞，怎么办呢？"樊哙说："做大事不必考虑细枝末节，行大礼不必回避小的责备。如今人家正是刀和砧板，我们正是鱼和肉，还告辞什么。"于是就这样离去。让张良留下来谢罪。张良问："大王来的时候带了什么？"沛公说："我带了一双白璧，想献给项王，还有玉斗一双，想送给亚父，赶上他们发怒，我不敢献上去。你替我献上吧。"张良说："遵命。"当时，项王驻军在鸿门下，沛公驻军在霸上，相距四十里。沛公就留下车骑随从，独自一人骑马，脱身而走，樊哙、夏侯婴、靳彊、纪信等四人持剑、盾，跑步随行，从郦山下取道芷阳，抄小路走。沛公临行前对张良说："从这条路到我们军营，只有不到二十里路。你估计我已经到军营中之后，才能进去。"沛公已经离去，从小路回到军营中。张良进去致歉，说："沛公不胜酒力，不能向大王告辞，谨使张良奉上白璧一双，再拜献给大王足下；玉斗一双，再拜献给大将军足下。"项王问："沛公现在在哪里？"张良说："听说大王有意督责他的过失，他已经独自离开，已经回到军营了。"项王便接受了白璧，放在座上。亚父接受玉斗，放在地上，拔剑一击，把玉斗击得粉碎。说："唉！这个小子不足以共谋大事。夺取项王天下的人，必定是沛公无疑了，我们这些人都要被他俘虏了。"沛公回到军中，立刻杀了曹无伤。

●玉璧

我国古代崇尚玉文化，玉璧是一种中央有穿孔，且中心孔径小于边宽的扁平状圆形玉器，为传统玉质礼器之一

居数日,项羽引兵西屠咸阳,杀秦降王子婴,烧秦宫室,火三月不灭。收其货宝妇女而东。人或说项王曰:"关中阻山河四塞,地肥饶,可都以霸。"项王见秦宫皆以烧残破,又心怀思欲东归,曰:"富贵不归故乡,如衣绣夜行,谁知之者!"说者曰:"人言楚人沐猴而冠耳,果然。"项王闻之,烹说者。

过了几天,项羽领兵西进,血洗咸阳,杀了秦国降王子婴,焚毁秦国宫室,大火连烧三个月不灭。夺取了秦宫的财宝和妇女向东而去。有人游说项王说:"关中有山河险阻,四面有要塞,土地肥沃富饶,可以建都称霸。"项王一看秦宫室都已烧毁残破,心里又怀念故乡,要回东方,说:"富贵不回故乡,就像穿着锦绣衣服走夜路,又有谁能知道呢?"说客说:"人家说楚国人像猴儿戴上人的帽子,这话果真不假。"项王听到后,就烹杀了那个说客。

项王使人致命怀王。怀王曰:"如约。"乃尊怀王为义帝。项王欲自王,先王诸将相。谓曰:"天下初发难时,假立诸侯后以伐秦。然身被坚执锐首事,暴露于野三年,灭秦定天下者,皆将相诸君与籍之力也。义帝虽无功,故当分其地而王之。"诸将皆曰:"善。"乃分天下,立诸将为侯王。项王、范增疑沛公之有天下,业已讲解,又恶负约,恐诸侯叛之,乃阴谋曰:"巴、蜀道险,秦之迁人皆居蜀。"乃曰:"巴、蜀亦关中地也。"故立沛公为汉王,王巴、蜀、汉中,都南郑。而三分关中,王秦降将以距塞汉王。

项王派人请示怀王。怀王说:"按照原来的约定办。"于是尊称怀王为义帝。项王想自己称王,先封各将相为王。他对各将相说:"天下开始发难起事时,拥立诸侯后嗣为王,以便讨伐秦王朝。然而身穿盔甲,手执戈矛,率先起事,风餐露宿三年,灭亡暴秦平定天下的,都是各位将相和我的力量。义帝本来没有功劳,所以应将他的土地划出来给大家,让大家做诸侯王。"诸将都说:"好。"于是划分天下,封各将相为侯王。项王、范增怀疑沛公有夺取天下的野心,但事情已经和解,又怕背负违约的恶名,唯恐诸侯背离自己，于是暗中密谋说："巴、蜀之地道路险阻，秦朝迁逐的人都在蜀地。"所以立沛公为汉王，统领巴、蜀、汉中，建都南郑。而把关中一分为三，封秦朝三名降将为王，用来阻挡汉王。

●韩信献计明修栈道

刘邦被封为汉王之后，为了向项羽表明没有东归争雄的意图，于是烧毁了沿途进出蜀中的栈道。休养生息一段时间后，刘邦采用韩信的计策，表面上修理栈道，实际上大军在暗中从陈仓小道而出，挥军大败被项羽分封的雍王章邯、翟王董翳、塞王司马欣所占领的三秦之地，最终成就霸业

原文

项王乃立章邯为雍王，王咸阳以西，都废丘。长史欣者，故为栎阳狱掾，尝有德于项梁。都尉董翳者，本劝章邯降楚。故立司马欣为塞王，王咸阳以东至河，都栎阳。立董翳为翟王，王上郡，都高奴。徙魏王豹为西魏王，王河东，都平阳。瑕丘申阳者，张耳嬖臣也，先下河南，迎楚河上，故立申阳为河南王，都雒阳。韩王成因故都，都阳翟。赵将司马卬定河内，数有功，故立卬为殷王，王河内，都朝歌。徙赵王歇为代王。赵相张耳素贤，又从入关，故立耳为常山王，王赵地，都襄国。当阳君黥布为楚将，常冠军，故立布为九江王，都六。鄱君吴芮率百越佐诸侯，又从入关，故立芮为衡山王，都邾。义帝柱国共敖将兵击南郡，功多，因立敖为临江王，都江陵。徙燕王韩广为辽东王。燕将臧荼从楚救赵，因从入关，故立荼为燕王，都蓟。徙齐王田市为胶东王。齐将田都从共救赵，因从入关，故立都为齐王，都临菑。故秦所灭齐王建孙田安，项羽方渡河救赵，田安下济北数城，引其兵降项羽，故立安为济北王，都博阳。田荣者，数负项梁，又不肯将兵从楚击秦，以故不封。成安君陈馀弃将印去，不从入关，然素闻其贤，有功于赵，闻其在南皮，故因环封三县。番君将梅鋗功多，故封十万户侯。项王自立为西楚霸王，王九郡，都彭城。

项王于是立章邯为雍王，统领咸阳以西地区，建都废丘。长史司马欣，原是栎阳狱掾，曾对项梁有过恩德。都尉董翳，原来劝章邯降楚。所以立司马欣为塞王，统领咸阳以东至黄河地区，建都栎阳。立董翳为翟王，统领上郡，建都高奴。改封魏王豹为西魏王，统领河东，建都平阳。瑕丘申阳，是张耳宠爱之臣，先攻下河南郡，在黄河边迎接楚军，故而立申阳为河南王，建都雒阳。韩王成以旧都为都，建都阳翟。赵将司马卬平定河内，屡次立功，所以封司马卬为殷王，统领河内，建都朝歌。改封赵王歇为代王。赵相张耳素有贤名，又跟随入关，所以立张耳为常山王，统领赵地，建都襄国。当阳君黥布为楚将，在诸军中常有勇冠之称，所以立黥布为九江王，建都六县。鄱君吴芮率领百越兵协助诸侯，又跟随入关，所以立吴芮为衡山王，建都邾县。义帝的柱国共敖率兵攻打南郡，功劳多，所以立共敖为临江王，建都江陵。改封燕王韩广为辽东王。燕将臧荼，随楚军救赵国，而后随军入关，所以立臧荼为燕王，建都蓟县。改封齐王田市为胶东王。齐将田都跟随援救赵国，而后跟随入关，所以立田都为齐王，建都临菑。从前秦所灭的齐王田建的孙子田安，当项羽正渡河救赵时，田安攻下了济北几座城邑，带领军队投降项羽，所以立田安为济北王，建都博阳。田荣多次背弃项梁，又不肯率兵随楚军攻打秦军，所以不封。成安君陈馀丢弃将印离去，又不随军入关，然而一向贤名远扬，对赵国有功劳，知道他在南皮，所以把环绕南皮的三县封给他。番君的部将梅铅，立功很多，所以封十万户侯。项王自立为西楚霸王，统领九郡，建都彭城。

汉之元年四月，诸侯罢戏下，各就国。项王出之国，使人徙义帝，曰："古之帝者地方千里，必居上游。"乃使使徙义帝长沙郴县，趣义帝行。其群臣稍稍背叛之，乃阴令衡山、临江王击杀之江中。韩王成无军功，项王不使之国，与俱至彭城，废以为侯，已又杀之。臧荼之国，因逐韩广之辽东，广弗听，荼击杀广无终，并王其地。

汉高帝元年四月，诸侯各从戏水撤兵，分别各赴所封之国。项羽出关到封国，派人去让义帝迁徙，说："自古为帝，领地方圆千里，一定要建都上游。"于是派人迁徙义帝到长沙郡郴县，催促义帝上路。义帝被迁徙，群臣渐渐叛离他，项王暗中密令衡山王、临江王在长江上杀死义帝。韩王成没有军功，项王不许赴封国，带他一起到彭城，废王位封为侯，不久又杀了他。臧荼到封国，就把韩广驱逐到辽东，韩广不听，臧荼在无终杀死韩广，兼并了他的土地。

田荣闻项羽徙齐王市胶东，而立齐将田都为齐王，乃大怒，不肯遣齐王之胶东，因以齐反，迎击田都。田都走楚。齐王市畏项王，乃亡之胶东就国。田荣怒，追击杀之即墨。荣因自立为齐王，而西杀击济北王田安，并王三齐。荣与彭越将军印，令反梁地。陈馀阴使张同、夏说说齐王田荣曰：“项羽为天下宰，不平。今尽王故王于丑地，而王其群臣诸将善地，逐其故主赵王，乃北居代，余以为不可。闻大王起兵，且不听不义，愿大王资馀兵，请以击常山，以复赵王，请以国为扞蔽。”齐王许之，因遣兵之赵。陈馀悉发三县兵，与齐并力击常山，大破之。张耳走归汉。陈馀迎故赵王歇于代，反之赵。赵王因立陈馀为代王。

译文

田荣听说项羽改封齐王田市为胶东王，而立齐将田都为齐王，大怒，不让齐王到胶东，趁势挟齐反楚，迎头痛击新封齐王田都。田都逃到楚国。齐王田市畏惧项王，于是逃走，赴胶东就任。田荣大怒，追击到即墨，把他杀了。田荣于是自立为齐王，并西向击杀济北王田安，兼并三齐土地。田荣授彭越将军印，令他在梁地反楚。陈馀暗中派张同、夏说游说齐王田荣道：“项羽作为天下主宰，不公平。如今完全把贫瘠土地封给六国后人，而他自己的群臣诸将都封了好的肥美土地，驱逐了原来的国君赵王，而使他迁到北面的代地，陈馀认为不可以。知道大王起兵，而且不听不义之言，希望大王能资助陈馀兵力，让我们能得以出击常山，恢复赵王之位，使赵国能做齐国的屏障。”齐王答应请求，并派兵去赵国。陈馀征发三县全体士卒，与齐兵合力攻打常山，大破常山王军队。张耳逃走投降汉王。陈馀从代地迎回原来的赵王歇，回到赵地。赵王因此立陈馀为代王。

原文

是时，汉还定三秦。项羽闻汉王皆已并关中，且东，齐、赵叛之，大怒。乃以故吴令郑昌为韩王，以距汉，令萧公角等击彭越。彭越败萧公角等。汉使张良徇韩，乃遗项王书曰：“汉王失职，欲得关中，如约即止，不敢东。”又以齐、梁反，书遗项王曰：“齐欲与赵并灭楚。”楚以此故无西意，而北击齐。征兵九江王布。布称疾不往，使将将

二十四史精华

〇二二

数千人行。项王由此怨布也。汉之二年冬，项羽遂北至城阳，田荣亦将兵会战。田荣不胜，走至平原，平原民杀之。遂北烧夷齐城郭室屋，皆阬田荣降卒，系虏其老弱妇女。徇齐至北海，多所残灭。齐人相聚而叛之。于是田荣弟田横收齐亡卒得数万人，反城阳。项王因留，连战未能下。

译 文

　　这时，汉王回兵平定了三秦。项羽听说汉王已经兼并了关中，准备东进，齐国、赵国又背叛他，大为恼怒。于是让原吴县令郑昌做韩王，来抵抗汉王。命令萧公角等人攻打彭越。彭越击败萧公角等人。汉王派张良巡视韩地，并写信给项王说："汉王失去汉中王的应得封职，希望能得到关中，如果双方能够遵循盟约，立即停止行动，不敢向东进兵。"又把齐、梁两地反叛的文告给项王，说："齐国想和赵国合力灭亡楚国。"因此，项王无意西进，而向北攻打齐国。项王向九江王黥布征调兵力。黥布称病不去，只派手下将领率领几千人前往。项王因此怨恨黥布。汉高帝二年冬，项羽军北至城阳，田荣也领兵会战。田荣战败，逃到平原，平原百姓杀了他。项羽于是向北进军，烧毁、夷平齐国的城郭室屋，活埋了田荣的全部降卒，俘虏了齐国的老弱妇女，一直打到齐国北海，所到之处，大都予以残杀、毁灭。齐人相聚一起，反叛项王，于是田荣的弟弟田横收集齐国散兵数万人在城阳反楚。项王因此带兵驻留，征战多次也没能攻取。

原 文

　　春，汉王部五诸侯兵，凡五十六万人，东伐楚。项王闻之，即令诸将击齐，而自以精兵三万人南从鲁出胡陵。四月，汉皆已入彭城，收其货宝美人，日置酒高会。项王乃西从萧，晨击汉军而东，至彭城，日中，大破汉军。汉军皆走，相随入谷、泗水，杀汉卒十余万人。汉卒皆南走山，楚又追击至灵璧东睢水上。汉军却，为楚所挤，多杀，汉卒十余万人皆入睢水，睢水为之不流。围汉王三匝。于是大风从西北而起，折木发屋，扬沙石，窈冥昼晦，逢迎楚军。楚军大乱，坏散，而汉王乃得与数十骑遁去。欲过沛，收家室而西；楚亦使人追之沛，取汉王家，家皆亡，不与汉王相见。汉王道逢得孝惠、鲁元，乃载行。楚骑追汉王，汉王急，推堕孝惠、鲁元车下，滕公常下收载之。如是者三。曰："虽急不可以驱,奈何弃之?"于是遂得脱。求太公、吕后,不相遇。审食其从太公、吕后间行,求汉王,反遇楚军。楚军遂与归,报项王,项王常置军中。

春天,汉王统率五个诸侯国的军队,共五十六万人,向东进兵伐楚。项王知悉,就命令诸将攻击齐国,而自己率领三万精兵南进,经过鲁地,出胡陵。四月,汉兵已攻入彭城,收取楚国财货珍宝美人,每天备酒席大会宾客宴饮。项王于是挥师西向,早晨从萧县攻击汉军,东进到达彭城,中午大败汉军。汉军纷纷溃逃,前后相随,接连进入谷水、泗水,被杀死的汉兵十多万人。汉兵都向南逃到山地,楚兵又追击到灵壁东面的睢水边上。汉兵退却,被楚兵挤逼,死伤众多,汉兵十多万人都落入睢水,睢水因此不能流动。楚兵将汉王重重包围。突然大风从西北刮起,折断大树,吹倒房

●米癫拜石

宋代的大书画家米芾酷爱赏石,甚至到了如痴如癫的地步,人们戏称他为"米癫"。有一次,他见衙署内有一块立着的大石十分奇特,非常高兴地说:"此足以当吾拜。"就整理衣冠参拜奇石

屋,飞沙走石,天昏地暗,向楚军迎面扑来。楚军阵营大乱,溃不成军,汉王才得以与数十骑逃出。想过沛县,接家室妻儿一同西逃,楚军也派人追到沛县,捉拿汉王家室,家人都逃走,不能与汉王相见。汉王在半路遇到孝惠帝、鲁元公主,就载着同行。楚国骑兵追汉王,汉王心急,把孝惠帝、鲁元公主都推落车下,滕公下车抱起他们坐在车上,像这样前后有多次。滕公对汉王说:"虽然危急,马不能赶得更快,但为什么要抛弃子女呢?"最后终于得以逃脱。汉王寻求太公、吕后,可是没有遇到。审食其随太公、吕后走小路潜行,也在找汉王,反而碰到楚军。楚军就带了他们一起回营,报告项王,项王就把他们安置在军营里作为人质。

是时吕后兄周吕侯为汉将兵居下邑,汉王间往从之,稍稍收其士卒。至荥阳,诸败军皆会,萧何亦发关中老弱未傅悉诣荥阳,复大振。楚起于彭城,常乘胜逐北,与汉战荥阳南京、索间,汉败楚,楚以

故不能过荥阳而西。

这时吕后的哥哥周吕侯为汉王领兵驻扎下邑，汉王潜往下邑投奔他，渐渐收集兵卒。到了荥阳，汉王的各路败军都在这里会合，萧何也派遣未载入徭役簿籍的关中老弱全都到荥阳充军，汉王的兵力大振。楚军从彭城出发，常乘胜追击败北的汉军，与汉军在荥阳南面的京邑、索亭之间交战，汉军击败楚军，楚因此不能越过荥阳而西进。

项王之救彭城，追汉王至荥阳，田横亦得收齐，立田荣子广为齐王。汉王之败彭城，诸侯皆复与楚而背汉。汉军荥阳，筑甬道属之河，以取敖仓粟。汉之三年，项王数侵夺汉甬道，汉王食乏，恐，请和，割荥阳以西为汉。

项王欲听之。历阳侯范增曰："汉易与耳，今释弗取，后必悔之。"项王乃与范增急围荥阳。汉王患之，乃用陈平计间项王。项王使者来，为太牢具，举欲进之。见使者，详惊愕曰："吾以为亚父使者，乃反项王使者！"更持去，以恶食食项王使者。使者归报项王，项王乃疑范增与汉有私，稍夺之权。范增大怒，曰："天下事大定矣，君王自为之。愿赐骸骨归卒伍。"项王许之。行未至彭城，疽发背而死。

项王回军救彭城，追汉王到荥阳，田横乘机收复齐地，立田荣的儿子田广为齐王。汉王在彭城打败仗，诸侯又都归附楚而背叛汉。汉军驻扎荥阳，修筑甬道接通黄河，用来运取敖仓的粮食。汉高帝三年，项王屡次出兵侵夺汉军甬道，汉王粮食缺乏，心生恐惧，与楚国讲和，要求划割荥阳以西归汉。

项王准备听从讲和。历阳侯范增说："汉军容易对付了，如今却放下不攻，日后必定后悔。"项王于是和范增火速包围荥阳。汉王忧虑，就用陈平的计谋离间项王与范增。项王的使者来了，汉王叫人准备猪牛羊三牲筵席，捧着佳肴正要进献，细看使者，故意假装惊讶地说："我以为是亚父的使者，想不到竟然是项王的使者！"于是便更换佳肴，换上粗茶淡饭给项王的使者吃。使者回来报告项王，项王就怀疑范增与汉有私情，渐渐夺去范增权柄。范增大怒，说："天下事大局已定，君王好自为之。请赐我这把老骨头回归故里吧。"项王允许范增辞归。范增启程，还未回到彭城，背上就生毒疮发作而死。

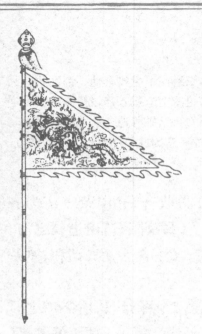

綠營督撫提鎮纛

● 清代军纛
纛是古时军队或仪仗队的大旗，由古代用毛羽做的舞具或帝王车舆上的饰物演化而来

原文

汉将纪信说汉王曰："事已急矣，请为王诳楚为王，王可以间出。"于是汉王夜出女子荥阳东门被甲二千人，楚兵四面击之。纪信乘黄屋车，傅左纛，曰："城中食尽，汉王降。"楚军皆呼万岁。汉王亦与数十骑从城西门出，走成皋。项王见纪信，问："汉王安在？"曰："汉王已出矣。"项王烧杀纪信。

译文

汉将纪信向汉王建议："情况已经危急，请让我假扮大王去欺骗楚军，大王您可乘机逃出。"于是汉王连夜从荥阳东门派出披甲女子两千人，楚军四面围攻。纪信乘坐天子所乘的黄屋车，车左面附着装饰物，喊道："城中粮食吃完了，汉王投降了。"楚军高喊万岁。汉王也就与数十名骑兵从西城门逃出，奔向成皋。项王见纪信，问道："汉王在哪儿？"纪信说："汉王已经出城了。"项王就烧死了纪信。

原文

汉王使御史大夫周苛、枞公、魏豹守荥阳。周苛、枞公谋曰："反国之王，难与守城。"乃共杀魏豹。楚下荥阳城，生得周苛。项王谓周苛曰："为我将，我以公为上将军，封三万户。"周苛骂曰："若不趣降汉，汉今虏若，若非汉敌也。"项王怒，烹周苛，并杀枞公。

译文

汉王派御史大夫周苛、枞公、魏豹守荥阳。周苛、枞公商量说："魏豹是个反叛之王，难以和他共守城池。"于是一起杀了魏豹。楚军攻下荥阳，活捉周苛。项王对周苛说："做我的将，我任命你为上将军，封赐三万户。"周苛骂道："你若不早早投降汉王，汉军迟早要俘虏你，你不是汉王的对手。"项王大怒，烹死了周苛，并杀了枞公。

原文

汉王之出荥阳，南走宛、叶，得九江王布，行收兵，复入保成皋。汉之四年，项王进兵围成皋。汉王逃，独与滕公出成皋北门，渡河走脩武，从张耳、韩信军。诸将稍稍得出成皋，从汉王。楚遂拔成皋，欲西。汉使兵距之巩，令其不得西。

译文

汉王逃出了荥阳，向南跑到宛县、叶县，得以与九江王黥布会合，一边行军，一边收兵，又进入成皋据守。汉高帝四年，项王进兵包围成皋。汉王逃跑，独自与滕公从成皋北门逃出，渡河奔向脩武，来到张耳、韩信的军营。诸将陆续从成皋出来，跟随汉王。楚军于是攻下成皋，准备西进。汉王派兵在巩县阻拒，使楚军无法西进。

原文

是时，彭越渡河击楚东阿，杀楚将军薛公。项王乃自东击彭越。汉王得淮阴侯兵，欲渡河南。郑忠说汉王，乃止壁河内。使刘贾将兵佐彭越，烧楚积聚。项王东击破之，走彭越。汉王则引兵渡河，复取成皋，军广武，就敖仓食。项王已定东海来，西，与汉俱临广武而军，相守数月。

译文

这时候，彭越渡过黄河攻打楚国东阿，杀掉楚将军薛公。项王领兵从东攻击彭越。汉王得到淮阴侯的兵，想渡河南进。郑忠劝说汉王，于是停止前进驻扎在河内。汉王派刘贾领兵协助彭越，烧掉楚军粮草。项王东进击破他们，彭越逃走。汉王这时引兵渡过黄河，又夺取成皋，驻军广武，就近取用敖仓的粮食。项王已平定东海，于是西进，与汉王都靠近广武驻军，双方对峙了几个月。

原文

当此时，彭越数反梁地，绝楚粮食，项王患之。为高俎，置太公其上，告汉王曰："今不急下，吾烹太公。"汉王曰："吾与项羽俱北面受命怀王，曰'约为兄弟'，吾翁即若翁，必欲烹而翁，则幸分我一杯羹。"项王怒，欲杀之。项伯曰："天下事未可知，且为天下者不顾家，虽杀之无益，只益祸耳。"项王从之。

在这时候，彭越屡次往返梁地，断绝楚军粮食，项王忧虑此事。于是做了一个高脚案板，把汉王父亲放在上面，告诉汉王说："你现在不赶快投降，我就烹杀太公。"汉王说："我和项王一起面向北接受怀王的命令，曾说'结为兄弟'，我爹就是你爹，一定要烹杀你的爹，那就请你分给我一杯肉汤。"项王大怒，要杀太公。项伯说："天下事还没有定数，况且争天下的人不顾家室，即使杀了太公，也无济于事，只会添乱罢了。"项王听从了他的话。

原　文

楚汉久相持未决，丁壮苦军旅，老弱罢转漕。项王谓汉王曰："天下匈匈数岁者，徒以吾两人耳，愿与汉王挑战决雌雄，毋徒苦天下之民父子为也。"汉王笑谢曰："吾宁斗智，不能斗力。"项王令壮士出挑战，汉有善骑射者楼烦，楚挑战三合，楼烦辄射杀之。项王大怒，乃自被甲持戟挑战。楼烦欲射之，项王瞋目叱之，楼烦目不敢视，手不敢发，遂走还入壁，不敢复出。汉王使人间问之，乃项王也，汉王大惊。于是项王乃即汉王相与临广武间而语。汉王数之，项王怒，欲一战。汉王不听，项王伏弩射中汉王。汉王伤，走入成皋。

译　文

楚汉久久相持不下，胜负未决，壮年男子苦于前线军旅生活，老弱的则疲于后勤运输之劳。项王对汉王说："天下多年混乱不安，只因你我二人罢了，我愿意向汉王挑战决一高低，免得让天下百姓父子白白受苦。"汉王笑着推辞说："我宁肯斗智，不能斗力。"项王命令壮士出营挑战。汉军有善于骑马射箭的人叫楼烦，楚军挑战三个回合，楼烦就射杀他们。项王大怒，于是亲自披甲持戟，出马挑战。楼烦要射箭，项王怒目叱咤，楼烦眼不敢看项王，手也不敢射箭，就逃回军营，再不敢出来。汉王派人暗中打听，原来挑战的是项王，汉王大惊。于是项王就约汉王到广武涧阵前交谈。汉王数落项王，项王发怒，要与汉王一战。汉王不听，项王埋伏的弩手射中汉王。汉王负伤，逃进成皋。

原　文

项王闻淮阴侯已举河北，破齐、赵，且欲击楚，乃使龙且往击之。淮阴侯与战，骑将灌婴击之，大破楚军，杀龙且。韩信因自立为齐王。

项王闻龙且军破,则恐,使盱台人武涉往
说_{shuì}淮阴侯。淮阴侯弗听。是时,彭越复反,
下梁地,绝楚粮。项王乃谓海春侯大司
马曹咎_{gāo}等曰:"谨守成皋,则汉欲挑战,慎
勿与战,毋令得东而已。我十五日必诛
彭越,定梁地,复从将军。"乃东,行击陈
留、外黄。

●制作连发弩

弩是我国古代装有张弦机关,可以延时发射的弓。春秋晚期,实战中开始重视使用弩器,军队杀伤力大大提高。三国时期的诸葛亮还发明出巨型多发弩器"诸葛连弩"

译文

项王听说淮阴侯已攻下河北,打败齐国、赵国,并且将要攻击楚国,就派龙且前往迎击。淮阴侯与龙且交战,汉骑将灌婴出战,把楚军杀得大败溃散,杀了龙且。韩信趁机自立为齐王。项王听说龙且兵败被杀,心中恐惧,就派盱台人武涉前往游说淮阴侯。淮阴侯不听。这时,彭越又反楚,攻下梁地,断绝楚军粮食。于是项王就对海春侯大司马曹咎等人说:"谨慎守住成皋,如果汉军想挑战,切切不要和他们交战,不要让他们能够东进罢了。我十五天内必定诛杀彭越,平定梁地,再回来与将军们会合。"于是东进,攻打陈留、外黄。

原文

外黄不下。数日,已降,项王怒,悉令男子年十五已上诣城东,欲阬之。外黄令舍人儿年十三,往说_{shuì}项王曰:"彭越强劫外黄,外黄恐,故且降,待大王。大王至,又皆阬_{kēng}之,百姓岂有归心。从此以东,梁地十余城皆恐,莫肯下矣。"项王然其言,乃赦外黄当阬者。东至睢_{suī}阳,闻之皆争下项王。

译文

外黄不能攻下。过了几天才投降,项王恼怒,下令十五岁以上的男子全部到城东,准备坑杀他们。外黄县令门客的儿子,十三岁,前往游说项王:"彭越强行劫持外黄,外黄人恐惧,所以暂时投降,等待大王到来。大王来了,又全部坑杀外黄男子,百姓怎么能有归顺之心呢?由这里往东,梁地十多个城池的人都会心生恐惧,所以就都不愿投降了。"项王认为他的话有道理,于是赦免了要坑杀的外黄男子。东进直到睢阳,

人们听到这个情况，都抢着归顺项王。

汉果数挑楚军战，楚军不出。使人辱之，五六日，大司马怒，渡兵汜水。士卒半渡，汉击之，大破楚军，尽得楚国货赂。大司马咎、长史翳、塞王欣皆自刭汜水上。大司马咎者，故蕲狱掾，长史欣亦故栎阳狱吏，两人尝有德于项梁，是以项王信任之。当是时，项王在睢阳，闻海春侯军败，则引兵还。汉军方围钟离眛于荥阳东，项王至，汉军畏楚，尽走险阻。

译　文

汉军果然屡次对楚军挑战，楚军坚守不出。汉军派人辱骂楚军，连续五六天，大司马曹咎发怒，出兵渡汜水。士兵渡过一半，汉军出击，大败楚军，获得楚军所有财物。大司马曹咎、长史董翳、塞王司马欣都在汜水边自刎了。大司马曹咎是旧时蕲县狱掾，长史司马欣也是旧时栎阳狱吏，两人曾经对项梁有恩德，所以项王信任他们。这时候，项王在睢阳，听到海春侯兵败，就领兵返回。汉军正在荥阳东面包围钟离眛，项王赶到，汉军畏惧楚军，全部跑到险要地带。

原　文

是时，汉兵盛食多，项王兵罢食绝。汉遣陆贾说项王，请太公，项王弗听。汉王复使侯公往说项王，项王乃与汉约，中分天下，割鸿沟以西者为汉，鸿沟而东者为楚。项王许之，即归汉王父母妻子。军皆呼万岁。汉王乃封侯公为平国君。匿弗肯复见。曰："此天下辩士，所居倾国，故号为平国君。"

●陆贾

陆贾是汉高帝刘邦的重要谋士之一，有口才、善辩论，刘邦常派他出使各诸侯国。西汉时期，陆贾曾参与诛除吕后外戚余党，迎立汉文帝刘恒，并两次出使越南说服其归顺大汉

译　文

这时，汉兵势盛粮食充足，项王兵疲倦粮食断绝。汉王派陆贾游说项王，请求迎回太公，项王不听。汉王又派遣侯公前往游说项王，项王就跟汉王订下

盟约，平分天下，划割鸿沟以西的地方为汉国，鸿沟以东的地方为楚国。项王答应侯公，于是送回汉王父母妻儿。军中都高呼万岁。汉王于是封侯公为平国君。侯公隐匿不肯见汉王。汉王说："此人是天下辩士，他待在哪国，就会使哪国倾覆，因此称他为平国君。"

原文

项王已约，乃引兵解而东归。

译文

项王立约后，就引兵解阵东行回国。

原文

汉欲西归，张良、陈平说曰："汉有天下太半，而诸侯皆附之。楚兵罢食尽，此天亡楚之时也，不如因其机而遂取之。今释弗击，此所谓'养虎自遗患'也。"汉王听之。汉五年，汉王乃追项王至阳夏南，止军，与淮阴侯韩信、建成侯彭越期会而击楚军。至固陵，而信、越之兵不会。楚击汉军，大破之。汉王复入壁，深堑而自守。谓张子房曰："诸侯不从约，为之奈何？"对曰："楚兵且破，信、越未有分地，其不至固宜。君王能与共分天下，今可立致也。即不能，事未可知也。君王能自陈以东傅海，尽与韩信。睢阳以北至谷城，以与彭越，使各自为战，则楚易败也。"汉王曰："善。"于是乃发使者告韩信、彭越曰："并力击楚。楚破，自陈以东傅海与齐王，睢阳以北至谷城与彭相国。"使者至，韩信、彭越皆报曰："请今进兵。"韩信乃从齐往，刘贾

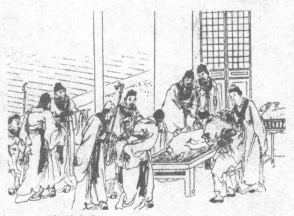

●陈平分肉

陈平是西汉王朝的开国功臣。他年少时喜欢读书，心怀大志，曾经为乡里百姓分割肉，人均其肉，不多不少，父老乡亲都夸赞他，他感慨地说："如果让我分割天下，也一定会像这块肉一样。"

军从寿春并行，屠城父，至垓(gāi)下。大司马周殷叛楚，以舒屠六，举九江兵，随刘贾、彭越皆会垓下，诣项王。

译文

汉王也想撤兵西归，张良、陈平劝他说："汉已据天下的大半，诸侯又都归附于汉。而楚军已兵疲粮尽，这正是上天亡楚之时。不如索性趁此机会灭亡楚国。如果现在放走项羽而不打他，这就是所谓'养虎给自己留下祸患'。"汉王听从了他们的建议。汉高帝五年，汉王追赶项王到阳夏南边，让部队驻扎下来，并和淮阴侯韩信、建成侯彭越约好日期会合，共同攻打楚军。汉军到达固陵，而韩信、彭越的部队没有来会合。楚军攻打汉军，把汉军打得大败。汉王又逃回营垒，掘深壕沟坚守。汉王问张良道："韩信和彭越不遵守约定，怎么办？"张良回答说："楚军快被打垮了，韩信和彭越还没有得到分封的地盘，所以，他们不来是很自然的。汉王如果能和他们共分天下，就可以让他们立刻前来。如果不能，形势就难以预料了。汉王如果把从陈县以东到海滨一带地方给韩信，把睢阳以北到谷城的地方给彭越，使他们各自为自己而战，楚军就容易打败了。"汉王说："好。"于是派出使者告诉韩信、彭越说："你们跟汉王合力击楚，打败楚军之后，从陈县往东至海滨一带地方给齐王，睢阳以北至谷城的地方给彭相国。"使者到达之后，韩信、彭越都说："我们今天就带兵出发。"于是韩信从齐国起行，刘贾的部队从寿春和他同时进发，屠戮了城父，到达垓下。大司马周殷叛离楚王，以舒县的兵力屠戮了六县，发动九江兵力，随同刘贾、彭越一起会师垓下，合围项王。

原文

●被困垓下，四面楚歌

垓下在今安徽省灵璧县东南，垓下之围，项羽英雄末路，四面楚歌的心理战更使楚军无心应战，毫无战斗力

项王军壁垓(gāi)下，兵少食尽，汉军及诸侯兵围之数重。夜闻汉军四面皆楚歌，项王乃大惊，曰："汉皆已得楚乎？是何楚人之多也！"项王则夜起，饮帐中。有美人名虞(yú)，常幸从；骏马名骓(zhuī)，常骑之。于是项王乃悲歌慷慨，自为诗曰："力拔山兮气盖世，时不利兮骓不逝。骓不逝兮可奈何，虞兮虞兮奈若何！"歌数阕，美人和(hè)之。项王泣数行下，左右皆泣，莫

能仰视。

项王军在垓下筑营垒，兵少粮将吃尽。汉军和诸侯军重重包围楚军。晚上听到汉军四面都唱起楚歌，项王于是大惊道："汉军都已经得到了楚国的土地吗？为什么楚人这么多呢？"项王就连夜起来，在营帐饮酒，有个美人名叫虞姬，常受宠幸伴随项王，有匹骏马名叫骓，项王经常乘骑。项王这时慷慨悲歌，自己作诗吟唱："力拔山兮气盖世，时不利兮骓不逝。骓不逝兮可奈何，虞兮虞兮奈若何！"唱了几遍，美人和诗伴唱。项王泪流数行，左右诸将随从都哭了，不忍抬头观看。

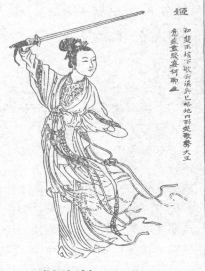

●虞姬舞剑

自古英雄多情种。相传，在垓下随侍项羽的虞姬看见项羽穷途末路，唯有突围才有一线生机，而自己就是他的负累，于是怆然拔剑起舞，以歌与项羽唱和："汉兵已略地兮，四方楚歌声。大王意气尽兮，贱妾何聊生。"歌罢横剑自刎，希望以死坚定项羽的斗志

原 文

于是项王乃上马骑，麾下壮士骑从者八百余人，直夜溃围南出，驰走。平明，汉军乃觉之，令骑将灌婴以五千骑追之。项王渡淮，骑能属者百余人耳。项王至阴陵，迷失道，问一田父，田父绐曰"左"。左，乃陷大泽中。以故汉追及之。项王乃复引兵而东，至东城，乃有二十八骑。汉骑追者数千人。项王自度不得脱，谓其骑曰："吾起兵至今八岁矣，身七十余战，所当者破，所击者服，未尝败北，遂霸有天下。然今卒困于此，此天之亡我，非战之罪也。今日固决死，愿为诸君快战，必三胜之，为诸君溃围，斩将，刈旗。令诸君知天亡我，非战之罪也。"乃分其骑以为四队，四向。汉军围之数重。项王谓其骑曰："吾为公取彼一将。"令四面骑驰下，期山东为三处。于是项王大呼驰下，汉军皆披靡，遂斩汉一将。是时，赤泉侯为骑将，追项王，项王瞋目而叱之，赤泉侯人马俱惊，辟易数里，与其骑会为三处。汉军不知项王所在，乃分军为三，复围之。项王乃驰，复斩汉一都尉，杀数

十百人。复聚其骑，亡其两骑耳。乃谓其骑曰："何如？"骑皆伏，曰："如大王言。"

译 文

于是项王上马，部下壮士侍从八百多人相随，乘夜色突破重围，往南飞马奔驰。天亮，汉军才发觉，命令骑将灌婴率五千骑兵追赶。项王渡过淮河，骑马能跟随的只有一百多人。项王到达阴陵，迷了路，问一个农夫，农夫骗他说"往左"。往左，就陷入大沼泽中。因此，汉军追了上来。项王就领兵往东走，到东城时，只有二十八个骑兵了。汉军骑马追赶有几千人。项王自己揣度不能脱逃。他对骑兵们说："我起兵至今八年了，身经七十多次战斗，阻挡的被击破，攻击的被降服，未曾失败过才能称霸天下。然而，今天终于被困在这里，这是上天要灭我，并非我作战的过错。今天固然非死不可，愿为各位痛快一战，一定连胜汉军三次，替各位突破重围，斩汉将，夺汉旗，让各位知道是上天要灭我，并非我作战的过错。"于是把他的骑兵分为四队，向四面出击。汉军层层围住他们。项王对他的骑兵们说："我替你们拿下一员汉将。"于是命令骑兵四面飞马疾驰而下，约定在山的东面分三处集合。项王大声呼叫，驱马飞驰，随之汉军溃散，就斩杀一员汉将。这时，赤泉侯担任骑将，追击项王，项王回头怒目呵斥，赤泉侯人马惧惊，退好几里。项王与他的骑兵分三处会合。汉军不知道项王在哪里，就分军三路重新包围。项王又驰马冲杀，斩杀汉军一都尉，杀汉军几十上百人，再集合他的骑兵，仅仅丧失两名骑兵。项王就问骑兵道："怎么样？"骑兵们都佩服地说："正像大王所说的那样。"

原 文

于是项王乃欲东渡乌江。乌江亭长舣船待，谓项王曰："江东虽小，地方千里，众数十万人，亦足王也。愿大王急渡。今独臣有船，汉军至，无以渡。"项王笑曰："天之亡我，我何渡为！且籍与江东子弟八千人渡江而西，今无一人还；纵江东父兄怜而王我，我何面目见之？纵彼不言，籍独不愧于心乎？"乃谓亭长曰："吾知公长者。吾骑此马五岁，所当无敌，尝一日行千里，不忍杀之，以赐公。"乃令骑皆下马步行，持短兵接战。独籍所杀汉军数百人，项王身亦被十余创。顾见汉骑司马吕马童，曰："若非吾故人乎？"马童面之，指王翳曰："此项王也。"项王乃曰："吾闻汉购我头千金，邑万户，吾为若德。"乃自刎而死。王翳取其头，余骑相蹂践争项王，相杀者数十人。

二十四史精华

〇三四

最其后,郎中骑杨喜,骑司马吕马童,郎中吕胜、杨武各得其一体。五人共会其体,皆是。故分其地为五:封吕马童为中水侯,封王翳为杜衍侯,封杨喜为赤泉侯,封杨武为吴防侯,封吕胜为涅阳侯。

想昔日君中霸王手下有八千子弟逞尽豪强
次後自刎乌江霸王英雄世无双
鸿门会上气昂昂时去乌江身死世霸王不免也无常
又说昔日韩信当时逞

●楚霸王自刎乌江

楚霸王项羽不堪他人得志,最终自刎乌江。史书也记载,上天给了他渡江的一线生机,可是向来倨傲的项羽没有选择像勾践那样卧薪尝胆,而选择了以死亡保全自己在江东父老前的脸面

译　文

这时候,项王就想渡乌江东归。乌江亭长停船靠岸等待,对项王说:"江东虽小,但土地方圆千里,民众几十万,也足以称王了。请大王急速渡江。现在只有我有船,汉军到,无船渡江。"项王笑道:"上天要亡我,我渡江干什么? 况且我和江东子弟八千人渡江西进,如今无一人生还,纵然江东父老兄弟怜我,以我为王,我有何面目见他们? 纵然他们不说,难道我能问心无愧吗?"于是对亭长说:"我知道你是一位忠厚长者。我骑这匹马五年了,所向无敌,曾经一天能走千里之远,我不忍杀掉,把它送给你。"于是命令骑兵都下马步行,持短兵器接战,仅项王一人就杀了数百名汉兵。项王也身受创伤十多处。回头看见汉骑司马吕马童,说道:"你不是我的老熟人吗?"吕马童不敢正视项王,指给王翳说:"这就是项王。"项王就说:"我听说汉王悬赏千金购我的头,封邑万户,我给你们一点恩德吧。"说着自刎而死。王翳取下项王的头,其余的人相互蹂躏践踏,争夺项王躯体,以致几十人相互残杀。最后,郎中骑杨喜,骑司马吕马童,郎中吕胜、杨武各得项王一肢体。五人共同相合项王尸体,都能对上。因此把封地分成五份:封吕马童为中水侯,封王翳为杜衍侯,封杨喜为赤泉侯,封杨武为吴防侯,封吕胜为涅阳侯。

原　文

项王已死,楚地皆降汉,独鲁不下,汉乃引天下兵欲屠之。为其守礼义,为主死节,乃持项王头视鲁,鲁父兄乃降。始,楚怀王初封项籍为鲁公,及其死,鲁最后下,故以鲁公礼葬项王谷城。汉王为发哀,泣之而去。诸项氏枝属,汉王皆不诛。乃封项伯为射阳侯。桃侯、平皋侯、玄武侯皆项氏，赐姓刘。

项王死后，楚地都投降汉王，只有鲁不降。汉王就带领天下兵马想屠杀他们，但考虑到鲁地人守礼义，为君主死节，于是拿项王的头颅给鲁地人看，鲁地父老们才投降。早先，楚怀王封项籍为鲁公，待他死后，鲁又最后降，因此以鲁公的礼仪在谷城安葬项王。汉王亲自发丧，洒泪离去。许多项氏宗族，汉王都不杀。封项伯为射阳侯。桃侯、平皋侯、玄武侯都姓项，都赐他们姓刘。

原 文

太史公曰：吾闻之周生曰"舜目盖重瞳子"，又闻项羽亦重瞳子。羽岂其苗裔邪？何兴之暴也！夫秦失其政，陈涉首难，豪杰蜂起，相与并争，不可胜数。然羽非有尺寸，乘势起陇亩之中，三年遂将五诸侯灭秦，分裂天下，而封王侯，政由羽出，号为霸王，位虽不终，近古以来未尝有也。及羽背关怀楚，放逐义帝而自立，怨王侯叛己，难矣。自矜功伐，奋其私智而不师古，谓霸王之业，欲以力征经营天下，五年卒亡其国，身死东城，尚不觉寤（wù）而不自责，过矣。乃引"天亡我，非用兵之罪也"（miù），岂不谬哉！

译 文

太史公评论说：我听周生说过："舜的眼睛大概是双瞳子"，又听说项羽也是双瞳子。项羽难道是舜的后裔吗？为什么兴起突然！秦朝政令失败，陈涉首先发难，豪杰蜂拥而起，相互争斗不可胜数。然而项羽并没有自己的土地，却乘势兴起于田野之中，三年就率领五诸侯灭亡秦朝，分割天下土地，封授王侯，政令由项羽一人所出，号称霸王，王位虽不终久，近古以来却未曾有过。等到项羽背弃关中怀念楚地，放逐义帝而自立为王，怨恨王侯背叛自己，想成大事委实艰难。以战功自夸，自信一己智巧而不效法古人，以为霸王基业，要用武力征讨经营天下来完成，以致只有五年终于亡国，本人身死东城，还不觉悟，还不检讨自责，实在大错。还要说"天要亡我，并非用兵的过错"，岂不是太荒谬吗？

汉 书

[东汉] 班固

金日磾传

原 文

金日磾字翁叔，本匈奴休屠王太子也。武帝元狩中，票骑将军霍去病将兵击匈奴右地，多斩首，虏获休屠王祭天金人。其夏，票骑复西过居延，攻祁连山，大克获。于是单于怨昆邪、休屠居西方多为汉所破，召其王欲诛之。昆邪、休屠恐，谋降汉。休屠王后悔，昆邪王杀之，并将其众降汉。封昆邪王为列侯。日磾以父不降见杀，与母阏氏、弟伦俱没入官，输黄门养马，时年十四矣。

译 文

金日磾字翁叔，原来是匈奴休屠王的太子。武帝元狩年间，骠骑将军霍去病领兵进攻匈奴西部地区，斩杀很多敌人，还缴获休屠王用来祭天的金人。这一年夏天，骠骑将军又向西进发经过居延，攻占祁连山，大获全胜。因此匈奴单于怨恨昆邪、休屠部落，因为他们所在的西方地区多次被汉军攻破，召见他们的王并打算趁机诛杀。昆邪、休屠二王很害怕，就谋划归顺汉朝。休屠王后来反悔，昆邪王就杀了他，把休屠王的部下一起带过来归顺了汉朝。皇上封昆邪王为列侯。金日磾因为他的父亲不降被杀，他与母亲阏氏、弟弟金伦一起被收入官府为奴，送他到黄门养马，当时他十四岁。

●金日磾

久之，武帝游宴见马，后宫满侧。日磾等数十人牵马过殿下，莫不窃视，至日磾独不敢。日磾长八尺二寸，容貌甚严，马又肥好，上异而问之，具以本状对。上奇焉，即日赐汤沐衣冠，拜为马监，迁侍中、驸马都尉、光禄大夫。日磾既亲近，未尝有过失，上甚信爱之，赏赐累千金，出则骖乘，入侍左右。贵戚多窃怨，曰："陛下妄得一胡儿，反贵重之！"上闻，愈厚焉。

译　文

过了很久，武帝在游玩饮宴时要召阅各部所养马匹，而他身边站满了后宫嫔妃宫女，金日磾等几十人牵马经过殿下，其他人没有不偷看的，只有金日磾不敢偷看。金日磾身长八尺二寸，相貌威严，马又养得肥壮骏美，武帝觉得奇怪，就问他，他据实回答。武帝觉得他很奇特，当天就让他沐浴，赐给衣冠，拜为马监，又升任侍中驸马都尉光禄大夫。金日磾受到武帝亲近以后，不曾有过失，武帝很信任喜欢他，赏赐给他的财物累积有千金，武帝外出，他就随侍车驾，武帝在宫中，他就侍候左右。一些贵戚在私下抱怨，说："陛下随便得到一个匈奴小儿，反倒器重他！"武帝听说后，就更加厚待他。

原　文

日磾母教诲两子，甚有法度，上闻而嘉之。病死，诏图画于甘泉宫，署曰"休屠王阏氏"。日磾每见画常拜，乡之涕泣，然后乃去。日磾子二人皆爱，为帝弄儿，常在旁侧。弄儿或自后拥上项，日磾在前，见而目之。弄儿走且啼曰："翁怒。"上谓日磾"何怒吾儿为？"其后弄儿壮大，不谨，自殿下与宫人戏，日磾适见之，恶其淫乱，遂杀弄儿。弄儿即日磾长子也。上闻之大怒，日磾顿首谢，具言所以杀弄儿状。上甚哀，为之泣，已而心敬日磾。

金日磾的母亲教诲两个儿子，都很有规矩，武帝得知后就表彰了她。她病死以后，武帝下诏让人为她画像并放置于甘泉宫，题名"休屠王阏氏"。金日磾每次看见画像都下拜，对着画像哭泣，然后才离开。金日磾的两个儿子都很可爱，是皇上取乐解闷的狎童，经常待在皇上身边。有一次，狎童从后面抱住皇上脖子，金日磾在前面，看见后生气地瞪着他。狎童一边跑一边哭着说："爹爹发火了。"皇上对金日磾说："为什么对我的狎童发脾气？"后来这个狎童长大，行为不谨慎，在殿下（面前）与宫女戏闹，金日磾正好看见，厌恶他的淫乱，于是就杀了狎童。这个狎童就是他的大儿子。武帝得知后大怒，金日磾叩头请罪，把为什么杀大儿子的缘由一一说出。武帝很哀伤，为他掉泪，以后从内心敬重金日磾。

初，莽何罗与江充相善，及充败卫太子，何罗弟通用诛太子时力战得封。后上知太子冤，乃夷灭充宗族党与。何罗兄弟惧及，遂谋为逆。日磾视其志意有非常，心疑之，阴独察其动静，与俱上下。何罗亦觉日磾意，以故久不得发。是时，上行幸林光宫，日磾小疾卧庐。何罗与通及小弟安成矫制夜出，共杀使者，发兵。明旦，上未起，何罗亡何从外入。日磾奏厕心动，立入坐内户下。须臾，何罗袖白刃从东箱上，见日磾，色变，走趋卧内欲入，行触宝瑟，僵。日磾得抱何罗，因传曰："莽何罗反！"上惊起，左右拔刃欲格之，上恐并中日磾，止勿格。日磾捽胡投何罗殿下，得禽缚之，穷治，皆伏辜。繇（yóu）是著忠孝节。

●女巫出入

汉武帝晚年多疑，正巧时有女巫出入宫廷，江充诬陷太子行巫蛊之术，逼反了卫太子，因此而受到牵连的人多达数十万

当初，莽何罗与江充关系很好，等到江充谗害卫太子，莽何罗的弟弟莽通因诛杀太子时奋力作战而得到封赐。后来武帝得知太子蒙冤，就诛

杀了江充的宗族和党羽。莽何罗兄弟害怕被杀，于是策谋造反。金日磾发现他们神情异样，心里怀疑他们，私下里一个人注意他们的动静，与他们一同出入宫殿。莽何罗也觉察到金日磾的用意，因此，很久没有机会动手发难。这个时候，武帝前往林光宫，金日磾因为有小病在殿内休息。莽何罗和莽通以及他们的小弟莽成安假托圣旨深夜外出，一起杀了使者，发兵造反。第二天早上，武帝还没有起床，莽何罗无故从外面进入宫殿。金日磾正在上厕所，心里一动，马上进去坐在里面的屋子里。一会儿，莽何罗袖藏利刃，从东厢房进来，看见金日磾，神情大变，快步跑向武帝卧室，不料撞到宝瑟，向后摔倒，金日磾得以抱住莽何罗，随即高呼："莽何罗造反啦！"武帝从床上惊起。侍卫拔刀想杀莽何罗，武帝恐怕伤到金日磾，就阻止侍卫们搏杀。金日磾揪住莽何罗的脖子，把他摔到殿下，侍卫们这才能把他捉住捆绑起来，彻底追查，最后所有谋反之人都伏法受诛。金日磾因此以忠诚孝顺的节操著称。

　　日磾自在左右，目不忤视者数十年。赐出宫女，不敢近。上欲内其女后宫，不肯。其笃慎如此，上尤奇异之。及上病，属霍光以辅少主，光让日磾。日磾曰："臣外国人，且使匈奴轻汉。"于是遂为光副。光以女妻日磾嗣子赏。初，武帝遗诏以讨莽何罗功封日磾为秺侯，日磾以帝少不受封。辅政岁余，病困，大将军光白封日磾，卧授印绶。一日，薨，赐葬具冢地，送以轻车介士，军陈至茂陵，谥曰敬侯。

　　金日磾自从在武帝身边，几十年从不直视武帝。武帝赏赐给他宫女，他也不敢亲近。武帝要把他的女儿娶入后宫，金日磾不肯。他就是这样笃厚谨慎，武帝更认为他与众不同。到后来武帝病重，嘱托霍光辅佐少主，霍光要谦让给金日磾。金日磾说："我是外国人，那样就会让匈奴轻视汉朝。"于是就作为霍光的助手。霍光把自己的女儿嫁给金日磾的承嗣金赏。最初，武帝留下遗诏，以讨伐莽何罗的功劳封金日磾为秺侯，金日磾因为昭帝年幼，没有接受封爵。在辅佐朝政一年多后，金日磾病情严重了，大将军霍光奏明昭帝才封金日磾为侯爵，金日磾躺在病床边接受了印绶。一天后金日磾病逝，昭帝赐给安葬器具和坟地，用轻车军士为他送葬，军队一直排列到茂陵，赐谥号敬侯。

　　日磾两子，赏、建，俱侍中，与昭帝略同年，共卧起。赏为奉车，建驸马都尉。及赏嗣侯，佩两绶。上谓霍将军曰："金氏兄弟两人不可使俱两绶邪？"霍光对曰："赏自嗣父为侯耳。"上笑曰："侯不在我与将军乎？"光曰："先帝之约，有功乃得封侯。"时年俱八九岁。宣帝即位，赏为太仆，霍氏有事萌牙，上书去妻。上亦自哀之，独得不坐。元帝时为光禄勋，薨（hōng），亡子，国除。元始中继绝世，封建孙当为秺（dù）侯，奉日磾后。

汉书

〖译　文〗

金日磾两个儿子金赏、金建，都为侍中，与昭帝年龄相仿，与昭帝一同起卧。金赏是奉车都尉，金建是驸马都尉。等到金赏继承了侯爵，佩戴着两条绶带后，昭帝对霍光说："不可以让金家两兄弟都是两条绶带吗？"霍光回答："金赏本是继承父亲的爵位封为侯爵的。"昭帝笑着说："封赐侯爵不就在于我与将军您吗？"霍光说："先帝的规定是有功才能封侯。"当时他们年龄都是八九岁。宣帝即位后，金赏担任太仆，霍家变故刚露出端倪，他就上书休妻。宣帝心里也可怜他，所以只有他能够在霍家变故中不受牵连。元帝时担任光禄勋，死后没有儿子，封国被除去。元始年间为了延续灭绝的宗祀，封金建的孙子金当为秺侯，作为金日磾的后代子嗣祭祀祖先。

〖原　文〗

初，日磾所将俱降弟伦，字少卿，为黄门郎，早卒。日磾两子贵，及孙则衰矣。而伦后嗣遂盛，子安上始贵显封侯。安上字子侯，少为侍中，惇（dūn）笃有智，宣帝爱之。颇与发举楚王延寿反谋，赐爵关内侯，食邑三百户。后霍氏反，安上传禁门闼（tà），无内霍氏亲属，封为都成侯，至建章卫尉。薨（hōng），赐冢茔（yíng）杜陵，谥曰敬侯。四子，常、敞、岑、明。

〖译　文〗

当初，金日磾带着一起降汉的弟弟金伦，字少卿，为黄门郎，年纪轻轻就死了。金日磾的两个儿子身份显贵，到孙子辈就衰微了。但是金伦的后代兴盛，儿子金安上开始显贵封侯。金安上字子侯，年轻时担任侍中，性情敦厚有智谋，宣帝很喜欢他。因积极参与检举揭发楚王刘延寿的造反阴谋，赐爵关内侯，食邑三百户。后来霍家谋反，金安上传令严守宫门，禁止霍家亲属入内，因此被封为都成侯，官至建章卫尉。金安上死后，赐坟地于杜陵，赐谥号敬侯。他有四个儿子：金常、金敞、金岑、金明。

岑、明皆为诸曹中郎将,常光禄大夫。元帝为太子时,敞为中庶子,幸有宠,帝即位,为骑都尉光禄大夫、中郎将侍中。元帝崩,故事,近臣皆随陵为园郎,敞以世名忠孝,太后诏留侍成帝,为奉车水衡都尉,至卫尉。敞为人正直,敢犯颜色,左右惮之,唯上亦难焉。病甚,上使使者问所欲,以弟岑为托。上召岑,拜为使主客。敞子涉本为左曹,上拜涉为侍中,使待幸绿车载送卫尉舍。须臾卒。敞三子,涉、参、饶。

金岑、金明都担任诸曹中郎将,金常是光禄大夫。元帝当太子时,金敞为中庶子,深受太子宠爱,元帝即位后,他担任骑都尉光禄大夫、中郎将侍中。元帝驾崩,按照旧例,近臣都要随侍陵墓为园郎守墓,金敞因为世代被称为忠孝,所以被太后下诏留下侍奉成帝,担任奉车水衡都尉,官至卫尉。金敞为人正直,敢冒犯君王的威严,元帝以及元帝身边的人都敬畏他。金敞病重,元帝派使者问他有什么要求,他把弟弟金岑托付给元帝。元帝召见金岑,拜为使主客。金敞的儿子金涉本来担任左曹,元帝又拜为侍中,又派人用皇孙乘坐的绿车送他回卫尉馆舍。没过多久,金敞就死了。金敞有三个儿子:金涉、金参、金饶。

涉明经俭节,诸儒称之。成帝时为侍中、骑都尉,领三辅胡越骑。哀帝即位,为奉车都尉,至长信少府。而参使匈奴,匈奴中郎将、越骑校尉、关内都尉,安定、东海太守。饶为越骑校尉。

金涉通晓经典,平素俭朴,儒生们都称赞他。成帝时为侍中、骑都尉,统领三辅的胡越骑兵。哀帝即位,为奉车都尉,官至长信少府。金参出使匈奴,拜为匈奴中郎将、越骑校尉、关内都尉、安定和东海两郡太守。金饶为越骑校尉。

涉两子,汤、融,皆侍中诸曹将大夫。而涉之从父弟钦举明经,为太子门大夫,哀帝即位,为太中大夫给事中。钦从父弟迁为尚书

二十四史精华

〇四二

令,兄弟用事。帝祖母傅太后崩,钦使护作,职办,擢为泰山、弘农太守,著威名。平帝即位,征为大司马司直、京兆尹。帝年幼,选置师友,大司徒孔光以明经高行为孔氏师,京兆尹金钦以家世忠孝为金氏友。徙光禄大夫、侍中,秩中二千石,封都成侯。

译文

金涉的两个儿子金汤、金融,都是侍中诸曹将大夫。金涉的堂弟金钦因明经被推荐担任太子门大夫,哀帝即位,为太中大夫给事中。金钦的堂弟金迁为尚书令,兄弟掌权。哀帝祖母傅太后崩,金钦被指派主持丧葬事宜,任务完成,提拔为泰山、弘农太守,以威名著称。平帝即位,金钦被征调为大司马司直、京兆尹。平帝年幼,挑选设置老师和朋友,大司徒孔光因为通晓经典、操行高洁而担任孔氏师,京兆尹金钦因家族世代忠孝被选任为金氏友。金钦后来担任光禄大夫、侍中,官俸中二千石,册封都成侯。

原文

时,王莽新诛平帝外家卫氏,召明礼少府宗伯凤入说为人后之谊,白令公卿、将军、侍中、朝臣并听,欲以内厉平帝而外塞百姓之议。钦与族昆弟秺侯当俱封。初,当曾祖父日磾传子节侯赏,而钦祖父安上传子夷侯常,皆亡子,国绝,故莽封钦、当奉其后。当母南即莽母功显君同产弟也。当上南大行为太夫人。钦因缘谓当:"诏书陈日磾功,亡有赏语。当名为以孙继祖也,自当为父、祖父立庙。赏故国君,使大夫主其祭。"时,甄邯在旁,庭叱钦,因劾奏曰:"钦幸得以通经术,超擢侍帷幄,重蒙厚恩,封袭爵号,知圣朝以世有为人后之谊。前遭故定陶太后背本逆天,孝哀不获厥福,乃者吕宽、卫宝复造奸谋,至于反逆,咸伏厥辜。太皇

伊尹

天锡阿衡左右商王
忠光日月肩荷鼎常

●伊尹
伊尹是商朝的开国功臣,官居阿衡,后人用阿衡代之伊尹

zhuó wéi wò

太后惩艾悼惧，逆天之咎，非圣诬法，大乱之殃，诚欲奉承天心，遵明圣制，专壹为后之谊，以安天下之命，数临正殿，延见群臣，讲习《礼经》。孙继祖者，谓亡正统持重者也。赏见嗣日碑，后成为君，持大宗重，则《礼》所谓'尊祖故敬宗'，大宗不可以绝者也。钦自知与当俱拜同谊，即数扬言殿省中，教当云云。当即如其言，则钦亦欲为父明立庙而不入夷侯常庙矣。进退异言，颇惑众心，乱国大纲，开祸乱原，诬祖不孝，罪莫大焉。尤非大臣所宜，大不敬。稚侯当上母南为太夫人，失礼不敬。"莽白太后，下四辅、公卿、大夫、博士、议郎，皆曰："钦宜以时即罪。"谒者召钦诣诏狱，钦自杀。邯以纲纪国体，亡所阿私，忠孝尤著，益封千户。更封长信少府涉子右曹汤为都成侯。汤受封日，不敢还归家，以明为人后之谊。益封之后，莽复用钦弟遵，封侯，历九卿位。

释文

　　当时王莽刚杀了平帝母后家的卫氏，召见明礼少府宗伯凤入宫讲述做后辈子孙应通晓的道理，命令公卿、将军、侍中、朝中臣僚都来听，想用这种方法在宫内警诫平帝，在社会上又能制止老百姓的议论。金钦和堂弟稚侯金当都被封爵。当初，金当的曾祖父金日碑传爵给儿子节侯金赏，而金钦的祖父金安上传爵给儿子夷侯金常，金赏、金常都没有儿子，封国废除，所以王莽封金钦、金当爵位，承继为金日碑、金安上的后人。金当的母亲南就是王莽的母亲功显君的胞妹。金当上书大行，要求封他母亲南为太夫人。金钦借机对金当说："诏书列举金日碑的功劳，没有提到金赏的话。金当名誉上是以孙辈继承祖父的爵秩，自然应该为父亲、祖父立庙。金赏原本是封国的君主，可以派大夫主持祭祀他。"当时郓邯在旁边，就在朝廷上斥责金钦，上奏弹劾："金钦侥幸因通晓经典破格提拔侍候官中，蒙受天子大恩，被封侯继承爵位，可知圣朝让每一代都有继承人这个道理。前次，国家遭受变故，定陶太后背弃根本违反天意，孝哀帝未得到她的护佑，不久吕宽、卫宝又发动阴谋，以致叛逆，都已经伏法受诛。太皇太后鉴于教训，痛定思痛，明白了违反天意的罪过，非议圣贤、蔑视国法，最终必酿成大祸，现在确实是想奉行上天旨意，遵循皇制法度，使做人后嗣的礼义更加专一明确，以此来安定天下百姓，屡次来到正殿，召见各位大臣，讲授《礼经》。孙子继承祖父的爵位，是指没有正统继承人继承宗庙大位的情况。金赏继嗣于金日碑后来成为封国之君，担负起主持大宗祭祀的重任，这就是《礼》所说的'尊敬祖宗就能尊敬宗庙'，大宗祭祀是不可以断绝的。金钦知道自己与金当属于同一种情况，应该遵守一样的标准，就多次在宫禁中扬言，唆使金当如何如何。金当如果照他说的那样为父亲立庙，那么金钦也想为父亲金明立庙而不进入夷侯金常的庙了。此人前后话语矛盾，惑乱众心，搅乱国家伦理纲常，首开祸乱根源，欺骗祖宗、行为不孝，这是天大的罪行。况且这尤其不是大臣该做的，实属大不敬。秺侯金当尊母亲南为太夫人，也是失礼不敬。”王莽奏明太后，把这件事交给四辅、公卿、大夫、博士、议郎讨论，都说："金钦应当立即治罪。"谒者召金钦到诏狱，金钦自杀身亡。鄄邯为维护国家纲常，不阿谀奉承和偏袒任何人，忠孝卓著，被加封千户。改封长信少府金涉的儿子右曹金汤为都成侯。金汤受封之日，不敢回家，以表明已成为别人后嗣应遵从的道义。加封之后，王莽又起用金钦的弟弟金遵，封他为侯，职位高列九卿。

后汉书

[南朝] 范晔

马援传

原文

马援字文渊，扶风茂陵人也。其先赵奢为赵将，号曰马服君，子孙因为氏。武帝时，以吏二千石自邯郸徙焉。曾祖父通，以功封重合侯，坐兄何罗反，被诛，故援再世不显。援三兄况、余、员，并有才能，王莽时皆为二千石。

译文

马援字文渊，扶风茂陵人。他的先祖赵奢为赵国将军，爵号马服君，子孙于是以马为姓氏。武帝时，马援的祖上因俸禄为二千石所以从邯郸迁到茂陵。曾祖父马通，根据功劳被封为重合侯，因兄长马何罗谋反遭连累被杀，所以马援的祖父和父辈不得担任显官。马援的三个哥哥马况、马余、马员都有才能，王莽时都身为俸禄二千石的官。

●马援

原文

援年十二而孤，少有大志，诸兄奇之。尝受《齐诗》，意不能守章句，乃辞况，欲就边郡田牧。况曰："汝大才，当晚成。良工不示人以朴，且从所好。"会况卒，援行服期年，不离墓所；敬事寡嫂，不冠不入庐。后为郡督邮，送囚至司命府，囚有重罪，援哀而纵之，遂亡命北地。遇赦，因留牧畜，宾客多归附者，遂役属数百家。转游陇汉间，常谓宾客曰："丈夫为志，穷当益坚，老当益壮。"因处田牧，至有牛、马、羊数千头，谷数万斛。既而叹曰："凡殖货财产，贵其能施赈也，否则守钱虏耳。"乃尽散以班昆弟故旧，身衣羊裘皮绔。

译文

马援十二岁时父亲去世，年少志远，几个哥哥都感到惊奇。曾学习《齐诗》，但马援认为不能固守于章句之间，就辞别兄长马况，想到边疆郡县去耕作放牧。马况说："你有大才，应当大器晚成。好的工匠不会给别人看未经雕琢的木头，你就随着你的喜好去做吧。"正逢马况去世，马援身着丧服守孝一年，不离墓所；敬侍寡嫂，不戴好帽子就不进庐舍。后来当了郡的督邮，解送囚犯到司命府，囚犯身犯重罪，马援因为可怜他就将他放了，自己逃亡到北地。被赦免后，就留下来牧畜为生，宾客们多归附于他，于是有数百家听他差遣。转游陇汉间，马援常对宾客们说："大丈夫的志气，应当在穷困时更坚定，年老时更壮烈。"因为从事耕作放牧致有牛马羊数千头，谷数万斛。既而又叹道："凡是从农牧商业中所获得的财产，贵在能施舍救济他人，否则就是个守财奴罢了！"于是将财产尽数分散给了哥哥和故旧，身上穿着羊裘皮裤过日子。

原文

王莽末，四方兵起，莽从弟卫将军林广招雄俊，乃辟援及同县原涉为掾，荐之于莽。莽以涉为镇戎大尹，援为新成大尹。及莽败，援兄员时为增山连率，与援俱去郡，复避地凉州。世祖即位，员先诣洛阳，帝遣员复郡，卒于官。援因留西州，隗嚣甚敬重之，以援为绥德将军，与决筹策。

译文

王莽末年，兵乱四起，王莽堂弟卫将军王林广揽英雄豪杰，就征招马援和同县原涉为掾吏，推荐给王莽。王莽任命原涉为镇戎大尹，任命马援为新成大尹。等到王莽势败，马援的哥哥马员这时为增山统帅，与马援都离开郡城，避居到凉州。世祖即位，马员先到洛阳，天子派遣马员回去仍为增山统帅，最后死在任上。马援因而留在西州，隗嚣很敬重他，任命他为绥德将军，与他共同筹划决策。

　　是时公孙述称帝于蜀，嚣使援往观之。援素与述同里闬，相善，以为既至当握手欢如平生。而述盛陈陛卫，以延援入，交拜礼毕，使出就馆，更为援制都布单衣、交让冠，会百官于宗庙中，立旧交之位。述鸾旗旄骑，警跸就车，磬折而入，礼飨官属甚盛，欲授援以封侯大将军位。宾客皆乐留，援晓之曰："天下雄雌未定，公孙不吐哺走迎国士，与图成败，反修饰边幅，如偶人形。此子何足久稽天下士乎！"因辞归，谓嚣曰："子阳井底蛙耳，而妄自尊大，不如专意东方。"

　　这时公孙述在蜀地称帝，隗嚣派马援前去考察他。马援与公孙述是同乡，平时交情不错，以为自己去后公孙述会拉着他的手，像过去一样高兴。可是这次公孙述却出动御林军，列开队伍，引马援相见，见面礼仪已毕，让马援前去馆舍，再为马援制作白棉布单衣、交让冠，在宗庙中会见百官，设立老朋友的座位。公孙述拥着天子用的鸾旗、旄骑和左右侍卫，清道上车，屈身进入宗庙，礼宴的官员很多，想为马援封侯，拜大将军爵位。马援的宾客们都乐于留下，马援对众人说："天下胜负未定，公孙述不殷勤礼让地迎接国内有才能之士一起谋划成败，反而修饰边幅，像木偶一样，这样的人怎么能长久留住天下的人才呢？"因而告辞回来。他告诉隗嚣说："公孙述不过是个井底之蛙罢了，却妄自尊大，我们不如一心归向东方。"

　　建武四年冬，嚣使援奉书洛阳。援至，引见于宣德殿。世祖迎笑谓援曰："卿遨游二帝间，今见卿，使人大惭。"援顿首辞谢，因曰："当今之世，非独君择臣也，臣亦择君矣。臣与公孙述同县，少相善。臣前至蜀，述陛戟而后进臣。臣今远来，陛下何知非刺客奸人，而简易若是？"帝复笑曰："卿非刺客，顾说客耳。"援曰："天下反覆，盗名字者不可胜数。今见陛下，恢廓大度，同符高祖，乃知帝王自有真也。"帝甚壮之。援从南幸黎丘，转至东海。及还，以为待诏，使太中

二十四史精华

大夫来歙持节送援西归陇右。

建武四年冬，隗嚣派马援奉书到洛阳。马援到，被引领到宣德殿。光武帝出迎，笑着对马援说："你奔走周旋于两个皇帝之间，现在见到你本人，使人大感惭愧。"马援叩头辞谢，于是说："现在的世界，不只是君主选择臣子，臣子也选择君主。我与公孙述是同乡，小时候相处得不错。我之前去蜀地，公孙述让近臣持戟站在两侧然后召我进见。我今天远道而来，您怎么知道我不是刺客奸人，而这样轻易地就接见我呢？"光武帝又笑道："你不是刺客，不过是个说客而已。"马援说："天下动荡反复，窃取皇帝名号的人多得数不清，今天见到陛下如此宽宏大量，与高帝一样，就知道帝王自然有真的了。"光武帝甚赞其言。马援跟随光武帝到黎丘，又转到东海。回去后，光武帝让他暂时待诏，派太中大夫来歙持节送马援西归陇右。

●汉光武帝刘秀

汉世祖光武皇帝刘秀（前5—57），字文叔，东汉开国皇帝，中国历史上杰出的政治家、战略家、军事家。22年，身为汉室宗亲的刘秀在家乡乘势起兵，与王莽新朝政权公开决裂，在河北鄗县南千秋亭登基称帝，为表刘氏重兴之意，仍以"汉"为国号，史称"东汉"。经过长达十二年之久的统一战争，刘秀先后平灭了关东、陇右、西蜀等地的割据政权，结束了自新莽末年以来长达近二十年的军阀混战与割据局面

隗嚣与援共卧起，问以东方流言及京师得失。援说嚣曰："前到朝廷，上引见数十，每接谈语，自夕至旦，才明勇略，非人敌也。且开心见诚，无所隐伏，阔达多大节，略与高帝同。经学博览，政事文辩，前世无比。"嚣曰："卿谓何如高帝？"援曰："不如也。高帝无可无不可；今上好吏事，动如节度，又不喜饮酒。"嚣意不怿，曰："如卿言，反复胜邪？"然雅信援，故遂遣长子恂入质。援因将家属随恂归洛阳。居数月而无它职任。援以三辅地旷土沃，而所将宾客猥多，乃上书求屯田上林苑中，帝许之。

隗嚣与马援同卧同起，问他在东方听到的消息和京师方面的得失。马援对隗嚣说：

"上一次到朝廷，光武帝接见我十多次，每次与光武帝在宴会间谈话，从深夜谈到清晨，光武帝的才能勇略，不是别人能比的，而且坦白诚恳，无所隐瞒。阔达大度而胸有大节，基本上与高帝相同，而其经学之渊博，处理政事和文章辞辩，在前世无人可出其右。"隗嚣说："你说，他比高帝如何？"马援说："他不如高帝。高帝没有什么事非这样不可，也没有什么事非不这样不可；而光武帝喜爱政事，处理政务能恰如其分，又不喜欢喝酒。"隗嚣不高兴，说："像你这样说，光武帝倒胜过高帝了？"然而他非常信任马援，因而派遣长子隗恂到京师作为人质。马援因此携家属随隗恂同归洛阳。住了几个月还没有接到新的任命。马援以三辅地广土沃，而所带宾客杂多为由，上书请求在上林苑中屯田，光武帝准许了。

原文

　　会隗嚣用王元计，意更狐疑，援数以书记责譬于嚣，嚣怨援背己，得书增怒，其后遂发兵拒汉。援乃上疏曰："臣援自念归身圣朝，奉事陛下，本无公辅一言之荐，左右为容之助。臣不自陈，陛下何因闻之。夫居前不能令人轻，居后不能令人轩，与人怨不能为人患，臣所耻也。故敢触冒罪忌，昧死陈诚。臣与隗嚣，本实交友。初，嚣遣臣东，谓臣曰：'本欲为汉，愿足下往观之。于汝意可，即专心矣。'及臣还反，报以赤心，实欲导之于善，非敢谲以非义。而嚣自挟奸心，盗憎主人，怨毒之情遂归于臣。臣欲不言，则无以上闻。愿听诣行在所，极陈灭嚣之术，得空匈腹，申愚策，退就陇亩，死无所恨。"帝乃召援计事，援具言谋画。因使援将突骑五千，往来游说嚣将高峻、任禹之属，下及羌豪，为陈祸福，以离嚣支党。

译文

　　适逢隗嚣采纳王元的计策，更加狐疑起来，马援几次用书信责备隗嚣，隗嚣恨马援背叛自己，得信后仇怨更深，后来就发兵拒汉。马援就向光武帝上疏说："我自念归身圣朝，敬侍陛下，本来没有三公辅相一句话的推荐，也没有左右人等为我举荐。我自己不说，陛下又怎么能了解我呢？在人前不能令人分出高低，在人后不能令人分出轻重。招人怨恨却不能成为别人的心头之患，这是我感到羞耻的事。所以敢于触罪犯忌，冒死陈述至诚。我与隗嚣，本来是朋友。当初，隗嚣派我来洛阳，对我说：'本来是想归顺汉朝，请你先去看看，如果你觉得可以，我就一心归顺汉朝了。'等到我回去，以赤心回报隗嚣，想真心实意引导他从善，不敢拿不义的想法欺骗他。但是隗嚣自挟奸心，私下憎恨陛下，还把这种怨恨之情归结到我身上。我如果不说，意见就无从上达帝听。我愿意亲自到您那里，陈述消灭隗嚣的策略，能够把想说的话都说完，申述我的浅见，然后退回老家去种田，那样的话就死而无憾。"光武帝于是召见马援议事，马援为光武帝出谋划策。因此光武帝命马援率领五千突击骑兵，往来游说隗嚣将领高峻、任禹等人，以及羌族部落中的英杰，为他们剖析形势说明祸福，以离间隗嚣的党羽。

原文

　　援又为书与嚣将杨广，使晓劝于嚣，曰："春卿无恙，前别冀南，寂无音驿。援间还长安。因留上林。窃见四海已定，兆民同情，而季孟闭拒背畔，为天下表的。常惧海内切齿，思相屠裂，故遗书恋恋，以致恻隐之计。乃闻季孟归罪于援，而纳王游翁诐邪之说，自谓函谷以西，举足可定，以今而观，竟何如邪？援间至河内，过存伯春，见其奴吉从西方还，说伯春小弟仲舒望见吉，欲问伯春无它否，竟不能言，晓夕号泣，婉转尘中。又说其家悲愁之状，不可言也。夫怨仇可刺不可毁，援闻之，不自知泣下也。援素知季孟孝爱，曾、闵不过。夫孝于其亲，岂不慈于其子？可有子抱三木，而跳梁妄作，自同分羹之事乎？季孟平生自言所以拥兵众者，欲以保全父母之国而完坟墓也，又言苟厚士大夫而已。而今所欲全者将破亡之，所欲完者，将毁伤之，所欲厚者将反薄之。季孟尝折愧子阳而不受其爵，今更共陆陆，欲往附之，将难为颜乎？若复责以重质，当安从得子主给是哉！往时子阳独欲以王相待，而春卿拒之；今者归老，更欲低头与小儿曹共槽枥而食，并肩侧身于怨家之朝乎？男儿溺死何伤而拘游哉！今国家待春卿意深，宜使牛孺卿与诸耆老大人共说季孟，若计画不从，真可引领去矣。前披舆地图，见天下郡国百有六所，奈何欲以区区二邦以当诸夏百有四乎？春卿事季孟，外有君臣之义，内有朋友之道。言君臣邪，固当谏争；语朋友邪，应有切磋。岂有知其无成，而但萎腇咋舌，叉手从族乎？及今成计，殊尚善也；过是，欲少味矣。且来君叔天下信士，朝廷重之，其意依依，常独为西州言。援商朝廷，尤欲立信于此，必不负约。援不得久留，愿急赐报。"广竟不答。

马援又写信给隗嚣部将杨广，要杨广去劝导隗嚣，他在信中说："春卿无恙。先前在冀南分别，杳无音信。我在这期间回到长安，接着留在上林。我私下看到天下时局已定，万民同心，而隗嚣仍然闭关反叛，成为天下人的箭靶子。我时常害怕海内各界对他恨之切齿，恨不得要杀了他，所以写信给他，表达昔日恋恋不舍的情分，献上恻隐之计。然而听说隗嚣把这些归罪于我，而接受王元诌媚奸邪的说辞，自以为函谷关以西，抬脚就可平定，以现在的形势来看，究竟是怎么样呢？马援曾经到河内，看望伯春，见到他的奴仆吉从西方回来，说伯春的小弟仲舒望见吉，想问问伯春有没有意外，竟然讲不出话来，早晚号泣，辗转风尘之中。又说他家悲愁的情况，不可言讲。怨仇可杀而不可诋毁，我听了，不知不觉也哭了。我平素知道隗嚣孝顺父母爱护子女，就连曾参、闵子骞也比不上他。对双亲孝顺的人怎么能够不对子女慈爱呢？哪有忍心让儿子身戴刑枷，而作为父亲的还在强横妄作，做出忍心吃用儿子血肉做成的羹汤的事情呢？隗嚣平生自己说他之所以拥有军队，只是想保全父母的国家而使先人坟墓完整，又说只是为了厚待士大夫而已。而现在他想保全的都将要破亡了，想完整的也将要毁掉了，想厚待的反而要薄待了。隗嚣曾经挫辱过公孙述而不接受他的封赐，现在却与公孙述同流合污，甚至还想归附于他，这难道不难为情吗？倘若公孙述要隗嚣把儿子送到洛阳当人质，他又要从哪里得到儿子呢？以前公孙述想封他为王，他拒不接受，现在老了，倒还想低着头与小儿辈们共槽而食，并肩侧身于仇人的朝廷中吗？男儿淹死不可避免，为什么要拘束游泳呢？现在国家对你有深意，你应当让牛孺卿与各位者老大人共同说服隗嚣，如果大家的计划不被他接受，大家就可以离开他而去了。先前展阅地图，见天下郡国共一百零六个，怎么妄想以区区两个邦来抵挡天下一百零四邦呢？你在隗嚣手下做事，在外有君臣之义，在内有朋友之道。以君臣而言，应当面谏争议；以朋友而言，应当商量切磋。哪能有明知其不能成功，却软弱不敢开口，拱着手跟着他一起被灭族呢？如果现在拿定主意，待遇还是优厚的；倘若失去了这个机会，就很可惜了。况且来君叔是天下的信士，朝廷很敬重他，他时常为西州说话，有依依不舍之情。我猜想朝廷，尤其是想在这件事上树立威信，必定不至于背负盟约。我不会久留，希望你快点回信。"杨广最后竟然没有答复。

八年，帝自西征嚣，至漆，诸将多以王师之重，不宜远入险阻，计尤豫未决。会召援，夜至，帝大喜，引入，具以群议质之。援因说隗嚣将帅有土崩之势,兵进有必破之状。又于帝前聚米为山谷,指画形势,开示众军所从道径往来,分析曲折,昭然可晓。帝曰:"虏在吾目中矣。"明旦,遂进军至第一,嚣众大溃。

八年,光武帝亲自西征隗嚣,到达漆县,将领们都认为王师尊贵,不宜深入险阻,计划犹豫不决。光武帝召见马援,马援连夜赶到,光武帝大喜,引入,就告诉他大家议论的意见并征求他的决策。马援因此说隗嚣将帅有土崩瓦解之势,进兵就有必破之状。并且在光武帝

●马援聚米为山

面前聚米作为山谷模型,用手指画出个中形势,指出众军应从哪条山道进去又从哪条山道出来,分析透彻,明明白白。光武帝说:"敌虏已在我眼中了。"第二天早晨,就进军到第一城,隗嚣部众大溃。

九年,拜援为太中大夫,副来歙（xī）监诸将平凉州。自王莽末,西羌寇边,遂入居塞内,金城属县多为虏有。来歙奏言陇西侵残,非马援莫能定。十一年夏,玺书拜援陇西太守。援迺发步骑三千人,击破先零羌于临洮（táo）,斩首数百级,获马牛羊万余头。守塞诸羌八千余人诣援降,诸种有数万,屯聚寇钞,拒浩亹（wěi）隘。援与扬武将军马成击之。羌因将其妻子辎重移阻于允吾谷,援乃潜行间道,掩赴其营。羌大惊坏,复远徙唐翼谷中,援复追讨之。羌引精兵聚北山上,援陈军向山,而分遣数百骑绕袭其后,乘夜放火,击鼓叫噪,虏遂大溃,凡斩首千余级。援以兵少,不得穷追,收其谷粮畜产而还。援中矢贯胫,帝以玺书劳之,赐牛羊数千头,援尽班诸宾客。

九年，拜马援为太中大夫，协助来歙监督诸将平定凉州。自王莽末年，西羌侵犯边境，就移居塞内，金城属县多被羌人占有。来歙奏言陇西被侵残破，只有马援能平定。十一年夏天，颁发玺印诏书拜任马援为陇西太守。马援就发步兵骑兵共三千人，在临洮击破先零羌，斩首数百级，获马牛羊万余头。守塞诸羌八千多人向马援投降。有各族数万人，屯聚攻击掠夺，拒守浩亹隘。马援与扬武将军马成发起攻击。羌人于是带领他们的妻子、儿女、辎重转移到允吾谷阻拒，马援暗中走小路，突袭敌营。羌人大惊，再次远迁到唐翼谷中，马援再追击。羌人引精兵屯北山上，马援面向山陈军，而分遣数百骑绕到羌兵背后，乘夜放火，击鼓呼叫，羌兵大溃，共斩首千余级。马援由于兵力少，不敢穷追，收集其粮谷畜产而回。马援被羌人射穿小腿，光武帝以玺书慰劳，赐牛羊数千头，马援尽数分发给各宾客。

是时，朝臣以金城破羌之西，涂远多寇，议欲弃之。援上言，破羌以西城多完牢，易可依固；其田土肥壤，灌溉流通。如令羌在湟中，则为害不休，不可弃也。帝然之，于是诏武威太守，令悉还金城客民。归者三千余口，使各反旧邑。援奏为置长吏，缮城郭，起坞候，开导水田，劝以耕牧，郡中乐业。又遣羌豪杨封誉说塞外羌，皆来和亲。又武都氐人背公孙述来降者，援皆上复其侯王君长，赐印绶，帝悉从之。乃罢马成军。

这时，朝臣认为金城在破羌以西，路途遥远且盗寇又多，商议想放弃。马援上书说，破羌以西城池多完好牢固，易于防守；其土地肥沃，可以灌溉流通。如果让羌人在湟中，那他们就为害不止，因此不可放弃。光武帝同意，于是诏武威太守，命令他让武威的金城客民都回到金城去。回来的人有三千多，让他们都回到各自原来的旧邑去。马援奏表为他们派置长吏，修缮城郭，建立小城镇，开导水田，劝以耕牧，郡中得以安居乐业。又遣羌族头领杨封晓谕劝说塞外羌民，都来和亲。另外武都氐人背叛公孙述来投降的，马援都奏请恢复他们的侯王君长地位，赐给印绶，光武帝都诏准。于是撤回马成的军队。

十三年，武都参狼羌与塞外诸种为寇，杀长吏。援将四千余人击之，至氐道县，羌在山上，授军据便地，夺其水草，不与战，羌遂穷困，豪帅数十万户亡出塞，诸种万余人悉降，于是陇右清静。

十三年，武都参狼羌与塞外各部落联合，闯入汉朝境内为寇作乱，杀死地方长吏。马援率领四千余人反攻，大军到了氐道县，羌人撤退到了山上，马援的军队占据有利地形，夺取了羌军的水草，却不与他们交战，羌军粮草断绝，羌族各部落头领率领数十万户逃出塞外，各部落中共有万余人全部投降，于是陇右就安定了。

原　文

援务开恩信，宽以待下，任吏以职，但总大体而已。宾客故人，日满其门。诸曹时白外事，援辄曰："此丞、掾之任，何足相烦。颇哀老子，使得遨游。若大姓侵小民，黠羌欲旅距，此乃太守事耳。"傍县尝有报仇者，吏民惊言羌反，百姓奔入城郭。狄道长诣门，请闭城发兵。援时与宾客饮，大笑曰："烧虏何敢复犯我。晓狄道长归守寺舍，良怖急者，可床下伏。"后稍定，郡中服之。视事六年，征入为虎贲中郎将。

译　文

马援注重广开恩德树立威信，对待部下非常宽厚，按照所设置的职务任免官吏，而他自己只抓原则大事而已。宾客和故旧友人，每日聚集到他的门下。属官们有的时候谈到外面的事，马援总是说："这是丞史、掾吏们的工作，你们不用告诉我。哀怜一下我这个老头子吧，让我也能清闲游乐一番。如果是大姓贵族欺侮平头百姓，狡黠的羌民不服从管束，那才是太守分内的事务。"邻县曾经有报仇的事件发生，吏民们惊慌失措地说是羌民造反了，百姓奔入城郭。狄道县县长登门造访马援，请求关闭城门发兵讨伐羌族部落，这时候马援正在与宾客饮酒，大笑说："烧羌部怎么敢再来进犯我。晓谕狄道县县长回去把守官舍，真的怕极了，可以躲到床底下去。"后来风波平静了，郡中的人都佩服马援的胆识。他在陇西主事六年，之后朝廷把他征召回去担任虎贲中郎将一职。

原　文

初，援在陇西上书，言宜如旧铸五铢钱。事下三府，三府奏以为未可许，事遂寝。乃援还，从公府求得前奏，难十余条，乃随牒解释，

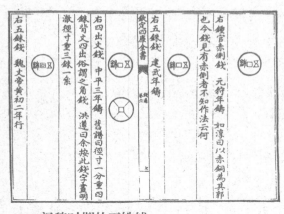

更具表言。帝从之，天下赖其便。援自还京师，数被进见。为人明须发，眉目如画。闲于进对，尤善述前世行事。每言及三辅长者，下至闾里少年，皆可观听。自皇太子、诸王侍闻者，莫不属耳忘倦。又善兵策，帝常言"伏波论兵，与我意合"，每有所谋，未

●汉魏时期的五铢钱

尝不用。

译文

　　起先，马援在陇西主事时曾经上书朝廷，说应当像过去一样铸造五铢钱。朝廷将这件事转交给由太尉、司徒、司空掌管的府署办理，三府奏报认为不可行，于是这件事就被搁置下来了。等到马援回到京师，从公府求得以前三府的奏议，上面有别人指责他的十多条意见，他就随牒逐一解释，再次上表章申述自己的理由。光武帝采纳了马援的意见，天下因为他这个建议而使货币流通获得了方便。马援自从回到京师，多次被召见。马援为人很注重修饰须发，容貌清朗如画。马援善于与别人对话畅谈，特别擅长讲述前代的故事。马援经常会讲到上至三辅中的长者元老下到乡里少年的事，都很动听。跟随皇太子、诸王的侍从们听到他的话，就都竖起耳朵听而忘记疲倦。马援又善于用兵方策，光武帝曾经说："伏波论兵，和我的意见相合。"每次马援为光武帝出谋划策，全都被光武帝采纳。

原文

　　初，卷人维汜，讹言称神，有弟子数百人，坐伏诛。后其弟子李广等宣言汜神化不死，以诳惑百姓。十七年，遂共聚会徒党，攻没皖城，杀皖侯刘闵，自称"南岳大师"。遣谒者张宗将兵数千人讨之，复为广所败。于是使援发诸郡兵，合万余人，击破广等，斩之。

译文

　　起初，卷县人维汜，妖言惑众自称是神，有数百弟子，都坐罪被杀头。后来他的弟子李广等人宣言维汜神化不死，以诳惑百姓。十七年，纠集徒党，攻下皖城，杀死

皖侯刘闵，自称"南岳大师"。朝廷派谒者张宗率兵数千人讨伐，又被李广打败。于是派马援组织诸郡军兵，共一万多人，击破李广等人并将他斩首。

　　又交阯女子徵zhǐ侧及女弟徵zhēng贰反，攻没其郡，九真、日南、合浦蛮夷皆应之，寇略岭外六十余城，侧自立为王。于是玺书拜援伏波将军，以扶乐侯刘隆为副，督楼船将军段志等南击交阯。军至合浦而志病卒，诏援并将其兵。遂缘海而进，随山刊道千余里。十八年春，军至浪泊上，与贼战，破之，斩首数千级，降者万余人。援追徵侧等至禁溪，数败之，贼遂散走。明年正月，斩徵侧、徵贰，传首洛阳。封援为新息侯，食邑三千户。援乃击牛醨酒，劳飨军士。从容谓官属曰："吾从弟少游常哀吾慷慨多大志，曰：'士生一世，但取衣食裁足，乘下泽车，御款段马，为郡掾史，守坟墓，乡里称善人，斯可矣。致求盈余，但自苦耳。'当吾在浪泊、西里间，虏未灭之时，下潦上雾，毒气重蒸，仰视飞鸢跕跕堕水中，卧念少游平生时语，何可得也！今赖士大夫之力，被蒙大恩，猥先诸君纡佩金紫，且喜且惭。"吏士皆伏称万岁。

　　又有交阯郡女子徵侧和妹妹徵贰造反，攻下郡城，九真、日南、合浦等蛮夷部落都响应她们，攻占岭外六十余城，徵侧自立为王。于是朝廷拜马援为伏波将军，另拜扶乐侯刘隆为副将，督领楼船将军段志等人南征交阯。大军到合浦而段志病逝，朝廷诏马援统率其兵。于是沿着海路前进，沿山开道千余里。十八年春，大军到浪泊与贼接战，攻破贼军，斩首数千人，降者过万人。马援追击徵侧等人到禁溪，几次打败贼军，贼军于是分散逃走。第二年正月斩徵侧、徵贰，把首级带到洛阳。朝廷封马援为新息侯，食邑三千户。马援就杀牛滤酒，慰劳军士，从容地对官属们说："我的堂弟少游常怜惜我慷慨多大志向，说'士生一世，只要有吃有穿，能乘坐在沼泽中行走的短毂车，骑着行动缓慢的马，做一个郡的掾史，守住祖先的坟墓，乡里人都称赞说是个好人，这样就可以了。至于追求更多的东西，那就是自找苦吃了。'当我在浪泊、西里之间，贼兵未灭之时，脚下面是水，头上面是雾，毒气熏蒸，仰望天上巨鹰跕跕坠落水中，回想少游平生对我说的话，真不知道如何才能得到呢！如今仰仗大家共同努力，被蒙大恩，侥幸在诸君之前封侯晋爵，我真是既高兴又惭愧啊。"吏士们都伏地称万岁。

援将楼船大小二千余艘，战士二万余人，进击九真贼徵侧余党都羊等，自无功至居风，斩获五千余人，峤南悉平。援奏言西于县户有三万二千，远界去庭千余里，请分为封溪、望海二县，许之。援所过辄为郡县治城郭，穿渠灌溉，以利其民。条奏越律与汉律駁者十余事，与越人申明旧制以约束之，自后骆越奉行马将军故事。

马援楼船大小两千余艘，战士两万多人，进攻九真贼人徵侧余党都羊等人，从无功到居风，斩获五千多人，岭南全部平定。马援上奏说西于县有三万两千户，最远的地方距离县衙一千多里，请分划为封溪、望海二县，光武帝同意了。马援每到一处都为郡县整修城郭，挖渠灌溉，造福其民。他又奏明越律与汉律不相同的十几处规定，与越人申明旧制加以约束，此后骆越都遵守马将军旧制。

二十年秋，振旅还京师，军吏经瘴zhàng疫死者十四五。赐援兵车一乘，朝见位次九卿。

二十年秋，整顿军旅回京师，军吏十个之中有四五个死于瘴疫。朝廷赏赐马援兵车一乘，朝觐时地位仅次于九卿。

援好骑，善别名马，于交阯得骆越铜鼓，乃铸为马式，还上之。因表曰："夫行天莫如龙，行地莫如马。马者甲兵之本，国之大用。安宁则以别尊卑之序，有变则以济远近之难。昔有骐骥，一日千里，伯乐见之，昭然不惑。近世有西河子舆yú，亦明相法。子舆传西河仪长孺，长孺传茂陵丁君都，君都传成纪杨子阿，臣援尝师事子阿，受相马骨法。考之于行事，辄有验效。臣愚以为传闻不如亲见，视景不如察形。今欲形之于生马，则骨法难备具，又不可传之于后。孝武皇帝时，善相马者东门京铸作铜马法献之，有诏立马于鲁班门外，则更名鲁班

二十四史精华

门曰金马门。臣谨依仪氏𬶍（jī），中帛氏口齿，谢氏唇鬐（qí），丁氏身中，备此数家骨相以为法。"马高三尺五寸，围四尺五寸。有诏置于宣德殿下，以为名马式焉。

●伯乐相马

译　文

　　马援喜爱骑马，善于识别名马，他在交阯得到一面骆越铜鼓，就用来铸造成马的模型，回朝后献给了光武帝。马援献上表章说："在天上飞的以龙为尊，在地上走的以马为尊。马是兵家的根本，对国家的安定有大作用。国家太平时可以用来识别尊卑顺序，国家变乱时可以克服远近的灾难。过去有骐骥，一天可以行走上千里，伯乐见到了，知道是好马。近代有西河的子舆，也通晓相马的法门。子舆传给了西河的仪长孺，仪长孺传给了茂陵的丁君都，丁君都传给了成纪的杨子阿，我曾经拜杨子阿为师，学习了相马骨法。通过在实践中考验，功效很明显。我以为传闻不如亲见，只看影子不如观察实物。今天想以活马来展现相马的方法，但是相骨的法门难以在一匹马身上全部展示，也就不可能传于后人。孝武皇帝时，善于相马的东门京，铸造铜马并且阐明相马的方法献给孝武帝，孝武帝下诏把此马立于鲁班门外，并把鲁班门改名为金马门。我现在严谨地结合仪氏相马络头的方法，中帛氏相口齿的方法，谢氏相嘴唇马鬐的方法，丁氏相马身段的方法，将这几家骨相学说集中起来作为法度。"马援献上的这个铜马高三尺五寸，周身长四尺五寸。光武帝下诏立此马模型于宣德殿下，以此来作为评判名马的标准模式。

原　文

　　初，援军还，将至，故人多迎劳之，平陵人孟冀，名有计谋，于坐贺援。援谓之曰："吾望子有善言，反同众人邪？昔伏波将军路博德开置七郡，裁封数百户；今我微劳，猥飨大县，功薄赏厚，何以能长久乎？先生奚用相济？”冀曰："愚不及。"援曰："方今匈奴、乌桓尚扰北边，欲自请击之。男儿要当死于边野，以马革裹尸还葬耳，何能卧床上在儿女子手中邪！"冀曰："谅为烈士，当如此矣。"

译　文

起初，马援率军回来，快到时，朋友故旧都来欢迎慰劳，平陵人孟冀，素有谋略，在座席中恭贺马援。马援对他说："我希望你有好的意见勉励我，你反而同别人一样吗？过去伏波将军路博德开置七郡，才封了数百户；现在我只有这微小功劳，却食邑如此之多，功劳小而赏赐厚，怎么能长久呢？先生有什么能帮助我的呢？"孟冀说："我没有想到。"马援说："现在匈奴、乌桓还在北部侵扰，我想请求去讨伐，男儿应当战死边野，用马革裹着尸体回来安葬，哪能睡在床上守着妻子儿女呢？"孟冀说："真正的烈士，应当如此。"

原　文

还月余，会匈奴、乌桓寇扶风，援以三辅侵扰，园陵危逼，因请行，许之。自九月至京师，十二月复出屯襄国。诏百官祖道。援谓黄门郎梁松、窦固曰："凡人为贵，当使可贱，如卿等欲不可复贱，居高坚自持，勉思鄙言。"松后果以贵满致灾，固亦几不免。

译　文

回来后一个多月，恰逢匈奴、乌桓侵犯扶风，马援因三辅遭到侵扰，皇陵危急，请求出兵，被准许。自九月到京，到十二月又出兵屯守襄国。朝廷诏命百官饯行，马援对黄门郎梁松、窦固说："凡是人地位显贵，要让自己还能过贫贱的日子，如果你们想不再微贱，保持富贵的地位，我劝你们记着我的嘱咐。"梁松后来果然因为过分显贵而遭灾，窦固也差点不能幸免。

原　文

明年秋，援乃将三千骑出高柳，行雁门、代郡、上谷障塞。乌桓候者见汉军至，虏遂散去，援无所得而还。

译　文

第二年秋，马援就率三千骑出高柳，行雁门、代郡、上谷等边塞。乌桓探马见汉军到了，便逃散了，马援兵不血刃班师回朝。

二十四史精华

援尝有疾，梁松来候之，独拜床下，援不答。松去后，诸子问曰："梁伯孙帝婿，贵重朝廷，公卿已下莫不惮之，大人奈何独不为礼？"援曰："我乃松父友也。虽贵，何得失其序乎？"松由是恨之。

译文

马援曾经卧病，梁松来问候，独自在床前拜见，马援不答礼。梁松走后，儿子们问道："梁松是光武帝的女婿，在朝廷位高权重，公卿以下无不怕他，父亲为什么唯独不向他答礼？"马援说："我是梁松父亲的朋友，他虽然地位显贵，怎么能失掉长幼的辈分呢？"梁松由此记恨马援。

原文

二十四年，武威将军刘尚击武陵五溪蛮夷，深入，军没，援因复请行。时年六十二，帝愍其老，未许之。援自请曰："臣尚能被甲上马。"帝令试之。援据鞍顾眄，以示可用。帝笑曰："矍铄哉是翁也！"遂遣援率中郎将马武、耿舒、刘匡、孙永等，将十二郡募士及弛刑四万余人征五溪。援夜与送者诀，谓友人谒者杜愔曰："吾受厚恩，年迫余日索，常恐不得死国事。今获所愿，甘心瞑目，但畏长者家儿或在左右，或与从事，殊难得调，介介独恶是耳。"明年春，军至临乡，遇贼攻县，援迎击，破之，斩获二千余人，皆散走入竹林中。

译文

二十四年，武威将军刘尚攻打武陵五溪蛮夷，深入敌境，全军覆没，马援因此又请求出兵。马援这时已经六十二岁，光武帝怜他年迈，不同意。马援自请说："我还能披甲上马。"光武帝让他试试。马援在马上据着马鞍左顾右盼，来表明可用。光武帝笑着说："这个老头好精神啊！"于是派遣马援率领中郎将马武、耿舒、刘匡、孙永等人，率领从十二个郡招募来的士兵及解除枷锁的刑徒四万多人征五溪。马援夜间与送行的人诀别，告诉友人谒者杜愔说："我享受厚恩，年龄大了余日不多，时常担心不能死于国事，现在获得出征机会，死也瞑目，唯一害怕的是一些长者家的孩子或在天子身边，或跟随我行事，特别难以调遣啊，我所担心的事只有这个了。"第二年春，大军到临乡，遇到贼军攻打县城，马援前去迎击，打败贼军，斩获两千余人，其余贼兵都分散跑入竹林中去了。

初,军次下隽,有两道可入,从壶头则路近而水嶮,从充则涂夷而运远,帝初以为疑。及军至,耿舒欲从充道,援以为弃日费粮,不如进壶头,扼其喉咽,充贼自破。以事上之,帝从援策。

译文

起初,大军临时驻扎在下隽,有两条路可以行进,一条从壶头进入,路近但是水险,一条从充县进入道路宽敞安全但距离远,光武帝开始有点怀疑。等军队到达,耿舒要从充县而入,马援认为路途远时间长而且费粮,不如从壶头进入,扼其咽喉,充县贼兵自破。以此奏明光武帝,光武帝听从马援的计策。

原文

三月,进营壶头。贼乘高守隘,水疾,船不得上。会暑甚,士卒多疫死,援亦中病,遂困,乃穿岸为室,以避炎气。贼每升险鼓噪,援辄曳足以观之,左右哀其壮意,莫不为之流涕。耿舒与兄好畤侯弇书曰:"前舒上书当先击充,粮虽难运而兵马得用,军人数万争欲先奋。今壶头竟不得进,大众怫郁行死,诚可痛惜。前到临乡,贼无故自致,若夜击之,即可歼灭。伏波类西域贾胡,到一处辄止,以是失利。今果疾疫,皆如舒言。"弇得书,奏之。帝乃使虎贲中郎将梁松乘驿责问援,因代监军。会援病卒,松宿怀不平,遂因事陷之。帝大怒,追收援新息侯印绶。

●耿纯

耿纯（不详—37），字伯山。耿纯曾先后担任过王莽、刘玄政权的官员，后投奔刘秀，参与消灭王郎、刘永等割据势力，镇压铜马、赤眉等农民军，协助刘秀建立东汉，是东汉中兴名将，"云台二十八将"中排名第十三。刘秀称帝后，任东郡太守，封颍阳侯

译文

三月，进军壶头。贼兵乘机登高扼守险隘，由于水流过快，船不能上去。恰逢酷暑难耐，士卒多患病而死，马援自己也得了病，于是大军受困，

就在河岸凿洞为室避暑。贼军每每升到险处击鼓叫喊，马援常拖着病腿去察看，身边的人被他这种壮志感动，都为之流涕。耿舒给兄好時侯耿弇的书信中说："前次我上书建议应当先进攻充县，粮草虽然难运但兵马得以施展，军人数万争先奋进。现在困在壶头不得进，士兵忧郁将死，实可痛惜。之前到临乡，贼军无故自己到来，当时如果夜袭，就可以消灭掉。伏波将军用兵像西域的胡商，到一处后就止步不前，因此失利。如今果然困于疾疫，都和我预言的一样。"耿弇得到书信，奏于光武帝，光武帝就派虎贲中郎将梁松从驿道责问马援，且代为监军。正巧马援病逝，梁松心存积怨未消，于是借机陷害马援。光武帝大怒，追收马援的新息侯印绶。

后汉书

原 文

初，兄子严、敦并喜讥议，而通轻侠客。援前在交阯，还书诫之曰："吾欲汝曹闻人过失，如闻父母之名，耳可得闻，口不可得言也。好论议人长短，妄是非正法，此吾所大恶也，宁死不愿闻子孙有此行也。汝曹知吾恶之甚矣，所以复言者，施衿结褵，申父母之戒，欲使汝曹不忘之耳。龙伯高敦厚周慎，口无择言，谦约节俭，廉公有威，吾爱之重之，愿汝曹效之。杜季良豪侠好义，忧人之忧，乐人之乐，清浊无所失，父丧致客，数郡毕至，吾爱之重之，不愿汝曹效也。效伯高不得，犹为谨敕之士，所谓刻鹄不成尚类鹜者也。效季良不得，陷为天下轻薄子，所谓画虎不成反类狗者也。迄今季良尚未可知，郡将下车辄切齿，州郡以为言，吾常为寒心，是以不愿子孙效也。"季良名保，京兆人，时为越骑司马。保仇人上书，讼保"为行浮薄，乱群惑众，伏波将军万里还书以诫兄子，而梁松、窦固以之交结，将扇其轻伪，败乱诸夏"。书奏，帝召责松、固，以讼书及援诫书示之，松、固叩头流血，而得不罪。诏免保官。伯高名述，亦京兆人，为山都长，由此擢拜零陵太守。

译 文

起初，马援哥哥的儿子马严、马敦都喜欢讥议时事，而与侠客们交往。马援以前在交阯，写信回家训诫他们道："我希望你们听到人家过失，要像听自己父母的名字一样，耳朵可以听到，但是口不能说啊。喜欢议论别人的长短，胡乱讽刺时政，这是我最厌恶的事情，我宁肯死也不愿听到子孙们有这种行为。你们知道我非常厌恶这种事，我之所以再次讲到这种事，是要耳提面命，申明父母的训诫，是想让你们牢记不忘。龙伯高敦厚谨慎，从来不说不当的言论，谦约节俭，清廉公正有威望，我很欣赏他也很敬重他，愿你们向他学习。杜季良豪侠好讲义气，忧别人之忧，乐别人之乐，与什么人都合得来，他的父亲死了，几个郡的人都来吊唁，我也非常敬重他，但不愿你们向他学习。即使学习龙伯高不到家，也会是一个谨慎勤勉的人，这就是人们说的雕刻鸿鹄不成也可以像一只鸭子。然而学习杜季良不到家，就堕落成为天下的轻薄子弟，那就是画虎不成反像犬了。到现在为止杜季良的结局还不可知，郡中将领们一到任上就切齿地恨他，州郡也把这件事报告给了朝廷，我常常为他感到寒心，所以不愿子孙们向他学习。"杜季良，名保，京兆人，当时是越骑司马。杜季良仇人上书，状告他"行为轻薄，惑乱群众，伏波将军从万里之外写信回来训诫哥哥的儿子不要效仿他，而梁松、窦固却与他交往，要煽动他们轻佻虚伪，败乱中华。"书信呈奏上去后，光武帝召见梁松、窦固并且责怪他们，把状纸和马援劝诫他侄子的书信给他们看，梁松、窦固叩头叩得流血，而得以不追加罪名。光武帝诏令免除杜季良的官职。龙伯高，名述，也是京兆人，原本为山都县县令，因此被提升为零陵太守。

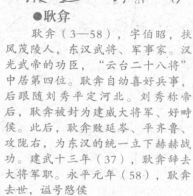

●耿弇

耿弇（3—58），字伯昭，扶风茂陵人，东汉武将、军事家。汉光武帝的功臣，"云台二十八将"中居第四位。耿弇自幼喜好兵事，后跟随刘秀平定河北。刘秀称帝后，耿弇被封为建威大将军、好畤侯。此后，耿弇败延岑、平齐鲁、攻陇右，为东汉的统一立下赫赫战功。建武十三年（37），耿弇辞去大将军职。永平元年（58），耿弇去世，谥号愍侯

原文

初，援在交阯，常饵薏苡实，用能轻身省欲，以胜瘴气。南方薏苡实大，援欲以为种，军还，载之一车。时人以为南土珍怪，权贵皆望之。援时方有宠，故莫以闻。及卒后，有上书谮之者，以为前所载还，皆明珠文犀。马武与於陵侯侯昱等皆以章言其状，帝益怒。援妻孥惶惧，不敢以丧还旧茔，裁买城西数亩地槁葬而已。宾客故人莫敢吊会。严与援妻子草索相连，诣阙请罪。帝乃出松书以示之，方知所坐，上书诉冤，前后六上，辞甚哀切，然后得葬。

译文

起初，马援在交阯，常吃薏米，服用之后能让

身体轻便、减少欲望，用来克服瘴气。南方薏米果实大，马援想拿来当种子，班师回朝时载了一车。当时人们以为这是南方土产的奇珍，权贵们都想要。马援当时受光武帝宠信，所以没人敢报告朝廷。等到马援死后，有人上书诬告，说马援以前从南方载回来的都是明珠彩犀一类珍宝。马武与於陵侯侯昱等人，都以奏章说明其形状，光武帝更怒。马援妻子和儿子们惶恐畏惧，不敢把马援灵柩运回到旧坟地安葬，只买了城西的几亩地草草埋葬了事。宾客们也不敢去吊唁。马严与马援妻子用草绳绑缚一起，到朝廷请罪，光武帝拿出梁松的诬告书给他们看，才知道是挟怨诬告，就上书诉冤，前后六次，辞意哀切，然后才得以顺利安葬。

原文

又前云阳令同郡朱勃诣阙上书曰：

"臣闻王德圣政，不忘人之功，采其一美，不求备于众。故高祖赦蒯_{kuǎi}通而以王礼葬田横，大臣旷然，咸不自疑。夫大将在外，谗言在内，微过辄记，大功不计，诚为国之所慎也。故章邯畏口而奔楚，燕将据聊而不下。岂其甘心末规哉，悼巧言之伤类也。

译文

另外前任云阳令同郡人朱勃向光武帝上书说：

"我听说君王的品德，圣人的贤政，总不忘他人的功劳，只要有优点就能采用，并不求全责备。所以高帝赦免蒯通而用王侯之礼安葬田横，大臣们心中旷然，都不心生疑惑。大将在外，谗言在内，专门挑剔人家的小错，而不考虑人家的大功劳，这是国家应该慎重的。所以章邯害怕谗言而降了项羽，燕将攻下聊城后因害怕谗言而不敢回去。难道他们是甘心出此下策吗，可恨的是巧舌伤害善人啊。

原文

"窃见故伏波将军新息侯马援，拔自西州，钦慕圣义，间关险难，触冒万死，孤立群贵之间，傍无一言之佐，驰深渊，入虎口，岂顾计哉！宁自知当要七郡之使，微封侯之福邪？八年，车驾西讨隗嚣，国计狐疑，众营未集，援建宜进之策，卒破西州。及吴汉下陇，冀路断隔，唯独狄道为国坚守，士民饥困，寄命漏刻。援奉诏西使，镇慰边众，乃招集豪杰，晓诱羌戎，谋如涌泉，势如转规_{xuán}，遂救倒县之急，存几亡之城，兵全师进，因粮敌人，陇、冀略平，而独守空郡，兵动有功，师进辄克。铢锄先零，缘入山谷，猛怒力战，飞矢贯胫。又出征交阯，土多瘴气，援与妻子生诀，无悔吝之心，遂斩灭徵侧，克平一州。间复南讨，立陷临乡，师已有业，未竟而死，吏士虽疫，援不独存。夫战或以久而立功，或以速而致败，深入未必为得，不进未必为非。人情岂乐久屯绝地，不生归哉！唯援得事朝廷二十二年，北出塞漠，南度江海，触冒害气，僵死军事，名灭爵绝，国土不传。海内不知其过，众庶未闻其毁，卒遇三夫之言，横被诬罔之谗，家属杜门，葬不归墓，怨隙并兴，宗亲怖栗。死者不能自列，生者莫为之讼，臣窃伤之。

译　文

　　"我看到已故伏波将军新息侯马援，是从西州选拔出来的，钦慕圣上之义，崎岖险难，冒着万死，独自处在群贵之间，身边得不到一句帮助他的话，奔驰在深渊，冲入虎口，哪里顾得上考虑个人？难道他知道要当七郡的使臣，追求封侯的福荫吗？建武八年，光武帝西讨隗嚣，大家都拿不定主意，众营也没有集结，马援提出进军路线并建议速进的策略，很快就攻破了西州。后来吴汉攻下陇西，冀路隔绝，只有狄道为国坚守，士民又饥又困，命在旦夕，马援奉诏出使西方，镇慰边塞群众，于是招募豪杰，晓谕劝导羌戎，谋略频出，形势像转圆石于万仞之山，这才解了眼前的危急，保存了几乎失去的城邑，军队全员进攻，就地取得粮食，平定了陇冀，而马援独守空郡，出兵有功，进军就克敌制胜。在击破先零羌的战斗中，马援偷偷进入山谷，英勇奋战，小腿被箭射穿。又出征交阯，当地瘴气严重，马援与妻子离别，无悔恨之心，于是斩灭徵侧，克定全州。紧接着又向南征讨，很快攻下临乡，大军有了功绩，但马援没有完成南讨任务就死了，吏士们虽然身患病疫，可马援并没有独存。战争有时因时间长而立了功，有时因速进而遭到失败，深入敌境不一定就能取胜，不进未必就错了。谁愿意久屯绝地而不想活着回来呢！只有马援在朝廷二十二年，北去边塞沙漠，南渡江海，触冒瘴气，死于职事，功名爵位都丢弃，封地不能传给后代，天下不知他有何过错，百姓没有听说他有毁谤言行，最终遭到小人诬枉，横遭谗害，家属闭门，尸身不能葬入祖坟，怨隙并起，宗亲胆战。死者不能陈述是非的实际情况，生者又没有人为他申冤，我实在感到悲哀。

原　文

　　"夫明主醲nóng于用赏，约于用刑。高祖尝与陈平金四万斤以间楚军，不问出入所为，岂复疑以钱谷间哉？夫操孔父之忠而不能自免于谗，此邹阳之所悲也。《诗》云："取彼谗人，投畀bì豺虎。豺虎不食，投畀有北。有北不受，投畀有昊。"此言欲令上天而平其恶。惟陛下留思竖儒之言，无使功臣怀恨黄泉。臣闻《春秋》之义，罪以功除；圣王之祀，臣有五义。若援，所谓以死勤事者也。愿下公卿平援功罪，宜绝宜续，以厌海内之望。臣年已六十，常伏田里，窃感栾布哭彭越之义，冒陈悲愤，战栗阙庭。"书奏，报，归田里。

译文

"明智的君主赏赐得多，刑罚得少。高帝曾给陈平四万斤黄金来贿赂离间楚军，不问这些黄金怎样使用，怎么还会怀疑他在钱粮上有问题？孔子那样忠诚也不能免于季孙之谗，这是邹阳感到悲痛的。《诗经》说：'把那个诽谤者抓来，丢去喂豺狼虎豹。豺狼虎豹不吃，就丢到北国荒野。北国荒野不要，就把他交给上天惩罚。'这是要让上天平息其恶。希望陛下留心小子的话，不要让功臣怀恨于黄泉之下。我听说《春秋》的军法，可以将功抵罪；圣王的祭祀，臣子有五种功劳是可以应祀的。像马援，就属于五祀中为国家效劳而死的一种。愿陛下让公卿们评价马援的功过，看看是应该绝嗣还是应该续嗣，以满足天下人的愿望。我已经六十岁了，常待在乡里，因感叹栾布凭吊彭越的大义，冒死痛陈心中悲愤。惶恐得在朝廷之上发抖。"奏书呈上后，报给了光武帝，朱勃就回到乡下去了。

原文

　　勃字叔阳，年十二能诵《诗》《书》。常候援兄况。勃衣方领，能矩步，辞言娴雅，援裁知书，见之自失。况知其意，乃自酌酒慰援曰："朱勃小器速成，智尽此耳，卒当从汝禀学，勿畏也。"朱勃未二十，右扶风请试守渭城宰，及援为将军，封侯，而勃位不过县令。援后虽贵，常待以旧恩而卑侮之，勃愈身自亲，及援遇谮，唯勃能终焉。肃宗即位，追赐勃子谷二千斛。

译文

　　朱勃，字叔阳，十二岁就能诵《诗经》《尚书》。曾侍候马援的哥哥马况。朱勃穿着学者的方领衣服，走路规矩，言辞娴雅，马援刚学习读书时，见到他自感不如。马况知道他的意思，就自己酌酒安慰马援说："朱勃少年老成，但才智只限于此，将来他当跟你学习，不要担心。"朱勃年未满二十，右扶风请他试做渭城县宰，后来马援做了将军，封了侯，而朱勃的官职只是个小县令。马援后来虽然显贵，却时常以老朋友的身份对待朱勃还嘲弄他，朱勃更加亲近马援，等到马援遭受谗言，只有朱勃挺身而出冒死直谏。肃宗即位，追赐朱勃儿子谷两千斛。

初，援兄子婿王磐(pán)子石，王莽从兄平阿侯仁之子也。莽败，磐拥富赀(zī)居故国，为人尚气节而爱士好施，有名江淮间。后游京师，与卫尉阴兴、大司空朱浮、齐王章共相友善。援谓姊子曹训曰："王氏，废姓也。子石当屏居自守，而反游京师长者，用气自行，多所陵折，其败必也。"后岁余，磐果与司隶校尉苏邺、丁鸿事相连，坐死洛阳狱。而磐子肃复出入北宫及王侯邸第。援谓司马吕种曰："建武之元，名为天下重开。自今以往，海内日当安耳。但忧国家诸子并壮，而旧防未立，若多通宾客，则大狱起矣。卿曹戒慎之！"及郭后薨(hōng)，有上书者，以为肃等受诛之家，客因事生乱，虑致贯高、任章之变。帝怒，乃下郡县收捕诸王宾客，更相牵引，死者以千数。吕种亦豫其祸，临命叹曰："马将军诚神人也！"

起初，马援哥哥的子婿叫王磐，字子石，是王莽堂兄平阿侯王仁的儿子。王莽事败，王子石拥有大量财产住在从前的封地，他为人讲气节，爱惜人才，喜欢施舍，在江淮间很有名气。后来游历京师与卫尉阴兴、大司空朱浮、齐王章关系都不错。马援对姐姐的儿子曹训说："王氏，现在是废黜的家族，王子石应当隐居自守，现在他反而与京师权贵交游，自以为是，多有凌驾于人的举动，以后必定遭难。"此后一年多，王子石果然与司隶校尉苏邺、丁鸿相牵连，获罪死于洛阳狱中。他的儿子王肃再次出入北宫及王侯邸第。马援对司马吕种说："建武初年，号称天下重开。自今以后，国内将会日趋安定。我忧虑的是国中诸王之子都长大了，而不许私交宾客的规矩却没有确立，倘若广交宾客，就要犯下大罪，你们要警戒慎重啊。"等到郭后薨逝，有人上书认为王肃等人是受诛者的后人，宾客们因事生乱，恐怕将导致贯高、任章那种暗杀陛下的祸事发生。天子大怒，下令郡县收捕诸王的宾客，彼此牵累，死者以千数计。吕种也连累遭祸，临死前叹息说："马将军真是神人啊！"

永平初，援女立为皇后，显宗图画建武中名臣、列将于云台，以椒房故(jiāo)，独不及援。东平王苍观图，言于帝曰："何故不画伏波将军

像？"帝笑而不言。至十七年，援夫人卒，乃更修封树，起祠堂。

明德马后

永平初年，马援的女儿被册立为皇后。明帝将光武帝时期的名臣列将绘成图像，列于云台之上。由于皇后的缘故，在众多图像之中唯独没有马援的图像。东平王刘苍看到图像后，对明帝说："为什么不画伏波将军的像呢？"明帝笑而不言。到了永平十七年，马援夫人去世，就重新为其修坟植树，建筑祠堂。

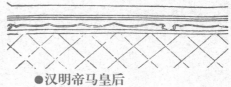

●汉明帝马皇后

原文

建初三年，肃宗使五官中郎将持节追策，谥援曰忠成侯。四子：廖、防、光、客卿。客卿幼而歧嶷，年六岁，能应接诸公，专对宾客。尝有死罪亡命者来过，客卿逃匿不令人知。外若讷而内沈敏。援甚奇之，以为将相器，故以客卿字焉。援卒后，客卿亦夭没。

译文

建初三年，汉章帝派五官中郎将持节追加册封，谥封马援为忠成侯。马援有四个儿子：马廖、马防、马光、马客卿。马客卿小的时候很聪慧，六岁的时候就能结交诸公卿长者，独立应酬往来宾客。曾经有犯了死罪的亡命徒来看他，马客卿就帮助那个人躲避起来而不让人知道。马客卿外表看来不善于言辞但内心沉着机敏。马援觉得他这个小儿子很特别，认为是拜将封相的材料，所以取名客卿。马援去世后，马客卿也夭折早死。

原文

论曰：马援腾声三辅，遨游二帝，及定节立谋，以干时主，将怀负鼎之愿，盖为千载之遇焉。然其戒人之祸，智矣，而不能自免于谗隙。岂功名之际，理固然乎？夫利不在身，以之谋事则智；虑不私己，以之断义必厉。诚能回观物之智而为反身之察，若施之于人则能恕，自鉴其情亦明矣。

论曰：马援在三辅中扬名，周旋于二帝之间，等到定计立谋，来辅佐天子，怀着为国效劳的愿望屡立战功，这是千年一遇的机遇啊。然而马援告诫别人远离祸乱，是很明智的，可惜他自己却不能从谗隙之中得以幸免。难道功名成就之际，就是这么一条规律吗？由于不关乎自己的利益，为人谋事就明智；考虑事情不藏私心，决断必定严厉。如果真能用观察事物时的智慧来考察自己，以此对待别人则宽容，以此自省则更为明晰。

三国志

[西晋] 陈寿

诸葛亮传

原文

　　诸葛亮字孔明,琅邪阳都人也。汉司隶校尉诸葛丰后也。父珪,字君贡,汉末为太山郡丞。亮早孤,从父玄为袁术所署豫章太守,玄将亮及亮弟均之官。会汉朝更选朱皓代玄。玄素与荆州牧刘表有旧,往依之。玄卒,亮躬耕陇亩,好为梁父吟。身长八尺,每自比于管仲、乐毅,时人莫之许也。惟博陵崔州平、颍川徐庶元直与亮友善,谓为信然。

译文

　　诸葛亮,字孔明,琅邪郡阳都县人,是汉朝司隶校尉诸葛丰的后人。他的父亲诸葛珪,字君贡,汉朝末年任太山郡郡丞。诸葛亮少年丧父,他的叔叔诸葛玄被袁术委任为豫章郡太守,诸葛玄带着诸葛亮和诸葛亮的弟弟诸葛均前去赴任。正赶上东汉朝廷改派朱皓替代诸葛玄。诸葛玄一向与荆州牧刘表有交情,因此前往投奔刘表。诸葛玄去世后,诸葛亮就以耕田为业,他喜欢吟诵《梁父吟》。诸葛亮身高八尺,

●诸葛亮

经常自比管仲、乐毅，当时人们都不以为然。只有博陵人崔州平、颍川人徐庶与诸葛亮私交笃厚，说他确实具有管、乐那样的才能。

时先主屯新野。徐庶见先主，先主器之，谓先主曰："诸葛孔明者，卧龙也，将军岂愿见之乎？"先主曰："君与俱来。"庶曰："此人可就见，不可屈致也。将军宜枉驾顾之。"由是先主遂诣亮，凡三往，乃见。因屏人曰："汉室倾颓(tuí)，奸臣窃命，主上蒙尘。孤不度德量力，欲信大义于天下，而智术浅短，遂用猖獗，至于今日。然志犹未已，君谓计将安出？"亮答曰："自董卓以来，豪杰并起，跨州连郡者不可胜数。曹操比于袁绍，则名微而众寡，然操遂能克绍，以弱为强者，非惟天时，抑亦人谋也。今操已拥百万之众，挟天子而令诸侯，此诚不可与争锋。孙权据有江东，已历三世，国险而民附，贤能为之用，此可以为援而不可图也。荆州北据汉、沔(miǎn)，利尽南海，东连吴会(kuài)，西通巴、蜀，此用武之国，而其主不能守，此殆天所以资将军，将军岂有意乎？益州险塞，沃野千里，天府之土，高祖因之以成帝业。刘璋暗弱，张鲁在北，民殷国富而不知存恤，智能之士思得明君。将军既帝室之胄，信义著于四海，总揽英雄，思贤如渴，若跨有荆、益，保其岩阻，西和诸戎，南抚夷越，外结好孙权，内修政理；天下有变，则命一上将将荆州之军以向宛、洛，将军身率益州之众出于秦川，百姓孰敢不箪(dān)食壶浆以迎将军者乎？诚如是，则霸业可成，汉室可兴矣。"先主曰："善！"于是与亮情好日密。关羽、张飞等不悦，先主解之曰："孤之有孔明，犹鱼之

●三顾茅庐

有水也。愿诸君勿复言。"羽、飞乃止。

当时刘备正驻军在新野县。徐庶拜见刘备，刘备对他非常器重，徐庶对刘备说："诸葛孔明这个人，是'卧龙'啊！将军想见见他吗？"刘备说："你和他一道来吧！"徐庶说："这个人只能去拜访他，不可随便召唤他来。将军您应该屈尊去看望他才行。"于是刘备亲自前往拜访诸葛亮，一连去了三次，才见到诸葛亮。刘备屏退随从，对诸葛亮说："汉室朝纲倾颓，奸臣篡权当道，天子被挟持流亡在外。我自不量力，想为天下伸张正义，只是苦于自己智谋能力有限，因而屡遭挫折，以至今天这步田地。但我的志向不变，您说我该怎么做？"诸葛亮回答："自从董卓窃权以来，天下豪杰四起，割据州郡的人到处都有。曹操相比袁绍，名望低而兵势弱，但是曹操却能打败袁绍，转弱为强，这不但得益于天时，而且还得力于人的谋略。现在曹操已经拥兵百万，挟天子而令诸侯，对他决不能正面抗衡。孙权占据江东，经营长达三代之久，国家地势险要、民心归附，有贤能的人都愿意为他效力，对他只能联络作为外援，不可打主意吞并。荆州地区，向北有汉水、沔水作为险据，向南可直接收取南海物产以资利用，向东连接吴郡、会稽，向西进可入巴、蜀之地，这是兵家必争的战略要地，可是现在荆州的主人却没有能力守住它，这可是上天特意安排来资助将军的礼物，将军有夺取荆州的打算吗？益州地势险要，沃野千里，是物产丰富的天府之国，从前汉高帝就是凭借这块地方而成就帝业。刘璋昏庸懦弱，北边又有张鲁的威胁，虽然民丰国富，但他不知道爱护体恤，有智谋才干的人都希望辅佐一位贤明的君主。将军您不但是汉朝皇室后裔，而且信义闻名天下，广泛招揽天下英雄，如饥似渴地思慕贤才，如果占据荆、益二州，凭险据守，西部再与戎族各部修好，南面安抚夷越各族，对外与孙权结盟，对内革新政治修德施仁，天下形势一旦有变，就派一员上将统率荆州士卒进军宛城、洛阳一带，将军您则亲自率领益州军马出兵秦川，百姓怎么能不箪食壶浆来迎接将军呢？如果真能这么做，那么霸业成功可期，汉王朝复兴有望。"刘备说："太好了！"于是与诸葛亮情谊与日俱增。关羽、张飞等人对此心中不悦，刘备向他们解释说："我有了孔明就像鱼儿有了水，请你们不要再抱怨了。"关羽、张飞这才不再议论了。

●三分天下，初出茅庐

●荆州城刘琦问计

刘表长子琦，亦深器亮。表受后妻之言，爱少子琮，不悦于琦。琦每欲与亮谋自安之术，亮辄拒塞，未与处画。琦乃将亮游观后园，共上高楼，饮宴之间，令人去梯，因谓亮曰："今日上不至天，下不至地，言出子口，入于吾耳，可以言未？"亮答曰："君不见申生在内而危，重耳在外而安乎？"琦意感悟，阴规出计。会黄祖死，得出，遂为江夏太守。俄而表卒，琮闻曹公来征，遣使请降。先主在樊闻之，率其众南行，亮与徐庶并从，为曹公所追破，获庶母。庶辞先主而指其心曰："本欲与将军共图王霸之业者，以此方寸之地也。今已失老母，方寸乱矣，无益于事，请从此别。"遂诣曹公。

译 文

刘表的长子刘琦，也十分器重诸葛亮。刘表听信后妻的话，偏爱小儿子刘琮，不喜欢刘琦。刘琦常常想与诸葛亮商拟保全自己的办法，但是诸葛亮总是拒绝，不替他出谋划策。于是刘琦请诸葛亮游览自家后园，一同登上高楼，酒过三巡，他派人抽走楼梯，然后对诸葛亮说："现在上不着天，下不着地，从您口中出来的话，只能进入我的耳中，可以指教一下了吧？"诸葛亮说："您不知道晋国公子申生留在国内遇害，而重耳逃亡在外却生还吗？"刘琦茅塞顿开，于是便私下策划离开襄阳。这时正巧黄祖去世，刘琦借机脱身，出任江夏太守。不久刘表去世，刘琮听说曹操前来征伐，就派使者向曹操请降。刘备在樊城听到这一消息后，赶忙率领自己的队伍向南行进，诸葛亮与徐庶一同随行。刘备被曹军追上击败后，徐庶的母亲被曹军俘获。徐庶只得辞别刘备，他用手指着心说："我本想与将军一起谋划霸业，所凭借的正是这颗心。现在失去了老母，这颗心乱糟糟的，对将军的大业也不会有什么帮助了，请您允许我就此告别。"于是前往曹操那里。

　　先主至于夏口，亮曰："事急矣，请奉命求救于孙将军。"时权拥军在柴桑，观望成败，亮说权曰："海内大乱，将军起兵据有江东，刘豫州亦收众汉南，与曹操并争天下。今操芟夷大难，略已平矣，遂破荆州，威震四海。英雄无所用武，故豫州遁逃至此。将军量力而处之：若能以吴、越之众与中国抗衡，不如早与之绝；若不能当，何不案兵束甲，北面而事之！今将军外托服从之名，而内怀犹豫之计，事急而不断，祸至无日矣！"权曰："苟如君言，刘豫州何不遂事之乎？"亮曰："田横，齐之壮士耳，犹守义不辱，况刘豫州王室之胄，英才盖世，众士慕仰，若水之归海，若事之不济，此乃天也，安能复为之下乎！"权勃然曰："吾不能举全吴之地，十万之众，受制于人。吾计决矣！非刘豫州莫可以当曹操者，然豫州新败之后，安能抗此难乎？"亮曰："豫州军虽败于长阪，今战士还者及关羽水军精甲万人，刘琦合江夏战士亦不下万人。曹操之众，远来疲弊，闻追豫州，轻骑一日一夜行三百余里，此所谓'强弩之末，势不能穿鲁缟'者也。故兵法忌之，曰'必蹶上将军'。且北方之人，不习水战；又荆州之民附操者，逼兵势耳，非心服也。今将军诚能命猛将统兵数万，与豫州协规同力，破操军必矣。操军破，必北还，如此则荆、吴之势强，鼎足之形成矣。成败之机，在于今日。"权大悦，即遣周瑜、程普、鲁肃等水军三万，随亮诣先主，并力拒曹公。曹公败于赤壁，引军归邺。先

●诸葛亮智激孙权

兵太祖

顺危玄德结托老瞒
紫阳之论洞见肺肝

●孙权

主遂收江南，以亮为军师中郎将，使督零陵、桂阳、长沙三郡，调其赋税，以充军实。

译 文

刘备到达夏口，诸葛亮说："现在形势危急，请将军派我前往东吴向孙权求援。"这时孙权正驻军柴桑，在一旁观望曹、刘战局的胜负，诸葛亮前往劝说孙权："天下大乱，将军您起兵占据江东，刘豫州也在汉南召集兵马，共同与曹操争夺天下。现在曹操平定内患，基本上稳定了北方，接着向南进军攻取荆州，威震天下。英雄没有用武之地，所以刘豫州避逃到这里。希望将军您能根据自己的力量来考虑对策：如果能起用东吴军队与曹军相抗衡，就应该趁早与曹操断绝关系；假若不能与之相抗衡，为什么不就此搁下武器、解除盔甲，向对方请降呢！现在您表面上说服从曹操，内心又犹豫不决，情势危急而不当机立断，将要大祸临头啊！"孙权说："假如情况真如你所说的那样，刘豫州为什么不投降曹操呢？"诸葛亮说："田横，只是齐国的一个壮士，尚且坚守节操而不投降受辱，何况刘豫州是大汉皇室后裔，英才盖世，很多人仰慕他，就像水流归入大海。如果功业不能成功，那是天意，怎么能再做曹操的臣下！"孙权激愤地说："我决不能拿整个东吴的土地和十万军队去受他人摆布。我的主意已定！你说除了刘豫州外便没有人能抵挡曹操，可是刘豫州最近刚刚被打败，又怎能抵挡住如此的强敌呢？"诸葛亮说："刘豫州的军队虽然在长阪战败，但如今陆续归队的士兵加上关羽的水军仍有上万人马，刘琦集合起的江夏兵也不下万人。曹操的兵马远道跋涉而来，疲惫不堪，听说他们为了追赶刘豫州，轻骑一昼夜行走三百多里，这就是常言所说的'强弩之末，势不能穿鲁缟'，所以用兵之法忌讳这种作战方式，也可以说'必会招致主将失败'，况且北方军队不适应水上作战；再加上荆州百姓归附曹操，实为兵势所迫，并非心甘情愿。现在将军如果真能派出猛将统率数万兵马，与刘豫州同心协力，一定能击败曹军。曹操一败，必定退归北方，这样荆州、东吴的势力就强大起来，三分天下的局面也就形成了。成败的时机，在于今天的选择。"孙权听后大喜，立刻派周瑜、程普、鲁肃等人率领三万水军，随诸葛亮赶赴刘备那里，协力抗击曹操。曹操在赤壁战败后，领军退归邺城。刘备于是占据长江南岸之地，任命诸葛亮为军师中郎将，派他督守零陵、桂阳、长沙三郡，征调三郡的赋税补充军需。

建安十六年，益州牧刘璋遣法正迎先主，使击张鲁。亮与关羽镇荆州。先主自葭萌还攻璋，亮与张飞、赵云等率众溯江，分定郡县，与先主共围成都。成都平，以亮为军师将军，署左将军府事。先主外出，亮常镇守成都，足食足兵。二十六年，群下劝先主称尊号，先主未许，亮说曰："昔吴汉、耿弇等初劝世祖即帝位，世祖辞让，前后数四，耿纯进言曰：'天下英雄喁喁，冀有所望。如不从议者，士大夫各归求主，无为从公也。'世祖感纯言深至，遂然诺之。今曹氏篡汉，天下无主，大王刘氏苗族，绍世而起，今即帝位，乃其宜也。士大夫随大王久勤苦者，亦欲望尺寸之功如纯言耳。"先主于是即帝位，策亮为丞相曰："朕遭家不造，奉承大统，兢兢业业，不敢康宁，思靖百姓，惧未能绥。於戏！丞相亮其悉朕意，无怠辅朕之阙，助宣重光，以照明天下，君其勖哉！"亮以丞相录尚书事，假节。张飞卒后，领司隶校尉。

建安十六年，益州牧刘璋派法正迎请刘备，让刘备去攻打张鲁。诸葛亮和关羽镇守荆州。后来刘备从葭萌关返回攻打刘璋，诸葛亮与张飞、赵云等人率军沿江逆流而上，分头平定沿江两岸郡县，然后与刘备会合共同围攻成都。平定了成都后，刘备任命诸葛亮为军师将军，并代理左将军府的事务。刘备领兵外出期间，诸葛亮常被留守成都，保证兵充粮足。建安二十六年，大家都劝刘备称帝，刘备不答应，诸葛亮劝说："从前吴汉、耿弇等人起始劝世祖光武皇帝称帝登基，世祖推辞不同意，先后推让四次，耿纯于是进言说：'天下英雄对您十分景仰，希望追随您且有很高的期望。如果您不采纳众人的建议，大家就会各择新主，就没有人再跟随您了。'世祖感到耿纯的话有道理，就顺应众人的请求。现在曹丕篡汉，天下失去君主，大王是刘氏皇族后裔，继承汉室世系即位登基，这是合情合理的事情。士大夫们长期追随大王，历经艰辛困苦，也是希望像耿纯所说的那样能建下微薄的功勋啊！"刘备于是即位称帝，册命诸葛亮为丞相，说："我遭家国之不幸，谨承帝位，一定兢兢业业，不敢贪逸享乐，一心安定百姓，只担心他们不得安抚。啊！丞相诸葛亮能详尽真实地体察我的心意，毫不懈怠地补救我的缺点，协助布施君王的恩泽，让汉室的光辉普照天下，请您尽心竭力啊！"诸葛亮以丞相身份总理尚书事务，并拥有"假以符节"的权力。张飞死后，又兼职司隶校尉。

●白帝城先主托孤

章武三年春,先主于永安病笃,召亮于成都,属以后事,谓亮曰:"君才十倍曹丕,必能安国,终定大事。若嗣子可辅,辅之;如其不才,君可自取。"亮涕泣曰:"臣敢竭股肱之力,效忠贞之节,继之以死!"先主又为诏敕后主曰:"汝与丞相从事,事之如父。"建兴元年,封亮武乡侯,开府治事。顷之,又领益州牧。政事无巨细,咸决于亮。南中诸郡,并皆叛乱,亮以新遭大丧,故未便加兵,且遣使聘吴,因结和亲,遂为与国。

译 文

章武三年春,刘备在永安病危,将诸葛亮从成都召唤来,向他托付后事。他对诸葛亮说:"你的才干胜过曹丕十倍,一定能安定国家,完成统一大业。如果刘禅可以辅佐,你就辅佐他;如果他没有治国的才能,您就取代他吧。"诸葛亮痛哭回答:"我愿意竭尽心力辅佐太子,竭尽自己的忠诚节操,鞠躬尽瘁,死而后已!"刘备又诏告刘禅:"你与诸葛丞相共掌国事,一定要像对待我那样对待他。"建兴元年,刘禅封诸葛亮为武乡侯,设立丞相府署全权处理国事。不久,诸葛亮又兼任益州牧。朝中大小政事,都由诸葛亮一人裁决。当时南中几郡同时起兵叛乱,诸葛亮考虑到新遭国丧,不便派兵镇压,暂且派遣使者访问吴国,加强与吴国的友好关系,于是两国结为盟国。

原 文

三年春,亮率众南征,其秋悉平。军资所出,国以富饶,乃治戎讲武,以俟大举。五年,率诸军北驻汉中,临发,上疏曰:

"先帝创业未半而中道崩殂,今天下三分,益州疲弊,此诚危急存亡之秋也。然侍卫之臣不懈于内,忠志之士忘身于外者,盖追先帝之殊遇，欲报之于陛下也。诚宜开张圣听，以光先帝遗德，恢弘志士之气，不宜妄自菲薄，引喻失义，以塞忠谏之路也。宫中府中俱为一体，陟罚臧否，不宜异同。若有作奸犯科及为忠善者，宜付有司论其刑赏，以昭陛下平明之理，不宜偏私，使内外异法也。侍中、侍郎郭攸之、费祎、董允等，此皆良实，志虑忠纯，是以先帝简拔以遗陛下。愚以为宫中之事，事无大小，悉以咨之，然后施行，必能裨补阙漏，有所广益。将军向宠，性行淑均，晓畅军事，试用于昔日，先帝称之曰能，是以众议举宠为督。愚以为营中之事，悉以咨之，必能使行陈和睦，优劣得

●诸葛亮痛陈出师表

所。亲贤臣，远小人，此先汉所以兴隆也；亲小人，远贤臣，此后汉所以倾颓也。先帝在时，每与臣论此事，未尝不叹息痛恨于桓、灵也。侍中、尚书、长史、参军，此悉贞良死节之臣，愿陛下亲之信之，则汉室之隆，可计日而待也。

　　建兴三年春，诸葛亮率军南征，到秋天悉数平定了南方叛乱。军需费用都由这些新平定的郡承担，国家由此富强起来，于是诸葛亮整顿训练军队，等待时机出兵发动更大的军事行动。建兴五年，诸葛亮统率各路大军北上屯集汉中，临行之前，他上奏刘禅说：

　　"先帝开创的事业没有完成一半就中途去世了，现在天下分裂成三个国家。蜀汉国力困乏，这实在是危急存亡的关键时候啊。然而朝中官员在内毫不懈怠，忠诚有志的将士在外舍生忘死，是因为追念先帝对他们的厚待，想要在陛下身上报恩啊。实在应该广泛地听取意见，发扬先帝遗留下来的美德，振奋有抱负的人们的志气，不应该随便轻视自己，说一些不恰当的话，以致堵塞人们忠言劝谏的道路啊！皇宫中和丞相府中的人是个整体，赏罚褒贬，不应该因为在宫中或在府中而有差异。如果有作奸犯科，

或做了好事对国家有贡献的，都应该交给主管官员来判定他们是受罚或者受赏，来显示陛下公正严明的治理准则，而不应当有偏袒和私心，使朝廷内外刑赏的法令不同。侍中侍郎敦攸之、费祎、董允等人，都是善良诚实的人，他们的志向和思虑都忠诚纯正，所以先帝把他们选拔出来留给陛下。我认为宫廷中的事情，无论大小，都可以拿来跟他们商量，然后再施行，就一定能够补救缺点，防止疏漏，得到更大成效。将军向宠，性格品行善良平正，通晓军事，过去任用他时，先帝称赞他能干，所以大家商议推举他任中都督。我认为军营中的事情，都可先和他商量，就一定能够使军中团结和睦，才能高的和才能低的都得到妥善安排。亲近贤臣，疏远小人，这是先汉兴旺发达的原因；亲近小人，疏远贤臣，这是后汉倾覆衰败的原因。先帝在世时，每次与我谈论这些事情，都对桓、灵二帝的昏庸感到痛心遗憾。侍中、尚书、长史、参军，都是忠贞优秀、以死报国的大臣，希望陛下亲近他们，信任他们，这样汉朝的兴隆便为时不远了。

原文

"臣本布衣，躬耕于南阳，苟全性命于乱世，不求闻达于诸侯。先帝不以臣卑鄙，猥自枉屈，三顾臣于草庐之中，咨臣以当世之事，由是感激，遂许先帝以驱驰。后值倾覆，受任于败军之际，奉命于危难之间，尔来二十有一年矣。先帝知臣谨慎，故临崩寄臣以大事也。受命以来，夙夜忧叹，恐托付不效，以伤先帝之明，故五月渡泸，深入不毛。今南方已定，兵甲已足，当奖率三军，北定中原，庶竭驽钝，攘除奸凶，兴复汉室，还于旧都。此臣所以报先帝，而忠陛下之职分也。

"至于斟酌损益，进尽忠言，则攸之、祎、允之任也。愿陛下托臣以讨贼兴复之效；不效，则治臣之罪，以告先帝之灵。若无兴德之言，则责攸之、祎、允等之慢，以彰其咎。陛下亦宜自谋，以咨诹善道，察纳雅言，深追先帝遗诏。臣不胜受恩感激。今当远离，临表涕零，不知所言。"

遂行，屯于沔阳。

译文

"我本来是个平民，在南阳亲自种地，只希望在乱世里苟且保全性命，并不想在诸侯中做官扬名。先帝不嫌我身份低微、出身鄙野，不惜降低身份，委屈自己，三次到草庐求访我，向我询问当代大事，我因此有所感动，就答应为先帝奔走效劳。后来遇到挫折，在军事上失败的时候接受重任，在危难紧迫的关头奉命出使，从那时起到现在已经二十一年了。先帝知道我办事谨慎，所以临终时，把国家大事托付给我。我自从接受命令以来，早晚忧虑叹息，唯恐先帝托付给我的大事做得没有成效，而有损先帝的明察，所以五月渡过泸水，深入到不长庄稼的荒凉地方。现在南方的叛乱已经平定，武器装备已经充足，应该勉励三军，率领他们北上平定中原，我希望能够奉献平庸的才能，去铲除那些奸邪凶恶的敌人，振兴汉朝，将皇室迁回旧都洛阳。这是我报答先帝、忠于陛下的职责。

"至于权衡朝中政事轻重，是否可行，毫无保留地向陛下提出忠诚的劝谏，那是郭攸之、费祎、董允等人的责任。希望陛下把讨伐曹魏兴复汉室的任务交给我，如果不能实现，就治我的罪，来告慰先帝在天之灵。如果没有发扬圣德的忠言，就应当责罚郭攸之、费祎、董允等人的怠慢失职，彰明他们的过失。陛下也应该自行谋划，征询治国的良策，认识、采纳正确的言论，深切追念先帝的遗命。我接受您的恩泽，不胜感激。现在我就要远离陛下了，面对这份奏表，禁不住流下泪水，也不知自己说了些什么。"

于是，诸葛亮率军启程，在沔阳扎营。

六年春，扬声由斜谷道取郿(méi)，使赵云、邓芝为疑军，据箕(jī)谷，魏大将军曹真举众拒之。亮身率诸军攻祁(qí)山，戎陈整齐，赏罚肃而号令明，南安、天水、安定三郡叛魏应亮，关中响震。魏明帝西镇长安，命张郃(hé)拒亮，亮使马谡(sù)督诸军在前，与郃战于街亭。谡违亮节度，举动失宜，大为郃所破。亮拔西县千余家，还于汉中，戮谡以谢众。上疏曰："臣以弱才，叨窃非据，亲秉旄钺以厉三军，不能训章明法，临事而惧，至有街亭违命之阙，箕谷不戒之失，咎皆在臣授任无方。臣明不知人，恤事多暗，春秋责帅，臣职是当。请自贬三等，

●诸葛亮挥泪斩马谡

以督厥咎。”于是以亮为右将军，行丞相事，所总统如前。

译　文

　　建兴六年春，诸葛亮扬言要从斜谷道攻取郿县，并派遣赵云、邓芝率军为疑兵，占据箕谷虚张声势，魏国大将军曹真领兵前来抵挡。诸葛亮亲自统率各军攻打祁山，军容整齐，赏罚肃厉，号令分明，南安、天水、安定三郡叛魏归蜀，响应诸葛亮，一时间整个关中地区震动惊惧。魏明帝御驾西进坐镇长安，命令张郃率军抵御诸葛亮，诸葛亮派遣马谡督率各军前行，与张郃在街亭展开大战。由于马谡违背了诸葛亮的作战部署，进军布阵失策，被张郃打败。诸葛亮迁移西县千余户百姓，退回汉中，处死马谡，向全军承认错误。并向后主上奏说：“我以浅薄的才能，担当了不能胜任的职务，亲自领受白旄斧钺以激励三军，却未能按照规章严明军纪，面临大事心存戒惧，以致发生了街亭违背军令的错误，箕谷戒备不严的失误，责任都因为我用人不当。我既无知人之明，考虑问题又多有糊涂之处，依据《春秋》军事失利先罚主帅的典则，这次战争失误的主要责任在我。自请降职三级，以罚过错。”于是后主刘禅改任诸葛亮为右将军，代理丞相事务，仍像以前一样总管全国军政。

原　文

　　冬，亮复出散关，围陈仓，曹真拒之，亮粮尽而还。魏将王双率骑追亮，亮与战，破之，斩双。七年，亮遣陈式攻武都、阴平。魏雍州刺史郭淮率众欲击式，亮自出至建威，淮退还，遂平二郡。诏策亮曰：“街亭之役，咎由马谡，而君引愆，深自贬抑，重违君意，听顺所守。前年燿师，馘斩王双；今岁爰征，郭淮遁走；降集氐、羌，兴复二郡，威镇凶暴，功勋显然。方今天下骚扰，元恶未枭，君受大任，干国之重，而久自抑损，非所以光扬洪烈矣。今复君丞相，君其勿辞。”

译　文

　　同年冬天，诸葛亮再次出兵散关，围攻陈仓，魏国派曹真率军前去抵抗，诸葛亮军粮用尽后返还。魏将王双率领骑兵追击诸葛亮，诸葛亮列阵与魏军交战，击败魏军，斩杀王双。建兴七年，诸葛亮派遣陈式领兵攻打武都、阴平。魏国雍州刺史郭淮率领众军准备攻打陈式，诸葛亮亲自领兵攻取建威，郭淮只得退守雍州，诸葛亮于是平定武都、阴平二郡。后主刘禅下诏册予诸葛亮说：“街亭那一仗，主要罪责在马谡，而您引罪自责，深深贬抑自己，当时难违您的心意，只好同意自贬三级的请求，去年率兵扬我军威，斩杀王双；今年再次领兵出征，令郭淮逃遁；招降安抚氐、羌各部，收复武都、阴平二郡，威风震慑凶敌，功勋昭著。现在天下尚未平定，元凶首恶还没有

诛灭，您肩负重任，主持军国大政，长期贬损自己，对弘扬先帝的伟大事业极为不利，现在恢复您的丞相职务，请您不要推辞。"

原文

　　九年，亮复出祁山，以木牛运，粮尽退军。与魏将张郃交战，射杀郃。十二年春，亮悉大众由斜谷出，以流马运，据武功五丈原，与司马宣王对于渭南。亮每患粮不继，使己志不申，是以分兵屯田，为久驻之基。耕者杂于渭滨居民之间，而百姓安堵，军无私焉。相持百余日。其年八月，亮疾病，卒于军，时年五十四。及军退，宣王案行其营垒处所，曰："天下奇才也！"

●孔明秋风五丈原

译文

　　建兴九年，诸葛亮再次出兵祁山，用木牛运送物资，粮尽撤军。与魏将张郃交战，射死张郃。建兴十二年春，诸葛亮统率全军从斜谷出兵，用流马作为运输工具，进军占据武功县五丈原，魏军主将司马懿与诸葛亮在渭南对垒相持。诸葛亮常常担心粮草接济不上，而使自己的志愿难以实现，于是将部队分作两部分，一部分就地开荒耕种，作为长期驻扎的基础。耕垦的兵卒杂居在渭河附近的百姓中间，百姓生活安定，军卒不谋取私利。蜀、魏两军相持一百多天。这一年八月，诸葛亮患病死在军中，年仅五十四岁。等蜀军撤走，司马懿一一巡视蜀军的驻扎营地，叹道："孔明真是天下奇才啊！"

原文

　　亮遗命葬汉中定军山，因山为坟，冢足容棺，敛以时服，不须器物。诏策曰："唯君体资文武，明睿笃诚，受遗托孤，匡辅朕躬，继绝兴微，志存靖乱；爰整六师，无岁不征，神武赫然，威镇八荒，将建殊功于季汉，参伊、周之巨勋。如何不吊，事临垂克，遘疾陨丧！朕用

将帅之才 奸雄之志
持政专权 见利忘义

司马懿

●司马懿

伤悼,肝心若裂。夫崇德序功,纪行命谥,所以光昭将来,刊载不朽。今使使持节左中郎将杜琼,赠君丞相武乡侯印绶,谥君为忠武侯。魂而有灵,嘉兹宠荣。呜呼哀哉!呜呼哀哉!"

译文

诸葛亮遗言命令部下将自己葬在汉中定军山,依山势修建坟墓,墓穴仅能容纳下棺材,穿平时的衣服入殓,不必用别的器物殉葬。后主刘禅下诏祭奠诸葛亮说:"您天生兼备文、武的才干,英明睿智忠厚诚实,接受先帝托孤遗命,尽心力辅佐我,使衰微待绝的汉室得以复兴,立志平定天下战乱;整治六军,年年出征,英武盖世,威震四方,将为蜀汉建成伟大功业,所取功勋有如伊尹、周公。为什么有这样的不幸,在大业即将功成的时候,您却染疾归天!我痛悼您的逝世,心肝欲裂。推崇您的德行,评定您的功勋,根据您生前事迹追封谥号,让您的精神传扬天下,英名永垂史册。现在特派持使节左中郎将杜琼,赠给您丞相武乡侯印绶,追谥您为忠武侯。英魂有知,对此也感宠荣。悲痛至极!悲痛至极!"

原文

初,亮自表后主曰:"成都有桑八百株,薄田十五顷,子弟衣食,自有余饶。至于臣在外任,无别调度,随身衣食,悉仰于官,不别治生,以长尺寸。若臣死之日,不使内有余帛,外有赢财,以负陛下。"及卒,如其所言。

译文

起初,诸葛亮曾经向后主刘禅上奏表言:"我在成都有八百棵桑树,十五顷薄田,子孙们的日常衣食用度富富有余。至于我在外任职,没有额外的花费安排,随身衣服饮食全有国家供应,不需要再经营其他产业来增添家财。等到我离开人世的时候,不让家有多余的绢帛,外有多余的钱财,而辜负陛下的恩宠和信任。"等到诸葛亮去世,果然如他所说的那样。

　　亮性长于巧思，损益连弩，木牛流马，皆出其意；推演兵法，作八陈图，咸得其要云。亮言教书奏多可观，别为一集。

　　诸葛亮天生擅长巧思，改进弓弩使其可以连续发射，制造木牛流马作为运输工具，都出于他的想法；他推演兵法，设计八阵图，无不深得要领。他留世的议论、教令、书信、奏疏都很值得一读，另编成《诸葛氏集》。

●诸葛亮造木牛流马

　　景耀六年春，诏为亮立庙于沔阳。秋，魏镇西将军锺会征蜀，至汉川，祭亮之庙，令军士不得于亮墓所左右刍牧樵采。亮弟均，官至长水校尉。亮子瞻，嗣爵。

　　景耀六年春，后主刘禅诏令为诸葛亮在沔阳修祠立庙。当年秋天，魏国镇西将军钟会征伐蜀汉，到汉川县时，前去祭扫诸葛亮祠庙，下令军中士卒不得在诸葛亮墓附近牧马砍柴。诸葛亮的弟弟诸葛均，官至蜀长水校尉。诸葛亮的儿子诸葛瞻，继承了父亲的爵位。

　　诸葛氏集目录：

　　开府作牧第一、权制第二、南征第三、北出第四、计算第五、训厉第六、综核上第七、综核下第八、杂言上第九、杂言下第十、贵和第十一、兵要第十二、传运第十三、与孙权书第十四、与诸葛瑾书第十五、与孟达书第十六、废李平第十七、法检上第十八、法检下第十九、科令上第二十、科令下第二十一、军令上第二十二、军令中第二十三、军令下第二十四。右二十四篇，凡十万四千一百一十二字。

　　《诸葛氏集》目录：开府作牧第一、权制第二、南征第三、北出第四、计算第五、训厉第六、综核上第七、综核下第八、杂言上第九、杂言下第十、贵和第十一、兵要第十二、传运第十三、与孙权书第十四、与诸葛瑾书第十五、与孟达书第十六、废李平第十七、法检上第十八、法检下第十九、科令上第二十、科令下第二十一、军令上第二十二、军令中第二十三、军令下第二十四，以上计二十四篇，共十万四千一百一十二字。

原　文

　　臣寿等言：

　　"臣前在著作郎，侍中领中书监济北侯臣荀勖〔xù〕、中书令关内侯臣和峤〔qiáo〕奏，使臣定故蜀丞相诸葛亮故事。亮毗〔pí〕佐危国，负阻不宾，然犹存录其言，耻善有遗，诚是大晋光明至德，泽被无疆，自古以来，未之有伦也。辄删除复重，随类相从，凡为二十四篇，篇名如右。

译　文

　　臣陈寿等奏："我从前任职著作郎时，侍中兼中书监济北侯荀勖、中书令关内侯和峤上疏奏请，让我审订原蜀汉丞相诸葛亮的旧事。诸葛亮辅佐衰弱的国家，利用地势险阻终不归服，现在仍然保存记录他的文字材料，耻于对其嘉美文言的记录有所遗漏，确实显示了我大晋明耀光辉和至高恩德，泽惠天下，自古以来，没有可以相比的。现在对诸葛亮著述文字的重复部分做出删除，分门别类，共整理出二十四篇。篇名见前。

原　文

　　"亮少有逸群之才，英霸之器，身长八尺，容貌甚伟，时人异焉。遭汉末扰乱，随叔父玄避难荆州，躬耕于野，不求闻达。时左将军刘备以亮有殊量，乃三顾亮于草庐之中；亮深谓备雄姿杰出，遂解带写诚，厚相结纳。及魏武帝南征荆州，刘琮〔cóng〕举州委质，而备失势众寡，无立锥之地。亮时年二十七，乃建奇策，身使孙权，求援吴会。权既宿服仰备，又睹亮奇雅，甚敬重之，即遣兵三万人以助备。备得用与武帝交战，大破其军，乘胜克捷，江南悉平。后备又西取益州。益州既定，以亮为军师将军。备称尊号，拜亮为丞相，录尚书事。及备殂〔cú〕

没，嗣子幼弱，事无巨细，亮皆专之。于是外连东吴，内平南越，立法施度，整理戎旅，工械技巧，物究其极，科教严明，赏罚必信，无恶不惩，无善不显，至于吏不容奸，人怀自厉，道不拾遗，强不侵弱，风化肃然也。

译文

"诸葛亮年轻时就显露出卓越的才华和英雄气概，他身长八尺，容貌伟岸，当时的仁人志士都认为他不同凡响。遭遇汉末动乱，他随叔父诸葛玄到荆州避难，亲身耕种田地，不求闻名显达。当时左将军刘备认识到他有奇才，于是三顾茅庐亲自前往拜访；诸葛亮也深感刘备出类拔萃、英姿超群，于是向刘备坦诚相待，两人结下深厚情谊。魏武帝南征荆州，刘琮献出荆州投降，刘备失势且兵力单薄，以至于无立锥之地。当时诸葛亮年仅二十七岁，就向刘备献上奇谋，亲自出使东吴拜见孙权，求东吴发兵救援刘备。孙权本来对刘备就钦服景仰，此时又见诸葛亮卓尔不凡，对他非常敬重，当即派遣三万人马去救援刘备。刘备借助东吴援军与魏武帝开战，大败曹魏军队，并乘胜进军连战连捷，于是平定了长江南岸地区。后来刘备又西取益州。益州平定后，诸葛亮被任命为军师将军。刘备称帝，拜封诸葛亮为丞相，总管尚书台政务。刘备去世后，其子刘禅继位，年少无知，政事无论大小，全由诸葛亮裁断。于是他对外与东吴结盟，对内平定南部各郡，颁定法律制度，整治全国军队，所制机械极其精巧，法令严正赏罚分明，作恶者都受到惩处，为善者都被表彰，终于使全国做到官吏不敢违法犯纪，人人奋求上进，路不拾遗，强不凌弱，民风教化社会安定。

原文

"当此之时，亮之素志，进欲龙骧虎视，苞括四海，退欲跨陵边疆，震荡宇内。又自以为无身之日，则未有能蹈涉中原、抗衡上国者，是以用兵不戢，屡耀其武。然亮才，于治戎为长，奇谋为短，理民之干，优于将略。而所与对敌，或值人杰，加众寡不侔，攻守异体，故虽连年动众，未能有克。昔萧何荐韩信，管仲举王子城父，皆忖己之长，未能兼有故也。亮之器能政理，抑亦管、萧之亚匹也，而时之名将无城父、韩信，故使功业陵迟，大义不及邪？盖天命有归，不可以智力争也。

译文

"处在当时社会，诸葛亮的夙愿是，进而如蛟龙举首，猛虎雄视，一举统一天下；

退而割据边疆，壮大国力而震慑四方。他还考虑到自己去世后，则蜀国没有人像自己一样继续进伐中原抗衡强魏，所以连年用兵不止，屡屡张扬武力。然而诸葛亮的才干，长于整治训练军队，却在奇谋制敌方面有所短缺。治理百姓的才干，强于他作为将领的谋略。况且与他对阵作战之人，不乏当代人杰，加上双方力量对比悬殊，本应采取守势的蜀国却频频主攻，所以虽然说连年兴师动众，却未能取得成功。当初萧何举荐韩信，管仲举荐王子城父，都是因为考虑到了自己的才能长于治国，不能兼有军事指挥的才干。诸葛亮的治国政治才干或许不亚于管仲、萧何，可惜他当时找不到王子城父、韩信那样的名将，致使自己的功业难成，统一的理想难以实现。可见天命所归，不是人的智慧能力可以争取到的事。

原文

"青龙二年春，亮帅众出武功，分兵屯田，为久驻之基。其秋病卒，黎庶追思，以为口实。至今梁、益之民，咨述亮者，言犹在耳，虽甘棠之咏召公，郑人之歌子产，无以远譬也。孟轲有云：'以逸道使民，虽劳不怨；以生道杀人，虽死不忿。'信矣！论者或怪亮文彩不艳，而过于丁宁周至。臣愚以为咎繇大贤也，周公圣人也，考之尚书，咎繇之谟略而雅，周公之诰烦而悉。何则？咎繇与舜、禹共谈，周公与群下矢誓故也。亮所与言，尽众人凡士，故其文指不得及远也。然其声教遗言，皆经事综物，公诚之心，形于文墨，足以知其人之意理，而有补于当世。

"伏唯陛下迈踪古圣，荡然无忌，故虽敌国诽谤之言，咸肆其辞而无所革讳，所以明大通之道也。谨录写上诣著作。臣寿诚惶诚恐，顿首顿首，死罪死罪。泰始十年二月一日癸巳，平阳侯相臣陈寿上。"

译文

"青龙二年春，诸葛亮率军出武功县，分派兵卒开荒屯田，作为长久驻军的基础。这年秋天他就因病去世，百姓追忆怀念他，把他的功绩作为

●召公

谈资。直到今天，还能听到梁州、益州的百姓称赞诸葛亮的话，即使《甘棠》颂扬召公、郑人歌颂子产，也不可与这种情形相比。孟子说过：'用最终目的在于让百姓享受安乐的措施来役使百姓，即使人们劳苦也不会口出怨言；用最终目的在于使百姓幸福生存的手段来诛杀罪人，即使人被杀死也不会心存怨恨。'这种话可信啊！有的评论者认为诸葛亮文辞不够华彩，而过于啰唆详尽。我的拙见认为皋陶是大贤人，周公是大圣人，但考察《尚书》所载文字，其中'皋陶谟'中皋陶的言论简略典雅，'周公诰'中周公的文字繁复详尽，为什么他们也不一样呢？因为皋陶在与舜、禹交谈，周公则在同下属们一起发誓的缘故。诸葛亮所谈话的对象，都是普通的士兵百姓，所以他不必追求华丽深奥的文辞。然而他的著作文字，都是关于他亲身经历事情或亲手处理事务的经验之谈，其公正诚实的精神跃然纸上，因此通过这些文字可以知道他的思想主张，对当今世事有着补益借鉴的价值。

"我深感陛下效法古代圣贤，胸怀坦荡无所忌讳，所以即使是敌国肆意攻击的言辞，也都全部抄录而不加任何删改，以此传扬宽宏通达的道理。我谨慎地记录这些文字上交著作机构。我诚惶诚恐，叩头再叩头，罪该万死。晋武帝泰始十年二月一日，平阳侯相臣陈寿上。"

原文

评曰：诸葛亮之为相国也，抚百姓，示仪轨，约官职，从权制，开诚心，布公道；尽忠益时者虽仇必赏，犯法怠慢者虽亲必罚，服罪输情者虽重必释，游辞巧饰者虽轻必戮，善无微而不赏，恶无纤而不贬；庶事精练，物理其本，循名责实，虚伪不齿；终于邦域之内，咸畏而爱之，刑政虽峻而无怨者，以其用心平而劝戒明也。可谓识治之良才，管、萧之亚匹矣。然连年动众，未能成功，盖应变将略，非其所长欤！

译文

评论说：诸葛亮作为丞相，安抚百姓，宣布仪范规矩，简省官职，顺应合宜的制度，坦露诚心，推行道义；对尽忠并有益于时代的人，即使是仇敌也一定给予奖赏，对违犯法令、怠慢官职的人即使是亲戚也一定处罚，对认罪并供出实情的犯人即使是重罪也会宽释，对供词犹豫不定、巧言掩饰的犯人即使是轻罪也一定处罚，好事并没有因为事情微小而不奖赏，作恶并没有因为坏事纤细而不贬斥；诸葛亮精通熟练于各项日常事务，能抓住事物的根本，因名求实，务求名实相副，对虚伪的人不屑一顾；在蜀国国境内，人民都既敬畏又爱戴他，他施行的刑法政令虽然严峻，却没有人怨恨他，这是因为他能够心地公平而且明确地告诫大家。诸葛亮可以说是懂得如何治理国家的杰出人才，可以与管仲、萧何相提并论。然而他连年兴师动众出兵作战，却没有能取得成功，大概是因为随机应变的机智与指挥战争的谋略，并不是他所擅长的缘故吧！

二十四史精华

晋 书

[唐] 房玄龄

谢安传

谢安，字安石，尚从弟也。父裒，太常卿。安年四岁时，谯郡桓彝见而叹曰："此儿风神秀彻，后当不减王东海。"及总角，神识沈敏，风宇条畅，善行书。弱冠，诣王濛清言良久，既去，濛子修曰："向客何如大人？"濛曰："此客亹亹，为来逼人。"王导亦深器之。由是少有重名。

谢安，字安石，是谢尚的堂弟。父亲谢裒，任太常卿一职。谢安四岁的时候，谯郡的桓彝看见他赞叹不已，说："这个孩子气韵清秀，将来不会比王东海差。"等到稍微长大一些时，谢安神态沉稳，思维敏捷，善于写行书。刚成年时拜访王濛，与王濛清谈许久，等谢安走后，王濛的儿子王修说："刚才谈话的客人跟您比如何？"王濛说："这个客人议论连绵不绝，咄咄逼人。"王导也非常器重他。因此，谢安少年成名。

初辟司徒府，除佐著作郎，并以疾辞。寓居会稽，与王羲之及高阳许询、桑门支遁游处，出则渔弋山水，入则言咏属文，无处世

●谢安

意。扬州刺史庚冰就以安有重名，必欲致之，累下郡县敦逼，不得已赴召，月余告归。复除尚书郎、琅邪王友，并不起。吏部尚书范汪举安为吏部郎，安以书距绝之。有司奏安被召，历年不至，禁锢终身，遂栖迟东土。尝往临安山中，坐石室，临浚谷，悠然叹曰："此去伯夷何远！"尝与孙绰等泛海，风起浪涌，诸人并惧，安吟啸自若。舟人以安为悦，犹去不止。风转急，安徐曰："如此将何归邪？"舟人承言即回。众咸服其雅量。安虽放情丘壑，然每游赏，必以妓女从。既累辟不就，简文帝时为相，曰："安石既与人同乐，必不得不与人同忧，召之必至。"时安弟万为西中郎将，总藩任之重。安虽处衡门，其名犹出万之右，自然有公辅之望，处家常以仪范训子弟。安妻，刘惔妹也，既见家门富贵，而安独静退，乃谓曰："丈夫不如此也？"安掩鼻曰："恐不免耳。"及万黜废，安始有仕进志，时年已四十余矣。

译文

最初谢安受聘司徒府，拜为著作郎，谢安借口有病不去任职。寄居会稽，与王羲之以及高阳的许询、僧人支遁交游，出门就游览山水，回屋就吟诗作文，没有当官的心。扬州刺史庚冰因为谢安名气大，因而非要招募他，多次下令郡县督促他应召入仕，谢安无奈应召前往，一个多月后又告退。又任命他为尚书郎、琅邪王友，谢安也都谢绝。吏部尚书范汪举荐谢安为吏部郎，谢安写信回绝。有司奏明谢安被朝廷征召，历年不应召，自己禁锢终身，于是栖息留宿在东部名胜之地。谢安曾经到临安山中，坐在石洞里，面对深谷，悠然叹道："这样的情致离伯夷有多远啊！"他曾和孙绰等人乘船出海，风起浪涌，众人非常惊恐，谢安却吟唱自如。船夫以为谢安高兴，就照样驾船漫游。风浪转大，谢安慢慢说："这么大的风我们该怎么回去呢？"船夫听从吩咐立即返航。众人都钦佩谢安非凡的气度。谢安虽然纵情山水，但每次游赏，都携妓女同行。谢安已经多次不应征召，简文帝此时做宰相，说："谢安石既然能与人同乐，也必定能与人同忧，再次征召他，他肯定答应。"当时，谢安的弟弟谢万为西中郎将，担负戍边重任。谢安虽然隐遁山林，但是他的名声仍然超过谢万，自然有公卿大臣的声望，平时在家经常用礼节规范来教导子弟。谢安的妻子，是刘惔的妹妹，看见谢家其他人都拥有高官厚禄，只有谢安隐退山林，于是对谢安说："丈夫能不要这样吗？"谢安掩鼻说："恐怕不能免于灾祸。"等到谢万被罢职，谢安才开始有做官的志趣，这时候他已经四十多岁了。

●王羲之

原文

征西大将军桓温请为司马，将发新亭，朝士咸送，中丞高崧^{sōng}戏之曰："卿累违朝旨，高卧东山，诸人每相与言，安石不肯出，将如苍生何！苍生今亦将如卿何！"安甚有愧色。既到，温甚喜，言生平，欢笑竟日。既出，温问左右："颇尝见我有如此客不？"温后诣安，值其理发。安性迟缓，久而方罢，使取帻^{zé}。温见，留之曰："令司马著帽进。"其见重如此。

温当北征，会万病卒，安投笔求归。寻除吴兴太守。在官无当时誉，去后为人所思。顷之，征拜侍中，迁吏部尚书、中护军。

译文

征西大将军桓温请谢安做司马，谢安从新亭出发，朝中人士都来送行，中丞高嵩开玩笑地说："您屡次违背朝廷旨意，在东山别墅高卧，大家经常议论说，谢安石不肯出山做官，如何面对江东百姓！而今江东百姓将怎样面对出山做官的谢安石呢！"谢安很有愧色。到了桓温那里后，桓温非常高兴，二人畅谈生平经历，整天欢笑。离开后，桓温对身边人说："你们之前见过我有这样的客人吗？"后来，桓温去谢安的住处，正巧谢安在整理头发。谢安性情迟缓，好半天才梳理完，让侍从去取头巾。桓温看见了，就出来制止道："让司马戴好帽子再相见。"他就是如此器重谢安。

正当桓温准备北征时，谢万病逝，谢安请求回去奔丧。不久官拜吴兴太守。当时他在任上声誉一般，离开后却被大家挂念。不久，被任命为侍中，又升任为吏部尚书、中护军。

简文帝疾笃，温上疏荐安宜受顾命。及帝崩，温入赴山陵，止新亭，大陈兵卫，将移晋室，呼安及王坦之，欲于坐害之。坦之甚惧，问计于安。安神色不变，曰："晋祚存亡，在此一行。"既见温，坦之流汗沾衣，倒执手版。安从容就席，坐定，谓温曰："安闻诸侯有道，守在四邻，明公何须壁后置人邪？"温笑曰："正自不能不尔耳。"遂笑语移日。坦之与安初齐名，至是方知坦之之劣。温尝以安所作简文帝谥议以示坐宾，曰："此谢安石碎金也。"

译　文

简文帝病重，桓温上疏举荐谢安奉受遗诏。简文帝驾崩，桓温入京奔丧，在新亭停留，派驻重兵，准备乘机篡夺东晋江山，召见谢安和王坦之，计划在会见时把他们谋害。王坦之非常恐惧，问谢安怎么办。谢安神色不变，说："晋朝存亡，就在此一行。"见到桓温后，王坦之惊慌得汗流沾衣，以至拿倒了手板。谢安从容就座，坐好后，对桓温说："谢安听说有道的诸侯，应该镇守四方邻国，您何必要在墙后设伏图谋不轨呢？"桓温笑道："必须如此啊。"于是笑谈了很久。王坦之起初与谢安齐名，到现在才知道王坦之跟谢安比还差得远呢。桓温曾经拿谢安写给简文帝的谥议给在座宾客看，说："这只是谢安石小小的杰作。"

原　文

时孝武帝富于春秋，政不自己，温威振内外，人情噂㳫（zǔn tà），互生同异。安与坦之尽忠匡翼，终能辑穆。及温病笃，讽朝廷加九锡，使袁宏（hóng）具草。安见，辄改之，由是历旬不就。会温薨，锡命遂寝。

译　文

当时孝武帝还很年轻，行使政令不由自己，桓温威震内外，人们议论纷纷，各怀异心。谢安与王坦之尽忠辅佐，终能使朝中大臣们大体上平静无事。桓温病重时，暗示朝廷对他加九锡，让袁宏起草奏表。谢安见到后，就动手修改原稿，致使十多天还未改好，等桓温一死，加九锡的事也就作罢了。

原　文

寻为尚书仆射（yè），领吏部，加后将军。及中书令王坦之出为徐州刺史，诏安总关中书事。安义存辅导，虽会稽王道子亦赖弼谐之益。时强敌寇境，边书续至，梁益不守，樊邓陷没，安每镇以和靖，御以长算。德政既行，文武用命，不存小察，弘以大纲，威怀外著，人皆比之王导，谓文雅过之。尝与王羲之登冶城，悠然遐想，有高世之志。羲之谓曰："夏禹勤王，手足胼胝；文王旰食，日不暇给。今四郊多垒，宜思自效，而虚谈废务，浮文妨要，恐非当今所宜。"安曰："秦任商鞅，二世而亡，岂清言致患邪？"

●王羲之官拜右将军

译文

很快谢安升任尚书仆射，总领吏部，加封后将军。在中书令王坦之出任徐州刺史时，诏令谢安统管中书省。谢安一心辅助东晋、劝导百官，即使会稽王司马道子也依靠谢安的辅助调和而获益。当时有强敌侵犯边境，边境告急文书频频传来，梁州、益州、襄阳、邓州先后失陷。谢安总是镇定自若，作长久之计来解决，以宽仁安定内外。广泛推行德政，文武百官用命，不计较小节，弘扬大事，恩威远播，人人都把他比作王导，并认为他的文雅超过王导。谢安曾经与王羲之同登冶城，悠然遐想，有远离俗世的志趣。王羲之说："夏禹为王尽力，手脚都磨出厚厚的老茧；文王管理国家，废寝忘食，如今朝廷边境战事频繁，执政者应该思考效忠国家，不应该空谈浮华，会妨害要务，恐怕不是当今适合的事。"谢安说："秦朝任用变法务实的商鞅，只延续两代就败亡了，这难道也是空谈浮华招致的灾祸吗？"

原文

是时宫室毁坏，安欲缮之。尚书令王彪之等以外寇为谏，安不从，竟独决之。宫室用成，皆仰模玄象，合体辰极，而役无劳怨。又领扬州刺史，诏以甲仗百人入殿。时帝始亲万机，进安中书监、骠骑将军、录尚书事，固让军号。于时悬象失度，亢旱弥年，安奏兴灭继绝，求晋初佐命功臣后而封之。顷之，加司徒，后军文武尽配大府，又让不拜。复加侍中、都督扬豫徐兖青五州幽州之燕国诸军事、假节。

这时候京师宫殿毁坏，谢安打算修缮宫殿。尚书令王彪之等大臣以敌寇入侵为由谏阻谢安，谢安不听，最后竟独自决定动工。宫室终于修缮完成了，都依照天象，合符北极星的方位，而徭役又没有怨恨。谢安又兼任扬州刺史，诏令他可带一百名披甲执杖的卫士进入宫殿。这时，孝武帝开始亲政，晋升谢安为中书监、骠骑将军、录尚书事，谢安坚决辞让军中头衔。当时天象失常，大旱连年，谢安上书主张复兴衰败灭亡的诸侯和贵族世家，寻找并封赏晋初功臣后代。不久，朝廷加封谢安为司徒，他所统辖的后军文武官员都配给高级府第，谢安又辞让不接受。朝廷又加封谢安为侍中，都督扬州、豫州、徐州、兖州、青州和幽州的燕国诸军事，假节。

时苻坚强盛，疆场多虞，诸将败退相继。安遣弟石及兄子玄等应机征讨，所在克捷。拜卫将军、开府仪同三司，封建昌县公。坚后率众，号百万，次于淮肥，京师震恐。加安征讨大都督。玄入问计，安夷然无惧色，答曰："已别有旨。"既而寂然。玄不敢复言，乃令张玄重请。安遂命驾出山墅，亲朋毕集，方与玄围棋赌别墅。安常棋劣于玄，是日玄惧，便为敌手而又不胜。安顾谓其甥羊昙曰："以墅乞汝。"安遂游涉，至夜乃还，指授将帅，各当其任。玄等既破坚，有驿书至，安方对客围棋，看书既竟，便摄放床上，了无喜色，棋如故。客问之，徐答云："小儿辈遂已破贼。"既罢，还内，过户限，心喜甚，不觉屐齿之折，其矫情镇物如此。以总统功，进拜太保。

●义智倾服

这时候前秦苻坚势力强大，边境战事纷起，东晋众将接连吃了败仗。谢安派弟弟谢石和侄儿谢玄等人出兵伺机征讨，连战连捷。拜为卫将军、开府仪同三司，封为建昌县公。后来苻坚率领大军，号称百万，开进淮河、淝水，东晋京师震动。朝廷加封谢安为征讨大都督。谢玄来向谢安询问退敌之计，谢安泰然自若毫无惧色，回答道："朝廷已另有打算。"然后就不再说了。谢玄不敢再问，便派张玄再去请示。谢安于是驾车去了山中别墅，亲朋好友聚集在一起，然后才与谢玄坐下来以别墅为赌注下围棋。谢安平时棋艺不如谢玄，这一天谢玄心慌，两人旗鼓相当谢玄又不胜。谢安回头对外甥羊昙说："别墅给你啦。"说完便登山游玩，直到晚上才回来，部署将帅，各司其职。谢玄等人大败苻坚，驿站传来喜报送到谢安手上，谢安正在与客人下围棋，看完信就丢在床上，面无喜色，照旧继续下棋。客人询问信的内容，才慢吞吞地答道："小辈们已经打败敌寇。"下完棋回到内室，内心抑制不住激动心情，过门槛时猛地折断了屐齿，谢安在人前竟能镇定自若、掩饰真实情绪到这种程度。因统率作战有功，谢安被晋封太保。

安方欲混一文轨，上疏求自北征，乃进都督扬、江、荆、司、豫、徐、兖、青、冀、幽、并、宁、益、雍、梁十五州军事，加黄钺，其本官悉如故，置从事中郎二人。安上疏让太保及爵，不许。是时桓冲既卒，荆、江二州并缺，物论以玄勋望，宜以授之。安以父子皆著大勋，恐为朝廷所疑，又惧桓氏失职，桓石虔复有沔阳之功，虑其骁猛，在形胜之地，终或难制，乃以桓石民为荆州，改桓伊于中流，石虔为豫州。既以三桓据三州，彼此无怨，各得所任。其经远无竞，类皆如此。

谢安想统一天下，上书请求率兵北伐，孝武帝诏令谢安都督扬、江、荆、司、豫、徐、兖、青、冀、幽、并、宁、益、雍、梁十五州军事，加黄钺，原来官职照旧，设置从事中郎二人。谢安上书辞让太保官职以及爵位，朝廷不批准。这时候桓冲已经去世，荆、江二州刺史的官位都空缺，舆论认为谢玄功劳大、声望高，应授予这二州统领之职。谢安担心父子名位太高，会被朝廷猜忌，又担心桓氏失去荆、江二州的职权会心中不服，桓石虔又有沔阳的战功，考虑到他骁勇善战，占据险地，终将难以控制，于是任命桓石民为荆州刺史，改任桓伊镇守江州，任命桓石虔镇守豫州。使桓家三人统辖三州，彼此没有怨言，各得其任。谢安执政谋略深远，让部属之间和睦相处，大抵都是这样。

　　性好音乐，自弟万丧，十年不听音乐。及登台辅，期丧不废乐。王坦之书喻之，不从，衣冠效之，遂以成俗。又于土山营墅，楼馆林竹甚盛，每携中外子侄往来游集，肴馔亦屡费百金，世颇以此讥焉，而安殊不以屑意。常疑刘牢之既不可独任，又知王味之不宜专城。牢之既以乱终，而味之亦以贪败，由是识者服其知人。

　　谢安喜欢音乐，自从他弟弟谢万死后，十年不听音乐。等到他位居宰辅，即使亲人丧期也从不废止音乐。王坦之写信劝他，他也不予理睬，衣冠士族大多仿效他，以至成为习俗。他又在土山上建造别墅，楼馆宏伟，竹林茂盛，经常携带内外子侄往来于别墅游赏聚集，所设酒席动辄花费百金，人们为此对谢安颇有微词，而谢安对此不以为意。常常怀疑刘牢之不能单独任用，又认为王味之不适合掌管城池。后来刘牢之以谋反告终，王味之因贪污失败，人们由此佩服谢安知人善任。

　　时会稽王道子专权，而奸谄颇相扇构，安出镇广陵之步丘，筑垒曰新城以避之。帝出祖于西池，献觞赋诗焉。安虽受朝寄，然东山之志始末不渝，每形于言色。及镇新城，尽室而行，造泛海之装，欲须经略粗定，自江道还东。雅志未就，遂遇疾笃。上疏请量宜旋旆，并召子征虏将军琰解甲息徒，命龙骧将军朱序进据洛阳，前锋都督玄抗威彭沛，委以董督。若二贼假延，来年水生，东西齐举。诏遣侍中慰劳，遂还都。闻当舆入西州门，自以本志不遂，深自慨失，因怅然谓

●谢安登东山

二十四史精华

〇九八

所亲曰："昔桓温在时,吾常惧不全。忽梦乘温舆行十六里,见一白鸡而止。乘温舆者,代其位也。十六里,止今十六年矣。白鸡主酉,今太岁在酉,吾病殆不起乎!"乃上疏逊位,诏遣侍中、尚书喻旨。先是,安发石头,金鼓忽破,又语未尝谬,而忽一误,众亦怪异之。寻薨,时年六十六。帝三日临于朝堂,赐东园祕器、朝服一具、衣一袭、钱百万、布千匹、蜡五百斤,赠太傅,谥曰文靖。以无下舍,诏府中备凶仪。及葬,加殊礼,依大司马桓温故事。又以平苻坚勋,更封庐陵郡公。

译文

　　当时,孝武帝的弟弟会稽王司马道子专权,而奸诈谄佞小人乘机煽风挑拨,谢安被迫出京镇守广陵之步丘,修筑新城来躲避灾祸。孝武帝到西池为谢安设筵饯行,并敬酒赋诗。谢安虽然深受朝廷重托,但隐居东山的志趣始终不减,常常表现出来。等到出镇新城时,便携带全家前往,制造泛海的船只和装备,打算等到天下基本安定后,走水路东归。可是雅志还未实现,谢安就身患重病。于是上书朝廷请求估量时局休兵回师,并召儿子征虏将军谢琰解甲息兵,命令龙骧将军朱序进据洛阳,前锋都督谢玄与彭城、沛县的敌军对峙,委任谢玄为督察。如果二城守敌凭借地势顽抗,等到来年涨水,东西夹攻。孝武帝诏令侍中奔赴新城慰劳谢安,于是谢安返回京城。听说准备乘车进入西州门,自觉壮志没有实现,功业未竟,于是怅然若失,对所亲近的人说道:"从前桓温执政时,我常常担心不能保命。忽然有一天梦见自己乘坐桓温的车驾走了十六里地,看见一只白鸡后停了下来。乘坐桓温的车驾,预兆将取代他执掌朝政。十六里地,从我执政到今天刚好十六年。白鸡主酉,如今太岁星在酉,那么我这一病大概就再也好不了了!"于是上书辞职,孝武帝派侍中、尚书谕示朝廷旨意。此前,谢安从石头城出发,金鼓忽然破碎,再加上谢安说话从不出错,这一天忽然出现错误,众人觉得非常奇怪。不久谢安逝世,终年六十六岁。孝武帝临朝凭吊三天,赐棺木、朝服一具,衣服一套,钱百万,布千匹,蜡五百斤,追赠太傅,谥号文靖。因为谢安没有私人宅院,所以诏令在府中置办丧事。到安葬时,举行隆重的礼仪,一切依照先前大司马桓温的旧制标准。又因为有打败前秦苻坚的功勋,加封庐陵郡公。

原文

　　安少有盛名,时多爱慕。乡人有罢中宿县者,还诣安。安问其归资,答曰:"有蒲葵扇五万。"安乃取其中者捉之,京师士庶竞市,价增数倍。安本能为洛下书生咏，有鼻疾，故其音浊，名流爱其咏而弗能及，或手掩鼻以歅之。及至新城，筑埭于城北，后人追思之，名为召伯埭。

　　谢安年少成名，当时的人非常仰慕他。有位同乡在中宿县当官，被罢职回乡后，去看望谢安。谢安问他回乡后的花销费用，同乡答道："有五万把蒲葵扇。"谢安就拿了其中一把握在手里，京城士大夫与平民百姓争着购买这种蒲葵扇，以至扇价涨了数倍。谢安原本会用洛下书生的腔调朗诵诗文，只因为有鼻病，所以声音低沉粗重，名流雅士们喜欢模仿他吟诵却无法和他一样，于是有些人便用手掩住鼻子模仿他。谢安镇守新城，在城北建了一座土坝，后人怀念他，便称这个土坝为召伯埭。

原　文

　　羊昙者，太山人，知名士也，为安所爱重。安薨后，辍乐弥年，行不由西州路。尝因石头大醉，扶路唱乐，不觉至州门。左右白曰："此西州门。"昙悲感不已，以马策扣扉，诵曹子建诗曰："生存华屋处，零落归山丘。"恸哭而去。

译　文

　　羊昙，太山人，知名人士，受谢安器重和喜爱。谢安去世后，羊昙长年不听音乐，外出不经过西州路。有次在石头城喝得大醉，沿着路径一边行走一边不停吟唱，不知不觉就到了西州门。身边人告诉他："这是西州门。"羊昙悲伤感慨不已，以马鞭叩打门扇，吟诵曹子建的诗云："生存华屋处，零落归山丘。"恸哭离去。

●曹植

原　文

　　安有二子：瑶、琰。瑶袭爵，官至琅邪王友，早卒。子该嗣，终东阳太守。无子，弟光禄勋模以子承伯嗣，有罪，国除。

　　刘裕以安勋德济世，特更封该弟

澹为柴桑侯，邑千户，奉安祀。澹少历显位，桓玄篡位，以澹兼太尉，与王谧俱赍册到姑孰。元熙中，为光禄大夫，复兼太保，持节奉册禅宋。

译文

　　谢安有二子：谢瑶和谢琰。谢瑶继承封爵，官至琅琊王友，早丧。他的儿子谢该继承爵嗣，死时为东阳太守。谢该无子，他弟弟光禄勋谢模将儿子谢承伯过继给谢该，继承他的封爵，后因犯罪被取消封国。

　　刘裕因谢安的功勋挽救国家，特封谢该的弟弟谢澹为柴桑侯，食邑千户，负责谢安的祭祀。谢澹年少就身居显官。桓玄篡夺东晋皇位后，让谢澹兼任太尉，与王谧一起带着文册到姑孰宣达旨意。元熙年间，谢澹任光禄大夫，又兼任太保，持节奉册书禅授帝位给刘宋。

宋 书

[南朝] 沈约

范晔传

范晔字蔚宗,顺阳人,车骑将军泰少子也。母如厕产之,额为砖所伤,故以砖为小字。出继从伯弘之,袭封武兴县五等侯。

少好学,博涉经史,善为文章,能隶书,晓音律。年十七,州辟主簿,不就。高祖相国掾,彭城王义康冠军参军,随府转右军参军,入补尚书外兵郎,出为荆州别驾从事史。寻召为秘书丞,父忧去职。服终,为征南大将军檀道济司马,领新蔡太守。道济北征,晔惮行,辞以脚疾,上不许,使由水道统载器仗部伍。军还,为司徒从事中郎。顷之,迁尚书吏部郎。

北砰元魏西平姚秦
长城既坏绿漫眼胡尘

檀道济

●檀道济

范晔,字蔚宗,顺阳人,是车骑将军范泰的小儿子。范晔的母亲上厕所时生下了他,因为额角被地上的砖头磕破了,所以他父母便给他起小名叫"砖"。范晔被过继给他堂伯父范弘之,世袭了范弘之的爵位武兴县五等侯。

范晔小时候很好学,广泛涉猎经史书籍。他很会写文章，又能写隶书，通晓音乐。十七岁时，本州征选他为主簿，范晔没接受。高祖即位后先后任相国掾，冠军将军、彭城王刘义康的参军，又随同府主转任右军参军，入朝补任尚书外兵郎，再出朝任荆州别驾从事史。不久他又被调回任秘书丞。父亲去世时他离职，等三年服丧期满，担任征南大将军檀道济的司马，兼领新蔡太守。檀道济北伐时，范晔害怕随军到北方去，便借口脚病推辞。文帝不同意，让他从水路管理运载兵器甲仗的部队。北伐结束后，范晔担任司徒从事中郎。不久，升任尚书吏部郎。

原文

元嘉九年冬，彭城太妃薨（hōng），将葬，祖夕，僚故并集东府。晔弟广渊，时为司徒祭酒，其日在直。晔与司徒左西属王深宿广渊许，夜中酣饮，开北牖（yǒu）听挽歌为乐。义康大怒，左迁晔宣城太守。不得志，乃删众家《后汉书》为一家之作。在郡数年，迁长沙王义欣镇军长史，加宁朔将军。兄暠为宜都太守，嫡母随暠在官。十六年，母亡，报之以疾，晔不时奔赴，及行，又携妓妾自随，为御史中丞刘损所奏，太祖爱其才，不罪也。服阕，为始兴王濬后军长史，领南下邳太守。及濬为扬州，未亲政事，悉以委晔。寻迁左卫将军、太子詹事。

译文

元嘉九年冬天，彭城王刘义康母亲彭城太妃去世，将要下葬前一天晚上，举行祭祀路神的仪式，彭城王的僚属故旧都集中在东府。范晔的弟弟范广渊，当时是司徒祭酒，这一天轮到他值班，范晔和司徒左西属王深住在范广渊那里，喝酒到半夜，打开北边窗子欣赏挽歌取乐。彭城王刘义康闻之大怒，把范晔贬到宣城当太守。范晔在那里很不得志，于是整理各家《后汉书》，编成一部新作，成其一家之言。在太守任上几年后，他被迁任长沙王刘义欣镇军长史，加号宁朔将军。他的哥哥范暠任宜城太守，范晔的嫡母跟范暠一起生活。元嘉十六年，嫡母去世，范晔假称自己正患病，过了好久才去奔丧，而且带着妓妾一同前往，因为这件事被御史中丞刘损弹劾，文帝因为欣赏他的才干，所以没有处罚他。范晔为他的嫡母守孝期满，便担任始兴王刘濬后军长史，兼任南下邳太守。刘濬治理扬州时，不理政事，大小事全部委托给范晔。不久范晔又升任左卫将军、太子詹事。

原文

晔长不满七尺，肥黑，秃眉须。善弹琵琶，能为新声，上欲闻之，屡讽以微旨，晔伪若不晓，终不肯为上弹。上尝宴饮欢适，谓晔曰：

"我欲歌,卿可弹。"晔乃奉旨。上歌既毕,晔亦止弦。

范晔身高不满七尺,长得又黑又胖,眉毛轻淡、胡须很少。他很会弹琵琶,而且能作新曲。文帝几次想听他的演奏,并且多次委婉地暗示他,范晔假装不知道,始终不肯为文帝弹奏。一次文帝在宴请正酣的时候,对范晔说:"我想唱首歌,你为我弹琴伴奏吧。"范晔于是遵旨照办。文帝歌一唱完,范晔立刻停止弹奏。

初,鲁国孔熙先博学有纵横才志,文史星算,无不兼善。为员外散骑侍郎,不为时所知,久不得调。初熙先父默之为广州刺史,以赃货得罪下廷尉,大将军彭城王义康保持之,故得免。及义康被黜,熙先密怀报效,欲要朝廷大臣,未知谁可动者,以晔意志不满,欲引之。而熙先素不为晔所重,无因进说。晔外甥谢综,雅为晔所知,熙先尝经相识,乃倾身事综,与之结厚。熙先藉岭南遗财,家甚富足,始与综诸弟共博,故为拙行,以物输之。综等诸年少,既屡得物,遂日夕往来,情意稍款。综乃引熙先与晔为数,晔又与戏,熙先故为不敌,前后输晔物甚多。晔既利其财宝,又爱其文艺。熙先素有词辩,尽心事之,晔遂相与异常,申莫逆之好。始以微言动晔,晔不回,熙先乃极辞譬说。晔素有闺庭论议,朝野所知,故门胄虽华,而国家不与姻娉。熙先因以此激之曰:"丈人若谓朝廷相待厚者,何故不与丈人婚,为是门户不得邪?人作犬豕相遇,而丈人欲为之死,不亦惑乎?"晔默然不答,其意乃定。

当初,鲁郡人孔熙先学问渊博、才气纵横,诸如文学、历史、哲学、星命、算术,无一不晓。当时他正担任员外散骑侍郎,没有得到时人的赏识,长期没有升官。当年孔熙先的父亲孔默之任广州刺史时,因为贪污被廷尉治罪,经大将军彭城王刘义康从中斡旋,才得以免罪。到了刘义康被废成庶人时,孔熙先想报答他当年搭救自己父亲的恩德,准备联系朝中大臣,但不知道哪些人能被说动,心想范晔也是对朝廷不满,就想拉拢他。只不过孔熙先一向被范晔轻视,没有机会劝说。范晔很喜欢自己的外甥谢综,孔熙先之前便认识谢综,于是千方百计地奉承他,和他结为深交。孔熙先借助他父亲任广州刺史的积蓄和殷实的家产，和谢综及其兄弟们赌博，故意装着自己水平很低，把财物都输给谢氏兄弟们。谢综及其兄弟都年轻，既然能多次得到孔熙先的钱财，就天天和孔熙先来往，逐渐情深意密。谢综于是把孔熙先介绍给范晔，范晔也和他一起戏乐赌博。孔熙先照旧故意赌输，前前后后输给范晔很多钱财。范晔一方面贪图孔熙先的钱财，另一方面欣赏孔熙先的才华技艺。孔熙先向来能说会道，又全力侍奉范晔，于是就和范晔的关系越来越好，并且成为莫逆之交。孔熙先先用隐晦的话挑动范晔，范晔没有理会，之后孔熙先就用更露骨的话挑拨他。范晔的家风素来不正遭人议论，朝廷民间没有不知道的，所以虽然他门第很高，但是皇室不与他联姻。孔熙先用这一点来刺激他说："老先生如果认为朝廷待您不错的话，那皇家怎么不和您家结亲，难道是您家门第不够格吗？人家只是把您当成猪狗看待而已。但老先生却想效忠他，难道不是愚蠢至极吗？"范晔沉吟不语，但此时他已经决心反叛朝廷。

原 文

　　时晔与沈演之并为上所知待，每被见多同。晔若先至，必待演之俱入，演之先至，尝独被引，晔又以此为怨。晔累经义康府佐，见待素厚。及宣城之授，意好乖离。综为义康大将军记室参军，随镇豫章。综还，申义康意于晔，求解晚隙，复敦往好。晔既有逆谋，欲探时旨，乃言于上曰："臣历观前史二汉故事，诸蕃王政以訞诅幸灾，便正大逆之罚。况义康奸心衅迹，彰著遐迩，而至今无恙，臣窃惑焉。且大梗常存，将重阶乱，骨肉之际，人所难言。臣受恩深重，故冒犯披露。"上不纳。

译 文

　　当时范晔和沈演之都深受文帝喜爱，经常被同时召见。范晔如果先到的话，皇上总是会让他等沈演之一同进去，沈演之如果先到的话，有时就会被文帝单独召见，范晔因此心生怨恨。范晔本人也多次在彭城王府中任职，很得彭城王赏识，在彭城王贬他去当宣城太守时，两人关系一度弄僵。谢综当时担任刘义康大将军记室参军，随同刘义康镇守豫章。谢综回来后，把刘义康的意思带给范晔，请求范晔不计前嫌，重修旧好。范晔既然打算谋反，就想探听皇上的心思，于是对文帝说："我遍读两汉史书，那些藩王如果被发现有诅咒圣上遇害的，一般都要按大逆不道之罪处死。况且彭城王奸诈和背叛的劣迹昭然若揭，远近皆知，但是至今还安然无恙，我很不明白。况且大奸不铲除，恐怕会出现更大的奸恶谋反事件。陛下的家事，做臣子们的本不好说什么，但我蒙皇上厚恩，所以在这里敢冒死进谏。"文帝没有采纳他的意见。

　　熙先素善天文，云："太祖必以非道晏驾，当由骨肉相残。江州应出天子。"以为义康当之。综父述亦为义康所遇，综弟约又是义康女夫，故太祖使综随从南上，既为熙先所奖说，亦有酬报之心。广州人周灵甫有家兵部曲，熙先以六十万钱与之，使于广州合兵。灵甫一去不反。大将军府史仲承祖，义康旧所信念，屡衔命下都，亦潜结腹心，规有异志。闻熙先有诚，密相结纳。丹阳尹徐湛之，素为义康所爱，虽为舅甥，恩过子弟，承祖因此结事湛之，告以密计。承祖南下，申义康意于萧思话及晔，云："本欲与萧结婚，恨始意不果。与范本情不薄，中间相失，傍人为之耳。"

　　孔熙先向来懂天文知识，说："文帝一定不能寿终正寝，一定会死于骨肉相残，江州一定会出现真龙天子。"他认为彭城王就是未来的真龙天子。谢综的父亲谢述为彭城王所知遇，谢综的弟弟谢约又是彭城王的女婿。所以文帝让谢综随同彭城王去南方。谢综因为被孔熙先称赞，也想设法报答他。广州人周灵甫有家兵部曲，孔熙先给周灵甫六十万银钱，叫周灵甫在广州集结兵力。周灵甫却一去不返。大将军府史仲承祖，也是彭城王过去信赖的心腹，多次带着各种命令到京城，也暗中窥测心怀不满的人，与他们勾结。仲承祖听说孔熙先效忠彭城王，也和孔熙先暗中结交。丹阳尹徐湛之一向被彭城王赏识，虽然他们是甥舅关系，但其实比自己的儿子还亲密。仲承祖也因此结交了徐湛之，把其中一部分计划告诉了他。仲承祖南下后，又把彭城王的意愿告诉了萧思话和范晔，说："彭城王本来想和萧家联姻，很遗憾没有实现，和范晔您本来关系很好，可是中间闹了矛盾，那是因为旁人挑拨的缘故。"

　　有法略道人，先为义康所供养，粗被知待，又有王国寺法静尼亦出入义康家内，皆感激旧恩，规相拯拔，并与熙先往来。使法略罢道，本姓孙，改名景玄，以为臧质宁远参军。熙先善于治病，兼能诊脉。法静尼妹夫许耀，领队在台，宿卫殿省。尝有病，因法静尼就熙先乞治，为合汤一剂，耀疾即损。耀自往酬谢，因成周旋。熙先以耀胆干可施，深相待结，因告逆谋，耀许为内应。豫章胡遵世，藩之子也，与法略甚款,亦密相酬和。法静尼南上,熙先遣婢采藻随之,付以笺书,陈说图谶。法静还,义康饷熙先铜匕、铜镰(lián)、袍段、棋奁等物。熙先虑事泄,鸩(zhèn)采藻杀之。湛之又谓晔等:"臧质见与异常,岁内当还,已报质,悉携门生义故,其亦当解人此旨,故应得健儿数百。质与萧思话款密,当仗要之,二人并受大将军眷遇,必无异同。思话三州义故众力,亦不减质。郡中文武,及合诸处侦逻,亦当不减千人。不忧兵力不足,但当勿失机耳。"乃略相署置,湛之为抚军将军、扬州刺史,晔中军将军、南徐州刺史,熙先左卫将军,其余皆有选拟。凡素所不善及不附义康者,又有别簿,并入死目。

译 文

有一个叫法略的道士,先前受彭城王供养,彭城王待他为知己,还有一个王国寺尼姑法静也在彭城王家中出入。他们都很感激彭城王的恩德,约定同甘共苦,也都和孔熙先来往。刘义康叫法略别做和尚,恢复本姓孙,改名景玄,让他担任臧质的宁远参军。孔熙先很会治病,也会号脉。法静尼姑的妹夫许耀,是宫内卫队的头领,在宫殿中值班警卫。一次他得了病,通过法静的关系请孔熙先医治。孔熙先为他开了一剂药方,许耀吃了药就好了。许耀亲自去酬谢孔熙先,因此两人也过往甚密。孔熙先认为许耀有胆量、有才干值得利用,于是和许耀结为深交,乘机把谋反的打算告诉他,许耀同意作为内应。豫章人胡遵世,是胡藩的儿子,和法略和尚关系不错,也暗中响应。法静南下,孔熙先派他的婢女采藻跟着她,叫她带上给彭城王的书信,信中陈说图谶的内容。法静回来,彭城王又赠给孔熙先铜匕首、铜镰、袍缎、棋奁等礼品。孔熙先担心这件事可能被泄露,就用毒药害死了采藻。徐湛之又对范晔等人说:"臧质的见解异于常人,年内他将回到京城,我们已经告诉了他,叫他带上他所有门生故吏,他也明白我的意思,所以他那里应该能有几百名壮士。臧质和萧思话关系很好,估计会倚仗并邀请萧思话一同举事,这两个人都受过大将军的恩宠,一定不会产生二心。萧思话三个州的部曲故吏,和臧质的差不多,郡中的文武官员,和其他各处的警戒士兵,也应至少一千人。我们不用担心兵力不够,只怕错过最佳时机。"于是他们互相设置官职;徐湛之任抚军将军、扬州刺史,范晔任中军将军、南徐州刺史,孔熙先任左卫将军,其他人也都有任命。凡是他们一贯讨厌或不附从彭城王的,又另抄一本,以便到时将这些人处死。

原 文

熙先使弟休先先为檄(xí)文曰:

宋书

一〇七

"夫休否相乘，道无恒泰，狂狡肆逆，明哲是殛（jí）。故小白有一匡之勋，重耳有翼戴之德。自景平肇始，皇室多故，大行皇帝天诞英姿，聪明睿哲，拔自藩国，嗣位统天，忧劳万机，垂心庶务，是以邦内安逸，四海同风。而比年以来，奸竖乱政，刑罚乖淫，阴阳违舛（chuǎn），致使衅起萧墙，危祸萃集。贼臣赵伯符积怨含毒，遂纵奸凶，肆兵犯跸，祸流储宰，崇树非类，倾坠皇基。罪百浞（zhuó）、豷（xì），过十玄、莽，开辟以来，未闻斯比。率土叩心，华夷泣血，咸怀亡身之诚，同思糜躯之报。

译文

孔熙先叫他的弟弟孔休先写了一篇檄文说：

"世上的好运和厄运相互联系，天道并不总是安定，其中也有奸狡小人阴谋作乱，主持正义的人终将坚决消灭他们，所以齐桓公有匡复王室的功劳，晋文公有扶助周室的大恩。自少帝景平年间以来，朝廷出了很多乱子，先皇高祖天生英明、聪达贤圣，从藩国登基称帝，终于即位统一天下。他日理万机，操劳众多事务，所以国家太平，四海安定。但是近年来，奸佞小人危害朝政，赏罚失常，阴阳错乱，所以导致祸起于宫墙之内，危机来临。奸臣赵伯符心怀毒计，作奸行凶，起兵谋害天子，祸及太子，勾结异党，准备颠覆皇家根基。他的罪恶超过浞、豷百倍。祸害多过王莽、桓玄十倍。从开天辟地以来，从未听说过这么严重的罪行。因此举国痛心，百姓泣血，都怀着献身的决绝，竭尽全力、粉身碎骨来拯救皇室的安危大业。

原文

"湛之、晔与行中领军萧思话、行护军将军臧质、行左卫将军孔熙先、建威将军孔休先，忠贯白日，诚著幽显，义痛其心，事伤其目，投命奋戈，万殒莫顾，即日斩伯符首，及其党与。虽豺狼即戮，王道惟新，而普天无主，群萌莫系。彭城王体自高祖，圣明在躬，德格天地，勋溢区宇，世路威夷，勿用南服，龙潜凤栖，于兹六稔（rěn），苍生饥德，亿兆渴化，岂唯东征有《鸱鸮》（chī xiāo）之歌，陕西有勿翦（qī）之思哉。灵祇告征祥之应，谶记表帝者之符，上答天心，下惬民望，正位辰极，非王而谁。

译文

"徐湛之、范晔和代理中领军萧思话、代理护军将军臧质、代理左卫将军孔熙先、建威将军孔休先，他们的忠诚直射白日，诚意可以彰著幽明，忠义使其痛心，逆事使其伤目，因此拿起武器，不顾自身安危，当天斩杀赵伯符及其党羽。虽然这些豺狼已经被消灭，皇室大业万象更新，但天下无主，众人不知道该听命于谁。彭城王是高祖皇帝的儿子，聪明圣智，品德感动天地，功劳冠绝天下，但世道不平，不受重用只能外放南方为官，就像龙潜深渊凤栖梧桐，这种情形到今天已经六年了，亿万百姓如饥似渴地盼望他的领导教化，难道只是周公东征时民众才唱《鸱鸮》，召公离去时陕西百姓才有'勿剪勿伐'的思念吗。神灵显示吉祥的征兆，谶语表明帝王的符命，这样上合天意，下达民心，即日称帝，不是彭城王又是谁呢？

"今遣行护军将军臧质等，赍皇帝玺绶，星驰奉迎。百官备礼，骆驿继进，并命群帅，镇戍有常。若干挠义徒，有犯无贷。昔年使反，湛之奉赐手敕，逆诚祸乱，预睹斯萌，令宣示朝贤，共拯危溺，无断谋事，失于后机，遂使圣躬滥酷，大变奄集，哀恨崩裂，抚心摧哽，不知何地，可以厝身。辄督厉尪顿，死而后已。"

"现在派代理护军将军臧质等人，捧着皇帝的玺印和衣帽，星夜前往奉迎彭城王，朝廷百官准备好礼仪，随后接着前往接驾，同时各地长官统帅，照旧镇守藩国。如果有人妨碍正义的事业，只要违反就必定严惩不贷。当年使者从彭城王那里返回，徐湛之等人都奉行彭城王的亲笔敕书，对于祸乱，早就预感到灾祸的可能性，曾命我等告诉朝中大臣们，共同拯救皇室危难，但是我们做事不果断，痛失先机，使得天子蒙难，大祸突然来临，我们悲痛欲绝，抚胸流泪，不知道在哪里可以容身，只好勤勉行事奋起疲弱之躯，死而后已。"

熙先以既为大事，宜须义康意旨，晔乃作义康与湛之书，宣示同党曰：

"吾凡人短才，生长富贵，任情用己，有过不闻，与物无恒，喜怒违实，致使小人多怨，士类不归。祸败已成，犹不觉悟，退加寻省，方知自招，刻肌刻骨，何所复补。然至于尽心奉上，诚贯幽显，拳拳谨慎，惟恐不及，乃可恃宠骄盈，实不敢故为欺罔也。岂苞藏逆心，以招灰灭，所以推诚自信，不复防护异同，率意信心，不顾万物议论，遂致谗巧潜构，众恶归集。甲奸险好利，负吾事深；乙凶愚不齿，扇长无赖；丙、丁趋走小子，唯知诡进，伺求长短，共造虚说，致令祸陷骨肉，诛戮无辜。凡在过衅，竟有何征，而刑罚所加，同之元恶，伤和枉理，感彻天地。

译 文

　　孔熙先认为既然打算办大事，应该凭借彭城王的亲笔指示，范晔于是写了一篇彭城王给徐湛之的书信，向他的同党宣布说：

　　"我只是一个平常人，才能有限，生长在富贵之家，纵情任性，有过错也不曾受到别人的批评，更不会处理人际关系，喜怒无常，所以小人心中常怨恨我，士大夫们也都没有归附我。祸乱将至，我还不觉醒，后来退而反省，才知道这都是咎由自取，纵然割骨剖肉，又怎么能挽救这些错误呢？然而我忠心地伺候皇上，忠诚确实可以让神明都知道，我时时谨慎小心，只想还做得不够好。即使仗着天子宏恩而骄奢淫逸，但确实不敢故意欺骗皇上。我岂能包藏叛逆之心，进而招致灭亡的下场。所以才自信内心的忠诚，不再防备各种心地险恶的奸人，率性而为，不再考虑人们的议论，于是导致谗佞之人暗中毁谤，把各种罪名都归结到我头上。某甲奸邪险恶，唯利是图，深深地背叛了我；某乙凶恶愚蠢，不值一提，散布无稽谣言；某丙和丁则是趋奉小人，只知道谄媚上司，等待时机搜集我的不足，造出种种谎言，以致骨肉至亲相残，导致诛杀无辜。凡是他们强加于我的罪行，全无事实根据，而我却受到惩罚，仿佛我是元凶，这简直伤天害理，真使天地为之共愤。

原 文

　　"吾虽幽逼日苦，命在漏刻，义慨之士，时有音信。每知天文人事，及外间物情，土崩瓦解，必在朝夕。是为衅起群贤，滥延国家，夙夜愤踊，心腹交战。朝之君子及士庶白黑怀义秉理者，宁可不识时运之会，而坐待横流邪。除君侧之恶，非唯一代，况此等狂乱罪魁，终古所无，加之翦戮，易于摧朽邪。可以吾意宣示众贤，若能同心奋发，族裂逆党，岂非功均创业，重造宋室乎。但兵凶战危，或致侵滥，若有一豪犯顺，诛及九族。处分之要，委之群贤，皆当谨奉朝廷，动止闻启。往日嫌怨，一时豁然，然后吾当谢罪北阙，就戮有司。苟安社稷，瞑目无恨。勉之勉之。"

　　"我虽然被幽禁，艰苦度日，性命时刻都可能被毁灭，但是天下正义慨慷之士，时常带给我一些信息，因此每每知道当今的天时和人事，以及外面的人情舆论，知道即将要发生一场土崩瓦解的动乱。由于祸起群贤，危及国家，我日思夜想，思绪不安，朝廷内外心怀正义之情的仁人君子们，难道不能认清这时运来临的机会，采取行动，却坐以待毙吗？清除天子周围的奸贼，每朝每代都有例子，况且这些奸贼罪恶滔天，狂妄昏乱，自古少见，齐心协力铲除他们，如砍倒朽木可谓易如反掌。您可以把我这个意思告诉大家，如果能同心协力，族灭奸党，难道你们不等同于开国元勋，不是重建刘宋王朝吗？但是兴兵是不吉祥的，战争是危险的，可能会滥杀无辜。如果谁有一点不忠的行为，就要灭九族。具体的处置工作，请众位贤臣自行决断，你们都应该恭谨地侍奉朝廷，一举一动都要多请示。过去我们的仇怨，统统化解了。待到事成之后，我便会在北门谢罪，到有关部门接受处治，甘心受戮。如果这样能安定国家，我死而无憾，你们努力吧。"

　　二十二年九月，征北将军衡阳王义季、右将军南平王铄出镇，上于武帐冈祖道，晔等期以其日为乱，而差互不得发。于十一月，徐湛之上表曰："臣与范晔，本无素旧，中丞门下，与之邻省，屡来见就，故渐成周旋。比年以来，意态转见，倾动险忌，富贵情深，自谓任遇未高，遂生怨望。非唯攻伐朝士，讥谤圣时，乃上议朝廷，下及藩辅，驱扇同异，恣口肆心，如此之事，已具上简。近员外散骑侍郎孔熙先忽令大将军府吏仲承祖腾晔及谢综等意，欲收合不逞，规有所建。以臣昔蒙义康接盼，又去岁群小为臣妄生风尘，谓必嫌惧，深见劝诱。兼云人情乐乱，机不可失，谶纬天文，并有征验。晔寻自来，复具陈此，并说臣论议转恶，全身为难。即以启闻，被敕使相酬引，究其情状。于是悉出檄书、选事、及同恶人名、手墨翰迹，谨封上呈，凶悖之甚，古今罕比。由臣阇于交士，闻此逆谋，临启震惶，荒情无措。"诏曰："湛之表如此，良可骇惋。晔素无行检，少负瑕衅，但以才艺可施，故收其所长，频加荣爵，遂参清显。而险利之性，有过溪壑，不识恩遇，犹怀怨愤。每存容养，冀能悛革，不谓同恶相济，狂悖至此。便可收掩，依法穷诘。”

　　元嘉二十二年九月，征北将军衡阳王刘义季、右将军南平王刘铄出京边镇镇守，文帝在武帐冈为他们设宴饯行，范晔等人约定在这天举事，但是相互配合失误，以至阴谋没能得逞。十一月，徐湛之写了一道疏奏上报说："我和范晔，本来没有深交，后来偶然在门下省任职，与他的官衙相邻，他多次前来拜访我，所以和他熟识。但近年来，他的本性渐渐暴露，他为人险恶、嫉妒心很强，贪慕富贵荣华，总觉得自己职位太低，于是心怀怨恨。他不仅攻击朝廷大臣、讥讽当今圣明时代，还议论天子和藩王，抨击他厌恶的人，煽动他亲近的人，恣意诽谤，随心而发，这方面的事，已经在一次奏章中一一陈述了。最近员外散骑侍郎孔熙先突然让大将军府里的官员仲承祖宣扬范晔和谢综等人的计划，想纠合不轨奸人，图谋造反。又因为我当年曾经蒙受刘义康的眷顾，加上去年一些小人对我的污蔑，使得那些小人们以为我和朝廷有矛盾，因此他们不断地诱惑我，劝我参加他们的行动。再加上说什么喜欢反叛是人之常情，不能放过机会，加上天文谶讳都有所应验。范晔不久亲自前来，陈述这方面的意思，并且说有关我的舆论越来越坏，恐怕性命难保。我马上启告天子，天子告诉我继续和他来往，了解他们的所有活动。于是我搞清他们的檄文、任命的官职，以及同时谋反人的姓名、书信和其他的材料，在这里全部上交，他们凶逆至极，古今少有。这一切都是因为我交友不慎引起的，以至听到这样大的谋反阴谋，我这里惶恐地上报天子，慌乱不知所措。"文帝下诏书说："徐湛之的表疏说的这些，确实令人震惊和惋惜。范晔一贯品行不端，自青年以来一直有错误行径，只因为他的才华技艺，所以用他所长，多次赐予他荣华和爵位，以至到了今天如此显赫的位置上。但是他险恶好利的贪婪之心，比大山中的溪流和沟壑还要厉害，他不感恩戴德，反而心怀怨气。我总是容忍他这些缺点，希望他悔过自新，没想到他竟然同其他人狼狈为奸，疯狂反逆到如此地步！马上逮捕，依法追究。"

　　其夜，先呼晔及朝臣集华林东阁，止于客省。先已于外收综及熙先兄弟，并皆款服。于时上在延贤堂，遣使问晔曰："以卿<ruby>挽<rt>cū</rt></ruby>有文翰，故相任擢，名爵期怀，于例非少。亦知卿意难厌满，正是无理怨望，驱扇朋党而已，云何乃有异谋。"晔仓卒怖惧，不即首款。上重遣问曰："卿与谢综、徐湛之、孔熙先谋逆，并已答款，犹尚未死，征据见存，何不依实。"晔对曰："今宗室磐石，蕃岳张<ruby>跱<rt>zhì</rt></ruby>，设使窃发<ruby>侥<rt>pàn</rt></ruby>幸，方镇便来讨伐，几何而不诛夷。且臣位任过重，一阶两级，自然必至。

如何以灭族易此。古人云:'左手据天下之图,右手刿其喉,愚夫不为。'臣虽凡下,朝廷许其辐有所及,以理而察,臣不容有此。"上复遣问曰:"熙先近在华林门外,宁欲面辨之乎?"晔辞穷,乃曰:"熙先苟诬引臣,臣当如何。"熙先闻晔不服,笑谓殿中将军沈邵之曰:"凡诸处分,符檄书疏,皆范晔所造及治定。云何于今方作如此抵蹋邪。"上示以墨迹,晔乃具陈本末,曰:"久欲上闻,逆谋未著,又冀其事消弭,故推迁至今。负国罪重,分甘诛戮。"

译 文

当天晚上,文帝首先叫范晔和朝廷大臣在华林东阁会合,在客馆休息。之前在外面已经逮捕了谢综和孔熙先兄弟,他们都供认不讳。这时文帝正在延贤堂,他派人责问范晔:"因为你能写一些文章,所以推举你做官,心中对名位爵禄有期望,这样的人很常见。原本也知道你欲壑难填,但你只不过是无理怨恨,结交狐群狗党而已,你怎么会有谋反的打算?"范晔在仓促间非常恐惧,说自己没有谋反事实。文帝再派人去质问他:"你和谢综、徐湛之、孔熙先谋反,他们都已经供认,而且还没有死,证据确凿,为什么不据实回答!"范晔回答说:"现今的皇室如同磐石般坚固,藩镇鼎立四方,即使想暗中侥幸造反,各方藩镇的人们便马上来讨伐,我们很快便会被消灭。况且我的职位和待遇远胜一般人,跃升一两级以后的官职,自然会轮到我。为什么我要用灭族的代价来获得这些呢?古人说:'左手据有天下版图,右手却用刀子搁在颈上,即使蠢材也不会这样选择机会。'我虽然平庸愚昧,而朝廷假如认为我确做了此事,按理而察,就会发现我不会这样做。"文帝再派人问他:"孔熙先正在华林门外,难道你想和他对质吗?"范晔这时理屈辞穷,但仍称:"要是孔熙先诬陷牵扯我,那我该怎么办?"孔熙先听说范晔不认罪,笑着对殿中将军沈邵之说:"所有这些东西,符信书疏文告,都是出自范晔之手或者是他修改过的。怎么现在还如此抵赖呢?"文帝把范晔的墨迹证据拿给他看,范晔才把前后经过一齐说出来:"我好久以前就想启告皇上,只因谋反的事情不明显,又希望这件事消失,所以耽误至今,我有负于国,罪行深重,愿意受死。"

原 文

其夜,上使尚书仆射何尚之视之,问曰:"卿事何得至此?"晔曰:"君谓是何?"尚之曰:"卿自应解。"晔曰:"外人传庾尚书见憎,计与之无恶。谋逆之事,闻孔熙先说此,轻其小儿,不以经意。今忽受责,方觉为罪。君方以道佐世,使天下无冤。弟就死之后,犹望君照此心也。"明日，仗士送晔付廷尉，入狱，问徐丹阳所在，然后知为湛之所发。熙先望风吐款，辞气不挠，上奇其才，遣人慰劳之曰："以卿之才，而滞于集书省，理应有异志。此乃我负卿也。"又诘责前吏部尚书何尚之曰："使孔熙先年将三十作散骑郎，那不作贼。"

译文

当天晚上，文帝派尚书仆射何尚之探视范晔，问他："你的事情怎么到这步田地？"范晔回答："您认为是什么原因？"何尚之说："你自己应该明白。"范晔说："外面传说庾尚书憎恨我，我平日和他没什么矛盾。谋反的事，听孔熙先说过，因为把他当作小孩，不觉得这事有什么大不了的，现在忽然被斥责才觉得有罪。您现在正以高明的谋略辅佐君主，应该使国家没有含冤之人。我死后，仍希望您明白我这个心意。"第二天，狱卒送范晔到廷尉府，入狱后，范晔问徐湛之关在哪儿，然后才知道这件事是徐湛之告发的。孔熙先根据实情供认，语气刚正不屈，文帝对他的才能很是惊异，派人慰劳他说："以你的才能，却在集书省不得升迁，有谋反心理也理所当然，这是我对不起你。"又责怪前任吏部尚书何尚之说："让孔熙先年到三十仍担任散骑郎官，他怎么能不造反。"

原文

熙先于狱中上书曰："囚小人猖狂，识无远概，徒狥意气之小感，不料逆顺之大方。与第二弟休先首为奸谋，干犯国宪，齑脍脯醢，无补尤戾。陛下大明含弘，量苞天海，录其一介之节，猥垂优逮之诏。恩非望始，没有遗荣，终古以来，未有斯比。夫盗马绝缨之臣，怀璧投书之士，其行至贱，其过至微，由识不世之恩，以尽躯命之报，卒能立功齐、魏，致勋秦、楚。囚虽身陷祸逆，名节俱丧，然少也慷慨，窃慕烈士之遗风。但坠崖之木，事绝升跻，覆盆之水，理乖收汲。方当身膏铁钺，诒诚方来，若使魂而有灵，结草无远。然区区丹抱，不负夙心，贪及视息，少得申畅。自惟性爱群书，心解数术，智之所周，力之所至，莫不穷揽，究其幽微。考论既往，诚多审验。谨略陈所知，条牒如故别状，愿且勿遗弃，存之中书。若囚死之后，或可追存，庶九泉之下，少塞衅责。"所陈并天文占候，谶上有骨肉相残之祸，其言深切。

二十四史精华

一一四

孔熙先在狱中给文帝上书说："罪臣狂乱猖獗，没有远见卓识，意气用事，不知忠诚反逆的大节，和二弟孔休先带头造反，违犯国法，纵然被千刀万剐，也难弥补自己的罪过。皇上英明神圣，宽容大量，包容天地，记住我的一点微末长处，竟下了一道慰问的诏书。这种恩德是我没有想到的，纵然是死后也是很光荣的。自古以来，犯人从未有过这样的遭遇。秦国那些盗马食肉后又为秦穆公冲锋陷阵的罪人，身抱金玉反复投书的卞和，他们的行为低贱，他们的过失很小，只因蒙受君王大恩便能竭力报效，终究能立功于齐国、魏国，为秦国、楚国建立功勋，我虽然身陷反逆大罪中，名誉节操都已丧失，但是也有一些慷慨之情，内心仰慕古代那些高尚英勇志士的遗风。但是坠在崖下的树木，再也不能登上山顶，从盆中倒出来的水，再也不能收回了。还是应该身受刑罚，作为后人鉴戒。如果我的魂魄有灵气的话，那么我也会结草相报。我这一点小小的忠心，不忍违背过去的一贯想法，趁未死之际稍微申诉一下。想起自己本性喜爱读书，特别是心解数术，只要人的智力能达到的，无不穷尽钻研，探索其中微妙之处，验证自己以往之事，有很多都应验了。我这里把我知道的，一条一条地列在上面。希望皇上不要忘记，把它们存放在中书省。如果我死后，也许会保存起来，这样我在九泉之下，多少能弥补自己的罪责。"他说的都是一些有关天文占候之类的话，图谶上说皇上将来会有亲人相互残害的灾难，话语恳切真诚。

晔在狱，与综及熙先异处，乃称疾求移考堂，欲近综等。见听，与综等果得隔壁。遥问综曰："始被收时，疑谁所告？"综云："不知。"晔曰："乃是徐童。"童，徐湛之小名仙童也。在狱为诗曰："祸福本无兆，性命归有极。必至定前期，谁能延一息。在生已可知，来缘懵无识。好丑共一丘，何足异枉直。岂论东陵上，宁辨首山侧。虽无嵇生琴，庶同夏侯色。寄言生存子，此路行复即。"

晔本意谓入狱便死，而上穷治其狱，遂经二旬，晔更有生望。狱吏因戏之曰："外传詹事或当长系。"晔闻之惊喜，综、熙先笑之曰："詹事尝共畴事时，无不攘袂瞋目。及在西池射堂上，跃马顾盼，自以为一世之雄。而今扰攘纷纭，畏死乃尔。设令今时赐以性命，人臣图主，何颜可以生存。"晔谓卫狱将曰："惜哉！雍如此人。"将曰：

●嵇康

"不忠之人，亦何足惜。"晔曰："大将言是也。"

译文

范晔在监狱里，没有和谢综以及孔熙先关在一起，于是范晔说自己有病想关押在考堂，希望靠近谢综他们一些。这个要求被同意了，于是被关在谢综等人隔壁。范晔远远地问谢综："你开始被逮捕时，怀疑是谁告的密？"谢综说："不知道。"范晔说："是徐童告发的。"童，指徐湛之的小名仙童。范晔在监狱里写了一首诗："祸福本无兆，性命归有极。必至定前期，谁能延一息。在生已可知，来缘懵无识。好丑共一丘，何足异枉直。岂论东陵上，宁辨首山侧。虽无嵇生琴，庶同夏侯色。寄言生存子，此路行复即。"

范晔起初的想法，以为一到监狱就会被处死，但是文帝要彻查他们的案子，于是用了二十几天，范晔突然觉得自己可能不会被处死。狱吏于是跟他开玩笑说："外面传闻说詹事你有可能被长期监禁。"范晔听了这话，惊喜不已，谢综和孔熙先讽刺他说："詹事你先前共同筹划此事时，无不挽袖怒目，待到西池射堂上，骑在马上得意扬扬，以为自己是当世豪杰，而今如此纷乱，你却怕死到这步田地。即使现在允许你活下去，做臣子的谋害皇上，还有什么脸面活着。"范晔对狱卒说："可惜！这样的人居然被埋没了。"狱卒说："不忠于主上的人，有什么可惜的。"范晔说："你说得对。"

原文

将出市，晔最在前，于狱门顾谓综曰："今日次第，当以位邪？"综曰："贼帅为先。"在道语笑，初无暂止。至市，问综曰："时欲至未？"综曰："势不复久。"晔既食，又苦劝综，综曰："此异病笃，何事强饭。"晔家人悉至市，监刑职司问："须相见不？"晔问综曰："家人以来，幸得相见，将不暂别。"综曰："别与不别，亦何所存。来必当号泣，正足乱人意。"晔曰："号泣何关人，向见道边亲故相瞻望，亦殊胜不见。吾意故欲相见。"于是呼前。晔妻先下抚其子，回骂晔曰："君不为百岁阿家(gū)，不感天子恩遇，身死固不足塞罪，奈何枉杀子孙。"晔干笑云罪至而已。晔所生母泣曰："主上念汝无极，汝曾不能感恩，又不念我老,今日奈何?"仍以手击晔颈及颊,晔颜色不怍^{zuò}。妻云:"罪人,阿家莫念。"妹及妓妾来别,晔悲涕流涟,综曰:"舅殊不同夏侯色。"晔收泪而止。综母以子弟自蹈逆乱,独不出视。晔语综曰:"姊今不来,胜人多也。"晔转醉,子蔼亦醉,取地土及果皮以掷晔,呼晔为别驾数十声。晔问曰:"汝恚^{huì}我邪?"蔼曰:"今日何缘复恚,但父子同死,不能不悲耳。"晔常谓死者神灭,欲著《无鬼论》;至是与徐湛之书,云"当相讼地下"。其谬乱如此。又语人:"寄语何仆射,天下决无佛鬼。若有灵,自当相报。"收晔家,乐器服玩,并皆珍丽,妓妾亦盛饰,母住止单陋^{lòu},唯有一厨盛樵薪,弟子冬无被,叔父单布衣。晔及子蔼、遥、叔委、孔熙先及弟休先、景先、思先、熙先子桂甫、桂甫子白民、谢综及弟约、仲承祖、许耀,诸所连及,并伏诛。晔时年四十八。晔兄弟子父已亡者及谢综弟纬,徙广州。蔼子鲁连,吴兴昭公主外孙,请全生命,亦得远徙,世祖即位得还。

译 文

他们将被绑赴刑场。范晔走在最前面,在监狱大门回头对谢综说:"今日行走的次序,是按官职高低来的吗?"谢综说:"谋反的首领走在最前面。"在路上他们一边说一边笑,一直没停止。到了刑场,范晔问谢综说:"行刑的时辰快到了没有?"谢综说:"估计快了。"范晔吃完了最后一顿饭,又苦劝谢综吃一点。谢综说:"这跟病重时需要补养不同,为什么非得强迫吃饭不可。"范晔的亲人都来到刑场。监斩官问范晔:"需要见家人吗?"范晔向谢综说:"家人都来了,很庆幸能相见,你不想和他们暂且告别吗?"谢综说:"见与不见,有何意义,他们来了必定会哭,只会让我心情更烦乱而已。"范晔说:"号哭有什么关系,刚才看见路边亲人好友目送我们,也远比不相见好,但我的本意是想与他们相见。"于是范晔叫他的亲人到前面来。范晔的妻子先下来抚摸她的儿子,回过头来骂范晔说:"你不顾百岁老母,不感激天子大恩,你自己死了倒无所谓,只是冤枉害死子孙。"范晔尴尬地笑着说自己罪大恶极。范晔的生母哭着说:"皇上对你那么好,你竟然一点也不顾及,也不管我已年老,今日让我怎么办?"用手打范晔的颈项和脸,范晔脸上一点也没有愧疚的神色。他妻子说:"他是罪人,婆婆不要管他。"范晔的妹妹和姬妾前来道别,范晔满面流泪。谢综说:"舅舅的表现远不如夏侯玄。"范晔也就止泪不哭了。谢综的母亲因为儿子兄弟自陷谋反,唯独她一个人没有来和谢综等人告别。范晔对谢综说:"姐姐今天不来,比别人强多了。"范晔喝很多酒,醉了,他的儿子范蔼也醉了。范蔼抓起地上的土团和果皮向范晔脸上扔去，叫骂范晔几十声"别驾"。范蔼问他："你恨我吗?"范蔼说："今天还说什么憎恨不憎恨的，只是父子同时被处死，感到悲痛罢了。"范晔常常认为人一死灵魂就消失，想写一篇《无鬼论》，这时写了一封给徐湛之的信，信中说"一定会在阴间控诉你"。他就是这样的荒唐狂悖。他又对人说："转告何仆射，天下绝没有佛和鬼神，如果有的话，一定会报答他。"朝廷抄没范晔的家产，各种乐器、玩物、衣服，都非常珍贵华丽，他的歌伎和小老婆都穿得很好，但他母亲的住处十分简陋，只有一个厨房装着柴草。他的侄子冬天没有被子，他的叔父穿着一件布衣。范晔和他的儿子范蔼、范遥、范叔蒌，孔熙先和他弟弟孔休先、孔景先、孔思先，孔熙先的儿子孔桂甫、孔桂甫的儿子孔白民，谢综和他弟弟谢约，以及仲承祖、许耀等人，只要与本案相关联的人，都被处决。范晔当时四十八岁。范晔的兄弟子侄中死了父亲的，以及谢综的弟弟谢纬，流放广州。范蔼的儿子范鲁连，是吴兴昭公主的外孙，公主请求饶恕他的性命，也得以流放，世祖即位后他们都被召回。

晔性精微有思致，触类多善，衣裳器服，莫不增损制度，世人皆法学之。撰《和香方》，其序之曰："麝本多忌，过分必害；沉实易和，盈斤无伤。零藿虚燥，詹唐黏湿。甘松、苏合、安息、郁金、椶多、和罗之属，并被珍于外国，无取于中土。又枣膏昏钝，甲煎浅俗，非唯无助于馨烈，乃当弥增于尤疾也。"此序所言，悉以比类朝士："麝本多忌"，比庾炳之；"零藿虚燥"，比何尚之；"詹唐黏湿"，比沈演之；"枣膏昏钝"，比羊玄保；"甲煎浅俗"，比徐湛之；"甘松、苏合"，比慧琳道人；"沉实易和"，以自比也。

范晔生性聪明细腻，构思巧妙，学什么精什么，他穿的衣裳、用过的工具全都改变原来的尺度和样式，当时的人都效法学习他。他写了一本《和香方》，序文中说："麝香有很多忌讳，过量必然有害；沉实平易和缓，即使使用一斤也没问题。零藿性虚燥热，詹糖性黏湿，甘松、苏合、安息、郁金、椶多、和罗这些药物都被外国人珍视，中国人则不以为意。另外枣膏性昏钝，甲煎性浅俗，不仅不利于增加香味，还会增加人的疾病。"这篇序言中说的药物，都用来比拟朝中大臣。"麝本多忌"，比喻庾炳之；"零藿虚燥"，比喻何尚之；"詹唐黏湿"比喻沈演之；"枣膏昏钝"，比喻羊玄保；"甲煎浅俗"，比喻徐湛之；"甘松、苏合"，比喻慧琳道人；"沉实易和"，比喻自己。

晔狱中与诸甥侄书以自序曰：

"吾狂衅覆灭，岂复可言，汝等皆当以罪人弃之。然平生行己任怀，犹应可寻。至于能不，意中所解，汝等或不悉知。吾少懒学问，晚成人，年三十许，政始有向耳。自尔以来，转为心化，推老将至者，亦当未已也。往往有微解，言乃不能自尽。为性不寻注书，心气恶，小苦思，便惯闷，口机又不调利，以此无谈功。至于所通解处，皆自得之于胸怀耳。文章转进，但才少思难，所以每于操笔，其所成篇，殆无全称者。常耻作文士。文患其事尽于形，情急于藻，义牵其旨，韵移其意。虽时有能者，大较多不免此累，政可类工巧图缋，竟无得也。常谓情志所托，故当以意为主，以文传意。以意为主，则其旨必见；以文传意，则其词不流。然后抽其芬芳，振其金石耳。此中情性旨趣，千条百品，屈曲有成理。自谓颇识其数，尝为人言，多不能赏，意或异故也。

范晔在监狱中写给他的侄子和外甥们的信中叙说自己言道：

"我因为猖狂谋反招致毁灭，没有什么可说的，你们应该因我是罪人而将我抛弃。但是我平时的立身行事、志向抱负，仍然值得研究。至于其中的成败得失，内心感受，我估计也许你们还不知道。我小时候不爱读书，到很晚才有作为，三十多岁开始有心问学。从那时以来，逐渐地潜心学问，估计以后的日子，也会这样一直继续到老年。读书时总有一些深微的理解或体会，语言有时还不能准确表达。我又不喜欢咬文嚼字，探寻古注，心气不好，如果稍微用心思考一下，便会烦闷，口才又不好，因此没有言谈的功效。至于读书时有理解透彻之处，都是自己的心得。后来写文章也有所进步，但才气少、文思慢，所以每次拿起笔来写成的文章，总让我不满意。常常觉得仅仅做一个文人很可耻。作文最怕的是内容受形式拘束，辞藻太多就妨碍感情表达，语义牵动了主旨，韵律改变了原文的本意。虽然有时也作一两篇合意的，但大多数文章仍然有这些缺点，正像巧手细致描摹出图画，竟然毫无所得一样。我平生认为文章表达情意，应以思想为主，用文辞表达思想。以思想为主，那么主旨必然明确；以文辞表达思想，那么语言便不致空泛。然后放出芬芳气息，发出金石一般声响。文中的情感趣味，虽然千姿百态，但各种变化都有它固有的规律。我自认为相当熟悉其中的方法，也曾经对别人说过，但别人都不赏识，大概是各人见解不同的原因。

　　"性别宫商，识清浊，斯自然也。观古今文人，多不全了此处，纵有会此者，不必从根本中来。言之皆有实证，非为空谈。年少中，谢庄最有其分，手笔差易，文不拘韵故也。吾思乃无定方，特能济难适轻重，所禀之分，犹当未尽。但多公家之言，少于事外远致，以此为恨，亦由无意于文名故也。

　　"人能辨别声调清浊不同，这是自然规律。古今文人，大多不完全明白这个道理，即便对这一点有所体验，也不是从根本理解体会出来的。我说的这些都有真实依据，而不是空谈。年轻一辈中，谢庄最有天赋，文笔灵活，往往不被韵律束缚。我的思路并没有特别的技巧，只不过能处理那些难写和轻重缓急的地方，我所具备的天分，还没有用完。只是我平日的文章大多为公文之类，很少表达世外高远意趣，这是我的遗憾，也是因为不想通过文章获取声名的缘故。

　　"本未关史书，政恒觉其不可解耳。既造《后汉》，转得统绪，详观古今著述及评论，殆少可意者。班氏最有高名，既任情无例，不可甲乙辨。后赞于理近无所得，唯志可推耳。博赡不可及之，整理未必愧也。吾杂传论，皆有精意深旨，既有裁味，故约其词句。至于《循吏》以下及《六夷》诸序论，笔势纵放，实天下之奇作。其中合者，往往不减《过秦》篇。尝共比方班氏所作，非但不愧之而已。欲遍作诸志，前汉所有者悉令备。虽事不必多，且使见文得尽。又欲因事就卷内发论，以正一代得失，意复未果。赞自是吾文之杰思，殆无一字空设，奇变不穷，同合异体，乃

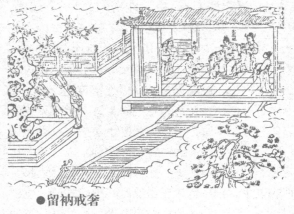

●留衲戒奢

自不知所以称之。**此书行，故应有赏音者。纪、传例为举其大略耳，诸细意甚多。自古体大而思精，未有此也。恐世人不能尽之，多贵古贱今，所以称情狂言耳。**

译 文

"本来我和历史书没什么关联，只是觉得其中有些地方弄不太清楚而已。写了《后汉书》后，才慢慢知道其中的头绪。仔细体味古人的历史著作和他们的评论，很少有令人满意的。班固在这方面名声最好。但他编书时太随意没有体例，不能条分缕析。《汉书》文章后面的赞在事理上没有什么见解，只是志这一部分尚可推崇。我的文章在渊博丰富上不如他，但其中的逻辑条理却不在他之下。我的杂传论述都有深刻含义，既然应有裁剪之意，其中词句就必然简洁。至于《循吏传》以下篇章和《六夷》等篇的序论，气势纵横捭阖，确实是天下奇文。其中最满意之处，往往不比《过秦论》逊色。我曾经将《后汉书》和班固的《汉书》的文章进行比较，发觉不仅仅只是不比他差。本来我想把志都写下来，《汉书》上写过的志也都要写，即使不那么详细，但使人读志时能了解当时的情况。我又想因具体之事就文中进行评论，以便总结后汉一代的成败经验教训，但这个想法又没实现。书中的赞自然是我文章中最出众的，可以说，每个字都不是多余的，奇巧变化，综合各种体例做法，我也不知道该怎样来称说。这书一旦通行，应该有赏识的人。纪和传是叙述其大概，但也有一些精致细腻之处。自古以来文章结构宏大而思虑精绝的，从未超过本书的。我担心世人不能明白它们，又因世人贵古贱今，所以说了这些任情狂言。

原 文

"吾于音乐，听功不及自挥，但所精非雅声，为可恨。然至于一绝处，亦复何异邪。其中体趣，言之不尽，弦外之意，虚响之音，不知所从而来。虽少许处，而旨态无极。亦尝以授人，士庶中未有一豪似者。此永不传矣。吾书虽小小有意，笔势不快，余竟不成就，每愧此名。"

● 笑祖俭德

"我在音乐上，听的水平不如弹的水平，但我精通的不是雅音，这是我的遗憾。然而到了那些极为精妙之处，它们和那些高雅音乐几乎一样高明动人。其中的体会与乐趣，言语是说不完的，弦外的意趣，声外的音韵，简直不知道是从哪里来的。虽然这样的时候甚少，但其意却是无穷的。我曾把这个意趣告诉别人，可惜士大夫及普通百姓中没有一个人有半点同感。这种妙处是永远不能传给别人的了。我的书法虽然有一点点意思，但笔势不流畅，其余方面没什么成就，每每感到愧对自己的声名。"

原 文

　　晔《自序》并实，故存之。
　　蔼幼而整洁，衣服竟岁未尝有尘点。死时年二十。
　　晔少时，兄晏常云："此儿进利，终破门户。"终如晏言。

译 文

　　范晔的《自序》说的都是真话，这里记录下来。
　　范蔼小时候卫生整洁，他的衣服能整年一尘不染，死时才二十岁。
　　范晔小时候，他哥哥范晏常说："这孩子喜欢追求名利，终究会败坏我们家族。"最后果然印证了他的话。

南齐书

［南朝］萧子显

祖冲之传

原文

祖冲之字文远，范阳蓟人也。祖昌，宋大匠卿。父朔之，奉朝请。

冲之少稽古，有机思。宋孝武使直华林学省，赐宅宇车服。解褐南徐州迎从事，公府参军。

译文

祖冲之，字文远，是范阳蓟县人。祖父名昌，刘宋时做过大匠卿。其父祖朔之，任奉朝请。

祖冲之从小就喜欢考究古史文物，而且思致精巧。南朝宋孝武帝把他安排在华林学省里做事，赐给他宅第车服。入仕任官为南徐州从事，公府参军。

原文

宋元嘉中，用何承天所制历，比古十一家为密，冲之以为尚疏，乃更造新法。上表曰：

臣博访前坟，远稽昔典，五帝躔次，三王交分，《春秋》朔气，《纪年》薄蚀，谈、迁载述，彪、固列志，魏世注历，晋代《起居》，探异今古，观要华戎。书契以降，两千余稔，日月离会之徵，星度疏密之验，专功耽思，咸可得而言也。加以亲量圭尺，躬察仪漏，目尽毫厘，心穷筹策，考课推移，又曲备其详矣。

然而古历疏舛，类不精密，群氏纠纷，莫审其会。寻何承天所上，意存改革，而置法简略，今已乖远。以臣校之，三睹厥谬，日月所在，差觉三度，二至晷景，几失一日，五星见伏，至差四旬，留逆进退，或移两宿。分至失实，则节闰非正；宿度违天，则伺察无准。臣生属圣辰，询逮在运，敢率愚瞽，更创新历。

宋元嘉年间，使用的是何承天制的历法，比古代的十一家历精密，但祖冲之认为还很粗疏，便另造新历法。上表说：

"我广泛地考察了古代的典籍，五帝时日月星辰运行的度次，三王时日月星辰的交错分合，《春秋》记载的朔望气候，《纪年》记载的日食月食，司马谈、司马迁的记述，班彪、班固的志书中的记载，魏时的注历，晋代的《起居》，古今华夷，我都有考察。自有文字记载，两千余年，日月离合交会的征象，星辰运行疏密的验证，我都作了专门的研究和思考，因而对其规律和差异都有自己的看法。加上我亲自丈量圭尺，观察仪器刻漏，看得仔细，想得深远，经过考核推算，也弄明了其中的详细情况。

"古代的历法往往粗疏多误，不够精密，各家制作又很纷乱，没人能弄明其要点。近来何承天献上的历法，虽然有心改革，但方法比较简略，如今已有很大误差。根据我的校定，多次发现其错误，关于日月的位置，误差了三度，冬至夏至时日晷阴影的测定，几乎与实际情况相差一天，五星在伏天的出现，相差达四十天，而其运行状况，有的出入两夜。二分二至失实，那么节气闰余的日子就不正确；日月星辰的位置和运行违背了天体的实际情况，那么观察就难准确。我生在这个美好的时代，遇上好的世运，因而不避愚瞽，重创新的历法。

谨立改易之意有二，设法之情有三。改易者一：以旧法一章，十九岁有七闰，闰数为多，经二百年辄差一日。节闰既移，则应改法，历纪屡迁，实由此条。今改章法三百九十一年有一百四十四闰，令却合周、汉，则将来永用，无复差动。其二：以《尧典》云"日短星昴，以正仲冬"。以此推之，唐世冬至日，在今宿之左五十许度。汉代之初即用秦历，冬至日在牵牛六度。汉武改立《太初历》，冬至日在牛初。后汉四分法，冬至日在斗二十二。晋世姜岌以月蚀检日，知冬至在斗十七。今参以中星，课以蚀望，冬至之日，在斗十一。通而计之，未盈百载，所差二度。旧法并令冬至日有定处，天数既差，则七曜宿度，渐与舛讹。乖谬既著，辄应改易。仅合一时，莫能通远。迁革不已，又由此条。今令冬至所在岁岁微差，却检汉注，并皆审密，将来久用，无烦屡改。又设法者，其一：以子为辰首，位在正北，爻应初九升气之端，虚为北方列宿之中。元气肇初，宜在此次。前儒虞喜，备论其义。今历上元日度，发自虚一。其二：以日辰之号，甲子为先，历法设元，应在此岁。而黄帝以来，世代所用，凡十一历，上元之岁，莫值此名。今历上元岁在甲子。其三：以上元之岁，历中众条，并应以此为始。而《景初历》交会迟疾，元首有差。又承天法，日月五星，各自有元，交会迟疾，亦并置差，裁得朔气合而已，条序纷错，不及古意。今设法日月五纬交会迟疾，悉以上元岁首为始。群流共源，庶无乖误。

●帝尧

尧（约前2377—前2259），姓伊祁，号放勋，古唐国（今山西临汾尧都区，古称河东地区）人。尧为帝喾之子，母为陈锋氏。尧是中国上古时期部落联盟首领、"五帝"之一。他命令羲氏、和氏根据日月星辰的运行情况来制定历法，制定四时成岁，为百姓颁授农耕时令，测定出了春分、夏至、秋分、冬至。《尧典》是《尚书》的第一篇，在篇章中记录了这一内容

译文

　　"改易的情况有两点，方法的设置有三方面。关于改易：一、考虑到旧法一章中，十九年有七闰，闰数偏多，经过二百年就会误差一天。节气闰日已有出入，则应改变历法，日历纪年屡次变动，实由此条。现在改变章法为三百九十一年有一百四十四闰，使其和周、汉之历相合，可以长期使用下去，不须再改动。二、根据《尧典》上所说："日短星昴，以正仲冬。'推算起来，唐世的冬至日，在现在昴宿之左五十度左右。汉代初期，用的是秦历，冬至日在牵牛六度。汉武帝改用《太初历》，冬至日在牛宿初度。后汉用四分法，冬至日在斗宿二十二度。晋代姜岌根据月食检查太阳的位置，得知冬至日在斗宿十七度。我现在参照中星，再考察月食月望，得知冬至日在斗宿十一度。总体看来，不满一百年，冬至日的位置就相差二度。旧历法同时还给冬至日确定

●祖冲之

祖冲之是我国南北朝时期杰出的数学家、科学家。他的主要贡献在数学、天文历法和机械学三方面。在数学方面，他写了《缀术》一书，被收入著名的《算经十书》中，作为唐代国子监算学课本，可惜后来失传。祖冲之算出圆周率 π 的真值在 3.1415926 和 3.1415927 之间，相当于精确到小数点后第 7 位，成为当时世界上最先进的成就

位置，天数既有误差，则七曜的宿度，也就渐渐地发生了错误。错误太明显了，就应改。只是合乎一时，是不能长远无误的。以前历法之所以变革不已，也是由于此条。现在我让冬至日的位置年年有微小差异，和汉历相对照，都很缜密，可以供以后长期使用，不必经常改动。另外新制历法三条，第一，以子为时辰之首，位置在正北，在卦爻上应着初九升气之开端，虚宿处于北方列宿之中，元气的初发，便当在此刻。前代儒者虞喜，对其意义有过详细的论述。现在历法上元日的刻度，从虚宿一度开始。第二，日历时辰的称谓，都是将甲子放在前头的，因此历法设元，应在这一年。自黄帝以来，世代所用历法，共有十一种，但没有一种历法把上元作为年名。现在历法中上元岁在甲子。第三，用上元作年岁名，历法中的许多条款，都应从这一年开始。而《景初历》日月五星交会时刻的快慢，其起始日有差别。另外，何承天的历法上，日月五星，各自有元始日，交会有快慢，也都留有误差，只求朔气能相合而已，条规次序纷乱，不及古之历法。现在设置历法规定日月五星交会快慢，都以上元岁首为始，这样使得群流共源，不致出现误差。

原文

　　若夫测以定形，据以实效，悬象著明，尺表之验可推；动气幽微，寸管之候不忒。今臣所立，易以取信。但综核始终，大存缓密，革新变旧，有约有繁。用约之条，理不自惧，用繁之意，顾非谬然。何者？夫纪闰参差，数各有分，分之为体，非不细密，臣是用深惜毫厘，以全求妙之准，不辞积累，以成永定之制，非为思而莫知，悟而弗改也。若所上万一可采，伏愿颁宣群司，赐垂详究。

　　事奏。孝武令朝士善历者难之，不能屈。会帝崩，不施行。出为娄县令，谒者仆射。

博学能文天性清俭
金玉僧同美言可敬

齐高帝

● 萧道成

齐高帝萧道成（427—482），字绍伯，小名斗将，出生于晋陵郡武进县东城里老宅，齐朝开国皇帝，在位四年。《南齐书·高帝纪》载，齐高帝萧道成乃"汉相萧何二十四世孙"，"姿表英异，龙颜钟声，鳞文遍体"。建元四年三月初八，萧道成崩于临光殿，终年五十六岁，葬于武进泰安陵

南齐书

译文

　　"至于测定天体，实效验证方面，也是可以保证的。天象分明可见，就可以用尺表推算；动气虽然幽微，同样可以用仪器测量并不会有差错。我现在确定的历法，比较容易取信。我是在综合考查核实古历法的始终，大体上保留了共同之处的基础上，革新变旧，适当繁简的。简约的部分，我自信合理，繁复的部分，我也自信无错。为什么呢？因为纪历闰日虽然有参差不齐，但这是天数各有定分，用它作历法的体制并非不细密，因此我一毫一厘都不放过，为的是达到全面精确，做了大量的艰苦工作，为的是确定一个永久的历法制度，并非是我思考了而不知道，觉悟了而不去改变它。如果我呈上的历法万一可以采用，就请颁发给各有关部门，请皇帝恩赐审查鉴定。"

　　祖冲之奏表送上去了，孝武帝让朝中懂历法的人士都来提意见，但没人能驳倒祖冲之。正赶上皇上不久驾崩，祖冲之的奏请没能落实。后来他出任娄县县令、谒者仆射。

原文

　　初，宋武平关中，得姚兴指南车，有外形而无机巧，每行，使人于内转之。昇明中，太祖辅政，使冲之追修古法。冲之改造铜机，圆转不穷，而司方如一，马钧以来未有也。时有北人索驭驎者，亦云能造指南车，太祖使与冲之各造，使于乐游苑对共校试，而颇有差僻，乃毁焚之。永明中，竟陵王子良好古，冲之造欹器献之。

译文

　　当初，宋武帝平定关中，获得姚兴的指南车，但光有外形没有内部设置，每回使用时，都得让人在里面人工转动。昇明年间，太祖（萧道成）辅政，便让祖冲之按古法修复。祖冲之改用铜制的内部装置，修复后可以在进行任何转动的情况下，都始终指向一个方向，是马钧以来从未有过的杰出作品。当时有北人索驭驎，也说他能造指南车，太祖让他和祖冲之各造一辆，然后让其在乐游苑里当场比试，结果索驭驎的车

一二七

差距太大，被烧掉了。永明年间，竟陵王萧子良喜好古物，祖冲之献给他一个欹器。

文惠太子在东宫，见冲之历法，启世祖施行，文惠寻薨，事又寝。转长水校尉，领本职。冲之造《安边论》，欲开屯田，广农殖。建武中，明帝使冲之巡行四方，兴造大业，可以利百姓者，会连有军事，事竟不行。

冲之解钟律，博塞当时独绝，莫能对者。以诸葛亮有木牛流马，乃造一器，不因风水，施机自运，不劳人力。又造千里船，于新亭江试之，日行百余里。于乐游苑造水碓磨，世祖亲自临视。又特善算。永元二年，冲之卒。年七十二。著《易》《老》《庄》义，释《论语》《孝经》，注《九章》，造《缀述》数十篇。

●木牛流马

木牛流马，是三国时期蜀汉丞相诸葛亮与妻子黄月英一同发明的一种运输工具，分为木牛与流马。《三国志·后主传》记载："建兴九年，亮复出祁山，以木牛运，粮尽退军；十二年春，亮悉大众由斜谷出，以流马运，据武功五丈原，与司马宣王对于渭南。"据史料记载，诸葛亮在北伐时使用木牛流马载重量为"一岁粮"，大约四百斤以上，每日行程为"特行者数十里，群行二十里"，为蜀国十万大军提供粮食。另外，木牛流马中还有机关防止敌人夺取后使用。宋人高承《事物纪原》记载："蜀相诸葛亮之出征，始造木牛流马以运饷，盖巴蜀道阻，便于登涉故耳。木牛即今小车之有前辕者；流马即今独推者。"

文惠太子在东宫时，看到祖冲之的历法，便启禀世祖萧赜施行，不久文惠去世，这事又搁下了。祖冲之后来转任长水校尉，兼任本职。祖冲之还作《安边论》，主张进行屯田，发展农业、养殖业。建武年间，明帝萧鸾让祖冲之到各地考察，打算搞些大的有利于老百姓的工程，赶上连年战争，这事也没施行。

祖冲之精通乐器音律，做博赛游戏当时数他独绝，没有对手。有感于诸葛亮造过木牛流马，祖冲之也造了部机器，不需利用风或水，只要一开机关就自行运动，不要人力。又造千里船，在新亭附近长江上试航，一天能行百余里。在乐游苑里造了座水碓磨，世祖曾亲往观看。祖冲之尤其善于计算。永元二年，祖冲之去世，享年七十二岁。著作有《易》《老子》《庄子》的释义、《论语》《孝经》《九章》的注释，撰写《缀述》数十篇。

南齐书

梁 书

[南朝] 姚察、[唐] 姚思廉

刘勰传

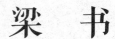

原文

刘勰字彦和，东莞莒(jǔ)人。祖灵真，宋司空秀之弟也。父尚，越骑校尉。

勰早孤，笃志好学，家贫不婚娶，依沙门僧祐(yòu)，与之居处，积十余年，遂博通经论，因区别部类，录而序之。今定林寺经藏，勰所定也。

天监初，起家奉朝请、中军临川王宏引兼记室，迁车骑仓曹参军。出为太末令，政有清绩。除仁威南康王记室，兼东宫通事舍人。时七庙飨荐已用蔬果，而二郊农社犹有牺牲，勰乃表言二郊宜与七庙同改，诏付尚书议，依勰所陈。迁步兵校尉，兼舍人如故。昭明太子好文学，深爱接之。

译文

刘勰，字彦和，东莞莒县人。他的祖父刘灵真，是南朝宋司空刘秀之的弟弟。父亲刘尚，曾任越骑

宽和孝谨赞粹神清
梁祚不永天夺昭明

昭明太子

●萧统

校尉。

刘勰幼年丧父，立志勤奋好学，因为家境贫困所以没有结婚，在定林寺里依附着和尚僧祐，一起居住生活了十几年，于是十分通晓佛教的学说和经义的解释，将这些佛教典藏分门别类，整理编排。现在定林寺中有关佛教学说和经义解释的藏书，据说都是刘勰编成的。

天监初年，刘勰被援官出任奉朝请，中军将军、临川王萧宏选用刘勰任兼记室，提升他为车骑仓曹参军。刘勰出任太末县令，政绩清廉。又担任仁威南康王的记室，兼任东宫通事舍人。当时祭祀七庙的供品已经改用蔬菜和水果，而祭祀天地、社稷（即谷神与土地神）仍然用猪牛羊做牺牲祭品，刘勰上书说祭祀天地所用的供品最好和祭祀七庙的供品一样，都改用蔬菜和水果，天子下诏让尚书省来议决这件事，最后同意了刘勰的奏议。刘勰改任步兵校尉，仍然兼任东宫通事舍人。昭明太子萧统喜欢文学，仰慕刘勰，与之交往密切。

原　文

初，勰撰《文心雕龙》五十篇，论古今文体，引而次之。其序曰："夫文心者，言为文之用心也。昔涓子《琴心》，王孙《巧心》，心哉美矣夫，故用之焉。古来文章，以雕缛成体，岂取驺奭群言雕龙也。夫宇宙绵邈，黎献纷杂，拔萃出类，智术而已。岁月飘忽，性灵不居，腾声飞实，制作而已。夫肖貌天地，禀性五才，拟耳目于日月，方声气乎风雷，其超出万物，亦已灵矣。形甚草木之脆，名逾金石之坚，是以君子处世，树德建言，岂好辩哉？不得已也。

译　文

起初，刘勰撰写《文心雕龙》五十篇，评说古今文体，编定后依次排列。其序言写道："'文心'是讲写文章的用心。从前，涓子写过《琴心》，王孙写过《巧心》，'心'这个字确实太美妙了，所以用它来做书名。自古以来的文章，都靠修饰和文采写成，难道是仿效驺奭修饰语言像雕刻龙纹一样的典实吗？宇宙无穷，常人和贤才混在一起，出类拔萃的人不过是靠才智罢了。时间飞逝，人的聪明才智不会永存，要想留住声名与功业，就要靠努力写作。人的容貌象征天地，天性具有仁义礼智信，耳目好像日月，声气好似风雷，人超出万物，也已经算是灵智的了。可是人的形体比草木更脆弱，声名却比金石更坚固，因此君子在世，要立德立言。这难道是喜欢辩论吗？这实在是为了树立声名而不得不这样做。

"予齿在逾立，尝夜梦执丹漆之礼器，随仲尼而南行，旦而寤，乃怡然而喜。大哉圣人之难见也！乃小子之垂梦歟！自生人以来，未有如夫子者也。敷赞圣旨，莫若注经，而马、郑诸儒，弘之已精，就有深解，未足立家。唯文章之用，实经典枝条，五礼资之以成，六典因之致用，君臣所以炳焕，军国所以昭明，详其本源，莫非经典。而去圣久远，文体解散，辞人爱奇，言贵浮诡，饰羽尚画，文绣鞶帨，离本弥甚，将遂讹滥。盖《周书》论辞，贵乎体要；尼父陈训，恶乎异端。辞训之异，宜体于要。于是搦笔和墨，乃始论文。

"我年过三十岁，曾经夜晚做梦拿着红漆礼器，跟着孔子向南走。早晨醒来，内心感到很高兴欣喜。伟大的圣人是很难见到的！现在竟然降临到我的梦中！自从有人类以来，从没有像孔夫子那样的人。要阐明圣人的思想，最好的办法是注释经典，可是马融、郑玄等前代大儒，已经注释得很精辟了，我即使有更深刻的理解，也不能自成一家。文章的作用，犹如经典的旁枝，五种礼制依靠它实施，六种法典依靠它施行，君臣的政绩得以炫耀光辉，军国大事得以昭明世人，追求根源，各种文章无非是来自经典。然而，距离圣人太过久远，文章的体制遭到破坏，写文章的人追求新奇，推崇浅显怪异的文风，好像在羽毛上添加纹饰，在巾带上刺绣，离开根本越来越远，就要造成乖谬和浮滥。所以《周书》评论文辞，重在体会要义；孔子陈述教训，憎恨异端学说。要从孔子的教训里辨别异端，应该从《周书》的话里体察作文的要义，于是我提笔调墨，开始评论文章。

●陆机

"详观近代之论文者多矣。至如魏文述《典》，陈思序《书》，应玚《文论》，陆机《文赋》，仲洽《流别》，弘范《翰林》，各照隅隙，鲜观衢路。或臧否当时之才，或铨品前修之文，或泛举雅俗之旨，或撮题篇章之意。魏《典》密而不周，陈《书》辩而无当，应《论》华而疏略，陆《赋》巧而碎乱，《流别》精而少功，《翰林》浅而寡要。又君山、公干之徒，吉甫、士龙之辈，泛议文意，往往间出，并未能振叶以寻根，观澜而索源。不述先哲之诰，无益后生之虑。

译 文

"细看近代论文的人已经很多了。像魏文帝曹丕写的《典论》，陈思王曹植写的《与杨德祖书》，应玚的《文质论》，陆机的《文赋》，挚仲洽的《文章流别论》，李弘范的《翰林论》，他们各自都只评论文章的一个方面，很少能全方位评析。有的褒贬当时的才子，有的品评前贤的文章，有的泛泛地谈论雅和俗的旨趣，有的粗略地指出篇章的意义。《典论》论点严密，但不完备；《与杨德祖书》善于辩论，可是不够恰当；《文质论》有文采，可是略显粗疏；《文赋》构思巧妙，但是太过琐碎；《文章流别论》内容精粹，可是不实用；《翰林论》浅薄，而且不得要领。再比如桓君山、刘公干之流，应吉甫、陆士龙之辈，泛泛地讨论文章的意义，往往夹杂在其他文字中，都不能以枝叶追寻到根本，从观察波澜去探寻源头。不叙述前辈的教训，对拓展后辈思路是没有帮助的。

原 文

"盖《文心》之作也，本乎道，师乎圣，体乎经，酌乎纬，变乎《骚》，文之枢纽，亦云极矣。若乃论文叙笔，则囿别区分，原始以表末，释名以章义，选文以定篇，敷理以举统。上篇以上，纲领明矣。至于割情析采，笼圈条贯，摛神性，图风势，苞会通，阅声字，崇替于《时序》，褒贬于《才略》，怊怅于《知音》，耿介于《程器》，长怀《序志》，以驭群篇。下篇以下，毛目显矣。位理定名，彰乎《大易》之数，其为文用，四十九篇而已。

译 文

"《文心雕龙》的写作，以正道为根本，以圣人为师，以经书为构架，以纬书作为参考，在变化上参考《离骚》，文章的关键，也算是探索到极致了。至于论述有韵和无韵的篇章，那是按照文体区别，探索文体的根源，叙述它的流变，解释各文体的名称，阐明它们的意义，选取各文体的文章来确定论述的篇目，讲述各种文体的理论以

●陆云

构成系统。本书上部的各篇文章，纲领已经很明确了。至于剖析写作情理，分析文采，全面分析写作的条理，推论"神圣"和"体性"，考虑"风骨"和"定势"，包括"附会"和"变通"，观察声律和字句，从《时序》里谈文章的盛衰，在《才略》中褒贬历代作家，在《知音》里惆怅感叹，在《程器》里抒发感慨，在《序志》里畅述情怀抱负，用来驾驭各篇。本书的下部各篇，眉目明显了。按照理论排列、确定各篇的名称，明显合乎《周易》的大衍之数五十，不过其中讨论文章功用的，只有四十九篇而已。

原 文

"夫铨叙一文为易，弥纶群言为难。虽复轻采毛发，深极骨髓，或有曲意密源，似近而远，辞所不载，亦不胜数矣。及其品评成文，有同乎旧谈者，非雷同也，势自不可异也。有异乎前论者，非苟异也，理自不可同也。同之与异，不屑古今，擘肌分理，唯务折衷。案辔文雅之场，而环络藻绘之府，亦几乎备矣。但言不尽意，圣人所难，识在瓶管，何能矩矱。茫茫往代，既洗予闻；眇眇来世，倪尘彼观。"

译 文

"注释、评论一篇文章容易，全面评价历代文章就比较困难，虽然只选择细如毛发的几篇文章，也进行了深入骨髓那样的探索，有的文章用意曲折，根源细密，看似浅近，却很深远。这些在本书中没有涉及的，也多到无法估计。至于评价作品，有的话说得与前人相似，并非照搬前人，实在是不能不相同；有的话讲得跟前人不一样，不是随意标新立异，是因为按理就应该不同。有的相同，有的不同，不要顾及这些说法是古人的还是今人的，分析文章条理，应力求恰当。漫步在文学的园地里，周游在词汇的海洋里，也几乎都做到了。但是，语言不能完全表达出用意，这是连圣人也难办到的，加上我这般见识短浅，又怎么能讲出创作的标准呢。遥远的古代，已经使我沉陷在各种知识里；不可预知的将来，这本书也许要来迷惑他们的眼睛吧。"

原 文

既成，未为时流所称。勰自重其文，欲取定于沈约。约时贵盛，无由自达，乃负其书，候约出，干之于车前，状若货鬻者。约便命取读，大重之，谓为深得文理，常陈诸几案。

然勰为文长于佛理，京师寺塔及名僧碑志，必请勰制文。有敕与慧震沙门于定林寺撰经证，功毕，遂启求出家，先燔鬓发以自誓，敕许之。乃于寺变服，改名慧地。未期而卒。文集行于世。

译 文

这本书写成后，并没有得到当时名流的称赞。刘勰很看重自己的文章，想获得沈约的评价。当时沈约富贵显赫，刘勰没有办法让沈约看到这本书，刘勰便背着书，等着沈约出来时，上前拦住沈约的车，像卖书的人一样。沈约派手下人拿来阅读，他极为看重，称刘勰抓住了写文章的道理，经常摆放在几案上。

然而刘勰最擅长写阐述有关佛学理论的文章，京城的寺院佛塔和名僧的碑文、墓志铭，都一定要请刘勰来写。梁武帝下诏让他和慧震和尚在定林寺重新修订经藏。等编撰完后，刘勰请求出家为僧，并事先就烧掉了头发，梁武帝下诏同意他出家，于是刘勰在定林寺改换僧衣，法名慧地，可是出家后不到一年就死了。有文集流传于世。

梁书

陈 书

［唐］姚思廉

吴明彻传

原文

吴明彻字通昭，秦郡人也。祖景安，齐南谯太守。父树，梁右军将军。明彻幼孤，性至孝，年十四，感坟茔未备，家贫无以取给，乃勤力耕种。时天下亢旱，苗稼燋枯，明彻哀愤，每之田中，号泣，仰天自诉。居数日，有自田还者，云苗已更生。明彻疑之，谓为绐己，及往田所，竟如其言。秋而大获，足充葬用。时有伊氏者，善占墓，谓其兄曰："君葬之日，必有乘白马逐鹿者来经坟所，此是最小孝子大贵之征。"至时果有此应，明彻即树之最小子也。

译文

吴明彻，字通昭，秦郡人。祖父吴景安，在齐朝任南谯太守。父亲吴树，在梁朝任右军将军。吴明彻幼年丧父，他本性很孝顺，十四岁那年，感叹父亲死后还没有修建坟地，只是家境贫寒无力筹办，于是就勤劳耕种。当时天下大旱，禾苗庄稼都枯死了，他悲愤哀痛，每次到田中都哭泣不止，仰天倾诉苦痛。几天后，有人从田里回来，说禾苗已经重新长出来了，他不相信，认为别人是欺骗自己，后来到田里察看时，发现竟然和那人说的一样。秋天大丰收，足够安葬的费用。当时有一个姓伊的人，擅长占测墓地之术，对他的哥哥说："您安葬父亲那天，一定有个骑白马追鹿的人经过坟地，这是最小的儿子将要大贵的征兆。"后来这件事果然应验，吴明彻就是吴树最小的儿子。

原　文

　　起家梁东宫直后。及侯景寇京师,天下大乱,明彻有粟麦三千余斛,而邻里饥馁,乃白诸兄曰:"当今草窃,人不图久,奈何有此而不与乡家共之?"于是计口平分,同其丰俭,群盗闻而避焉,赖以存者甚众。

译　文

　　吴明彻以布衣身份出任梁朝东宫直后。等到侯景进犯京师时,天下大乱,他有三千余斛粟麦,而乡亲们饥饿不堪,于是他告诉几位哥哥说:"现在草野间盗贼四起,人应该多考虑眼前,怎么能有这些粮食却不和乡亲们分享呢?"于是按人口平分,自己和乡亲们拿同样多,盗贼们听说了就避开了,因此有很多人靠这些粟麦活了下来。

原　文

　　及高祖镇京口,深相要结,明彻乃诣高祖,高祖为之降阶,执手即席,与论当世之务。明彻亦微涉书史经传,就汝南周弘正学天文、孤虚、遁甲,略通其妙,颇以英雄自许,高祖深奇之。

译　文

　　高祖镇守京口时,诚恳地想结交吴明彻,吴明彻于是去见高祖,高祖降阶相迎,拉着他的手入席,和他谈论当代大事。吴明彻也读过一些书史经传,又跟随汝南的周弘正学习天文、孤虚、遁甲,略通晓其中奥妙,因此言谈中有一股英雄自许的气概,高祖认为他非比寻常。

原　文

　　承圣三年,授戎昭将军、安州刺史。绍泰初,随周文育讨杜龛、张彪等。东道平,授使持节、散骑常侍、安东将军、南兖州刺史,封安吴县侯。高祖受禅,拜安南将军,仍与侯安都、周文育将兵讨王琳。及众军败没,明彻自拔还京。世祖即位,诏以本官加右卫将军。王琳败,授都督武沅二州

●陈霸先

诸军事、安西将军、武州刺史,余并如故。周遣大将军贺若敦率马步万余人奄至武陵,明彻众寡不敌,引军巴陵,仍破周别军于双林。

译　文

承圣三年,吴明彻被任命为戎昭将军、安州刺史。绍泰初年,随周文育讨伐杜龛、张彪等人。东部地区平定后,吴明彻被授职为使持节、散骑常侍、安东将军、南兖州刺史,封为安吴县侯。高祖受禅称帝,任命吴明彻为安南将军,仍然和侯安都、周文育率军讨伐王琳。当各路大军失败覆灭后,吴明彻主动退兵撤回京都。世祖即位,诏令在原职基础上升任右卫将军。王琳失败后,吴明彻被授予都督武州、沅州二州诸军事,安西将军,武州刺史,其余职衔都不变。北周派大将军贺若敦率领骑兵步兵一万多人突袭武陵,吴明彻寡不敌众,把部队带到巴陵,仍然在双林打败了北周的另一支部队。

原　文

天嘉三年,授安西将军。及周迪反临川,诏以明彻为安南将军、江州刺史,领豫章太守,总督众军,以讨迪。明彻雅性刚直,统内不甚和,世祖闻之,遣安成王顼慰晓明彻,令以本号还朝。寻授镇前将军。

五年,迁镇东将军、吴兴太守。及引辞之郡,世祖谓明彻曰:"吴兴虽郡,帝乡之重,故以相授。君其勉之!"及世祖弗豫,征拜中领军。

译　文

天嘉三年,吴明彻被授职为安西将军。等到周迪在临川造反,天子诏令吴明彻任安南将军、江州刺史,兼任豫章太守,统率众军,讨伐周迪。吴明彻平素性格刚直,所辖内部不是很和睦,世祖听说后,就派安成王陈顼安慰告知吴明彻,命令他以本官号身份还朝。不久他又被任命为镇前将军。

天嘉五年,吴明彻迁任镇东将军、吴兴太守。等到告辞去吴兴郡赴任时,世祖对吴明彻说:"吴兴虽然只是一个郡,但它是皇帝故乡,很重要,因此把它交给你,你要尽力啊!"世祖身体不适时,征召吴明彻为中领军。

原　文

废帝即位,授领军将军,寻迁丹阳尹,仍诏明彻以甲仗四十人出入殿省。到仲举之矫令出高宗也,毛喜知其谋,高宗疑惧,遣喜与明彻筹焉。明彻谓喜曰:"嗣君谅闇,万机多阙,外邻强敌,内有大丧。

殿下亲实周、邵，德冠伊、霍，社稷至重，愿留中深计，慎勿致疑。"

废帝即位，任命他为领军将军，不久升任丹阳尹，又诏令他可带四十名武装士兵出入宫殿和中央机构。到仲举假托太后旨意将高宗调回东府，毛喜知道他的阴谋，高宗疑忌恐惧，派毛喜和吴明彻谋划此事。吴明彻对毛喜说："刚即位的太子还在居丧，日常纷繁的政务来不及处理，外临强敌，内有大丧。殿下亲近之人要比周公、邵公还真诚，品德要高过伊尹、霍光，应以社稷为重，希望殿下能留在朝中详议对策，千万不要因出朝回府招致天下人疑忌。"

及湘州刺史华皎阴有异志，诏授明彻使持节、散骑常侍、都督湘桂武三州诸军事、安南将军、湘州刺史，给鼓吹一部，仍与征南大将军淳于量等率兵讨皎。皎平，授开府仪同三司，进爵为公。太建元年，授镇南将军。四年，征为侍中、镇前将军，余并如故。

湘州刺史华皎暗中有叛反朝廷的打算，天子诏令吴明彻为使持节，散骑常侍，都督湘州、桂州、武州三州诸军事，安南将军，湘州刺史，送给他一部鼓吹乐器，同时与征南大将军淳于量等人一同领兵讨伐华皎。华皎被平定后，天子授予吴明彻开府仪同三司，晋升为公爵。太建元年，吴明彻被授为镇南将军。四年，征召为侍中、镇前将军，其他职衔不变。

会朝议北伐，公卿互有异同，明彻决策请行。五年，诏加侍中、都督征讨诸军事，仍赐女乐一部。明彻总统众军十余万，发自京师，缘江城镇，相续降款。军至秦郡，克其水栅。齐遣大将尉破胡将兵为援，明彻破走之，斩获不可胜计，秦郡乃降。高宗以秦郡明彻旧邑，诏具太牢，令拜祠上冢，文武羽仪甚盛，乡里以为荣。

正赶上朝廷商议北伐之事，公卿们意见不一，吴明彻力排众议请求北伐。太建五年，天子诏令升任他为侍中、都督征讨诸军事，又赏赐他一部女乐。吴明彻统率十多万大军，从京师出发，长江沿线的城镇相继投降。大军抵达秦郡，捣坏水栅。北齐派大将尉破胡率军援救，吴明彻打得他大败而逃，歼敌众多，秦郡于是投降。高宗因为秦郡是吴明彻的故乡，诏令准备牛、羊、猪太牢三牲，下令军中将士拜祭吴氏宗祠祖坟，文武仪仗队伍很盛大，乡里都以此为荣。

　　进克仁州，授征北大将军，进爵南平郡公，增邑并前二千五百户。次平峡石岸二城。进逼寿阳，齐遣王琳将兵拒守。琳至，与刺史王贵显保其外郭。明彻以琳初入，众心未附，乘夜攻之，中宵而溃，齐兵退据相国城及金城。明彻令军中益修治攻具，又迮肥水以灌城。城中苦湿，多腹疾，手足皆肿，死者十六七。会齐遣大将军皮景和率兵数十万来援，去寿春三十里，顿军不进。诸将咸曰："坚城未拔，大援在近，不审明公计将安出？"明彻曰："兵贵在速，而彼结营不进，自挫其锋，吾知其不敢战明矣。"于是躬擐甲胄，四面疾攻，城中震恐，一鼓而克，生禽王琳、王贵显、扶风王可朱浑孝裕、尚书卢潜、左丞李骝騊駼，送京师。景和惶惧遁走，尽收其驼马辎重。琳之获也，其旧部曲多在军中，琳素得士卒心，见者皆歔欷不能仰视。明彻虑其有变，遣左右追杀琳，传其首。诏曰："寿春者古之都会，襟带淮、汝，控引河、洛，得之者安，是称要害。侍中、使持节、都督征讨诸军事、征北大将军、开府仪同三司南平郡开国公明彻，雄图克举，宏略盖世。在昔屯夷，缔构皇业，乃掩衡、岳，用清氛沴，实吞云梦，即叙上游。今兹荡定，恢我王略，风行电扫，貔武争驰，月阵云梯，金汤夺险，威陵殊俗，惠渐边氓。惟功与能，元戎是属，崇庵广赋，茂典恒宜，可都督豫合建光朔北徐六州诸军事、车骑大将军、豫州刺史，增封并前三千五百户，余如故。"诏遣谒者萧淳风，就寿阳册明彻，于城南设坛，士卒二十万，陈旗鼓戈甲，明彻登坛拜受，成礼而退，将卒莫不踊跃焉。

　　攻克仁州，吴明彻被授予征北大将军，晋爵为南平郡公，增赐食邑至两千五百户。

大军又攻克峡石岸边的两座城池。进逼寿阳，北齐派王琳率军拒守。王琳抵达后，和刺史王贵显保守寿阳外城。吴明彻认为王琳刚到，军心未定，趁夜偷袭，半夜打败敌军，北齐军退守相国城和金城。吴明彻命令部队加紧修制进攻器械，又拦堵肥水灌入城中。城中潮湿，很多人都患上痢疾，手脚都肿了，死者达十分之六七。适逢北齐派大将军皮景和率领几十万大军救援，在距离寿春三十里远的地方，驻扎下来不前进。将领们都说："牢固的城池还没有攻克，敌人强大的救援部队就在附近，不知道您打算怎么办？"吴明彻说："兵贵神速，敌人扎营不进，自己折损自己的锋芒，我肯定敌人不敢与我军交战。"于是亲自穿上铠甲，戴上头盔，率军从四面猛攻，城中震动恐慌，大军一鼓作气攻克了敌城，生擒王琳、王贵显、扶风王可朱浑孝裕、尚书卢潜、左丞李骝駼，押到京师。皮景和惊慌逃跑，陈军缴获了他的全部驼马和辎重。王琳被捉后，他的老部下大多留在军中，王琳一向都得将士拥戴，人们见他被俘都抽泣着低下头来，不敢望他，吴明彻担心会有祸乱，就派亲信追杀了王琳，将他的首级送至京城。天子下诏说："寿春是古都会，有淮河、汝水环绕，地势险要，控制黄河、洛水，占据此地可保安全，地理位置很重要。侍中、使符节、都督征讨诸军事、征北大将军、开府仪同三司、南平郡开国公吴明彻，图谋宏伟一举攻克，他远大的谋略冠绝当世。往日在夷地驻扎，曾缔造天子基业，占据衡、岳全境，由于清除了敌寇贼兵，收复了云梦地区的疆土，安定了长江上游地区。如今又荡平安定北方，收复国家疆土，进军神速，士兵冲锋似貔虎争先，摆月阵架云梯，夺取险要的金城汤池，军威震慑蛮夷之地，恩惠遍及边地之民。这般卓著功勋、杰出才能，非主帅莫属，指挥的军卒，可成为永久典范。现应任都督豫州、合州、建州、光州、朔州、北徐州六州诸军事，车骑大将军，豫州刺史，增赐食邑至三千五百户，其他职衔不变。"诏令派遣谒者萧淳风，去寿阳册封吴明彻，在城南设高坛，二十万将士列旗击鼓操戈披甲，吴明彻登坛拜受册封，礼仪完毕后退下，将士们全都欢呼雀跃。

原　文

　　初，秦郡属南兖州，后隶谯州，至是，诏以谯之秦、盱眙、神农三郡还属南兖州，以明彻故也。

　　六年，自寿阳入朝，舆驾幸其第，赐钟磬一部，米一万斛，绢布二千匹。

　　七年，进攻彭城。军至吕梁，齐遣援兵前后至者数万，明彻又大破之。八年，进位司空，余如故。又诏曰："昔者军事建旌，交锋作鼓，顷日讹替，多乖旧章，至于行阵，不相甄别。今可给司空、大都督铁钺龙麾，其次将各有差。"寻授都督南北兖南北青谯五州诸军事、南兖州刺史。

译 文

之前，秦郡隶属南兖州，后来隶属谯州，到这个时候，诏令谯州的秦、盱眙、神农三郡还隶属于南兖州，就是因为吴明彻的缘故。

太建六年，吴明彻从寿阳回到朝廷，天子车马驾临他的住宅，赐给他一部钟磬、一万斛米、两千匹绢布。

太建七年，吴明彻进攻鼓城。大军抵达吕梁，北齐所派援兵先后到达数万人，吴明彻又大败他们。太建八年，吴明彻晋升为司空，其他职衔不变。天子又下诏说："以往行军作战都竖起旗帜，两军交战都击鼓助阵，最近军纪松弛，多与原有规章制度不符，至于队伍，也混乱不能互相识别。今天赐给司空、大都督的铁钺和龙麾，他的次将也各有差别。"不久吴明彻被授职为都督南兖州、北兖州、南青州、北青州、谯州五州诸军事，南兖州刺史。

原 文

会周氏灭齐，高宗将事徐、兖，九年，诏明彻进军北伐，令其世子戎昭将军、员外散骑侍郎惠觉摄行州事。明彻军至吕梁，周徐州总管梁士彦率众拒战，明彻频破之，因退兵守城，不复敢出。明彻仍迮清水以灌其城，环列舟舰于城下，攻之甚急。周遣上大将军王轨将兵救之。轨轻行自清水入淮口，横流竖木，以铁锁贯车轮，遏断船路。诸将闻之，甚惶恐，议欲破堰拔军，以舫载马。马主裴子烈议曰："若决堰下船，船必倾倒，岂可得乎？不如前遣马出，于事为允。"适会明彻苦背疾甚笃，知事不济，遂从之，乃遣萧摩诃帅马军数千前还。明彻仍自决其堰，乘水势以退军，冀其获济。及至清口，水势渐微，舟舰并不得渡，众军皆溃，明彻穷蹙，乃就执。寻以忧愤遘疾，卒于长安，时年六十七。

译 文

适逢周氏灭掉北齐，高宗打算征服徐州、兖州。太建九年，诏令吴明彻进军北伐，命令他的长子戎昭将军、员外散骑侍郎吴惠觉兼理州中事务。吴明彻的部队抵达吕梁，北周的徐州总管梁士彦率军抵抗，吴明彻多次打败他，于是梁士彦退兵守卫城池，不敢再出战。吴明彻又引清水灌入城中，在城下环列船舰，发动猛攻。北周派上大将军王轨率军救援。王轨轻装从清水进到淮口，拦江栽埋木桩，用铁锁穿住车轮，阻断船的航路。将领们听说后，惊慌害怕，商议想劈开拦河坝撤军，用船装载马匹。马主装子烈建议："要是劈开拦河坝放船下去，船重水急肯定翻船，怎么撤退？不如先把马打发出来，这样就行了。"碰巧吴明彻背上生病很难受，知道此次北伐不会成功，于是同意了，派萧摩诃率领几千兵马先回来。吴明彻又亲自掘开拦河坝，趁着水势退军，希望获得成功。到清口时，水势渐渐小下来，船舰都不能渡过，部队溃散，吴明彻走投无路，于是被擒。不久因为忧愤患病，死于长安，时年六十七岁。

原文

至德元年诏曰："李陵矢竭，不免请降，于禁水涨，犹且生获，固知用兵上术，世罕其人。故侍中、司空、南平郡公明彻，爰初蹑足，迄届元戎，百战百胜之奇，决机决死之勇，斯亦侔于古焉。及拓定淮、肥，长驱彭、汴，覆勍寇如举毛，扫锐师同沃雪，风威慑于异俗，功效著于同文。方欲息驾阴山，解鞍瀚海，既而师出已老，数亦终奇，不就结缨之功，无辞入褚之屈，望封崤之为易，冀平翟之非难，虽志在屈伸，而奄中霜露，埋恨绝域，甚可嗟伤。斯事已往，累逢肆赦，凡厥罪戾，皆蒙洒濯，独此孤魂，未沾宽惠，遂使爵土湮没，飨醊无主。弃瑕录用，宜在兹辰，可追封邵陵县开国侯，食邑一千户，以其息惠觉为嗣。"

译文

至德元年，天子下诏："李陵弓箭用尽，难免请降，于禁率兵被水淹，尚且被捉，由此可知用兵技巧达到上乘造诣的，古今没有几个。前侍中、司空、南平郡公吴明彻，从开始从军，直到担任主帅，有百战百胜的奇谋，有决定战机，决心战死的勇气，这也可以媲美古人了。至于开拓疆土进攻淮水、淝水，长驱直入占领彭城、汴州，消灭强敌如轻举羽毛，扫荡精锐部队好像热水泼雪，声势震慑异俗之地，丰功伟绩照耀中原。他正准备挺进阴山而停驶兵车，占领瀚海而歇马解鞍，但随后因为士气衰竭，运气不佳，所以未能擒获敌首，只好被获遭擒，但在狱中仍认为能像秦穆公报了晋国之仇而在崤山祭祀阵亡将士那样轻易雪耻，还坚信有一天能像前代圣贤平定翟人那样吞并北周而绝非难事。然而虽有壮志，忽遭病发身亡，身埋远地含恨九泉，令人嗟叹。这事已成过往，此后多次大赦，所有罪人都已赦免，只有吴明彻英魂孤独，未蒙皇恩，以致他的封地爵位湮没，无人祭祀。现在不计前嫌仍然封赏，追封为邵陵县开国侯，食邑一千户，由其子吴惠觉承继。"

魏 书

[北朝] 魏收

崔浩传

原文

　　崔浩，字伯渊，清河人也。白马公玄伯之长子。少好文学，博览经史，玄象阴阳，百家之言，无不关综，研精义理，时人莫及。弱冠为直郎。天兴中，给事秘书，转著作郎。太祖以其工书，常置左右。太祖季年，威严颇峻，宫省左右多以微过得罪，莫不逃隐，避目下之变，浩独恭勤不怠，或终日不归。太祖知之，辄命赐以御粥。其砥直任时，不为穷通改节，皆此类也。

译文

　　崔浩，字伯渊，是清河人，白马公崔玄伯的大儿子。年轻时爱好文学，博览经史著作，天文阴阳之学，诸子百家之言，全都涉猎，精研经义的深刻道理，当时人没有比得上他的。崔浩二十岁为直郎。天兴年间，任给事秘书，转任著作郎。太祖因他擅长书法，让他常伴左右。太祖晚年，刑罚很严酷，宫省左右官员多因小过失而被治罪，大家全都隐匿，以躲避眼下的灾祸，只有崔浩恭勤不怠，有时整天不回家。太祖知道后，就叫人给他送去御粥。崔浩忠心耿耿，勤于职守，不为穷困而改变操守，大多像这类情况。

原文

　　太宗初，拜博士祭酒，赐爵武城子，常授太宗经书。每至郊祠，父子并乘轩辐，时人荣之。太宗好阴阳术数，闻浩说《易》及《洪范》五行，善之，因命浩筮吉凶，参观天文，考定疑惑。浩综核天人之际，举其纲纪，诸所处决，多有应验，恒与军国大谋，甚为宠密。是时，有兔在后宫，验问门官，无从得入。太宗怪之，命浩推其咎征。浩以为当有邻国贡嫔嫱者，善应也。明年，姚兴果献女。

译文

太宗初年，朝廷拜他为博士祭酒，赐爵武城子，常给太宗讲授经书。每次天子去郊外祭祀时，父子一起乘坐轩辐车，当时人们都以之为荣。太宗喜爱阴阳术数，听崔浩讲解《易经》和《洪范》五行，非常赞赏，因此命令崔浩卜筮吉凶，观测天文，考定疑惑。崔浩综合考察天人的关系，抓住要领，他的断决，多有应验，经常参与军国大事的讨论，与太宗很亲密。这时，后宫有兔子出没，查问守门官，都说兔子根本进不来。太宗觉得奇怪，命崔浩推测吉凶征兆。崔浩认为将会有邻国进贡嫔妃，是吉兆。第二年，姚兴果然进献女子。

原文

神瑞二年，秋谷不登，太史令王亮、苏垣因华阴公主等言谶书国家当治邺，应大乐五十年，劝太宗迁都。浩与特进周澹言于太宗曰："今国家迁都于邺，可救今年之饥，非长久之策也。东州之人，常谓国家居广漠之地，民畜无算，号称牛毛之众。今留守旧部，分家南徙，恐不满诸州之地。参居郡县，处榛林之间，不便水土，疾疫死伤，情见事露，则百姓意沮。四方闻之，有轻侮之意。屈丐、蠕蠕必提挈而来，云中、平城则有危殆之虑，阻隔恒代千里之险，虽欲救援，赴之甚难，如此则声实俱损矣。今居北方，假令山东有变，轻骑南出，耀威桑梓之中，谁知多少？百姓见之，望尘震服。此是国家威制诸夏之长策也。至春草生，乳酪将出，兼有菜果，足接来秋，若得中熟，事则济矣。"太宗深然之，曰："唯此二人，与朕意同。"复使中贵人问浩、澹曰："今既糊口无以至来秋，来秋或复不熟，将如之何？"浩等对曰："可简穷下之户，诸州就谷。若来秋无年，愿更图也。但不可迁都。"太宗从之，于是分民诣山东三州食，出仓谷以禀之。来年遂大熟。赐浩、澹妾各一人，御衣一袭，绢五十匹，绵五十斤。

　　神瑞二年，庄稼歉收，太史令王亮、苏垣通过华阴公主等人进言说谶书上说国家当迁都邺城，这样就会再安乐五十年，劝说太宗迁都。崔浩与特进周澹劝太宗说："今天国家把都城迁到邺，也许可以救今年的饥荒，但不是长久之计。东部州郡的人，常认为国家在广漠之地，人畜众多，号称牛毛之众。现在留守旧都，又分出一部分南迁，恐怕也不能布满各州土地。杂居在各郡县，处榛林之间，不服水土，因发生疾病而死伤，事情暴露，就会使百姓情绪沮丧。四方邻国得知，就会生出轻慢侮辱之意，屈丐、蠕蠕必定会相继来犯，这样，云中、平城则会有危险，而中间有恒、代阻隔相距千里，即使想救援，军队也很难前往，这样的话名声实力都会受损。而今皇都居处北方，假如太行山东有变，则可以轻骑南袭，耀威桑梓之间，没有人知道我们真实兵力有多少。老百姓见到，也会望影臣服。这是国家威制中原的良策啊。春草生长，乳酪将出，加上蔬菜水果，足够接济到来年秋天，如果明年收成中等，就得以缓解了。"太宗认为很对，说："只有这二人与我看法相同。"太宗又派宦官问崔浩、周澹说："而今如果已经不能糊口以等待明年秋天，且到时又没收成，该怎么办呢？"崔浩等人回答说："可以让穷苦民户到谷物多的州府就食，如果来年还是荒年，再另作打算，但千万不能迁都。"太宗诏准。于是分遣饥民到太行山东三州就食，放出仓库谷物供给他们。第二年果然大丰收。太宗赐给崔浩、周澹每人妾各一名、御衣一套、绢五十匹、绵五十斤。

●左丘明

　　初，姚兴死之前岁也，太史奏：荧惑在匏（páo）瓜星中，一夜忽然亡失，不知所在。或谓下入危亡之国，将为童谣妖言，而后行其灾祸。太宗闻之，大惊，乃召诸硕儒十数人，令与史官求其所诣。浩对曰："案《春秋左氏传》说神降于莘，其至之日，各以其物祭也。请以日辰推之，庚午之夕，辛未之朝，天有阴云，荧惑之亡，当在此二日之内。庚之与未，皆主于秦，辛为西夷。今姚兴据咸阳，是荧惑入秦矣。"诸人皆作色曰："天上失星,人安能知其所诣,而妄说无徵之言?"浩笑而不应。后八十余日,荧惑果出于东井,留守盘游,秦中大旱赤地,昆明池水竭,童谣讹言,国内喧扰。明年,姚兴死,二子交兵,三年国灭。于是诸人皆服曰:"非所及也。"

当初,姚兴死的前一年,太史启奏:火星在匏瓜星中,一夜之间忽然消失,不知去向。有人说到快要灭亡的国度去了,将先要出现童谣妖言,然后行其灾祸。太宗听说后,大惊,于是召集十多个大儒,让他们与史官一起询查火星究竟在哪里。崔浩回答:"《春秋左氏传》说,天神降临莘地,它到的那天,各人用自己的物品祭之。请按照日辰推算,庚午日晚上,辛未日早晨,天上有阴云,火星的消失,应当在这两天内。庚与未,都主秦地,指西方少数民族。现在姚兴占据咸阳,火星肯定是进入秦国了。"众人都神情严肃地说:"天上失落星辰,人怎么能知道它跑去哪里,而你却乱说无稽之谈。"崔浩笑而不答。八十多天后,火星果然在东井出现,滞留盘桓,秦国大旱、赤地千里,昆明池水也干枯了,童谣讹言流传,国内喧嚣纷扰。第二年,姚兴死,他两个儿子互相打仗,三年后就亡国了。于是众人都信服地说:"您的才能不是我们所能及的。"

泰常元年,司马德宗将刘裕伐姚泓,舟师自淮泗入清,欲溯河西上,假道于国。诏群臣议之。外朝公卿咸曰:"函谷关号曰天险。一人荷戈,万夫不得进。裕舟船步兵,何能西入?脱我乘其后,还路甚难。若北上河岸,其行为易。扬言伐姚,意或难测。假其水道,寇不可纵。宜先发军断河上流,勿令西过。"又议之内朝,咸同外计。太宗将从之。浩曰:"此非上策。司马休之之徒扰其荆州,刘裕切齿来久。今兴死子劣,乘其危亡而伐之,臣观其意,必欲入关。劲躁之人,不顾后患。今

●卞庄子刺虎

若塞其西路,裕必上岸北侵,如此则姚无事而我受敌。今蠕蠕内寇,民食又乏,不可发军。发军赴南则北寇进击,若其救北则东州复危。未若假之水道,纵裕西入,然后兴兵塞其东归之路,所谓卞庄刺虎,两得之势也。使裕胜也,必德我假道之惠;令姚氏胜也,亦不失救邻之名。纵使裕得关中,县远难守,彼不能守,终为我物。今不劳兵马,坐观成败,斗两虎而收长久之利,上策也。夫为国之计,择利而为之,岂顾婚姻,酬一女子之惠哉?假令国家弃恒山以南,裕必不能发吴越之兵与官军争守河北也,居然可知。"议者犹曰:"裕西入函谷,则进退路穷,腹背受敌;北上岸则姚军必不出关助我。扬声西行,意在北进,其势然也。"太宗遂从群议,遣长孙嵩发兵拒之,战于畔城,为裕将朱超石所败,师人多伤。太宗闻之,恨不用浩计。

译文

　　泰常元年,司马德宗的将领刘裕讨伐姚泓,水军从淮、泗入清水,打算由黄河逆流西上,向魏国借道。太宗召集群臣讨论此事。外朝公卿都说:"函谷关号称天险。一人守关,万夫难入。刘裕舟船步兵,怎么能够西进?倘若我们打击其后,敌人很难回撤。如果让他们登上黄河北岸,那他们就很方便行动。敌人扬言讨伐姚泓,但意图其实难测。借给他们水道,敌人就会长驱直入,我们应先调军队截断黄河上游,不让他们西入。"又让内朝官员讨论,大家都赞成外朝意见。太宗就准备照办了。崔浩说:"这不是上策。司马休之之徒扰乱荆州,刘裕切齿痛恨已久。现在姚兴刚死子孙顽劣,刘裕乘其危亡而讨伐他们,我观察他的意图,必定入关。急躁的人,不考虑后果。现在如果堵塞他的西行之路,刘裕必定会上岸北侵,那样的话,则姚秦无事而我国受敌。现在蠕蠕入侵,百姓粮食又缺少,不能发兵。发兵赴南则北寇进击,如果救援北面则东边州郡又危险。不如借给刘裕水道,让他西入,然后兴兵堵塞其东归之路,这就是卞庄刺虎,一举两得的举措。如果刘裕胜了,必然会感激我国借道之德;假如姚秦胜了,我们也不失救援邻国的美名。即使刘裕占有关中,也因遥远而难以固守,他守不住,最后还会是我们的掌中之物。现在不劳兵马,坐观成败,让两虎相斗而我坐收渔翁之利，实为上策。大凡治国之道，应该从利益处着眼，哪里为顾及婚姻，而酬报一女子的小惠呢？假令国家放弃恒山以南领土，刘裕必定不能发动吴越之兵与我军争夺黄河以北的土地，这些我们慢慢就知道了。"议论的人又说："刘裕西入函谷关，则进退无路，腹背受敌；向北上岸则秦军必不出关助我。刘裕扬言西行，意在北进，这是必然的。"太宗于是听从了大家的意见，派长孙嵩发兵迎敌，在畔城交战，结果被刘裕将领朱超石击败，士兵多有伤亡。太宗听说后，悔恨没用崔浩的计策。

原　文

　　二年，司马德宗齐郡太守王懿（yì）来降，上书陈计，称刘裕在洛，劝国家以军绝其后路，则裕军可不战而克。书奏，太宗善之。会浩在前进讲书传，太宗问浩曰："刘裕西伐，前军已至潼关。其事如何？以卿观之，事得济不？"浩对曰："昔姚兴好养虚名，而无实用。子泓又病，众叛亲离。裕乘其危，兵精将勇，以臣观之，克之必矣。"太宗曰："刘裕武能何如慕容垂？"浩曰："裕胜。"太宗曰："试言其状。"浩曰："慕容垂承父祖世君之资，生便尊贵，同类归之，若夜蛾之赴火，少加倚仗，便足立功。刘裕挺出寒微，不阶尺土之资，不因一卒之用，奋臂大呼而夷灭桓玄，北擒慕容超，南摧卢循等，僭（jiàn）晋陵迟，遂执国命。裕若平姚而还，必篡其主，其势然也。秦地戎夷混并，虎狼之国，裕亦不能守之。风俗不同，人情难变，欲行荆扬之化于三秦之地，譬无翼而欲飞，无足而欲走，不可得也。若留众守之，必资于寇。孔子曰：善人为邦百年，或以胜残去杀。今以秦之难制，一二年间岂裕所能哉？且可治戎束甲，息民备境，以待其归，秦地亦当终为国有，可坐而守也。"太宗曰："裕已入关，不能进退，我遣精骑南袭彭城、寿春，裕亦何能自立？"浩曰："今西北二寇未殄，陛下不可亲御六师。兵众虽盛，而将无韩白。长孙嵩有治国之用，无进取之能，非刘裕敌也。臣谓待之不晚。"太宗笑曰："卿量之已审矣。"浩曰："臣尝私论近世人物，不敢不上闻。若王猛之治国，苻坚之管仲也；慕容玄恭之辅少主，慕容暐（wěi）之霍光也；刘裕之平逆乱，司马德宗之曹操也。"太宗曰："卿谓先帝如何？"浩曰："小人管窥悬象，何能见玄穹之广大。虽然，

卦画光天通闢前古
六经之原肇圣之祖

伏羲

太祖用漠北醇朴之人，南入中地，变风易俗，化洽四海，自与羲农齐列，臣岂能仰名。"太宗曰："屈丐如何？"浩曰："屈丐家国夷灭，一身孤寄，为姚氏封殖。不思树党强邻，报仇雪耻，乃结忿于蠕蠕，背德于姚兴，撅竖小人，无大经略，正可残暴，终为人所灭耳。"太宗大悦，语至中夜，赐浩御缥醪酒十觚，水精戎盐一两。曰："朕味卿言，若此盐酒，故与卿同其旨也。"

●伏羲

译文

泰常二年，司马德宗的齐郡太守王懿前来归降，上书献计，称刘裕身在洛阳，劝国家派军队截断他的后路，这样就能战胜刘裕的军队。书呈上后，太宗称善。正巧崔浩在太宗面前讲授书传，太宗问崔浩说："刘裕西伐，前头部队已到潼关。这事怎么样？以卿看来，这事能否成功？"崔浩说："过去姚兴好虚名，而没有实用价值。他的儿子姚泓又生病，众叛亲离。刘裕乘人之危，兵精将勇，依我看来，胜券在握。"太宗说："刘裕的军事才能跟慕容垂相比怎么样？"崔浩说："刘裕更强。"太宗说："详细讲讲。"崔浩说："慕容垂借父祖二世为君的资本，一出生便身份尊贵，同族人归附他，就像夜蛾赴火，稍加努力，便能立功。刘裕则出身寒微，没有一尺土地作为资本，没有一卒可供调用，他奋臂大呼而剿灭桓玄，北擒慕容超，南摧卢循等人，篡夺晋权，执掌国政。刘裕如果平定姚泓回来，必定取代其王位，这是必然的事情。秦地少数民族混杂并居，乃虎狼之国，刘裕也不能好好守住它。风俗不同，人情难移，想在三秦之地推行荆扬教化，就如同没有翅膀还想飞，没有脚还想走路，是不可能的。如果他留兵把守，必然被敌人利用。孔子说：善人治邦百年，可以让残暴的恶人不作恶因而废除死刑。现在秦人难以控制，一两年间刘裕哪能做得到呢？我们暂时可以治戎束甲，息民守境，以等待其归来，秦地终究会为我国所有。我们尽可坐享其成。"太宗说："刘裕已经入关，不能进退，我派精锐骑兵南袭彭城、寿春，刘裕哪里能坚持住？"崔浩说："现在西北二寇未被消灭，陛下不可以亲征。兵众虽然强盛，但将领之中却无韩信、白起这样的人。长孙嵩有治国之才，而没有攻伐的本事，不是刘裕的对手。我认为可以暂缓。"太宗笑着说："你已经考虑得很周全了。"崔浩说："我曾经私下评论近代人物，不敢不让朝廷知道。如王猛治国，是苻坚的管仲；慕容玄恭辅佐少主，是慕容暐的霍光；刘裕平定逆乱，是司马德宗的曹操。"太宗说："你认为先帝如何？"崔浩说：

"小人管窥蠡测，怎能发现苍天的广大。即使如此，太祖任用漠北淳朴的人，南入中原，变风易俗，教化遍及天下，自当与伏羲、神农齐列，我怎么能仰其名节。"太宗说："屈丐怎么样？"崔浩说："屈丐家国夷灭，一身孤寄异乡，被姚氏封官任用。他不思树党强邻，报仇雪耻，却与蠕蠕结愤，背弃姚兴的恩德，竖逆小人，没有大谋略，残酷暴虐，终将为人所灭。"太宗非常高兴，二人说到午夜，太宗赐给他御缥酒十觚、水精戎盐一两，说："我品味你说的话，就如这盐酒，所以与你同享。"

　　三年，彗星出天津，入太微，经北斗，络紫微，犯天棓(bàng)，八十余日，至汉而灭。太宗复召诸儒术士问之曰："今天下未一，四方岳峙，灾咎之应，将在何国？朕甚畏之，尽情以言，勿有所隐。"咸共推浩令对。浩曰："古人有言，夫灾异之生，由人而起。人无衅焉，妖不自作。故人失于下，则变见于上，天事恒象，百代不易。《汉书》载王莽篡位之前，彗星出入，正与今同。国家主尊臣卑，上下有序，民无异望。唯僭晋卑削，主弱臣强，累世陵迟，故桓玄逼夺，刘裕秉权。彗孛者，恶气之所生，是为僭晋将灭，刘裕篡之之应也。"诸人莫能易浩言，太宗深然之。五年，裕果废其主司马德文而自立。南镇上裕改元赦书。时太宗幸东南潟(xì)卤(lǔ)池射鸟，闻之，驿召浩，谓之曰："往年卿言彗星之占验矣，朕于今日始信天道。"

　　泰常三年，彗星出天津，进入太微星垣，经过北斗星，中间通过紫微垣，侵犯天棓星座，前后八十多天，到银河后消失。太宗又召各位儒生术士问道："而今天下没有统一，四方对峙，灾兆的应验，将在哪个国家？我很害怕，大家尽管说，不要隐瞒。"众人都推举崔浩应对。崔浩说："古人有言，大凡灾异的产生，都是由人而起。人如果没有过失，妖异之象就不会出现。所以人有过失，则灾祸就对应着出现，上天经常会出现某些预示人事吉凶的天象，百

●彗星

代不改。《汉书》记载王莽篡位前，彗星出入，正好与今天相同。国家之中主尊臣卑，上下有序，百民没有反心。只有僭晋衰败微弱，主弱臣强，数代遭到欺凌，所以桓玄逼夺帝位，刘裕掌握大权。彗星和孛星，都为恶气所生，是应僭晋将灭而刘裕篡权的征兆。"众人都说不出与崔浩不同的话来，太宗深信不疑。泰常五年，刘裕果然废了晋帝司马德文自立为帝。南边边镇奉上刘裕改元赦书。当时太宗到东南潟卤池射鸟，听说后，快马传召崔浩，对他说："往年你说彗星的卜占应验了，我今天才相信天道。"

原　文

　　初，浩父疾笃，浩乃剪爪截发，夜在庭中仰祷斗极，为父请命，求以身代，叩头流血，岁余不息，家人罕有知者。及父终，居丧尽礼，时人称之。袭爵白马公。朝廷礼仪、优文策诏、军国书记，尽关于浩。浩能为杂说，不长属文，而留心于制度、科律及经术之言，作家祭法，次序五宗，蒸尝之礼，丰俭之节，义理可观。性不好《老》《庄》之书，每读不过数十行，辄弃之，曰："此矫诬之说，不近人情，必非老子所作。老聃习礼，仲尼所师，岂设败法之书，以乱先王之教。袁生所谓家人筐箧中物，不可扬于王庭也。"

译　文

　　当初，崔浩父亲病重，崔浩剪断指甲头发，晚上在庭院中仰祈北斗星，为父亲请求寿命，请求以身代父，叩头叩得流血。一年多都不间断，家里几乎没人知道。等到父亲逝世，守丧尽节尽礼，他受到当时人们称道。崔浩袭爵白马公。朝廷礼仪、褒奖的文告策书诏令、统军治国的书牍，全由崔浩负责。崔浩能为杂说议论，并不擅长写长篇大论，但留心于制度、音律以及经术的言辞。撰写家祭法，排列五宗次序，制定蒸尝之礼，丰俭适度，义理可取。生性不好《老子》《庄子》，每次都读不过数十行，就放在一边，说："这些虚妄的论述，不近人情，肯定不是老子写的。老聃演习礼义，仲尼师从于他，哪里会著败坏礼法的书，以危害先王的

●老子

教化呢。这就是袁生所谓妇人筐箧里的物品，不可在王庭中宣扬。"

　　太宗恒有微疾，怪异屡见，乃使中贵人密问于浩曰："《春秋》：星孛北斗，七国之君皆将有咎。今兹日蚀于胃昴，尽光赵代之分野，朕疾弥年，疗治无损，恐一旦奄忽，诸子并少，将如之何？其为我设图后之计。"浩曰："陛下春秋富盛，圣业方融，德以除灾，幸就平愈。且天道悬远，或消或应。昔宋景见灾修德，荧惑退舍。愿陛下遣诸忧虞，恬神保和，纳御嘉福，无以暗昧之说，致损圣思。必不得已，请陈瞽言。自圣化龙兴，不崇储贰，是以永兴之始，社稷几危。今宜早建东宫，选公卿忠贤陛下素所委仗者使为师傅，左右信臣简在圣心者以充宾友，入总万机，出统戎政，监国抚军，六柄在手。若此，则陛下可以优游无为，颐神养寿，进御医药。万岁之后，国有成主，民有所归，则奸宄息望，旁无觊觎。此乃万世之令典，塞祸之大备也。今长皇子焘，年渐一周，明睿温和，众情所系，时登储副，则天下幸甚。立子以长，礼之大经。若须并待成人而择，倒错天伦，则生履霜坚冰之祸。自古以来，载籍所记，兴衰存亡，鲜不由此。"太宗纳之。于是使浩奉策告宗庙，命世祖为国副主，居正殿临朝。司徒长孙嵩、山阳公奚斤、北新公安同为左辅，坐东厢西面；浩与太尉穆观、散骑常侍丘堆为右弼，坐西厢东面。百僚总己以听焉。太宗避居西宫，时隐而窥之，听其决断，大悦，谓左右侍臣曰："长孙嵩宿德旧臣，历事四世，功存社稷；奚斤辩捷智谋，名闻遐迩；安同晓解俗情，明练于事；穆观达于政要，识吾旨趣；崔浩博闻强识，精于天人之会；丘堆虽无大用，然在公专谨。以此六人辅相，吾与汝曹游行四境，伐叛柔服，可得志于天下矣。"群臣时奏所疑，太宗曰："此非我所知，当决之汝曹国主也。"

　　太宗经常有小病缠身，屡屡能看见怪异东西，于是他派宦官秘密地问崔浩说："《春秋》说：流星在北斗星处出现，七国的君主都将有灾祸。今天日食出现在胃宿和昴宿，

●善言格天

完全对应赵、代地区，我已病了好几年，医疗救治也没有减轻，我担心一旦离开人世，诸皇子都还年少，该怎么办呢？你为我做百年后的打算。"崔浩说："陛下您春秋富盛，事业如日中天，修德消灾，很快就会好起来的。况且天道玄渺高远，有的消除有的应验。过去宋景见灾修德，火星退居。我愿陛下排遣诸多忧虑，宁神保和，纳御嘉福，不听信愚昧之说，致使损伤圣恩。如果必须陈说，请陈述不明事理的言论。自皇朝圣化龙兴，不设立储君，所以从永兴年间开始，国家社稷几近危难。现在应早立东宫太子，选用公卿中忠正贤良、陛下一向信任的臣僚充当师傅，左右侍臣忠诚圣上的充当宾友，让他入朝总理万机，出外统领军务，监国抚军，大权在手。如果这样，那陛下就可以优游无为，颐神养寿，进服御药。陛下百年之后，国有成主，民有所归，那奸邪的人只有作罢，也没有什么可觊觎的了。这是万世的好制度，免祸的大策略。而今皇长子焘，年纪将满十二岁，聪慧敏睿温良谦和，众情所系，现在登上储君的位置，那是天下的幸事。立长子为太子，是礼仪的重要原则。如果必须等到他们都成人后再选择储君，颠倒长幼次序，则会生出灾祸。自古以来，典籍所记载，兴衰存亡，大多如此。"太宗接受了他的意见，于是让崔浩奉策告示宗庙，命世祖为太子，居正殿临朝听政。司徒长孙嵩、山阳公奚斤、北新公安同为左辅，坐东面西；崔浩与太尉穆观、散骑常侍丘堆为右弼，坐西面东。百僚各司其职听从调遣。太宗避居西宫，时常暗中观察，听其决断朝政，大为高兴，对左右侍臣说："长孙嵩是年长有德的旧臣，历侍四朝，功存社稷；奚斤雄辩智谋，闻名遐迩；安同通晓世俗，明练政务；穆观通达施政要理，明白我的意图；崔浩博闻强识，精于天人的关系；丘堆虽无大的才能，然而在公事上专心严谨。有这六个人辅佐，我与你们优游四方边境，讨伐叛乱安定百姓，可以意气风发于天下了。"群臣不时陈奏疑难问题，太宗说："这不是我所知道的，应当由你们的国主来决断。"

原文

　　会闻刘裕死，太宗欲取洛阳、虎牢、滑台。浩曰："陛下不以刘裕欻（xū）起，纳其使贡，裕亦敬事陛下。不幸今死，乘丧伐之，虽得之不令。《春秋》：晋士丐帅师侵齐，闻齐侯卒，乃还。君子大其不伐丧，以为恩足以感孝子，义足以动诸侯。今国家亦未能一举而定江南，宜遣人吊祭，存其孤弱，恤其凶灾，布义风于天下，令德之事也。若此，则化被荆扬，南金象齿羽毛之珍，可不求而自至。裕新死，党与未离，兵临其境，必相率拒战，功不可必，不如缓之，待其恶稔。如其强臣争权，变难必起，然后命将扬威，可不劳士卒，而收淮北之地。"太宗锐意南伐，诘浩曰："刘裕因姚兴死而灭其国，裕死我伐之，何为不可？"浩固执曰："兴死，二子交争，裕乃伐之。"太宗大怒，不从浩言，遂遣奚斤南伐。议于监国之前曰："先攻城也？先略地也？"斤曰："请先攻城。"浩曰："南人长于守城，苻氏攻襄阳，经年不拔。今以大国之力攻其小城，若不时克，挫损军势，敌得徐严而来。我怠彼锐，危道也。不如分军略地，至淮为限，列置守宰，收敛租谷。滑台，虎牢反在军北，绝望南救，必沿河东走。若或不然，即是囷中之物。"公孙表请先图其城。斤等济河，先攻滑台，经时不拔，表请济师。太宗怒，乃亲南巡。拜浩相州刺史，加左光禄大夫，随军为谋主。

魏书

译 文

正巧听说刘裕死了，太宗想攻取洛阳、虎牢、滑台。崔浩说："陛下不计较刘裕篡位，接受他的贡物和使者，刘裕也敬侍陛下。不幸他今天死了，我们乘丧讨伐他们，即使得手也不光彩。《春秋》说：晋国士丐率军侵犯齐国，听说齐侯去世，便撤回军队。君子以不攻伐丧君之国为大礼，认为恩惠足以感动孝子，道义足以感动诸侯。而今国家也不能一举平定江南，应该派人前去吊祭慰问，存其孤弱，怜其凶灾，布施仁义之风于天下，这是德行高尚的人应该做的。如此，就会教化遍及荆、扬地区，南方金象牙羽毛之类的珍奇，可以不求而自行到来。刘裕刚死，党羽尚未背离，我们兵临其境，他们必定齐心迎战，这样我们不一定能够得手，不如慢慢处置，等待敌方出现内讧。假如刘宋强臣争权，变难一定蜂起，然后我们派遣将领扬威出征，就可不劳士卒，坐收淮北土地。"太宗决意南伐，诘难崔浩说："刘裕趁姚兴死而灭其国，现在刘裕死了我讨伐他，怎么不可以呢？"崔浩坚持说："姚兴死时，两个儿子互相争斗，刘裕才讨伐他们。"太宗大怒，不听崔浩的话，于是派奚斤南伐。大家在世祖面前讨论说："先攻城呢？还是先抢地盘？"奚斤说："请先攻城。"崔浩说："南方人善于守城，苻坚攻打襄阳，一年都没攻下。今天以大国的力量攻其小城，如果不及时攻克，挫损军势，敌人便能慢慢严整前来。我军疲怠而敌人精锐，这是危险的做法。不如分军夺取土地，以淮河为限，列置守宰官员，收聚租谷。滑台、虎牢反而在我军北面，对南边救援的希望断绝，必定沿河东逃。如果不这样，就会成为我们的囊中之物。"公孙表请求先攻打城池。奚斤等人渡过黄河，先攻滑台，长时间没能攻克，上表请求援军。太宗发怒，于是亲自南巡。拜崔浩为相州刺史，加左光禄大夫，随军参谋。

原　文

及车驾之还也，浩从太宗幸西河、太原。登憩高陵之上，下临河流，傍览川域，慨然有感，遂与同僚论五等郡县之是非，考秦始皇、汉武帝之违失。好古识治，时伏其言。天师寇谦之每与浩言，闻其论古治乱之迹，常自夜达旦，竦意敛容，无有懈倦。既而叹美之曰："斯言也惠，皆可底行，亦当今之皋繇也。但世人贵远贱近，不能深察之耳。"因谓浩曰："吾行道隐居，不营世务，忽受神中之诀，当兼修儒教，辅助泰平真君，继千载之绝统。而学不稽古，临事暗昧。卿为吾撰列王者治典，并论其大要。"浩乃著书二十余篇，上推太初，下尽秦汉变弊之迹，大旨先以复五等为本。

译　文

●皋陶

等到太宗车驾归来，崔浩跟随太宗出巡西河、太原。崔浩登上高坡休息，下临黄河滚滚河水，旁览山川，感兴大发，于是与同僚讨论五等郡县的是与非，考察秦始皇、汉武帝的得失。对他的好古识治，大家深为折服。天师寇谦之每次与崔浩谈话，听其论古代治乱之迹，常常从晚上聊到早上，神情严肃，从不懈倦。既而赞叹说："你的话很好，都可以实行，你也可以称得上是当今的皋繇了。但是世人因为重视古人而轻视今人，不能深刻理解你的话。"因此对崔浩说："我行道隐居，不问世事，突然听到神中诀语，要我兼修儒教，辅助太平盛世的英明君主，继承断绝千年的皇统绪脉。而我没有考索古义的学问，临事暗昧不明，你就为我撰列帝王治国的制度，并论述其中要旨吧。"崔浩于是写了二十多篇文章，上推太初远古，下尽秦汉变革弊端事迹，大意先以恢复五等郡县为根本。

世祖即位，左右忌浩正直，共排毁之。世祖虽知其能，不免群议，故出浩，以公归第。及有疑议，召而问焉。浩纤妍洁白，如美妇人。而性敏达，长于谋计。常自比张良，谓己稽古过之。既得归第，因欲修服食养性之术，而寇谦之有《神中录图新经》，浩因师之。

世祖即位，左右官员忌恨崔浩正直，一起排挤诋毁他。世祖虽然知道他的才能，但不能不接受众议，所以罢黜崔浩，让他以公爵的身份回家。遇到有疑难的事情，便召唤来请教。崔浩皮肤纤细洁白，就像美貌的妇人。而性情敏达，长于计谋，经常自比张良，说自己在通晓古义方面还胜过他。既然赋闲在家，因此打算修炼服食养性之术，而寇谦之有《神中录图新经》，崔浩便拜他为师。

始光中，进爵东郡公，拜太常卿。时议讨赫连昌，群臣皆以为难，唯浩曰："往年以来，荧惑再守羽林，皆成钩己，其占秦亡。又今年五星并出东方，利以西伐。天应人和，时会并集，不可失也。"世祖乃使奚斤等击蒲坂，而亲率轻骑袭其都城，大获而还。及世祖复讨昌，次其城下，收众伪退。昌鼓噪而前，舒阵为两翼。会有风雨从东南来，扬沙昏冥。宦者赵倪进曰："今风雨从贼后来，我向彼背，天不助人。又将士饥渴，愿陛下摄骑避之，更待后日。"浩叱之曰："是何言欤！千里制胜，一日之中岂得变易？贼前行不止，后已离绝，宜分军隐出，奄击不意。风道在人，岂有常也！"世祖曰："善"。分骑奋击，昌军大溃。

始光年间，晋升崔浩东郡公的爵位，拜为太常卿。当时正议论讨伐赫连昌的事。群臣都认为这是件难事，只有崔浩说："往年以来，火星两次守住羽林星，并都形成'巳'的形状，这就预示了秦的灭亡。而且今年五星一起在东方出现，这是有利于西伐的征兆，天应人和，时机到了，机不可失啊。"世祖于是命令奚斤等人出击蒲坂一带，自己亲率轻骑奇袭赫连昌的都城，大胜而归。后来世祖又要再次征讨赫连昌，到了敌人城下，招集兵马假装撤退。赫连昌鼓噪而来，冲锋前进，将阵营舒展分为两翼，当时正好从东南刮起风雨，沙尘暴虐，天地昏暗，宦官赵倪向世祖进言说："现在风雨从敌军后面而来，我军正向着风沙而敌人则背着风沙，天不助我，况且将士又非常饥渴。希望陛下收兵，日后再图大举。"崔浩叱责他说："这是什么话！千里之外前来制胜，怎么能一日就改变主意？贼军现在前行不能停止，和后方远离断绝，更适宜我军分队隐蔽出击，乘他们不注意而攻打他们。对付风的办法在于人的谋划，岂能一成不变！"世祖说："对。"于是分派骑兵奋击敌军，赫连昌军溃败而逃。

原文

　　初，太祖诏尚书郎邓渊著《国记》十余卷，编年次事，体例未成。逮于太宗，废而不述。神麚二年，诏集诸文人撰录国书，浩及弟览、高谠、邓颖、晁继、范亨、黄辅等共参著作，叙成《国书》三十卷。

译文

　　先前，太祖曾下诏让尚书郎邓渊著写《国记》十余卷，编年记事，体例不完备。到了太宗朝，搁置不再著撰，神麚二年，下诏征集诸多文人撰写著录国史，崔浩和弟弟崔览以及高谠、邓颖、晁继、范亨、黄辅等人共同参与著述，著成《国书》三十卷。

原文

　　是年，议击蠕蠕，朝臣内外不欲行，保太后固止世祖，世祖皆不听，唯浩赞成策略。尚书令刘洁、左仆射安原等乃使黄门侍郎仇齐推赫连昌太史张渊、徐辩说世祖曰："今年己巳，三阴之岁，岁星袭月，太白在西方，不可举兵。北伐必败，虽克，不利于上。"又群臣共赞和渊等，云渊少时尝谏苻坚不可南征，坚不从而败。今天时人事都不和协，何可举动！"世祖意不决，乃召浩令与渊等辩之。

译文

　　这一年，讨论攻伐蠕蠕，朝廷内外都不想出征，保太后坚决劝止世祖，世祖不听，只有崔浩赞同这个策略，尚书令刘洁、左仆射安原等人于是让黄门侍郎仇齐推荐赫连昌太史张渊、徐辩劝阻世祖说："今年是己巳年，是三阴之年，岁星袭月，太白星在西方，不可以举兵。北伐必定失败，即使胜利了也对皇上不利。"另外有些大臣也都赞成张渊、徐辩，说张渊过去曾经劝阻苻坚不能南征，苻坚不听而败，现在天时人事都并不协和，怎么可以大举进兵呢。世祖决定不下，于是诏令崔浩前来与张渊等人辩论。

原　文

　　浩难渊曰："阳者，德也；阴者，刑也。故日蚀修德，月蚀修刑。夫王者之用刑，大则陈诸原野，小则肆之市朝。战伐者，用刑之大者也。以此言之，三阴用兵，盖得其类，修刑之义也。岁星袭月，年饥民流，应在他国，远期十二年。太白行苍龙宿，于天文为东，不妨北伐。渊等俗生，志意浅近，牵于小数，不达大体，难与远图。臣观天文，比年以来，月行掩昴，至今犹然。其占：'三年，天子大破旄头之国。'蠕蠕、高车，旄头之众也。夫圣明御时，能行非常之事。古人语曰：'非常之原，黎民惧焉，及其成功，天下晏然。'愿陛下勿疑也。"渊等惭而言曰："蠕蠕，荒外无用之物，得其地不可耕而食，得其民不可臣而使，轻疾无常，难得而制，有何汲汲而苦劳士马也？"浩曰："渊言天时，是其所职，若论形势，非彼所知。斯乃汉世旧说常谈，施之于今，不合事宜也。何以言之？夫蠕蠕者，旧是国家北边叛隶，今诛其元恶，收其善民，令复旧役，非无用也。漠北高凉，不生蚊蚋，水草美善，夏则北迁。田牧其地，非不可耕而食也。蠕蠕子弟来降，贵者尚公主，贱者将军、大夫，居满朝列，又高车号为名骑，非不可臣而畜也。夫以南人追之，则患其轻疾，于国兵则不然。何者？彼能远走，我亦能远逐，与之进退，非难制也。且蠕蠕往数入国，民吏震惊。今夏不乘虚掩进，破灭其国，至秋复来，不得安卧。自太宗之世，迄于今日，无岁不惊，岂不汲汲乎哉！世人皆谓渊、辩通解数术，明决成败。臣请试之，问其西国未灭之前有何亡征。知而不言，是其不忠；若实不知，是其无术。"时赫连昌在座，渊等自以无先言，惭赧而不能对。世祖大悦，谓公卿曰："吾意决矣。亡国之师不可与谋，信矣哉。"而保太后犹难之，复令群臣于保太后前评议。世祖谓浩曰："此等意犹不伏，卿善晓之令悟。"

崔浩诘难张渊说："阳者，是德，阴者，是刑。所以日食就要修德，月缺就要修刑。所以帝王用刑，大刑就是要陈尸原野，小刑才是列于市。战斗征伐就是用大刑啊。照这样说，三阴之年用兵，正是属于这一类，是修刑的意思啊。岁星袭月，饥年百姓流亡，应在别的国家，最迟不超过十二年。太白星运行到苍龙星宿之位，在天文上为东方，不妨害北伐。张渊你们只是凡俗书生，志向浅薄，只知道牵强附会于小的表面征象而不能深入体会大的内蕴，很难和你们图谋大事。我观察天文，几年来月行掩昴，至今仍然如此，占卜预示：'三年内，天子要大破像牦牛一样披头散发的国家。'蠕蠕、高车就是这样的国家。所以圣明君主驾驭时机，能行不同寻常的事情。古人说：'荒原陌生的地方，百姓恐惧，等到取得了成功，天下就欢乐安然了！希望陛下不要再犹豫了。"张渊等人惭愧地说："蠕蠕，荒外无用之物，得到这片土地也不能耕种，得到他的百姓也不能让他们臣服，他们来去无常，难得制服，何必让大家急切地劳役士兵军马呢？"崔浩说："张渊讲述天时，那是他的职责，如果讲论时机形势，就不是他能够了解的了，他讲的是汉代以来的旧说常谈，放到今天，已经不合事宜了。为什么这么讲呢？蠕蠕过去是国家北边的叛逃奴隶，现在诛杀他们的元凶首领，收服其中的善良百姓，让他们恢复旧时的劳役，并非没有用啊。漠北地高凉爽，不生蚊虫，水草丰沃饶美，入夏可以继续向北迁移。在这块地方耕田牧放，并非不能耕，不可得食。蠕蠕的子弟来投诚，高贵人婚配公主，低贱人授予将军、大夫，也在朝班中居官，而且高车号称名骑，不是不可以臣服备用。如果用南方人追击他们，就担忧他们行动敏捷，但对于我国军兵则不是这样了，为什么呢？因他们能远逃，我们能远追，能跟着他们进退，并不难制服他们呀。况且蠕蠕过去经常进犯我国，百姓官吏震惊，今夏不乘他们空虚进行征剿，攻破并灭掉其国，等到秋天再来，就又不得安宁了。自太宗之世到现在，年年受他们惊扰，怎么能说是不急切呢？世人都说张渊、徐辩精通数术之学，能够明断决判成败，我请求试问他们一下，问他们的国家灭亡前有什么败亡的征兆，如果知道而不说，是他们不忠，如果实在不知道，那就是他们没有这方面的能耐。"当时赫连昌就在旁边坐着，张渊等人自知无话可说，惭愧不能对答，世祖十分高兴，对大臣们说："我已经决定了。亡国的军师不相与谋，确实是可信的呀。"然而保太后仍然阻挠这件事，于是再令群臣在保太后面前评述讨论。世祖对崔浩说："她这样意犹不决，你要好好地劝解，让她领会觉悟。"

既罢朝，或有尤浩者曰："今吴贼南寇而舍之北伐。行师千里，其谁不知。若蠕蠕远遁，前无所获，后有南贼之患，危之道也。"浩曰："不然。今年不摧蠕蠕，则无以御南贼。自国家并西国以来，南人恐

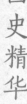

惧，扬声动众以卫淮北。彼北我南，彼劳我息，其势然矣。比破蠕蠕，往还之间，故不见其至也。何以言之？刘裕得关中，留其爱子，精兵数万，良将劲卒，犹不能固守，举军尽没。号哭之声，至今未已。如何正当国家休明之世，士马强盛之时，而欲以驹犊齿虎口也？设令国家与之河南，彼必不能守之。自量不能守，是以必不来。若或有众，备边之军耳。夫见瓶水之冻，知天下之寒；尝肉一脔，识镬中之味。物有其类，可推而得也。且蠕蠕恃其绝远，谓国家力不能至，自宽来久，故夏则散众放畜，秋肥乃聚，背寒向温，南来寇抄。今出其虑表，攻其不备。大军卒至，必惊骇星分，望尘奔走。牡马护群，牝马恋驹，驱驰难制，不得水草，未过数日则聚而困敝，可一举而灭。暂劳永逸，长久之利，时不可失也。唯患上无此意，今圣虑已决，发旷世之谋，如何止之？陋矣哉，公卿也！"诸军遂行，天师谓浩曰："是行也，如之何，果可克乎？"浩对曰："天时形势，必克无疑。但恐诸将琐琐，前后顾虑，不能乘胜深入，使不全举耳。"

译文

退朝后，有人仍然责难崔浩说："现在吴贼在南边侵犯我国，我们反而不顾他们去北伐，出师千里，又有谁会不知道。如果蠕蠕远遁逃跑，前去毫无所获，后面又有南方贼军的患忧，这是危险之道啊。"崔浩说："不是这样。今年不摧毁蠕蠕，就无法用兵来抵御南方的敌军，自国家吞并西国以来，南方人非常恐惧，扬言调动人马守卫淮北。他们在淮北防备我们南下，他们劳役而我们休息，这是形势使然啊。此时破击蠕蠕，往还之间，一定不可能见到他们到来呀。为什么这么说呢？刘裕得到关中后，留下他的爱子和数万精兵，兵精将勇，仍然不能固守，全军覆没，号哭的声音尚未停止。怎么会在国家正休整清明、兵强马壮的时候，准备用小马驹来填老虎的嘴呢？假如让给他们黄河以南地区，他们也必然守不住。自己估量不能守卫，所以也必定不能来。即使有些军队，也只是防备边事的军队罢了。所以见一瓶水结冰，应知天下已经寒冷了；尝一块肉，就可知锅里其他肉的味道了。事物有其类似的特点，可以推理而得到啊。况且蠕蠕仗凭其地处遥远，以为国家的兵力不能抵达，自己宽松慰抚太久，所以夏天就散开去放牧，秋天马肥再聚集到一起，躲避风寒而奔向温暖地带，向南侵扰掠夺，现在我们出其不意、攻其不备，大军突然杀到，他们必定惊骇星散，望尘而奔。雄马护群，母马恋驹，驱驰也难以制止，又不得水草，用不了几天就会困惫无奈地聚在一起，可以一鼓作气歼灭他们，暂时的乏劳可获得永久的安逸，这是长远的利益，时机不能失去呀，唯一忧虑的是天子没有这个想法，现在天子已经有此决定，这是从来没有的谋略啊，怎么能够阻止呢，眼界浅陋啊，公卿们。"各种部队于是开始行动。天师对崔浩说："这次行动了，结果会如何呢，必然能攻克吗？"崔浩说："天时地势，必克无疑，但只怕诸多将领志向细小，瞻前顾后，不敢乘胜追击，导致战局不能全胜啊。"

原文

及军入其境，蠕蠕先不设备，民畜布野，惊怖四奔，莫相收摄。于是分军搜讨，东西五千里，南北三千里，凡所俘虏及获畜产车庐，弥漫山泽，盖数百万。高车杀蠕蠕种类，归降者三十余万落。虏遂散乱矣。世祖沿弱水西行，至涿(zhuó)邪山，诸大将果疑深入有伏兵，劝世祖停止不追。天师以浩曩日之言，固劝世祖穷讨，不听。后有降人，言蠕蠕大檀先被疾，不知所为，乃焚烧穹庐，科车自载，将数百人入山南走。民畜窘聚，方六十里中，无人领统。相去百八十里，追军不至，乃徐徐西遁，唯此得免。后闻凉州贾胡言，若复前行二日，则尽灭之矣。世祖深恨之。大军既还，南贼竟不能动，如浩所量。

译文

等到大军攻到蠕蠕之境，蠕蠕先未设防，百姓牲畜遍布在田野之间，见魏国大军到来，惊恐不安，四处逃奔，不能相互聚拢协助，于是分军搜查，东西五千里，南北三千里，凡是所俘获的人、牲畜以及车马，弥漫在山野之中，恐怕有数百万之多。高车击杀蠕蠕族人，归降的人达三十余万户。蠕蠕族人于是就散乱了。世祖沿弱水西进，到涿邪山，诸位将领果然怀疑前方有兵马埋伏而劝阻世祖不要追击。天师因想起崔浩先前说的话，坚决劝世祖全力追击穷寇，世祖没有采纳。后来有投降的人说蠕蠕首领大檀起先已经生病，不知怎么办，于是焚烧帐篷，自己乘坐无盖小车，带着数百人进山往南边逃走。百姓牲畜被困聚于六十里中，无人领导。相离百八十里，发现追军不到，才慢慢往西转移，因此得以幸免。后来听凉州的波斯商人说，如果当时大军再前行二日，就会全部剿灭蠕蠕了。世祖为此非常遗憾。大军还师以后，南贼竟然没有任何动静，正如崔浩估算的那样。

原文

浩明识天文，好观星变。常置金银铜铤(dìng)于酢(zuò)器中，令青，夜有所见即以铤画纸作字以记其异。世祖每幸浩第，多问以异事。或仓卒不及束带，奉进疏食，不暇精美。世祖为举匕箸，或立尝而旋。其见宠爱如此。于是引浩出入卧内，加侍中、特进、抚军大将军、左光禄大夫，赏谋谟之功。世祖从容谓浩曰："卿才智渊博，事朕祖考，忠著三世，朕故延卿自近。其思尽规谏，匡予弼予，勿有隐怀。朕虽当时迁怒，若或不用，久久可不深思卿言也。"因令歌工历颂群臣，事在《长孙道生传》。又召新降高车渠帅数百人，赐酒食于前。世祖指浩以示之，曰："汝曹视此人，尫纤懦弱，手不能弯弓持矛，其胸中所怀，乃逾于甲兵。朕始时虽有征讨之意，而虑不自决，前后克捷，皆此人导吾令至此也。"乃敕诸尚书曰："凡军国大计，卿等所不能决，皆先谘浩，然后施行。"

　　崔浩对天文有一定见识，喜好观测星星的变化，经常设置金银铜铁在盛酒的器皿之中，让它发青变黑，夜里如果观测到变异现象就立即用它在纸上绘图写字以便记述其变化。世祖常常来到崔浩的府第，多问他一些怪异之事。有时崔浩仓促不及束扎腰带，奉献的菜果食物，也不够精美。世祖为他拿起羹匙筷子，有时站着尝点就返回宫中，可见对崔浩的宠爱了。于是引领崔浩出入卧室之内，加封他侍中、特进、抚军大将军、左光禄大夫，赏他谋划之大功。世祖从容对崔浩说："你的才智渊博，侍奉我的祖父，忠诚著名于三世。我之所以把你请来亲近，目的就是要你尽思尽智，规劝诚谏，匡正帮助我，不要有任何隐瞒。我虽然当时可能迁怒于你，有的如果不能采用，但时间一久还能不深思你的话吗？"从而让歌工历颂群臣，这件事见《长孙道生传》。又召新投降的高车酋长数百人，赐给他们酒食。世祖指着崔浩对他们说："你们看这个人，身体瘦弱，手不能弯弓持矛，但他胸中所怀谋略超过百万雄兵。我开始时虽然有征讨的想法，但疑虑过多而不能自做决断，前后攻克取胜，都是这个人在导引我而取得的啊。"于是命令诸尚书说："凡是军国大计，你们如果不能决定，都要先问问崔浩，然后再施行。"

●刘义隆

俄而南藩诸将表刘义隆大严，欲犯河南。请兵三万，先其未发逆击之，因诛河北流民在界上者．绝其乡导，足以挫其锐气，使不敢深入。诏公卿议之，咸言宜许。浩曰："此不可从也。往年国家大破蠕蠕，马力有余，南贼震惧，常恐轻兵奄至，卧不安席，故先声动众，以备不虞，非敢先发。又南土下湿，夏月蒸暑，水潦方多，草木深邃，疾疫必起，非行师之时。且彼先严有备，必坚城固守。屯军攻之，则粮食不给；分兵肆讨，则无以应敌。未见其利。就使能来，待其劳倦，秋凉马肥，因敌取食，徐往击之，万全之计，胜必可克。在朝群臣及西北守将，从陛下征讨，西灭赫连，北破蠕蠕，多获美女珍宝，马畜成群。南镇诸将闻而生羡，亦欲南抄，以取资财。是以披毛求瑕，妄张贼势，冀得肆心。既不获听，故数称贼动，以恐朝廷。背公存私，为国生事，非忠臣也。"世祖从浩议。南镇诸将复表贼至，而自陈兵少，简幽州以南戍兵佐守，就漳水造船，严以为备。公卿议者佥然，欲遣骑五千，并假署司马楚之、鲁轨、韩延之等，令诱引边民。浩曰："非上策也。彼闻幽州已南精兵悉发，大造舟船，轻骑在后，欲存立司马，诛除刘族，必举国骇扰，惧于灭亡，当悉发精锐，来备北境。后审知官军有声无实，恃其先聚，必喜而前行，径来至河，肆其侵暴，则我守将无以御之。若彼有见机之人，善设权谲，乘间深入，虞我国虚，生变不难，非制敌之良计。今公卿欲以威力攘贼，乃所以招令速至也。夫张虚声而召实害，此之谓矣。不可不思，后悔无及。我使在彼，期四月前还。可待使至，审而后发，犹未晚也。且楚之之徒，是彼所忌，将夺其国，彼安得端坐视之。故楚之往则彼来，止则彼息，其势然也。且楚之等琐才，能招合轻薄无赖，而不能成就大功。为国生事，使兵连祸结，必此之群矣。臣尝闻鲁轨说姚兴求入荆州，至则散败，乃不免蛮贼掠卖为奴，使祸及姚泓，已然之效。"浩复陈天时不利于彼，曰："今兹害气在扬州，不宜先举兵，一也；午岁自刑，先发者伤，二也；日蚀灭光，昼昏星见，飞鸟坠落，宿值斗牛，忧在危亡，三也；荧惑伏匿于翼轸，戒乱及丧，四也；太白未出，进兵者败，五也。夫兴国之君，先修人事，次尽地利，后观天时，故万举而万全，国安而身盛。今义隆新国，是人事未周也；灾变屡见，是天时不协也；舟行水涸，是地利不尽也。三事无一成，自守犹或不安，何得先发而攻人哉？彼必听我虚声而严，我亦承彼严而动，两推其咎，皆自以为应敌。兵法当分灾迎受害气，未可举动也。”

译文

　　很快守卫南边的将领上表说刘义隆大力整顿军队，欲扰犯黄河之南地区，请求发兵马三万，乘其未发时先行打击他们，因此杀掉在边界上的黄河北边流民，以便断绝敌人的向导，这就足以打击敌人的锐气，使他们不敢深入。诏令众大臣讨论，都说应该同意。崔浩说："这不可以啊。往年国家大破蠕蠕，马力还有剩余，南贼震惊恐惧，常常担心我们轻兵忽然到来，所以他们卧不安席，先造声势，动员民众，用来防备于未然，并不是敢于先发起进攻啊。而且现在南方土地潮湿，夏季酷热，水泽正多，草木深邃，疾疫高发，不是行军作战的好时机，况且他们防备甚严，必然城坚固守，集中兵马攻打，则粮食无法供给；分开兵力讨伐，则无法对付强敌，不能看到这其中的好处。即使他们真的能来，等他们劳倦，秋凉马肥，等待敌人收取粮食，从容地打击他，这才是万全之计，胜利必然可以预见。在朝的群臣及西北守将，跟从陛下征讨，西边灭赫连，北边破蠕蠕，多获美女珠宝，马畜成群。南边守边的诸多将领听说后心里十分羡慕，也想向南攻取，以便夺取资财，这就是为什么他们吹毛求疵，刻意夸大贼势，希望满足自己心愿的原因，既然不能获得应允，就多次上书称贼要侵扰，用来恐吓朝廷，背公存私，为国惹是生非，这不是忠臣啊。"世祖采纳崔浩的议论。南边镇守诸将又再次上表称贼已到，而自称兵少，要求减省幽州以南的戍兵佐守，在漳水造船，严加防备，公卿议论的人都信以为然，准备派骑兵五千，并暂时授予司马楚之、鲁轨、韩延之等官职，令他们引诱边关百姓，崔浩说："这不是上策啊，对方如果听说幽州之南的精兵全都开拨，大造兵船，轻骑在后，要保全司马氏，诛灭刘姓一族，必然全国惊恐，害怕灭亡，会立即征发全部精兵来防备北边。以后再审查得知官军有名无实，必然依仗其已聚兵之势，欣然前行，直奔黄河，任意侵掠，于是我守边三将没有办法抵抗他们。如果他们中有见机行事的人，又能够善于谋划，随机而动，乘隙而入，恐怕我国国力虚弱，很容易发生变故，这不是制胜敌人的良策啊。现在公卿想用威力抵御敌人，却成为招致敌军速来的原因，虚张声势而招来实际的危害，说的就是这种情况，必须谨慎考虑，否则后悔莫及。现在我国有人出使于他们，可能四月前就会回来。

可以等待使者回来，了解核审后再决定如何对待，那为时也不晚啊。况且楚之众军是敌人所惧怕的，如果要夺取他们的国家，敌人怎么能安然端坐而任我所为。所以楚之走而敌人来，楚之停止则敌人也就驻足，这是形势使然。况且楚之等人才能平庸，只能够召集一些轻薄无赖之人，而不能成就大功。为国家惹是生非，使兵祸相连，必定是这群人啊。我曾听鲁轨劝说姚兴谋求进入荆州，到达后就散成败军，于是不免被蛮贼掠卖成奴隶，使祸波及姚泓，已经出现效果了。"崔浩又再次陈述天时不利于战，说："现在邪气在扬州，不适宜先举兵，这是其一；逢午之年自残肢体，先发兵者当受伤害，这是其二；日食影响阳光，白天成夜而见星星，飞鸟坠落，星宿遇斗、牛二宿，有危亡之忧，这是其三；火星伏藏于翼、轸之内，警戒祸乱与丧亡，这是其四；太白星不出现，进兵的人要败，这是其五；所以兴国的君主，先整修人事，次尽用地利，后再观天时，所以任何举动都是很安全的，国家安定昌盛。现在刘义隆新立国，是人事不周之时，灾变屡次出现，是天时不和谐啊。船在干涸水道中行驶，是地利不够啊，三事无一能成，自己守卫尚且不能安全，怎么能够先发动兵力而攻击别人呢？他们必然是听到我们的虚声恐吓而严防起来，我们也承接他们的严防而动，两边各自把责任推给对方，都认为自己应当抗击，兵法当分引灾害而使敌迎受害气，不可轻举妄动。"

原文

世祖不能违众，乃从公卿议。浩复固争，不从。遂遣阳平王杜超镇邺，琅邪王司马楚之等屯颍川。于是贼来遂疾，到彦之自清水入河，溯流西行，分兵列守南岸，西至潼关。

译文

世祖不能违背大家的意思，于是顺从公卿之议，崔浩再次坚持争谏，世祖未能听从。于是派阳平王杜超镇守邺城，琅琊王司马楚之军屯兵颍川，这时贼来势更加迅猛，到彦之自清水进入黄河，逆流西行，分兵列阵守据南岸，西到潼关。

原文

世祖闻赫连定与刘义隆悬分河北，乃治兵，欲先讨赫连。群臣曰："义隆犹在河中，舍之西行，前寇未可必克，而义隆乘虚，则失东州矣。"世祖疑焉，问计于浩。浩曰："义隆与赫连定同恶相招，连结冯跋，牵引蠕蠕，规肆逆心，虚相唱和。义隆望定进，定待义隆前，皆莫敢先入。以臣观之，有似连鸡，不得俱飞，无能为害也。臣始谓义隆军来当屯住河中，两道北上，东道向冀州，西道冲邺。如此，则陆下当自致讨,不得徐行。今则不然,东西列兵,径二千里,一处不过数千,形分势弱。以此观之,儜儿情见,止望固河自守,免死为幸,无北渡意也。赫连定残根易摧,拟之必仆。克定之后,东出潼关,席卷而前,则威震南极,江淮以北无立草矣。圣策独发,非愚近所及,愿陛下西行勿疑。”平凉既平,其日宴会,世祖执浩手以示蒙逊使曰:“所云崔公,此是也。才略之美,当今无比。朕行止必问,成败决焉,若合符契,初无失矣。”后冠军将军安颉军还,献南俘,因说南贼之言云,义隆敕其诸将,若北国兵动,先其未至,径前入河,若其不动,住彭城勿进。如浩所量。世祖谓公卿曰:“卿辈前谓我用浩计为谬,惊怖固谏。常胜之家,始皆自谓逾人远矣,至于归终,乃不能及。”迁浩司徒。

译文

世祖听说赫连定和刘义隆计划瓜分黄河以北地区,于是训练军队,准备先讨伐赫连。群臣说:“刘义隆现仍然在黄河中游,置之不理而西征,前边的敌人未必能打败,而刘义隆乘虚而入,那么我们就会丧失东边的州郡啊。”世祖犹疑,向崔浩询问计策。崔浩说:“刘义隆与赫连定狼狈为奸,联结冯跋,牵引蠕蠕,得逞叛逆之心,表面上互相照应,刘义隆希望赫连定进攻,赫连定等待刘义隆先打,都不敢抢先攻伐。以我的愚见,有点像连着的两只鸡,不能一同飞起,没有为害之能。我开始以为刘义隆的兵马前来应屯驻在黄河中游,分两路北上,东路攻冀州,西路冲向邺城。如此,则陛下应当亲征,必须立即行动。可是现在并不是这样,他们东西列兵,路遥两千里,一处不过数千人,分兵势弱,由此观之,懦弱小子的心理已表现出来,只求固河自守,不死就是幸运,根本没有北渡的打算啊。赫连定残忍暴狠,但残根易摧,攻他必然能胜。平定之后,东出潼关,席卷向前,就会威震南极,江淮以北就没有敌人立足之地了。圣策要独断,不是愚人所能认识到的,希望陛下往西攻伐不要再迟疑了。”平凉平定后,在一个宴会的日子,世祖拉着崔浩手向蒙逊的使者说:“我所讲的崔公,就是他啊。才略之美,当今无人可出其右,我做什么事都要问他,成败也就决定了。如同符契的对合,绝不会有失啊。”后来冠军将军安颉军还,献上从南边俘来的俘虏,于是陈述南贼的话说,刘义隆勒令他手下的各位将军,如果北国军兵行动,先要乘其不到时,直接抢先进入黄河,如果北国军不动,则驻兵彭城不要进攻。完全与崔浩所估算的相同。世祖对公卿说:“你们这班人开始认为我用崔浩的谋划是荒谬的,因而惊恐不已,坚决劝阻。经常打胜仗的人,开始都自认为比别人强很多,到最后结果,还是不能及啊。”迁升崔浩为司徒。

时方士祁纤奏立四王，以日东西南北为名，欲以致祯吉，除灾异。诏浩与学士议之。浩对曰："先王建国以作蕃屏，不应假名以为其福。夫日月运转，周历四方，京都所居，在于其内，四王之称，实奄邦畿，名之则逆，不可承用。"先是，纤奏改代为万年，浩曰："昔太祖道武皇帝，应天受命，开拓洪业，诸所制置，无不循古。以始封代土，后称为魏，故代、魏兼用，犹彼殷商。国家积德，著在图史，当享万忆，不待假名以为益也。纤之所闻，皆非正义。"世祖从之。

当时方士祁纤上奏请立四王，分别以日东、日西、日南、日北为名，准备靠它来迎接吉祥，免除灾异，下诏让崔浩与学士讨论这个建议。崔浩对答说："先王封立诸侯用来作为四周的屏障，不应当假名来作为福祥，日月运转，周历四方，京都所居，在于其内，四王之称，实际包含全部国土，用它为名实际是悖逆的，不能使用。"以前，祁纤曾奏改代为万年，崔浩说："以前太祖道武皇帝应天受命，开拓大业，各种制度设置，都遵循古制。开始被封在代地，后来又称为魏，因此，代、魏并用，就像殷、商同是一代一样。国家积累仁德，必然记录在国史之中，应当享有万亿年吉祥，不需要靠名号求得受益，祁纤所说的，都不正确且不合理。"世祖采纳了。

是时，河西王沮渠牧犍，内有贰意，世祖将讨焉，先问于浩。浩对曰："牧犍恶心已露，不可不诛。官军往年北伐，虽不克获，实无所损。于时行者内外军马三十万匹，计在道死伤不满八千，岁常羸死，恒不灭万，乃不少于此。而远方承虚，便谓大损，不能复振。今出其不意，不图大军卒至，心惊骇骚扰，不知所出，擒之必矣。且牧犍劣弱，诸弟骄恣，争权从横，民心离解。加比年以来，天灾地变，都在秦凉，成灭之国也。"世祖曰："善，吾意亦以为然。"命公卿议之。弘农王奚斤等三十余人皆曰："牧犍西垂下国，虽心不纯臣，然继父职贡，朝廷接以蕃礼。又王姬厘降，罪未甚彰，谓宜羁縻而已。今士马劳止，宜可小息。又其地卤斥，略无水草，大军既到，不得久停。彼闻军来，必完聚城守，攻则难拔，野无所掠。"于是尚书古弼、李顺之徒皆曰：
"自温圉河以西，至于姑臧城南，天梯山上冬有积雪，深一丈余，至春
夏消液，下流成川，引以溉灌。彼闻军至，决此渠口，水不通流，则致
渴乏。去城百里之内，赤地无草，又不任久停军马，弼等议是也。"
世祖乃命浩以其前言与弼共相难抑。诸人不复余言，唯曰："彼无水
草"。浩曰："《汉书·地理志》称：'凉州之畜，为天下饶。'若无水草，
何以畜牧？又汉人为居，终不于无水草之地筑城郭、立郡县也。又雪
之消液，才不敛尘，何得通渠引漕，溉灌数百万顷乎？此言大抵诬于
人矣。"李顺等复曰："耳闻不如目见，吾曹目见，何可共辨！"浩曰：
"汝曹受人金钱，欲为之辞，谓我目不见便可欺也！"世祖隐听，闻之
乃出，亲见弼等，辞旨严厉，形于神色。群臣乃不敢复言，唯唯而已。
于是遂讨凉州而平之。多饶水草，如浩所言。

译文

　　这时，河西王沮渠牧犍，怀有异心，世祖想讨伐他，先向崔浩询问，崔浩答说：
"牧犍恶心已经暴露，必须诛伐他。官军往年北伐，虽然没有什么大的胜利，但也没
有什么损耗，在当时从行的各地军马有三十万匹，总计死在道上的不满八千，每年
冻累疲困死的，大约都在万数左右，也不会少于此数，然而远方趁着虚空，便说是
大有损失，不能再振奋起来，现在出其不意，想不到大军突然来到，他们必然惊慌，
自相骚扰，不知兵马从何而来，擒住牧犍是肯定的了。况且牧犍为人恶劣软弱，他
的几个弟弟骄横恣意，相互争权夺利，民心不附，加上多年以来，天灾地变，都在
西边秦凉一带，必定是被灭之国呀。"世祖说："对，我心里也是这么想的啊。"命
令公卿们讨论这件事。弘农王奚斤等三十余人都说："牧犍以西方边陲之地作为下等
之国，虽然心里并不是很想臣服，但他是承继父亲的职位爵位，朝廷接待他一直以
附属国礼仪相待，况且刚刚把公主下嫁给他，他的罪恶尚未昭彰，所谓只适合于羁
绊縻留而已。现在军士兵马劳役不堪，正应当休整。况且这个地方土地贫瘠，几乎
没有水草，大军既然去了，就不能长久停留。他听说我军到了，必然先聚众修城固
守，攻则很难破之，旷野又不能掠获粮草。"于是尚书古弼、李顺等一伙人都说："从
温圉河以西，一直到姑臧城以南，天梯山上冬天有积雪，深一丈多厚，到春夏消融，
往下形成河流，引来灌溉。如果对方听说我军到此，堵住这个渠口，水不能流通，
则士兵就会喝不上水而乏渴。离城百里之内，一片干枯土地，既无草木又无可以久
停军马的地方，奚斤等人所说的对呀！"世祖于是命令崔浩用他前边的话来与奚斤

相互诘难。大家都不多说什么，只讲："那处没有水草。"崔浩说："《汉书·地理志》上记载，'凉州的牲畜业发达，是天下最富饶的地区'，如果没有水草，那怎么畜牧呢？再说汉人在那居住，总不会在没有水草的地方修筑城郭，设立郡县吧？再说雪消融为水不够聚集河土，又怎么能够通过河渠引来漕水，灌田百万顷呢？这话大概是欺骗人的吧。"李顺等人答复说："耳闻不如目见，我们亲眼所见，要不然怎么能同你来争论呢？"崔浩说："你们受了别人贿赂，想为他们辩护，以为我没亲眼见到就可以欺蒙吗！"世祖一直暗中悄悄听着，听到这里才出来，亲自见奚斤等人，言辞严厉，怒形于色，群臣才不敢再说。唯唯诺诺，于是就征讨凉州而平定了那里。此处水草丰饶，正如崔浩所说。

原文

　　乃诏浩曰："昔皇祚_{zuò}之兴，世隆北土，积德累仁，多历年载，泽流苍生，义闻四海。我太祖道武皇帝，协顺天人，以征不服，应期拨乱，奄有区夏。太宗承统，光隆前绪，厘正刑典，大业惟新。然荒域之外，犹未宾服。此祖宗之遗志，而贻功于后也。朕以眇身，获奉宗庙，战战兢兢，如临渊海，惧不能负荷至重，继名丕烈。故即位之初，不遑宁处，扬威朔裔，扫定赫连。逮于神廳_{jiā}，始命史职注集前功，以成一代之典。自尔已来，戎旗仍举，秦陇克定，徐兖无尘，平逋寇于龙川，讨孽竖于凉域。岂朕一人获济于此，赖宗庙之灵，群公卿士宣力之效也。而史阙其职，篇籍不著，每惧斯事之坠焉。公德冠朝列，言为世范，小大之任，望君存之。命公留台，综理史务，述成此书，务从实录。"浩于是监秘书事，以中书侍郎高允、散骑侍郎张伟参著作，续成前纪。至于损益褒贬，折中润色，浩所总焉。

　　及恭宗始总百揆_{kuí}，浩复与宜都王穆寿辅政事。时又将讨蠕蠕，刘洁复致异议。世祖逾欲讨之，乃召问浩。浩对曰："往击蠕蠕，师不多日，洁等各欲回还。后获其生口，云军还之时，去贼三十里。是洁等之计过矣。夫北土多积雪，至冬时常避寒南徙。若因其时，潜军而出，必与之遇，则可擒获。"世祖以为然。乃分军为四道，诏诸将俱会鹿浑海。期日有定，而洁恨计不用，沮误诸将，无功而还。事在《洁传》。

　　于是诏命崔浩说："过去皇业兴起，世世兴盛于北方，积累道德仁义，经历多少岁月，恩泽百姓，义声传到四海，我太祖道武皇帝，顺和天人，征伐不服之人，适应期望，拨乱反正，方有这大片国土。太宗继承皇位，发扬光大前人之业，校正刑典，更新大业。但荒域之外的地区，仍然未能臣服，这是祖宗的遗志，留下功德于后世。我以不德微渺之才，侥幸获得继承宗庙的地位，战战兢兢，如临深渊之前，怕不能承担这么大的重任来承继这般宏大之业。所以在即位之初，不敢有悠闲安宁之心，扬威于北方之族，扫平赫连，到了神䴥年代，才开始命令史官注释集采以前功德，用它来作为一代的经典。从这以来，战旗高举，克定秦陇，使徐充一带安平，平定敌寇于龙川，讨伐反叛小人于凉州一域，这怎么能说是我一人获得的功德呢，实上靠祖先之灵，下靠群臣之力而得。可惜史官不胜其职，在篇文记述中未能多加叙载，我常常担心这些事被人忘弃啊。你品德冠于朝臣，言语可称得上为当世规范，大小官职，希望你能留意保存。命你留在禁中，综合整理史书事务，著述本书，务必从实记录。"崔浩于是监管秘书事务，任用中书侍郎高允、散骑侍郎张伟参与写作，续成前纪，至于书中内容的增减和人事的褒贬，言辞折中润色，由崔浩总集成。

　　直到恭宗开始总理国政。崔浩再与宜都王穆寿辅助政事。当时又要征讨蠕蠕，刘洁再次提出不同意见，世祖仍预备征战，于是召崔浩相问，崔浩回答："过去攻击蠕蠕，出师不多日子，刘洁等就各自想回来，后来俘获敌人的生还之人才从其口中得知，说我军返师之时，离敌人只有三十多里远，这是刘洁等人的谋划之过啊。大概北方多积雪，到冬天时常为了躲避寒冷而往南迁移，如果趁着这一时机，隐藏军队而出击，必能和他们相遇，那就可以擒住他们了。"世祖以为是这样。于是分军四路，下令各位将领在鹿浑海会合，日期已定，而刘洁嫉恨自己的计谋不能被采纳，阻挠误导了各位将领，让他们无功而返。此事见《刘洁传》。

　　世祖西巡，诏浩与尚书、顺阳公兰延都督行台中外诸军事。世祖至东雍，亲临汾曲，观叛贼薛永宗垒，进军围之。永宗出兵欲战，世祖问浩曰："今日可击不？"浩曰："永宗未知陛下自来，人心安闲，北风迅疾，宜急击之，须臾必碎。若待明日，恐其见官军盛大，必夜遁走。"世祖从之。永宗溃灭。车驾济河，前驱告贼在渭北。世祖至洛水桥，贼已夜遁。诏问浩曰："盖吴在长安北九十里。渭北地空，谷草不备。欲渡渭南西行，何如？"浩对曰："盖吴营去此六十里，贼魁所在。击蛇之法，当须破头，头破则尾岂能复动。宜乘势先击吴。今军往，一日便到。平吴之后，回向长安，亦一日而至。一日之内，未便损伤。愚谓宜从北道。若从南道，则盖吴徐入北山，卒未可平。"世祖不从，乃渡渭南。吴闻世祖至，尽散入北山，果如浩言，军无所克。世祖悔之。后以浩辅东宫之勤，赐缯絮布帛各千段。

［译　文］

　　世祖去西边巡视，下诏让崔浩与尚书、顺阳公兰延一同总领行台中外诸军事。世祖到了东雍，亲临汾水的拐弯处，观察版将薛永宗的营垒，并进军包围驻地。薛永宗出兵作战，世祖问崔浩说："今日可以打击他吗？"崔浩说："薛永宗不知陛下亲自来临，人心安闲稳定，我们如像北风那样迅疾攻击，很快就会打败他。如果等到明天，恐怕他们发现官军势力强盛，必然乘夜逃遁。"世祖听从了他，薛永宗溃败灭亡。车驾渡过河后，前锋告诉说敌人在渭北。世祖到洛水桥时，敌人已经乘夜逃跑了。下令问崔浩说："吴离长安北九十里，渭北地方空虚，粮草不丰盈，想渡渭河南边向西攻击，怎么样？"崔浩回答说："吴军营离此六十里，是敌人首领所在地。打击蛇的方法，应当是击头，头破那么尾怎么还能再动呢？适宜乘势追击攻打吴。现在军队一拔营开路，一日就可到了，平定吴后，回头向长安也只一日就到，一日之内，不会有什么损伤，臣认为适宜从北边攻打，若从南边，由于吴之敌乘机渐渐进入北山，终究不可能平定。"世祖没有听从，于是渡过渭河之南。吴处的敌人听说世祖军队要来，尽散入了北山，果然如崔浩所言，军队没有获得最终胜利，世祖后悔莫及。以后因崔浩辅助东宫的勤劳，赐给缯絮布帛各千段之多。

［原　文］

　　著作令史太原闵湛、赵郡郄标素诌事浩，乃请立石铭，刊载《国书》，并勒所注《五经》。浩赞成之。恭宗善焉，遂营于天郊东三里，方百三十步，用功三百万乃讫。

［译　文］

　　著作令史太原闵湛、赵郡郄标平日巴结奉承崔浩，于是就请求为崔浩立石刻铭，将崔浩事记载于《国书》，并刊刻崔浩所注的《五经》，崔浩赞同了他们，恭宗应诺，于是就在行祭天礼仪的场所东三里处营造，方圆一百三十步，用了三百万人工才完成。

［原　文］

　　世祖蒐于河西，诏浩诣行在所议军事。浩表曰："昔汉武帝患匈奴强盛,故开凉州五郡,通西域,劝农积谷,为灭贼之资。东西迭击。故汉未疲,而匈奴已弊,后遂入朝。昔平凉州,臣愚以为北贼未平,征役不息,可不徙其民,案前世故事,计之长者。若迁民人,则土地空虚,虽有镇戍,适可御边而已,至于大举,军资必乏。陛下以此事阔远,竟不施用。如臣愚意,犹如前议,募徙豪强大家,充实凉土,军举之日,东西齐势,此计之得者。"

世祖在黄河西边狩猎,下诏让崔浩到其行营之地讨论军事。崔浩上表说:"过去汉武帝顾虑匈奴强盛,所以开辟了凉州五个郡通往西域,劝农民耕粮积谷,作为消灭敌人的费用,东西夹击。所以汉朝不衰,匈奴已经疲敝,后来就归顺了朝廷。不久前平定凉州,臣以为北贼还没有平定,征役也没有停止,可以不迁徙当地百姓,就是按照前朝的故事,做长久规划。如果迁移当地百姓,那么就会使土地荒芜,虽然有镇守的士兵,只能刚好防御边界而已,至于要想有大的举动,那么军用物资必然缺乏,陛下认为这事过于遥远,竟没有施行,按照臣的想法,仍然如同过去的提议,征调迁徙一些豪族大家来充实凉州一带,如此军队大举之日,东西都可占有优势,这是计划得当的事啊。"

原文

浩又上《五寅元历》,表曰:"太宗即位元年,敕臣解《急就章》《孝经》《论语》《诗》《尚书》《春秋》《礼记》《周易》。三年成讫。复诏臣学天文、星历、《易》式、九宫,无不尽看。至今三十九年,昼夜无废。臣禀性弱劣,力不及健妇人,更无余能,是以专心思书,忘寝与食,至乃梦共鬼争义。遂得周公、孔子之要术,始知古人有虚有实,妄语者多,真正者少。自秦始皇烧书之后,经典绝灭。汉高祖以来,世人妄造历术者有十余家,

●焚书坑儒

皆不得天道之正，大误四千，小误甚多，不可言尽。臣愍其如此。今遭陛下太平之世，除伪从真，宜改误历，以从天道。是以臣前奏造历，今始成讫。谨以奏呈。唯恩省察，以臣历术宣示中书博士，然后施用。非但时人，天地鬼神知臣得正，可以益国家万世之名，过于三皇、五帝矣。"事在《律历志》。

译文

崔浩又进呈《五寅元历》，奏折上写道："太宗即位那年，命我解读《急就章》《孝经》《论语》《诗》《尚书》《春秋》《礼记》《周易》，三年而成，又再让我学天文、星历、《周易》的卦象、九宫算法，全都详尽看完。到现在已经三十九年了，昼夜工作没有停止过。我天资瘦弱赢劣，力气还不如壮健妇女，更没有其他才能，所以只好专心读书思考，废寝忘食，以至于做梦还要和鬼神争辩书中之义。于是方得到周公、孔子学说的要旨，开始知道古人所说有虚有实，胡编乱造的多，真实正确的少。自秦始皇烧书以后，儒家经典不复存在。汉高帝以来，世上妄造历术的有十多家，都未得到天道的正统法则，大的错误就有四千多处，小的错误更多了，难以全部记载。我可惜他们的书写成这样，现在遇到陛下太平之世，就去伪存真，修正错误，用来顺从天道。这是所以臣从前奏请制定历书的原因，现在总算成功了，谨向您呈上，唯请您明察，将臣的历书向中书博士宣告晓示，然后施行使用。不但当世之人，连天地鬼神也可知道我的正确得当，可以用来增益国家万世的声誉，超过三皇五帝了。"事情在《律历志》上记述。

原文

真君十一年六月诛浩，清河崔氏无远近，范阳卢氏、太原郭氏、河东柳氏，皆浩之姻亲，尽夷其族。初，郗标等立石铭刊《国记》，浩尽述国事，备而不典。而石铭显在衢路，往来行者咸以为言，事遂闻发。有司按验浩，取祕书郎吏及长历生数百人意状。浩伏受赇，其祕书郎吏已下尽死。

译文

太平真君十一年六月处死崔浩，清河崔姓氏族不论远近，范阳卢氏、太原郭氏、河东柳氏都是崔浩的姻亲，全都被满门抄斩，株连九族。最初，郗标等人立石铭刻《国记》，崔浩详尽记录国家之事，完备却不典雅，现在石碑铭于大道旁，十分明显，往来过路之人都谈论这件事，于是事情就被揭发出来了。有司按法律追查崔浩，听取秘书郎吏和长历生数百人的疑状，崔浩承认受贿，秘书郎吏以下全被处死。

　　浩始弱冠,太原郭逸以女妻之。浩晚成,不曜华采,故时人未知。逸妻王氏,刘义隆镇北将军王种德姊也,每奇浩才能,自以为得婿。俄而女亡,王深以伤恨,复以少女继婚。逸及亲属以为不可,王固执与之,逸不能违,遂重结好。浩非毁佛法,而妻郭氏敬好释典,时时读诵。浩怒,取而焚之,捐灰于厕中。及浩幽执,置之槛内,送于城南,使卫士数十人溲其上,呼声嗷嗷,闻于行路。自宰司之被戮辱,未有如浩者,世皆以为报应之验也。初浩构害李顺,基萌已成,夜梦秉火爇^{ruò}顺寝室,火作而顺死,浩与室家群立而观之。俄而顺弟息号哭而出,曰:"此辈,吾贼也!"以戈击之,悉投于河。寤而恶之,以告馆客冯景仁。景仁曰:"此真不善也,非复虚事。夫以火爇人,暴之极也。阶乱兆祸,复己招也。《商书》曰:'恶之易也,如火之燎于原,不可向迩,其犹可扑灭乎?'且兆始恶者有终殃,积不善者无余庆。厉阶成矣,公其图之。"浩曰:"吾方思之"。而不能悛,至是而族。浩既工书,人多托写《急就章》。从少至老,初不惮劳,所书盖以百数,必称"冯代强",以示不敢犯国,其谨也如此。浩书体势及其先人,而妙巧不如也。世宝其迹,多裁割缀连以为模楷。

　　崔浩刚二十岁时,太原郭逸把自己的女儿嫁给他为妻子。崔浩大器晚成,不显示才华风采,所以当时之人不知。郭逸的妻子王氏是刘义隆镇北将军王仲德的姐姐,常常惊奇于崔浩的才能,自以为得到一个称心的女婿,不久她的大女儿亡故,王氏对此十分伤感遗憾,固执地将自己的小女儿嫁给崔浩。郭逸和亲属都认为这是不可以的。王氏坚决要这么做,郭逸不得已,于是重新结成姻亲。崔浩谤毁佛法,但妻子郭氏却敬重佛典,时时诵读。崔浩愤怒,拿出来烧掉,将灰倒入厕所。到崔浩被抓后,安置在囚车之内送到城南,让数十名卫士在其头上撒尿,呼声嗷嗷,在道路两旁都能听到。从宰司之官到如此被杀被辱,没有像崔浩这样惨的了,世上之人都以为这是报应的结果啊。起初,崔浩构陷李顺,基础也就开始形成。有次夜里梦见自己举火烧李顺寝室,火起而李顺死,崔浩全家在旁边围观。不久李顺的弟弟停止号哭出来,说:"你们这伙人,是我的死敌啊!"用戈来投杀,全都扔进河里。醒来后厌恶其梦,告诉馆客冯景仁。冯景仁说："这可真不是好事啊，也不是虚假之事。用火烧人，是最残暴的，这是阶乱之祸的预兆，而且是自己招致的呀，《商书》上说：'恶是容易的，就像火在原野燃烧，不可向前靠近，可能扑灭它吗？'况且预兆最初作恶的人最终必有灾祸，积不善的人也没有余庆可言。危害已经形成了，请您赶紧设法补救吧。"崔浩说："我来想想吧。"但终没有改过，从而被灭族。崔浩既善写书法，别人多托他写《急就章》，从少年到老人，一开始就不畏惧劳苦，所写之书大概有百数之多，必称"冯代强"，用来表示不敢危害国家，其谨慎也是如此。崔浩的书法体势比得上他的父亲，但在妙巧上则差些，当世众人多视他的书法为宝，并经常裁割缀连用来作为模仿学习的楷模。

　　浩母卢氏，谌孙也。浩著《食经叙》曰："余自少及长，耳目闻见，诸母诸姑所修妇功，无不蕴习酒食。朝夕养舅姑，四时祭祀，虽有功力，不任僮使，常手自亲焉。昔遭丧乱，饥馑仍臻，饘zhān蔬糊口，不能具其物用，十余年间不复备设。先妣虑久废忘，后生无知见，而少不习业书，乃占授为九篇，文辞约举，婉而成章，聪辨强记，皆此类也。亲没之后，值国龙兴之会，平暴除乱，拓定四方。余备位台铉，与参大谋，赏获丰厚，牛羊盖泽，赀zī累巨万。衣则重锦，食则粱肉。远惟平生，思季路负米之时，不可复得，故序遗文，垂示来世。"

　　崔浩母亲卢氏，是卢谌的孙女。崔浩在《食经叙》中说："我自小到大，耳闻目见，诸位长辈妇女所修习的妇女工作，没有不学习造酒做饭的，早晚奉养舅姑，四时祭祀祖先，虽耗费很多时间精力，却不任意指使奴仆，常亲自下厨做饭。过去遭到丧乱，常常面临饥饿，用菜蔬糊口以免饿死，所以做饭的用具也不备有，十多年也不再重新置备。先母担心久而久之因不再做而忘记，使后代儿孙不能看见，且从小不学习这方面的书籍，于是就口授九篇，文辞简要，娓娓成章，聪辨强记，大都是这样。母亲去世后，正赶上国家隆兴的机会，平暴除乱，开拓四方。我在台铉担任要职，参与重要谋划，赏获也十分丰厚，牛羊无数，钱财巨万，衣则锦绣，食则粱肉。遥想平生再像季路负米的窘况不可出现了，所以为母亲的遗文写下这篇序，用以垂示后人。"

二十四史精华

原文

始浩与冀州刺史赜、荥阳太守模等年皆相次，浩为长，次模，次赜。三人别祖，而模、赜为亲。浩恃其家世魏晋公卿，常侮模、赜。模谓人曰："桃简正可欺我，何合轻我家周儿也。"浩小名桃简，赜小名周儿。世祖颇闻之，故诛浩时，二家获免。浩既不信佛、道，模深所归向，每虽粪土之中，礼拜形象。浩大笑之，云："持此头颅不净处跪是胡神也。"

译文

起初崔浩同冀州刺史崔赜、荥阳太守崔模等年龄相差无几，崔浩为长，次是模，再次是赜，三个人不是一个祖先，但模、赜两家较亲近。崔浩仗恃自家世代是魏晋公卿，常小看模、赜二人，模对他人说："桃简只可以轻视我，怎么能够轻视我家的周儿呢？"崔浩小名桃简，崔赜小名周儿。世祖也曾经听说这件事，所以诛杀崔浩时，这二家就被赦免。崔浩既不信佛教也不信道教，模却对之深有皈依之向往，即使在粪土之中要顶礼膜拜，崔浩讥笑他说："持这个头颅在不洁净的地方下跪这个胡神啊。"

原文

史臣曰：崔浩才艺通博，究览天人，政事筹策，时莫之二，此其所以自比于子房也。属太宗为政之秋，值世祖经营之日，言听计从，宁廓区夏。遇既隆也，勤亦茂哉。谋虽盖世，威未震主，末途邂逅，遂不自全。岂鸟尽弓藏，民恶其上？将器盈必概，阴害贻祸？何斯人而遭斯酷，悲夫！

译文

史臣说："崔浩才艺精通博深，能穷览天上人间，政事筹划当时没有第二人可比。这就是他所以自比于子房的原因啊。当时正是太宗当政之时，又值世宗经营之日，言听计从，平扩天下，扫清寰宇，待遇十分盛隆，故勤劳为政，也有很多建树，计谋虽然盖世但声威却并没有震惊君主，结局突遭变故，竟未能自全，这难道是鸟尽弓藏，百姓厌恶他们的君上？大概器满必亏，私下害人留下了祸端？怎么这样一个人而遭到如此的悲剧灾难？太可悲了！"

北齐书

［唐］李百药

杨愔传

原文

　　杨愔，字遵彦，小名秦王，弘农华阴人。父津，魏时累为司空侍中。愔儿童时，口若不能言，而风度深敏，出入门闾，未尝戏弄。六岁学史书，十一受《诗》《易》，好《左氏春秋》。幼丧母，曾诣舅源子恭。子恭与之饮。问读何书，曰："诵《诗》。"子恭曰："诵至《渭阳》未邪。"愔便号泣感噎，子恭亦对之歔欷，遂为之罢酒。子恭后谓津曰："常谓秦王不甚察慧，从今已后，更欲刮目视之。"愔一门四世同居，家甚隆盛，昆季就学者三十余人。学庭前有柰树，实落地，群儿咸争之，愔颓然独坐。其季父暐适入学馆，见之大用嗟异，顾谓宾客曰："此儿恬裕，有我家风。"宅内有茂竹，遂为愔于林边别葺一室，命独处其中，常以铜盘具盛馔以饭之。因以督厉诸子曰："汝辈但如遵彦谨慎，自得竹林别室、铜盘重肉之食。"愔从父兄黄门侍郎昱特相器重，曾谓人曰："此儿驹齿未落，已是我家龙文。更十岁后，当求之千里外。"昱尝与十余人赋诗，愔一览便诵，无所遗失。及长，能清言，美音制，风神俊悟，容止可观。人士见之，莫不敬异，有识者多以远大许之。

译文

　　杨愔，字遵彦，小名秦王，弘农华阴人。父亲杨津，北魏时屡次升迁官至司空侍中。杨愔小时候，嘴好像不会说话，而风度却深沉敏慧，出入各种场合，不曾嬉戏玩闹。六岁学习史书，十一岁跟老师读《诗经》《易经》，喜好《左氏春秋》。幼时丧母，曾到舅父源子恭家。舅父与他喝酒，问他读什么书，他回答说："读《诗经》。"舅父又问："读到《渭阳》这一篇吗？"他便抽噎痛哭。舅父也欷歔哀叹，酒也再喝不下去了。舅父后来对他的父亲杨津说："原来认为秦王不太聪明，从今以后，当刮目相看。"杨愔一家四代生活在一起，十分兴盛，兄弟辈上学的就有三十多人。学馆院子前面有一株柰树，果实落在地上，其他孩子都争着去拾，杨愔却坐在那里不动。他的叔父杨昱正巧到学馆，看见后非常惊奇，对老师说："这个孩子恬静裕如，有我们的家风。"他家院子里有一片竹林，便为杨愔在竹林边盖了一间房，让他单独住在里面，经常用铜盘端着丰盛的饭给他送去。用这来督促其他孩子，说："你们如果像遵彦那样谨慎，也可以在竹林旁给你们盖房子，用铜盘端肉给你们吃。"杨愔的堂兄黄门侍郎杨昱对他特别器重，曾对别人说："这孩子的乳牙没有换掉，就已经是我家的龙文骏马。再有十年，他就可以驰骋在千里之外。"杨昱与十多人赋诗，杨愔看了一遍便能背诵，没有一个地方错漏的。长大后，他能够口齿清楚地讲话，声音动听，风韵英俊颖悟，举止潇洒。人们见了，都很敬佩和惊异，有见识的人都说他将来前程不可限量。

原文

　　正光中，随父之并州。性既恬默，又好山水，遂入晋阳西悬瓮山读书。孝昌初，津为定州刺史，愔亦随父之职。以军功除羽林监，赐爵魏昌男，不拜。及中山为杜洛周陷，全家被囚絷zhí。未几，洛周灭，又没葛荣，荣欲以女妻之，又逼以伪职。愔乃托疾，密含牛血数合gě，于众中吐之，仍佯喑yīn不语。荣以为信然，乃止。永安初，还洛，拜通直散骑侍郎，时年十八。元颢入洛，时愔从父兄侃为北中郎将，镇河梁。愔适至侃处，便属乘舆失守，夜至河。侃虽奉迎车驾北渡，而潜欲南奔，愔固谏止之。遂相与扈从达建州。除通直散骑常侍。愔以世故未夷，志在潜退，乃谢病，与友人中直侍郎河间邢卲hào隐于嵩山。

译文

　　正光年间，杨愔跟随父亲杨津到并州。他的性格既恬淡，又喜好山水，便进入晋阳西边的悬瓮山读书。孝昌初年，杨津任定州刺史，杨愔也随父亲到职所。他因立有军功被封为羽林监，朝廷赐爵魏昌男，他没有接受。等到中山城被杜洛周攻陷，他全家被囚禁。很快，杜洛周灭亡，又被葛荣拘禁。葛荣想把自己的女儿嫁给杨愔做妻子，又逼迫他担任伪职，他借口有病，嘴里偷偷含上一大口牛血，当众吐出，装着声音喑哑，不能说话。葛荣信以为真，就不再逼迫他。永安初年，杨愔回到洛阳，被封为通直散骑侍郎，当时他年仅十八岁。元颢占据洛阳时，他的堂兄杨侃任北中郎将，镇守河梁。杨愔刚到杨侃这里，便遇到主上弃洛阳，夜间来到黄河边上。杨侃虽然奉命迎接孝庄帝渡河到北方避难，而实际上他却想偷偷南逃。杨愔劝阻了他，二人一起随孝庄帝到达建州。杨愔任通直散骑常侍。他看到时局动荡，很不平静，志在引退，便称病辞职，与友人中直侍郎、河间人邢邵到嵩山隐居。

及庄帝诛尔朱荣，其从兄侃参赞帷幄（wéi wò）。朝廷以其父津为并州刺史、北道大行台，愔随之任。有邯郸人杨宽者，求义从出藩，愔请津纳之。俄而孝庄幽崩，愔时适欲还都，行达邯郸，过杨宽家，为宽所执。至相州，见刺史刘诞，以愔名家盛德，甚相哀念，付长史慕容白泽禁止焉。遣队主巩荣贵防禁送都。至安阳亭，愔谓荣贵曰："仆家世忠臣，输诚魏室，家亡国破，一至于此。虽曰囚虏，复何面目见君父之雠（chóu）。得自缢于一绳，传首而去，君之惠也。"荣贵深相怜感，遂与俱逃。愔乃投高昂兄弟。

【译文】

等到孝庄帝诛杀了尔朱荣，他的堂兄杨侃参与朝政的讨论和决策。朝廷任命杨愔的父亲杨津为并州刺史、北道大行台，他随父亲来到任所。有一个叫杨宽的邯郸人，请求自备资粮跟随杨津到并州镇守，杨愔请父亲收留他。不久，孝庄帝被幽禁而死，杨愔当时正想回京城洛阳，行至邯郸，到了杨宽家，却被杨宽拿获，送给相州刺史刘诞，刘诞因为杨愔出身名门大家，十分同情他，让长史慕容白泽制止了杨宽，派队主巩荣贵押送杨愔回洛阳。到了安阳亭，杨愔对巩荣贵说："我家数代都是国家的忠臣，竭诚为魏室效劳。现在家破国亡，竟落到这种处境。我成了俘虏，还有什么面目面对君主的仇人！请给我一条绳子让我自尽，你把我的头颅割下，还可以得到赏赐。"巩荣贵深被感动，便和他一起逃亡。杨愔投奔了高昂兄弟。

【原文】

既潜窜累载，属神武至信都，遂投刺辕门。便蒙引见，赞扬兴运，陈诉家祸，言辞哀壮，涕泗（tì sì）横集，神武为之改容。即署行台郎中。大军南攻邺，历杨宽村，宽于马前叩头请罪。愔谓曰："人不识恩义，盖亦常理，我不恨卿，无假惊怖。"时邺未下，神武命愔作祭天文，燎毕而城陷。由是转大行台右丞。于时霸图草创，军国务广，文檄教令，皆自愔及崔㥄（líng）出。遭离家难，以丧礼自居，所食唯盐米而已，哀毁骨立。神武愍之，恒相开慰。及韩陵之战，愔每阵先登，朋僚咸共怪叹曰："杨氏儒生，今遂为武士，仁者必勇，定非虚论。"

译 文

杨愔隐姓埋名地奔逃数年，来到齐神武帝高欢驻扎的信都，便到辕门报名求见，当即得到高欢的接见。他赞扬高欢的功劳，陈述自己一家遭遇的灾难，言辞哀痛悲切，涕泪横流。高欢听了动容改色，便委任他为行台郎中。他随军向南攻打邺城，路经杨宽住的村庄，杨宽在他的马前叩头请罪。杨愔对他说："人不讲恩义，大概也属常理。我不恨你，你不用害怕。"当时，邺城没有攻下，高欢命他写祭天的文章，刚把祭文烧掉，邺城就被攻克，因此，他转任大行台右丞。当时霸业初创，军国事务繁忙，文告檄文命令都出自杨愔和崔㥄之手。他的父兄都被尔朱氏杀害，因此，杨愔常常按礼守丧，吃的只有盐和米。由于过分悲哀，他形容消瘦。神武帝可怜他，常常开导宽慰。韩陵之战，他逢战先登，同僚们都惊奇感叹，说："他是一介儒生，现在变成了武士。仁者必勇，看来不是空话。"

原 文

顷之，表请解职还葬。一门之内，赠太师、太傅、丞相、大将军者二人，太尉、录尚书及中书令者三人，仆射、尚书者五人，刺史、太守者二十余人。追荣之盛，古今未之有也。及丧枢进发，吉凶仪卫亘（gèn）二十余里，会葬者将万人。是日隆冬盛寒，风雪严厚，愔跣步号哭，见者无不哀之。寻征赴晋阳，仍居本职。

译 文

不久，杨愔上表请求解职，回家料理丧事。一门之内，被赠给太师、太傅、丞相、大将军封号的二人，赠给太尉、录尚书及中书令的三人，仆射、尚书的五人，刺史、太守的二十多人。追赠荣誉之盛，古今都没有过。灵枢出发时，送丧的仪仗、卫队连绵二十多里，参加葬礼的近万人。这一天，正值深冬严寒，风大雪厚，他赤脚而行，哀号痛哭，看见的人无不悲痛。不久，他被朝廷征召回晋阳，仍担任原来的职务。

憺从兄幼卿为岐州刺史,以直言忤旨见诛。憺闻之悲惧,因哀感发疾,后取急就雁门温汤疗疾。郭秀素害其能,因致书恐之曰:"高王欲送卿于帝所。"仍劝其逃亡。憺遂弃衣冠于水滨若自沉者,变易名姓,自称刘士安,入嵩山,与沙门昙谟征等屏居削迹。又潜之光州,因东入田横岛,以讲诵为业,海隅之士,谓之刘先生。太守王元景阴佑之。

杨憺的堂兄杨幼卿任岐州刺史,因直言进谏,违忤了圣旨而被诛杀。他听说后悲痛恐惧,由于哀伤刺激,疾病发作,赶快被送到雁门用温泉治疗。郭秀一直嫉妒他的才能,因而写信恐吓他说:"高王想把你送到朝廷治罪。"并劝他逃走。他在水边丢下自己的衣帽,制造出投水自杀的假象,改名隐姓,自称叫刘士安,躲入嵩山,与和尚昙谟征等人一起隐居。他又潜逃到光州,进而东入田横岛,以教书为业,海边的人们都叫他刘先生,太守王元景在暗中保护他。

神武知憺存,遣憺从兄宝猗赍书慰喻,仍遣光州刺史奚思业令搜访,以礼发遣。神武见之悦,除太原公开府司马,转长史,复授大行台右丞,封华阴县侯,迁给事黄门侍郎,妻以庶女。又兼散骑常侍,为聘梁使主。至碻磝成,州内有憺家旧佛寺,入精庐礼拜,见太傅容像,悲感恸哭,呕血数升,遂发病不成行,舆疾还邺。久之,以本官兼尚书吏部郎中。武定末,以望实之美,超拜吏部尚书,加侍中、卫将军,侍学典选如故。

神武帝高欢听说杨憺还活着,就派他的堂兄杨宝猗带上书信慰问他,派光州刺史奚思业搜求访问,极有礼貌地将他送回都城。高欢见他归来十分高兴,封为太原公开府司马,转任长史,又授予大行台右丞,封为华阴县侯,调任黄门侍郎,娶了神武帝小妾生的女儿为妻。后来杨憺又兼任散骑常侍,担任出使梁朝的主宾,到碻磝成,州城内有一座杨憺家先前出资修建的佛寺,杨憺到僧堂礼拜,看到父亲杨津的像,悲从中来,放声大哭,吐出几升鲜血,于是得病无法出使,抱病乘车返回邺城。过了很久,杨愔以原官兼任尚书吏部郎中。武定末年，杨愔由于声名和才干都很出色，越级提升为吏部尚书，加侍中、卫将军等官职，并和从前一样陪侍天子读书，主管选拔人才和授任官职的事务。

原 文

天保初，以本官领太子少傅，别封阳夏县男。又诏监太史，迁尚书右仆射。尚太原长公主，即魏孝静后也。会有雉集其舍，又拜开府仪同三司、尚书左仆射，改封华山郡公。九年，徙尚书令，又拜特进、骠骑大将军。十年，封开封王。文宣之崩，百僚莫有下泪，愔悲不自胜。济南嗣业，任遇益隆，朝章国命，一人而已，推诚体道，时无异议。乾明元年二月，为孝昭帝所诛，时年五十。天统末，追赠司空。

译 文

天保初年，杨愔以原任官职兼任太子少傅，另封阳夏县男。朝廷又命令他掌管太史，升任尚书右仆射。娶神武帝女太原长公主，即原东魏孝静帝的皇后为妻。这时恰巧有一群雉鸟飞到他家的房顶上，杨愔因此又被任命为开府仪同三司、尚书左仆射，改封为华山郡公。天保九年，杨愔升任尚书令，又拜为特进、骠骑大将军。天保十年，杨愔被封为开封王，文宣帝去世时，百官没有一个人哭，只有杨愔悲痛难支。济南王高殷继帝位后，对他更加信任亲近，全国大政，均由他一人决定，杨愔以诚心待人，按常理办事，当时没有不同的意见。乾明元年二月，杨愔被齐孝昭帝诛杀，那年他五十岁。天统末年，朝廷追赠他为司空。

原 文

愔贵公子，早著声誉，风表鉴裁，为朝野所称。家门遇祸，唯有二弟一妹及兄孙女数人，抚养孤幼，慈旨温颜，咸出人表。重义轻财，前后赐与，多散之亲族，群从弟侄十数人，并待而举火。频遭迍厄，冒履艰危，一飧之惠，酬答必重，性命之雠，舍而不问。

译 文

杨愔是一位贵公子，早年就有很高的声誉，风度仪表，光彩照人，被朝野称道。家庭遭难，只剩下两个弟弟、一个妹妹，以及兄长们的孙女几个人，他抚养幼孤，友慈温和，都做出了表率。他为人重情义，轻财货，朝廷赐给他的东西，都分给了亲属。弟侄们十多人都跟着他生活。他多次遭受困危，历尽艰辛，别人一顿饭的恩惠，他必定重重报答，攸关性命的仇恨，却不再计较。

　　典选二十余年，奖擢人伦，以为己任。然取士多以言貌，时致谤言，以为愔之用人，似贫士市瓜，取其大者。愔闻，不屑焉。其聪记强识，半面不忘。每有所召问，或单称姓，或单称名，无有误者。后有选人鲁漫汉，自言猥贱，独不见识。愔曰："卿前在元子思坊，骑秃尾草驴，经见我不下，以方曲鄣面，我何不识卿？"漫汉惊服。又调之曰："名以定体，漫汉果自不虚。"又令吏唱人名，误以卢士深为士琛，士深自言。愔曰："卢郎玉润，所以从玉。"自尚公主后，衣紫罗袍，金缕大带。遇李庶，颇以为耻，谓曰："我此衣服，都是内裁，既见子将，不能无愧。"

　　杨愔担任遴选官员的职务二十多年，把奖励提拔人才当成自己的责任。然而他录取别人多是注重言谈和容貌，因而不断招致诽谤，认为他的用人，就好像穷人买瓜一样，单选择大的。杨愔听了，也不以为意。他记忆力非常好，见了人一面就不会忘记。每次召请别人询问情况，或者只称姓，或者只呼名，从来没有叫错的。后来有一个叫鲁漫汉的候选人向他抱怨说，因为自己长得猥琐，所以才不被您认识。杨愔说："你曾在元子思的坊前骑一头秃尾巴草驴，看见我也没有下来，用一把竹编的方扇遮住面孔，我怎么不认识你？"鲁漫汉对他十分惊服。杨愔又跟他开玩笑说："从人的名字就可以看出他的大体，漫汉果然名不虚传。"他又让下属官吏喊人的名字，误把卢士深叫成卢士琛，卢士深自己出来纠正。他说："卢郎温润爽朗，所以名字读作从玉旁。"自从娶了太原长公主之后，杨愔身穿紫袍，系着金线绣制的腰带。碰见李庶，很为自己这身衣服感到羞耻，杨愔对他说："我这身衣服，是宫内缝制的，可是看到你后，我不禁感到羞愧。"

　　及居端揆，权综机衡，千端万绪，神无滞用。自天保五年已后，一人丧德，维持匡救，实有赖焉。每天子临轩，公卿拜授，施号发令，宣扬诏册。愔辞气温辩，神仪秀发，百僚观听，莫不悚动。自居大位，门绝私交。轻货财，重仁义，前后赏赐，积累巨万，散之九族，架箧之中，唯有书数千卷。太保、平原王隆之与愔邻宅，愔尝见其门外有富

胡数人，谓左右曰："我门前幸无此物。"性周密畏慎，恒若不足，每闻
后命，愀然变色。

译文

　　杨愔位居百官之首，综理国家机密大政，事务千头万绪，思想上却神情专一、从不松懈。天保五年以后，朝廷失德，维持政务，匡救时局，全靠他一个人。每当天子临轩问政，公卿大臣拜授之后，他代替天子发号施令，宣读诏册，语气温和清晰，神态英俊勃发，群臣看了听了，没有不悚然感动的。自从身居高位，断绝了私人交往。他轻于财货，重视仁义，朝廷给他的赏赐，积累起来有好几万，他都分给亲友。箱子里只有数千册图书。太保、平原王高隆之与他比邻居住，他看见高家门前有几个富贵的胡人，便对左右的人说："我的门前幸亏没有这些人。"他的性格周密谨慎，常常觉得自己做得还很不够。每每听到诏命，脸上就显得很庄重。

原文

　　文宣大渐，以常山、长广二王位地亲逼，深以后事为念。愔与尚书左仆射平秦王归彦、侍中燕子献、黄门侍郎郑子默受遗诏辅政，并以二王威望先重、咸有猜忌之心。初在晋阳，以大行在殡，天子谅闇，议令常山王在东馆，欲奏之事，皆先谘决。二旬而止。仍欲以常山王随梓宫之邺，留长广王镇晋阳。执政复生疑贰，两王又俱从至于邺。子献立计，欲处太皇太后于北宫，政归皇太后。又自天保八年已来，爵赏多滥，至是，愔先自表解其开府封王，诸叨窃恩荣者皆从黜免。由是嬖宠失职之徒，尽归心二叔。高归彦初虽同德，后寻反动，以疏忌之迹尽告两王，可朱浑天和又每云："若不诛二王，少主无自安之理。"宋钦道面奏帝，称二叔威权既重，宜速去之。帝不许曰："可与令公共详其事。"愔等议出二王为刺史。以帝仁慈，恐不可所奏，乃通启皇太后，具述安危。有宫人李昌仪者，北豫州刺史高仲密之妻，坐仲密事入宫。太后以昌仪宗情，甚相昵爱。太后以启示之，昌仪密启太皇太后。愔等又议不可令二王俱出，乃奏以长广王为大司马、并州刺史，常山王为太师、录尚书事。

文宣帝病情加重，因为常山、长广二王与文宣帝为兄弟，将威胁到自己的儿子，所以很以自己身后的事情而忧虑。杨愔与尚书左仆射、平秦王高归彦、侍中燕子献、黄门侍郎郑子默受遗诏辅助朝政，并因为常山、长广二王威望较高，对二王都存有猜忌之心。最初在晋阳，因为要为文宣帝送殡，天子居丧，朝臣议论让常山王住在东馆，想奏报的事先向他咨询后再作决定。二十天后停止。众人仍想让常山王随文宣帝的棺木到邺地，留下长广王镇守晋阳。然而辅助幼主的重臣们又觉不妥，于是让两位王爷都到邺城。侍中燕子献献计，想让太皇太后住进北宫，朝政归皇太后料理。另外，自从天保八年以来，赏赐的爵位太多太滥。这时，杨愔先上表请求解除他开府仪同三司的职务和封爵，所有跟着获取恩荣的都免去职务。因此，那些原来受宠邀恩的人失去了职务，都倾心于常山王和长广王。平秦王高归彦开始和杨愔等人同心同德，后来与他们产生分歧，把执政大臣们怀疑二王的情况都告诉了他们本人。可是朱浑天和又常常说："如果不诛杀二王，少主就不会安全。"宋钦道面奏少帝，说二王威权过重，应该赶快让他们离开朝廷。少帝不同意，说："你可以与执政大臣们商量这件事。"杨愔等人提议将二王调出京城任刺史，又认为少帝太仁慈，恐怕不可以这样启奏。便把奏章送给皇太后，详细叙述朝廷的安危。有一个叫李昌仪的宫人，是北豫州刺史高仲密的妻子，因受高仲密的株连被送入宫中，太后与李昌仪非常亲密。太后让李昌仪看了奏章，李昌仪又秘密地报告给了太皇太后。杨愔等人又认为不可以让二王都离开京城，便奏请朝廷，让长广王任大司马、并州刺史，常山王为太师、录尚书事。

及二王拜职，于尚书省大会百僚，愔等并将同赴。子默止之，云："事不可量，不可轻脱。"愔云："吾等至诚体国，岂有常山拜职，有不赴之理，何为忽有此虑？"长广且伏家僮数十人于录尚书后室，仍与席上勋贵数人相知。并与诸勋胄约，行酒至愔等，我各劝双杯，彼必致辞。我一曰"捉酒"，二曰"捉酒"，三曰"何不捉"，尔辈即捉。及宴如之。愔大言曰："诸王构逆，欲杀忠良邪！尊天子，削诸侯，赤心奉国，未应及此。"常山王欲缓之，长广王曰："不可。"于是愔及天和、钦道皆被拳杖乱殴击，头面血流，各十人持之。使薛孤延、康买执子默于尚药局。子默曰："不用智者言，以至于此，岂非命也。"

二王拜受职务那天，在尚书省大会群臣。杨愔等人准备一起赴宴，郑子默制止说："事情难以估量，不可草率前往。"杨愔说："我们忠诚为国，哪有常山王拜受职务，不去赴宴庆贺的道理？何必忽然产生这样的顾虑？"长广王早晨在录尚书省的后室埋伏下数十名家丁，又与席上几个勋贵大臣相互通知，并且与权贵之子孙相约："劝酒到杨愔等人面前时，我各劝双杯，他们一定推辞，我第一声说：'捉酒！'第二声说：'捉酒！'第三声说：'为什么还不捉？'你们就将他们拿下。"宴会上就照这样办了。杨愔大声说："你们这些叛逆，想杀害忠良吗？我尊崇天子，削去诸侯，赤心报国，你们不应该这样对待我。"常山王想缓和这件事，长广王说："不行！"于是，杨愔及可朱浑天和、宋钦道都遭到拳脚棍杖的殴打，个个血流满面，各自被十多人挟持着。长广王又派薛孤延、康买在尚药局拿获了郑子默。郑子默叹道："不听信聪明人的话，落得这个下场，难道不是命运的安排吗？"

原 文

二叔率高归彦、贺拔仁、斛（hú）律金拥愔等唐突入云龙门。见都督叱利骚，招之不进，使骑杀之。开府成休宁拒门，归彦喻之，乃得入。送愔等于御前。长广王及归彦在朱华门外。太皇太后临昭阳殿，太后及帝侧立。常山王以砖叩头，进而言曰："臣与陛下骨肉相连。杨遵彦等欲擅朝权，威福自己，王公以还，皆重足屏气。共相唇齿，以成乱阶，若不早图，必为宗社之害。臣与湛等为国事重，贺拔仁、斛律金等惜献皇帝基业，共执遵彦等领入宫，未敢刑戮，专辄之失，罪合万死。"帝时默然，领军刘桃枝之徒陛卫，叩刀仰视，帝不睨（nì）之。太皇太后令却仗，不肯。又厉声曰："奴辈即今头落。"乃却。因问杨郎何在。贺拔仁曰："一目已出。"太皇太后怆然曰："杨郎何所能，留使不好耶！"乃让帝曰："此等怀逆，欲杀我二儿，次及我，尔何纵之？"帝犹不能言。太皇太后怒且悲，王公皆泣。太皇太后曰："岂可使我母子受汉老妪斟酌。"太后拜谢。常山王叩头不止。太皇太后谓帝："何不安慰尔叔。"帝乃曰："天子亦不敢与叔惜，岂敢惜此汉辈？但愿乞儿性命，儿自下殿去，此等任叔父处分。"遂皆斩之。长广王以子默昔谗己，作诏书，故先拔其舌，截其手。太皇太后临愔丧，哭曰：

"杨郎忠而获罪。"以御金为之一眼，亲内之，曰："以表我意。"常山王亦悔杀之。先是童谣曰："白羊头尾秃，殺䊲头生角。"又曰："羊羊吃野草，不吃野草远我道，不远打尔脑。"又曰："阿么姑祸也，道人姑夫死也。"羊为愔也，"角"文为用刀，"道人"谓废帝小名，太原公主尝作尼，故曰"阿么姑"，愔、子献、天和皆帝姑夫云。于是乃以天子之命下诏罪之，罪止一身，家口不问。寻复簿录五家，王晞固谏，乃各没一房，孩幼兄弟皆除名。

译　文

　　二王率领着高归彦、贺拔仁、斛律金拥着杨愔等人急急忙忙来到云龙门。都督叱利骚不让他们进入，二王便派骑兵将他杀死。开府成休宁把守宫门，高归彦劝说他，才得进入。他们将杨愔等人推到幼主面前。长广王和高归彦把守在朱华门外。太皇太后在昭阳殿接见他们，皇太后和少帝站在太皇太后旁边。常山王将头叩在砖地上，跪着行走几步说："我与陛下都是亲骨肉，杨愔等人想专擅朝政，作威作福。自王公以下，一个个重足而立，屏气而息。权臣互为唇齿，造成了朝廷的混乱。如不早一天除掉他们，必然成为宗社的祸害。我与长广王、高湛等人以国事为重，贺拔仁、斛律金等人爱惜献皇帝开创的基业，一起抓获杨愔等人，带进宫中，没有敢私自杀戮。专擅的过失，罪该万死。"少帝当时默然不语，领军刘桃枝一伙人在身旁护卫，握着刀，抬头看着少帝，少帝不看他们。太皇太后命令他们放下武器，他们不答应。太皇太后大声喝道："你们今天不要脑袋了！"他们才退下。太皇太后问杨愔在哪里，贺拔仁回答："他的一只眼珠已经被挖出来。"太皇太后悲怆地说道："杨愔有什么错，留下来不好吗？"便大声对少帝说："这些叛逆，想杀死我两个儿子。然后再杀我，为什么放纵他们？"少帝仍然不说话。太皇太后又恼怒又悲愤，王公们也都哭泣。太皇太后说："怎么能让我们母子受汉人老婆子摆布。"皇太后敬礼道歉。常山王不断磕头。太皇太后对少帝说："为什么不安慰你的叔父？"少帝才说："以天子的地位在叔父面前我都不敢爱惜什么，难道还爱惜这些汉人吗？只希望给我一条性命，我自会下殿去，这些人任由你随便发落。"便将杨愔等人斩首。长广王因为郑子默过去诋毁过自己，所以先拔掉了他的舌头，砍断了他的双手。太皇太后在埋葬杨愔时，哭着说："杨郎忠贞为国反而获罪。"用皇宫的金子为他做了一只眼珠，亲自给他安在眼睛里，说："用这来表明我的心意。"常山王高演也后悔不应该杀死他。事先有童谣说："白羊头尾秃，黑羊头生角。"又说："羊羊吃野草，不吃野草远我道，不远打尔脑。"又说："阿么姑祸也，道人姑夫死也。""羊"说的是杨愔，"角"字可拆成"用"字和"刀"字，"道人"指的是废帝高殷的小名，杨愔的妻子太原公主曾经当过尼姑，所以称作"阿么姑"，而杨愔、燕子献、可朱浑天和都是废帝的姑夫。于是二王便以天子的名义下诏，宣布杨愔等人的罪状，只定他们本人的罪，不株连家里人。不久又想将杨愔等五家所有人口全部逮捕，王晞坚决劝阻，才下令每个家族只抄灭死者本人一房，连小孩也全部杀死，他们的兄弟中有做官的也一概罢免。

原文

遵彦死，仍以中书令赵彦深代总机务。鸿胪少卿阳休之私谓人曰："将涉千里，杀骐骥而策蹇驴，可悲之甚。"愔所著诗赋表奏书论甚多，诛后散失，门生鸠集所得者万余言。

译文

杨愔死后，朝廷让中书令赵彦深代管朝廷机务。鸿胪少卿阳休之私下里对人说："将要跋涉千里，却杀了千里马而换上一头跛腿驴。太可悲了。"杨愔写的诗、赋、表、奏和书论很多，他被杀后都散佚了，他的门生收集到的有一万多字。

周　书

[唐] 令狐德棻、岑文本、崔仁师等

苏绰传

原　文

苏绰字令绰，武功人，魏侍中则之九世孙也。累世二千石。父协，武功郡守。

绰少好学，博览群书，尤善筹术。从兄让为汾州刺史，太祖饯于东都门外。临别，谓让曰："卿家子弟之中，谁可任用者？"让因荐绰。太祖乃召为行台郎中。在官岁余，太祖未深知之。然诸曹疑事，皆询于绰而后定。所行公文，绰又为之条式。台中咸称其能。后太祖与仆射周惠达论事，惠达不能对，请出外议之。乃召绰，告以其事，绰即为量定。惠达入呈，太祖称善，谓惠达曰："谁与卿为此议者？"惠达以绰对，因称其有王佐之才。太祖曰："吾亦闻之久矣。"寻除著作佐郎。

译　文

苏绰，字令绰，武功郡人，是三国时魏国侍中苏则的九世孙。祖上历代都担任俸禄为二千石的官员。父亲苏协，曾任武功郡太守。

苏绰少年时喜好学习，博览群书，尤其擅长算术。堂兄苏让出任汾州刺史，太祖在东都门外为他饯行。临别时，太祖问道："你家子弟之中，有谁可以任用？"苏让乘机推荐苏绰。太祖就征召苏绰担任行台郎中。在职一年多的时间里，太祖并没有深入了解他。可是各官署中有难以决断的事，都要请教苏绰才能决定。官府之间的文书，也都由苏绰定下格式。行台中的官员都称赞苏绰的才能。后来太祖与仆射周惠达讨论事情，周惠达无法回答，请求暂时出外议论一下。周惠达于是召来苏绰，把事情告诉他，苏绰立刻为他衡量裁定。周惠达入内禀报，太祖很称赞，问道："谁为你出的主意？"周惠达说是苏绰，并赞扬他有辅佐君王的才能。太祖说："我也听说他很久了。"随即任命苏绰为著作佐郎。

原　文

　　属太祖与公卿往昆明池观渔，行至城西汉故仓地，顾问左右，莫有知者。或曰："苏绰博物多通，请问之。"太祖乃召绰。具以状对。太祖大悦，因问天地造化之始，历代兴亡之迹。绰既有口辩，应对如流。太祖益喜。乃与绰并马徐行至池，竟不设网罟而还。遂留绰至夜，问以治道，太祖卧而听之。绰于是指陈帝王之道，兼述申韩之要。太祖乃起，整衣危坐，不觉膝之前席。语遂达曙不厌。诘朝，谓周惠达曰："苏绰真奇士也，吾方任之以政。"即拜大行台左丞，参典机密。自是宠遇日隆。绰始制文案程序，朱出墨入，及计帐、户籍之法。

译　文

　　有次太祖与公卿们前往昆明池观看捕鱼，走到城西汉代仓库遗址的时候，太祖回头问左右的人，没有人知道。有人说："苏绰见多识广，请问问他吧。"太祖就召见苏绰。苏绰详细地做出回答。太祖十分高兴，又进一步询问天地造化的由来，历代兴亡的遗迹。苏绰能言善辩，对答如流。太祖更加高兴，就与苏绰并马缓行到昆明池，竟然忘了捕鱼的事情而没有设置渔网就回来了。于是太祖又留苏绰直到深夜，问他治国之道，太祖躺着听他讲。苏绰于是陈述指明帝王之道，并进述申不害、韩非学说的精要。太祖于是起身，整理衣服端坐，不知不觉连膝盖在坐席上向前移动也不知道。两人一直说到天明还不厌倦。第二天早上，太祖对周惠达说："苏绰真是个才能出众的人，我要委任他政事。"随即任命苏绰为大行台左丞，参与决定机密大事。从此太祖对苏绰的宠爱礼遇

●昆明聚秀

越来越优厚。苏绰创制文案卷宗的程式，用红黑两色分别书写出入公文，又制定计账、户籍的方法。

原文

大统三年，齐神武三道入寇，诸将咸欲分兵御之，独绰意与太祖同。遂并力拒窦泰，擒之于潼关。四年，加卫将军、右光禄大夫，封美阳县子，邑三百户。加通直散骑常侍，进爵为伯，增邑二百户。十年，授大行台度支尚书，领著作，兼司农卿。

译文

大统三年，北齐神武帝高欢兵分三路侵入国境，诸将都打算分兵抵抗，只有苏绰的意见与太祖一致。于是合力抵御窦泰，在潼关将其活捉。大统四年，苏绰加卫将军、右光禄大夫衔，封爵美阳县子，食邑三百户。后来又加通直散骑常侍，晋封伯爵，食邑增加二百户。大统十年，任大行台度支尚书，领著作郎，兼任司农卿。

原文

太祖方欲革易时政，务弘强国富民之道，故绰得尽其智能，赞成其事。减官员，置二长，并置屯田以资军国。又为六条诏书，奏施行之。其一，先治心，曰：

译文

太祖准备改革政治，致力于推行强国富民之道，所以苏绰得以尽量施展他的智慧才干，辅佐太祖完成改革。他主张裁减官员，设置二长，并设置屯田以资助军队和国家治理的费用。苏绰又起草了六份诏书，奏请施行。第一条，是端正思想，具体内容为：

原文

凡今之方伯守令，皆受命天朝，出临下国，论其尊贵，并古之诸侯也。是以前世帝王，每称共治天下者，唯良宰守耳。明知百僚卿尹，虽各有所司，然其治民之本，莫若宰守之最重也。凡治民之体，先当治心。心者，一身之主，百行之本。心不清净，则思虑妄生。思虑妄生，则见理不明。见理不明，则是非谬乱。是非谬乱，则一身不能自治，安能治民也！是以治民之要，在清心而已。夫所谓清心者，非不

二十四史精华

一九二

贪货财之谓也，乃欲使心气清和，志意端静。心和志静，则邪僻之虑，无因而作。邪僻不作，则凡所思念，无不皆得至公之理。率至公之理以临其民，则彼下民孰不从化。是以称治民之本，先在治心。

如今的地方官太守县令，无不受命于朝廷，出守地方，论其地位，和古代的诸侯一样。因此前世帝王，每次谈到共同治理天下的，只有贤能的地方官吏。君王明明知道中央官员各有职守，但治理百姓的根本，反不如地方官吏重要。凡是治理百姓的所有措施，应当以端正思想为先。思想是全身的主宰，也是所有行为的根本。思想不清净，就会产生妄想。有了妄想，就会不明事理。不明事理，就会颠倒是非。一旦是非颠倒，就无法约束自己，又怎么能去治理百姓！所以治理百姓的要务，在于"清心"。所谓"清心"，不是指不贪图财货，而是指心气清静平和，志向心意端正宁静。心和志静，则邪妄之念就没有条件产生。没有妄邪之念，则凡有思虑，都是极为公正的道理。用最公正的道理来治理百姓，则百姓没有不服从教化的。所以说治理百姓的根本，首先在于端正思想。

原 文

其次又在治身。凡人君之身者，乃百姓之表，一国之的也。表不正，不可求直影；的不明，不可责射中。今君身不能自治，而望治百姓，是犹曲表而求直影也；君行不能自修，而欲百姓修行者，是犹无的而责射中也。故为人君者，必心如清水，形如白玉。躬行仁义，躬行孝悌，躬行忠信，躬行礼让，躬行廉平，躬行俭约，然后继之以无倦，加之以明察。行此八者，以训其民。是以其人畏而爱之，则而象之，不待家教日见而自兴行矣。

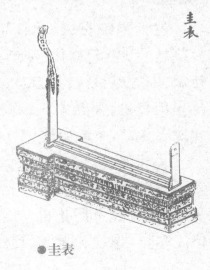

圭表

●圭表

译 文

其次，在于端正自身。皇帝的言行，是百姓的表率，一国的目标。标杆不正，就不能求得直的影子；目标不明，就不应要求射中它的人。如今君王不能端正自身，反而希望去治理好百姓，就好比用弯曲的标杆去求得笔直的影子；君王如

果不能修养自己的言行，反而要求百姓修身养德，就好比没有目标而要求必须射中。所以君王必须心如清水，形如白玉。亲自履行仁义、孝悌、忠信、礼让、清廉公平、勤俭节约，然后孜孜不倦，再加上正确的观察。实行以上八条，并凭此来训化百姓。所以人们就会对君王既害怕又爱戴，把君王当作学习的典范，可以不用等待每日家庭的教育而自行培养起来了。

原文

其二，敦教化，曰：

天地之性，唯人为贵。明其有中和之心，仁恕之行，异于木石，不同禽兽，故贵之耳。然性无常守，随化而迁。化于敦朴者，则质直；化于浇伪者，则浮薄。浮薄者，则衰弊之风；质直者，则淳和之俗。衰弊则祸乱交兴，淳和则天下自治。治乱兴亡，无不皆由所化也。

译文

第二条，劝导教育感化，具体内容为：

天地万物的本性，唯有人最宝贵。人具有中正平和之心，仁义体谅之行，与木石不同，与禽兽有别，所以最可贵。可是本性无法一直保持，而是随着教化而变迁。以敦厚朴实教化，则品性亦质朴率直；以刻薄虚伪教化，则品性也会虚浮轻薄。虚浮轻薄是衰亡败坏的风气，质朴率直是淳厚平和的风俗。衰亡败坏则祸患动乱层出不穷，淳厚平和则天下自安。国家或治平、或丧乱、或勃兴、或败亡，无不由教化所引起。

原文

然世道雕丧，已数百年。大乱滋甚，且二十岁。民不见德，唯兵革是闻；上无教化，惟刑罚是用。而中兴始尔，大难未平，加之以师旅，因之以饥馑，凡百草创，率多权宜。致使礼让弗兴，风俗未改。比年稍登稔，徭赋差轻，衣食不切，则教化可修矣。凡诸牧守令长，宜洗心革意，上承朝旨，下宣教化矣。

夫化者，贵能扇之以淳风，浸之以太和，被之以道德，示之以朴素。使百姓罋罋，中迁于善，邪伪之心，嗜欲之性，潜以消化，而不知其所以然，此之谓化也。然后教之以孝悌，使民慈爱；教之以仁顺，使民和睦；教之以礼义，使民敬让。慈爱则不遗其亲，和睦则无怨于人,敬让则不竞于物。三者既备,则王道成矣。此之谓教也。先王之所以移风易俗,还淳反素,垂拱而治天下以至太平者,莫不由此。此之谓要道也。

译文

　　然而世道衰颓败坏,已有数百年。天下大乱,也将近二十年。百姓看不见德行,只看见战乱;掌权者不施教化,只懂得用刑罚。如今国家刚刚开始复兴,巨大灾难尚未平定,既有战争,又有饥荒,所有体制都是草草创立,大多是权宜之计。致使礼让之风不能兴起,风俗未能改变。近年来收成稍丰,徭赋尚轻,百姓得以温饱,则教化就可以实行了。凡各级地方官员,应当去除杂念端正思想,对上秉承朝廷旨意,对下宣谕教化。

　　实行教化,贵在能够用淳厚的风尚去倡导,用平和的思想去浸润,用道德的行为去影响,用朴素的作风去示范。使百姓勤勉不倦,心中向善,不知不觉中消除邪伪的念头、贪婪的心性,进而不知道为什么会变成这样,这才是"化"。然后教育百姓孝悌,使他们有慈爱之心;教育百姓仁义和顺,使他们和睦相处;教育百姓礼义,使他们互敬互让。有慈爱之心就不会遗弃亲人,有和睦之心就不会怨恨他人,学会敬让就不会因物质利益而互相竞争。三者俱备,就可以用仁义来治理天下了。先王移风易俗,倡导淳厚朴素,轻易而治理天下达到太平盛世的局面,其原因全在于此。这是最重要的道理。

原文

　　其三,尽地利,曰:

　　人生天地之间,以衣食为命。食不足则饥,衣不足则寒。饥寒切体,而欲使民兴行礼让者,此犹逆坂走丸,势不可得也。是以古之圣王,知其若此,故先足其衣食,然后教化随之。夫衣食所以足者,在于地利尽。地利所以尽者,由于劝课有方。主此教者,在乎牧守令长而已。民者冥也,智不自周,必待劝教,然后尽其力。诸州郡县,每至岁首,必戒敕部民,无问少长,但能操持农器者,皆令就田,垦发以时,勿失其所。及布种既讫,嘉苗须理,麦秋在野,蚕停于室,若此之时,皆宜少长悉力,男女并功,若援溺、救火、寇盗之将至,然后可使农夫不废其业,蚕妇得就其功。若有游手怠惰,早归晚出,好逸恶劳,不勤事业者,则正长牒名郡县,守令随事加罚,罪一劝百。此则明宰之教也。

●插秧

第三条，要充分发挥土地的生产能力，具体内容为：

人生长在天地间，衣食是生命的根本。食物不足就会饥饿，衣服不足就会寒冷。饥寒关系到自身，在这种情况下想使百姓广行礼义谦让，犹如往长坡上滚动弹丸，势必无法实现。所以古代的圣贤君王都了解这种情况，一定先要使百姓衣食丰足，然后才实行教化。衣食丰足的原因在于充分发挥土地的生产能力。而充分发挥土地生产能力的原因，又在于用正确的方法勉励农耕。主管这一事务的人，是各级地方官员。百姓愚昧，智力不足，必须加以勉励考核，才能出尽全力去做。各州、郡、县，每当年初，必须告诫要求百姓，无论年纪大小，只要能操持农具的，都要下田，按时翻耕土地，不要让土地荒芜。耕种结束后，要及时管理禾苗，麦子在田野成熟，蚕在屋里结茧，在这个时候，男女老幼都应全力以赴，如同救人、救水、抵御盗贼一样，然后才可以使农夫不荒废田地，养蚕的妇女取得成效。如果有游手好闲、懈怠懒惰，早收工晚出工，贪图安逸、厌恶劳动，不勤于农耕的人，里正、户长应当把他们的姓名上报郡县，郡守、县令可就这件事加以惩罚，以此为戒，劝导众多百姓。这是贤明的守令所实行的教化。

夫百亩之田，必春耕之，夏种之，秋收之，然后冬食之。此三时者，农之要也。若失其一时，则谷不可得而食。故先王之戒曰："一夫不耕，天下必有受其饥者；一妇不织，天下必有受其寒者。"若此三时不务省事，而令民废农者，是则绝民之命，驱以就死然。单劣之户，及无牛之家，劝令有无相通，使得兼济。三农之隙，及阴雨之暇，又当教民种桑、植果，艺其菜蔬，修其园圃，畜育鸡豚，以备生生之资，以供养老之具。

夫为政不欲过碎，碎则民烦；劝课亦不容太简，简则民怠。善为政者，必消息时宜而适烦简之中。故《诗》曰："不刚不柔，布政优优，百禄是求。"如不能尔,则必陷于刑辟矣。

　　即使是百亩之田,也必须是春天翻耕,夏天播种,秋天收获,然后冬天才有食物。这三个时节,是务农的关键。倘若失去其中一个时节,就不可能收获谷物吃到粮食。所以先王告诫说:"一个农夫不耕田,天下就必有因此而挨饿的人;一个妇女不织布,天下就必有因此而挨冻的人。"如果在这三个时节不能审时度势,而使百姓荒废农耕,这就是断了百姓的性命,把他们赶向死路一样。孤独贫弱、没有耕牛的人家,勉励他们互通有无、互相帮助,使他们能同舟共济。在三个农时的间歇时间,以及下雨的空闲时间,还应当教育百姓种植桑树、果树,栽培蔬菜,修整园圃,饲养鸡猪,以准备生活的费用,养老的用具。

　　治理政事不应该过于烦琐,过于烦琐就会使百姓感到烦扰;勉励农耕也不应该过于简略,过于简略就会使百姓产生懈怠。善于治理政事的人,必定会掌握时节更替,政令繁简适中。所以《诗经》说:"非刚非柔,施政宽和,就会福禄齐至。"如果做不到这些,那就只有滥用刑罚了。

　　其四,擢^{zhuó}贤良,曰:

　　天生蒸民,不能自治,故必立君以治之。人君不能独治,故必置臣以佐之。上至帝王,下及郡国,置臣得贤则治,失贤则乱,此乃自然之理,百王不能易也。

　　第四条,提拔贤良之才,具体内容为:

　　天生平民百姓,无力自治,所以一定要奉立君王来治理他们。君王无法独自治理天下,所以必须设置官吏来辅佐君王。上至帝王,下及郡县和诸王封国,如果能任用贤人担任官吏则天下太平无事;如果没有贤人就会天下大乱,这是根本的道理,历代帝王都无法改变。

　　今刺史守令,悉有僚吏,皆佐治之人也。刺史府官则命于天朝,其州吏以下,并牧守自置。自昔以来,州郡大吏,但取门资,多不择贤良;末曹小吏,唯试刀笔,并不问志行。夫门资者,乃先世之爵禄,无妨子孙之愚瞽^{gǔ};刀笔者,乃身外之末材,不废性行之浇伪。若门资之中而得贤良，是则策骐骥而取千里也；若门资之中而得愚瞽，是则土牛木马，形似而用非，不可以涉道也。若刀笔之中而得志行，是则金相玉质，内外俱美，实为人宝也；若刀笔之中而得浇伪，是则饰画朽木，悦目一时，不可以充榱椽 cuī chuán 之用也。今之选举者，当不限资荫，唯在得人。苟得其人，自可起厮养而为卿相，伊尹、傅说是也，而况州郡之职乎。苟非其人，则丹朱、商均虽帝王之胤 yìn，不能守百里之封，而况于公卿之胄 zhòu 乎。由此而言，观人之道可见矣。

译 文

　　如今刺史守令，都设有下僚吏员，这些都是辅佐治理政务的人。刺史府衙的官员由朝廷任命，而州吏以下的属员，则由牧守自行任命。自古以来，州郡大吏的任命，只凭门第出身，大多不选贤明能干的人；对于属员小吏，则是只考查写作能力，并不问他们的志向品行。门第资格，原本是先辈的爵位俸禄，并不能避免子孙后代的愚昧；写作能力，只是身外的微末技能，也并不摒除本人性格行为中的轻薄虚伪。倘若从门第之中选得贤明能干的人，就好比是骑骏马而日行千里；倘若从门第之中选得愚昧的人，就如同土牛木马，只是外形相似而没有实际用途，无法走路。倘若从写作水准高超的人中选得志向操守俱佳的人，犹如精雕的金玉，内外皆美，实为人中之宝；假如从舞文弄墨的人之中选得轻薄虚伪的人，则好比是装饰着彩画的一段朽木，只能图一时好看，而不能用来架屋承瓦。如今的选举，应当不受祖荫门第的限制，只着眼于真正选拔出人才。假如得到这样的人才，卑贱的出身自然可以起用至位列卿相，如同伊尹、傅说那样，更何况是州郡的职位呢。假如不是这样的人才，那么即使像丹朱、商均虽是帝王后裔，也连百里封地都守不住，更何况是公卿的后代呢。由此可知，察人重要的道理就显而易见了。

原 文

　　凡所求材艺者，为其可以治民。若有材艺而以正直为本者，必以其材而为治也；若有材艺而以奸伪为本者，将由其官而为乱也，何治之可得乎。是故将求材艺，必先择志行。其志行善者，则举之；其志行不善者，则去之。

译 文

　　寻求有才干技艺的人，目的是让他们来治理百姓。如果是有才能技艺而且修身正直的人，就必定可以施展他们的才能而使政治清明安定；倘若有才能技艺而又为人奸诈虚伪，就会利用他们的官职而制造动乱，又怎么能求得清明安定呢。所以想要求取有才能技艺的人，必然要先观察他们的志向操守。凡是志向操守俱佳的人，就举荐他；凡是志向操守不好的人，就摒弃他。

原文

　　而今择人者多云"邦国无贤，莫知所举"。此乃未之思也，非适理之论。所以然者，古人有言：明主聿兴，不降佐于旲天；大人基命，不擢才于后土。常引一世之人，治一世之务。故殷、周不待稷、契之臣，魏、晋无假萧、曹之佐。仲尼曰："十室之邑，必有忠信如丘者焉。"岂有万家之都，而云无士，但求之不勤，择之不审，或用之不得其所，任之不尽其材，故云无耳。古人云："千人之秀曰英，万人之英曰隽（jùn）。"今之智效一官，行闻一邦者，岂非近英隽之士也。但能勤而审察，去虚取实，各得州郡之最而用之，则民无多少，皆足治矣。孰云无贤！

译文

　　而如今选拔人才的官员大多说"自己管辖的邦国没有贤才，不知道该举荐什么人"。这种话没有经过思考，是不合道理的言论。之所以这样说，是因为古人有言：圣明君主的兴起，不等待上天降下辅佐的官吏；人主初受天命，不等待大地举荐有才学的人。总是任用当世的人才，治理当世的政务。所以殷朝、周朝不会空等稷、契这样的大臣，魏朝、晋朝也不会借助萧何、曹参这样人的辅佐。孔子说："有十户人家的村落，必定有像我一样讲究忠信的人。"哪有万家聚居的都市，却说没有人才，不过是寻求不勤、选择不精，或者是不得其用，即使被委任也无法尽展其才能，所以说没有人才罢了。古人说："从一千人中选拔出来的杰出人物称为英才，从一万人中选拔出来的英才称为俊杰。"以聪明才智而被授予官职的人，以高尚行为而闻名全国的人，难道不算是类似英俊之士的人才吗。只要能勤勉详察，舍弃虚假，取其本质，各自都能得到州郡之中最优秀的人才而加以任用，这样百姓无论人数多少，都足可以治理了。谁说没有贤才！

●后稷

求教五教以宽为主
化合当时功垂悠古

●契
gui

原文

夫良玉未剖，与瓦石相类；名骥未驰，与驽马相杂。及其剖而莹之，驰而试之，玉石驽骥，然后始分。彼贤士之未用也，混于凡品，竟何以异。要任之以事业，责之以成务，方与彼庸流较然不同。昔吕望之屠钓，百里奚之饭牛，宁生之扣角，管夷吾之三败，当此之时，悠悠之徒，岂谓其贤。及升王朝，登霸国，积数十年，功成事立，始识其奇士也。于是后世称之，不容于口。彼瑰伟之材，不世之杰，尚不能以未遇之时，自异于凡品，况降此者哉。若必待太公而后用，是千载无太公；必待夷吾而后任，是百世无夷吾。所以然者，士必从微而至著，功必积小以至大，岂有未任而已成，不用而先达也。若识此理，则贤可求，士可择。得贤而任之，得士而使之，则天下之治，何向而不可成也。

译文

美玉在未经雕琢时，与砖瓦石头相类似；千里马在没有奔驰时，与劣马相混杂。一旦美玉经过雕琢而显出光泽，千里马稍试足力而奔驰，就可以看出它们与石头、劣马的不同了。那些贤能的人在没有被任用的时候，也是混杂在一般人中间，怎么能看出他们的不同呢。必须委任给他们政事，交付给他们任务，才能看出他们与平庸之辈的差别。从前吕望屠杀牲畜和钓鱼，百里奚替人喂牛，宁戚敲打牛角，管夷吾经历多次失败，在那个时候，庸人又怎么会说他们有贤能。等到他们辅佐明主，完成霸业，积累数十年之力，最终大功告成，人们才认识到他们是才能卓异的人。于是后世才称赞他们，滔滔不绝。像他们那样的奇伟之才，不世出的绝代英杰，尚且不能在机会未到的时候有别于一般人，何况那些不如他们的人呢？如果一定要坐等吕望出现然后再起用，那就永远也不会发现吕望这种人才；如果一定要坐等管夷吾出现才委以重任，那就永远也不会发现管夷吾这种人才。之所以会这样，是因为有才能的人必然是从微贱到著名，其功劳必定是由小功积累而成大功，哪里有尚未任用而已成大业，不加使用而先已成名的道理。如果懂得这个道理，则贤能可以求得，有才能的人也可以选到。得到贤能而加以委任，得到有才能的人而加以使用，那么天下的清平安宁是不难实现了。

●吕尚磻溪垂钓

然善官人者必先省其官。官省，则善人易充，善人易充，则事无不理；官烦，则必杂不善之人，杂不善之人，则政必有得失。故语曰："官省则事省，事省则民清；官烦则事烦，事烦则民浊。"清浊之由，在于官之烦省。案今吏员，其数不少。昔民股事广，尚能克济，况今户口减耗，依员而置，犹以为少。如闻在下州郡，尚有兼假，扰乱细民，甚为无理。诸如此辈，悉宜罢黜，无得习常。

非直州郡之官，宜须善人，爰至党族闾里正长之职，皆当审择，各得一乡之选，以相监统。夫正长者，治民之基。基不倾者，上必安。

凡求贤之路，自非一途。然所以得之审者，必由任而试之，考而察之。起于居家，至于乡党，访其所以，观其所由，则人道明矣，贤与不肖别矣。率此以求，则庶无愆悔矣。

然而善于给人官职的人必须先要使官职设置精简。官职设置精简，则有道德的人才容易担任，有道德的人易于当官，则事情就没有不能治理的；官职设置烦琐，则属员中一定会混入坏人，混入坏人后，则政事必定会出现弊病。所以有这样的话："官员设置精简则政事减少，政事减少则百姓清净；官员设置烦琐则政事繁杂，政事繁杂则百姓混乱。"清净和混乱的根源，在于官员设置的精简或烦琐。核查现在的官吏，人数不少。从前百姓多事情多，尚且能够治理，而如今人口减少，仍依照原来的数目设置吏员，还认为人手不够。听说下面的州郡还有兼职和代职，扰乱百姓，非常无理。像这一类人，应当全部免职，不能让他们习以为常。

不仅在州郡任职的官员必须选择有道德的人，即使下至里正、族长的职位，也都应当谨慎选择，能够从一乡之中选出胜任其职的人，便于互相监督统领。里正、族长是治理百姓的根基。根基不歪斜，上面就必然安稳。

访求贤能的方法，不止一种。可是审慎选拔贤人的方法，必须通过委任来试验他的才能，加以考核和观察。从他们在家的言行举止，到他们的邻里族人，访查他们行事的依据，观察他们过去的所作所为，这样就会明白他们为人之道，就能区别贤能与奸邪了。按照这个方法来寻求人才，大概就不会有什么错误和后悔了。

原文

其五，恤狱讼，曰：

人受阴阳之气以生，有情有性。性则为善，情则为恶。善恶既分，而赏罚随焉。赏罚得中，则恶止而善劝；赏罚不中，则民无所措手足。民无所措手足，则怨叛之心生。是以先王重之，特加戒慎。夫戒慎者，欲使治狱之官，精心悉意，推究事源。先之以五听，参之以证验，妙睹情状，穷鉴隐伏，使奸无所容，罪人必得。然后随事加刑，轻重皆当，赦过矜愚，得情勿喜。又能消息情理，斟酌礼律，无不曲尽人心，远明大教，使获罪者如归。此则善之上也。然宰守非一，不可人人皆有通识，推理求情，时或难尽。唯当率至公之心，去阿枉之志，务求曲直，念尽平当。听察之理，必穷所见，然后栲讯以法，不苛不暴，有疑则从轻，未审不妄罚，随事断理，狱无停滞。此亦其次。若乃不仁恕而肆其残暴，同民木石，专任捶楚。巧诈者虽事彰而获免，辞弱者乃无罪而被罚。有如此者，斯则下矣，非共治所寄。今之宰守，当勤于中科，而慕其上善。如在下条，则刑所不赦。

译文

第五条，慎用刑法，具体内容为：

人受纳阴阳之气而生，因此有情欲、有本性。本性使人们行善，情欲控制不住就可能为恶。善恶一旦分明，随后就是赏罚。赏罚适度，就可以制止恶行而勉励善行；赏罚不当，则百姓就会不知所措。百姓不知所措，就会心生怨恨和反叛。因此前代的君王重视赏罚，特别警惕谨慎。所谓警惕谨慎，就是要使审理案件的官员明察周密、全心全意，推究案件的原委。审理案件首先要通过"五听"获知案情，再用事实加以验证，巧妙审察细节，深入查明隐情，使邪恶无处可藏，就一定能够将罪犯捉拿归案。然后根据犯罪事实予以量刑，要轻重适当，赦免那些犯有轻微过错的人，怜惜那些愚昧协从的人，查明实情不要喜形于色。又要推究情理，考虑礼制和法律，无不竭尽人情，深明仁义礼教，使罪犯感到像回家一样。这才是最好的情况。可是地方官员人数众多，不可能要求每个人都有通达的见识，推究事理情由，有时也很难一一问个水落石出。只是应当心怀大公无私，去除偏袒枉法的想法，务必求得是非曲直，尽量做到公平恰当。听讼和察狱的方法，在于尽量查证，然后依法拷问审讯，不苛刻不暴虐，有疑点就从轻发落，罪行不确实就不妄加处罚，根据案情判决，案件就不会积压。这也是较好的做法。如果不心存宽厚仁慈而肆意残暴，把百姓看得如同木石一般，任意拷问鞭打。狡猾的人即使罪情暴露也有可能免受惩罚，不善辩解的人即便是无罪反而会被罚。像这样的情况，就属于下等，不能寄望他们共同治理天下。如今的地方官员，应当努力达到中等水平，而向最高水平看齐。如果属于下等，则应依法惩治不能赦免。

又当深思远大，念存德教。先王之制曰，与杀无辜，宁赦有罪；与其害善，宁其利淫。明必不得中，宁滥舍有罪，不谬害善人也。今之从政者则不然。深文巧劾，宁致善人于法，不免有罪于刑。所以然者，皆非好杀人也，但云为吏宁酷，可免后患。此则情存自便，不念至公，奉法如此，皆奸人也。夫人者，天地之贵物，一死不可复生。然楚毒之下，以痛自诬，不被申理，遂陷刑戮者，将恐往往而有。是以自古以来，设五听三宥之法，著明慎庶狱之典，此皆爱民甚也。凡伐木杀草，田猎不顺，尚违时令，而亏帝道；况刑罚不中，滥害善人，宁不伤天心、犯和气也！天心伤，和气损，而欲阴阳调适，四时顺序，万物阜安，苍生悦乐者，不可得也。故语曰，一夫吁嗟，王道为之倾覆，正谓此也。凡百宰守，可无慎乎。

此外所考虑的事情还应当更远大，心中要不忘道德教化。前代帝王的规定曾说道，与其杀死无罪的人，不如赦免有罪的人；与其妨害善行，不如放纵奸邪。明知必然无法处理得当，就宁可放掉一些有罪的人，也决不妄害一个好人。如今的官员却不是这样。他们死板地援引法律条文费尽心机罗织过失，宁可致使好人被定罪，也不

●下车泣罪

肯依据刑法而赦免罪人。他们这样做的原因，并不是他们都喜欢杀人，而是认为身为官吏宁可严酷，也不能留下后患。这就是只图自己方便，不考虑什么是公正，如此执行法律的，都是奸诈小人。人是天地间最宝贵的生灵，一旦死去就不可复生。然而在严刑拷打之下，有人由于难以忍受痛苦而被迫认罪，又不经申诉、审理，从而受到刑罚而死，恐怕还会不断出现这种情况。所以自古以来，就规定了审案的"五听"之法和对犯罪者可以从宽处理的三种情况，制定出对各种狱讼谨慎从事的法典，这都是十分关怀百姓的措施。凡是伐木割草，打猎不顺应天时，尚且违反相关政令，都会有损帝王治国之道，更何况刑罚不当，滥害好人，这难道不伤害上天之心、有违谐和之气吗！皇天伤心，和气受损，还妄想使阴阳调和，时令顺遂，万物丰盛平安，百姓快乐，那是不可能达到的。所以人们说，一个人叹息不满，帝王所行的正道就有可能倾覆，说的正是这种情况。所有的地方官员，都应该谨慎从事。

原文

若有深奸巨猾，伤化败俗，悖乱人伦，不忠不孝，故为背道者，杀一利百，以清王化，重刑可也。识此二途，则刑政尽矣。

译文

假如有大奸大恶之人，伤风败俗，违逆人伦，不忠不孝，故意违背正道，则杀一人而有利于百人，以使君王的德化清明，这时可用重刑。了解了这两种方法，则刑罚与政令就可以完备了。

原文

其六，均赋役，曰：

圣人之大宝曰位。何以守位曰仁，何以聚人曰财。明先王必以财聚人，以仁守位。国而无财，位不可守。是故三五以来，皆有征税之法。虽轻重不同，而济用一也。今逆寇未平，军用资广，虽未遑减省，以恤民瘼，然令平均，使下无匮。夫平均者，不舍豪强而征贫弱，不纵奸巧而困愚拙，此之谓均也。故

●狩猎

圣人曰："盖均无贫。"

译文

第六条，平均赋税徭役，具体内容为：

帝王最宝贵的是帝位。用仁义来巩固帝位，用财富来凝聚百姓。要明白前代帝王必定用钱财凝聚百姓，用仁义守住帝位。国家不富足，帝位就不能巩固。所以从三皇五帝以来，都有征税的法律。虽然轻重各有差别，但用途都一样。如今反贼未平，军费浩大，虽然还来不及减少，以体念救济百姓的疾苦，但是可以平均赋税，使百姓不再匮乏生活资料。所谓"平均"，是不能免除豪强的赋税而只向贫弱百姓收取，也不能纵容奸猾人而使愚拙的人困窘，这才是平均。所以圣人有言："平均就没有贫困。"

原文

然财货之生，其功不易。织纴纺绩，起于有渐，非旬日之间，所可造次。必须劝课，使预营理。绢乡先事织纴，麻土早修纺绩。先时而备，至时而输，故王赋获供，下民无困。如其不预劝戒，临时迫切，复恐稽缓，以为己过，捶扑交至，取办目前。富商大贾，缘兹射利，有者从之贵买，无者与之举息。输税之民，于是弊矣。

译文

可是财货的产生，其工作很不容易。纺纱织布，都要从一丝一线做起，不是十几日之间，就能完成。必须勉励督促，预先参与经营管理。出产丝绢的地方先要纺丝，出产布麻的地方应及早织麻。在征收前就有准备，到征收的时候就可以交纳，所以帝王的赋税能保证供给，百姓也不会感到困窘。如果不事先勉励告诫，到了征收的时候就会急迫不知所措，又担心拖延时日会遭到拷打，只好临时操办。那些大商人们，也会因此而牟取暴利，百姓中有钱的人只得高价买进，没有钱的百姓则被迫向他们大举借债并偿还利息。于是缴税的百姓，就更困苦了。

●纺织图

　　租税之时，虽有大式，至于斟酌贫富，差次先后，皆事起于正长，而系之于守令。若斟酌得所，则政和而民悦；若检理无方，则吏奸而民怨。又差发徭役，多不存意。致令贫弱者或重徭而远戍，富强者或轻使而近防。守令用怀如此，不存恤民之心，皆王政之罪人也。

　　缴纳田赋税款的时候，虽然有大致的规格，至于考虑贫富差别，次序等级先后，都由基层的里正、族长提议，并由郡守、县令决定。如果考虑得当，那就政治清和而百姓喜悦；如果检验管理不得法度，那就会导致吏员作奸犯科而百姓怨恨。在征发徭役时，官员大多又不注意。导致那些贫弱的人被派往远方防守而且干很重的活儿，而把那些家富力壮的人派往近处防守而且干较轻的活儿。郡守、县令用心如此草率，不体贴百姓的意愿，都是帝王政令的罪人。

　　太祖甚重之，常置诸座右。又令百司习诵之。其牧守令长，非通六条及计帐者，不得居官。

　　太祖十分重视这些意见，常常把它们放在座位右边。他又下令所有官员认真学习咏诵。凡是州牧、郡守、县令、官长，如果不通晓以上六条及计算账目的方法，一律不得当官。

　　自有晋之季，文章竞为浮华，遂成风俗。太祖欲革其弊，因魏帝祭庙，群臣毕至，乃命绰为《大诰》，奏行之。其词曰：

　　惟中兴十有一年，仲夏，庶邦百辟，咸会于王庭。柱国泰洎群公列将，罔不来朝。时迺大稽百宪，敷于庶邦，

●任贤图治

用绥我王度。皇帝曰："昔尧命羲和，允厘百工。舜命九官，庶绩咸熙。武丁命说，克号高宗。时惟休哉，朕其钦若。格尔有位，胥暨我太祖之庭，朕将丕命女以厥官。"

译 文

自从西晋末年以来，写文章竞相追逐浮华，成为一时的风气。太祖想改革这一弊病，就趁着魏帝祭祀太庙、群臣都在的机会，命令苏绰写了一篇题为《大诰》的文章，上奏颁行。《大诰》中说：

"中兴十一年，仲夏，各地长官，都聚集在朝廷。柱国宇文泰以及群公与各位将军，没有谁不来朝拜。朝廷就在这时大力考察各种制度，颁发各地，以辅助国家的政教。皇帝说：'古代帝尧任命羲和，使百官各尽其职。舜任命九官，各种事情都顺利完成。武丁任用傅说，使他自己被尊为高宗。现在是个好时机，我敬顺天时。你们各位官长，都到我太祖的庙庭中来，我将把各官职任命给你们。'

原 文

六月丁巳，皇帝朝格于太庙，凡厥具僚，罔不在位。

皇帝若曰："咨我元辅、群公、列将、百辟、卿士、庶尹、御事，朕惟寅敷祖宗之灵命，稽于先王之典训，以大诰于尔在位。昔我太祖神皇，肇膺明命，以创我皇基。烈祖景宗，廓开四表，底定武功。暨乎文祖，诞敷文德，龚惟武考，不霣其旧。自时厥后，陵夷之弊，用兴大难于彼东丘，则我黎人，咸坠涂炭。惟台一人，缵戎下武，夙夜祇畏，若涉大川，罔识攸济。是用稽于帝典，揆于王廷，拯我民瘼。惟彼哲王，示我彝训，曰天生蒸民，罔克自乂，上帝降鉴叡圣，植元后以乂之。惟时元后弗克独乂，博求明德，命百辟群吏以佐之。肆天之命辟，辟之命官，惟以恤民，弗惟逸念。辟惟元首，庶黎惟趾，股肱惟弼。上下一体，各勤攸司，兹用克臻于皇极。故其彝训曰：'后克艰厥后，臣克艰厥臣，政迺乂。'今台一人，膺天之瑕，既陟元后。股肱百辟又服我国家之命，罔不咸守厥职。嗟夫，后弗艰厥后，臣弗艰厥臣，于政何弗斁，呜呼艰哉！凡尔在位，其敬听命。"

"六月丁巳日，皇帝清晨来到太庙朝拜，所有的官员，全都在位。

"皇帝说：'我朝的首辅、群公、将军、百官、卿士、庶尹及御事们，我敬承先祖遗命，考察了先代圣王的典章制度，训诫在场各位官员。先前我太祖神元皇帝，开始接受上天的指派，开创大业。烈祖景宗，开拓四方疆土，以武功平定天下。到了文祖孝文帝，大兴文教德政，尊奉先父武皇帝，也没有败坏祖先的基业。从那以后，国家日益衰弱，东土出现大乱，黎民百姓，遭受涂炭。我一人继承祖先遗业，日夜警惧，就像要渡过一条大河，不知该从哪里渡水。所以参考古代帝王的典章制度，在朝廷上揣度先王的政教，以解救百姓的疾苦。那些贤明的君王，给我昭示以教诲，说上天降生百姓，不能自行治理，上天深察下情、明晓事理，设置天子来治理百姓。天子不可能独自治理百姓，于是广求德行兼备的人，设置百官以及各种官吏来辅佐自己。上天设立天子，天子设置百官，都是为了体察百姓，不是为了贪图安逸。天子是头，百姓是脚，胳膊和大腿的作用就是辅助。君臣百姓上下连为一体，各自做好自己的事，从而达到统治天下的原则。所以先王经常教导说："做天子如果能尽力做好天子的事，臣子如果能尽力做好臣子的事，国家就能治理好。"如今我受上天的福佑，登上帝位。辅佐我的百官又服从国家的政令，无不恪尽职守。唉，要是天子不用心做好天子的事，臣子不用心做好臣子的事，那政事又怎么会不败坏呢，唉，艰难呀！各位官员，请恭敬地听取我的命令。'

皇帝若曰："柱国，唯四海之不造，载繇二纪。天未绝我太祖列祖之命，用锡我以元辅。国家将坠，公惟栋梁。皇之弗极，公作相。百揆督度，公惟大录。公其允文允武，克明克义，迪七德，敷九功，戡暴除乱，下绥我苍生，旁施于九土。若伊之在商，周之有吕，说之相丁，用保我无疆之祚。"

"皇帝说：'柱国，四海不宁，已有两代了，上天没有断绝我太祖以下列祖列宗相传的运命，因而赐给我重臣。国家面临灭亡，你成为国家的栋梁。皇帝考虑不周之处，你就担任宰相辅佐。百官没有秩序，你就总率百官。你文武兼备，英明善治，宣扬七种德行，施行九种功绩，平定暴乱，使百姓安宁，九州以外的百姓也蒙受你的恩惠。你就好像商代的伊尹，周代的吕望，傅说辅佐武丁，可保我朝享受无穷的福庆。'

原文

皇帝若曰："群公、太宰、太尉、司徒、司空。惟公作朕鼎足，以弼乎朕躬。宰惟天官，克谐六职。尉惟司武，武在止戈。徒惟司众，敬敷五教。空惟司土，利用厚生。惟时三事，若三阶之在天；惟兹四辅，若四时之成岁。天工人其代诸。"

译文

"皇帝说：'群公、太宰、太尉、司徒、司空，诸公对于我就像鼎的三足，尽心辅佐我。太宰是百官之首，要做好治、教、礼、政、刑、事六种职务。太尉掌管军事，旨在消除战争。司徒掌管百姓，要认真施行五种教化。司空掌管土地，要开发地利，为百姓谋求福利。朝廷三公，就像天上有三台星；朝廷四辅，就像一年有四季。一切官职虽然是按照上天的意志设立，但仍需要人来担任。'

原文

皇帝若曰："列将，汝惟鹰扬，作朕爪牙，寇贼奸宄，蛮夷猾夏，汝徂征，绥之以惠，董之以威。刑期于无刑，万邦咸宁。俾八表之内，莫违朕命，时汝功。

译文

"皇帝说：'各位将军，你们雄壮英武如同雄鹰展翅飞扬，可以充当我的武将，盗贼为非作歹，南方和北方的少数民族扰乱中原，你们前往征讨，用恩惠安抚他们，用威刑监督他们。施用刑罚的最终目的是消除刑罚，各国都实现和平。让全国各地，没有人违抗我的命令，这就是你们的功绩。'

原文

皇帝若曰："庶邦列辟，汝惟守土，作民父母。民惟不胜其饥，故先王重农；不胜其寒，故先王贵女功。民之不率于孝慈，则骨肉之恩薄；弗惇于礼让，则争夺之萌

●农耕图

生。惟兹六物，实为教本。呜呼！为上在宽，宽则民怠。齐之以礼，不刚不柔，稽极于道。"

译文

"皇帝说：'各位地方长官，你们的职责是为国家守住疆土，充当百姓的父母。百姓不能忍受饥饿，所以先代圣王重视农耕；百姓不能忍受寒冷，所以先代圣王重视纺织。百姓如果不孝敬慈爱，亲人间就会缺乏恩情；如果不尊崇礼让，就会萌生争夺的念头。这六件事，确实是教化的根本。唉！身居高位的官员治理百姓应当宽厚，但太宽厚百姓又会懈怠。你们应该用礼仪治理百姓，不要太刚猛也不要太软弱，一切行为都要尽量符合中正之道。'

原文

皇帝若曰："卿士、庶尹、凡百御事，王省惟岁，卿士惟月，庶尹惟日，御事惟时。岁月日时，罔易其度，百宪咸贞，庶绩其凝。呜呼！惟若王官，陶均万国，若天之有斗，斟元气，酌阴阳，弗失其和，苍生永赖；悖其序，万物以伤。时惟艰哉！"

译文

"皇帝说：'卿士、庶尹及御事们，帝王临事一年一次，卿士则应每月一次，庶尹则应每日巡视，御事则应随时检查。年、月、日、时，不要轻易改变它们的制度，百官都做出表率，所有事情都将顺畅成功。唉！你们这些天子的官员，治理各地，就像天上的星斗，调和元气、阴阳，使其保持和谐，百姓就会永远仰仗你们；如果违背正常秩序，万物就会遭受伤害。这是非常艰难的呀！'

原文

皇帝若曰："惟天地之道，一阴一阳；礼俗之变，一文一质。爰自三五，以迄于兹，匪惟相革，惟其救弊，匪惟相袭，惟其可久。惟我有魏，承乎周之末流，接秦汉遗弊，袭魏晋之华诞，五代浇风，因而未革，将以穆俗兴化，庸可暨乎。嗟我公辅、庶僚、列侯，朕惟否德，其一心力，祗慎厥艰，克遵前王之丕显休烈，弗敢怠荒。咨尔在位，亦协乎朕心，惇德允元，惟厥难是务。克捐厥华，即厥实，背厥伪，崇厥诚。勿愆勿忘，一乎三代之彝典，归于道德仁义，用保我祖宗之丕命。

荷天之休，克绥我万方，永康我黎庶。戒之哉！戒之哉！朕言不再。"

（译　文）

"皇帝说：'天地运行的规律，一阴一阳相互更替；礼俗风尚的变化，文采与质朴交替兴盛。从三皇五帝以来，一直到今天，风俗制度发生变化，因其可挽救时弊，风俗制度没有有所因循，是其本身就能保持长期的存在。我大魏王朝，继承周代衰亡时期的世风，又接续秦汉时代的陋俗，因袭魏晋两朝的奢华怪诞，前后五个朝代浮薄的风气，历代相承未加改变，如果要使风俗和厚，宣扬教化，那怎么可能办到呢。唉，公辅、庶僚及列侯们，我自思德行鄙劣，只能全心尽力，敬慎于事业的艰辛，努力继承先王的伟大业绩，不敢松懈荒废。唉，各位官员，你们应当与我的想法一样，使德行淳朴善行得当，致力于这一艰辛事业。丢弃奢华，讲究朴实，背离虚伪，推崇真诚。不要犯错误、不要忘记自己的职责，统一夏、商、周三代的典则，使社会风气归向道德仁义，以此保全我祖宗传下来的运命。承袭上天的福佑，使国家安宁，百姓永远康乐。要谨慎呀！要谨慎呀！我就不多说了。'

（原　文）

柱国泰泊庶僚百辟拜手稽首曰："'亶（dàn）聪明作元后，元后作民父母。'惟三五之王，率繇（yóu）此道，用臻于刑措。自时厥后，历千载而未闻。惟帝念功，将反叔世，逖致于雍。庸锡降丕命于我群臣。博哉王言，非言之难，行之实难。罔不有初，鲜克有终。《商书》曰：'终始唯一，德迺日新。'惟帝敬厥始，慎厥终，以跻日新之德，则我群臣，敢不夙夜对扬休哉。惟兹大谊，未光于四表，以迈种德，俾九域幽遐，咸昭奉元后之明训，率迁于道，永膺（yīng）无疆之休。"

帝曰："钦哉。"

自是之后，文笔皆依此体。

（译　文）

"柱国宇文泰与百官跪拜叩头后说：'"天降圣明的人做天子，天子是百姓的父母。"三皇五帝，都遵循这一原则，以至不用刑法就实现天下大治。从那以后，历经千年也再没听说了。陛下想建立功业，将改正乱世风俗，使社会风气变得和厚，向我们群臣颁布重大命令。陛下这番话真博大，只是说起来并不难，做起来才难。任何事情都有开头，但很少能有善终的。《商书》说："始终如一，德行才能每天都有进步。"陛下从一开始就毕恭毕敬，使德行日益光大，我们做臣下的怎敢不日夜报答陛下的教导。

这一重大的命令，还未传遍四方，以远布陛下的恩德，应当使全国最偏远的百姓，也清楚地奉行陛下的教诲，行为都转向正确的方向，永远获得无穷无尽的好处。'

"皇帝说：'好啊。'"

从此以后，朝廷的诏令都按这种体裁撰写。

原 文

绰性俭素，不治产业，家无余财。以海内未平，常以天下为己任。博求贤俊，共弘治道，凡所荐达，皆至大官。太祖亦推心委任，而无间言。太祖或出游，常预署空纸以授绰，若须有处分，则随事施行，及还，启之而已。绰尝谓治国之道，当爱民如慈父，训民如严师。每与公卿议论，自昼达夜，事无巨细，若指诸掌。积思劳倦，遂成气疾。十二年，卒于位，时年四十九。

译 文

苏绰勤俭朴素，不经营私人产业，家里没有多余的财产。由于天下尚未平定，他经常把国家大事当作自己分内的职责。苏绰广泛访求贤能英杰的人，共同弘扬治国的方法，凡是他所推荐提拔的，后来都位居高官。太祖也对他推心置腹、委以重任，彼此之间没有猜忌。太祖有时外出巡游，就把预先签好字的空白纸张交给苏绰，如果有急需处理的政事，苏绰可以根据情况决断，太祖回来时，也只是打开看一下而已。苏绰曾说过治国之道，应当像慈父那样爱惜百姓，像严师那样教育百姓。每次与公卿讨论政事，总是从白天直到深夜，无论大事小事，他都非常清楚。苏绰思劳过度，积劳成疾。大统十二年，在任上去世，时年四十九岁。

原 文

太祖痛惜之，哀动左右。及将葬，乃谓公卿等曰："苏尚书平生谦退，敦尚俭约。吾欲全其素志，便恐悠悠之徒，有所未达；如其厚加赠谥，又乖宿昔相知之道。进退惟谷，孤有疑焉。"尚书令史麻瑶越次而进曰："昔晏子，齐之贤大夫，一狐裘三十年。及其死也，遗车一乘。齐侯不夺其志。绰既操履清白，谦挹自居，愚谓宜从俭约，以彰其美。"太祖称善，因荐瑶于朝廷。及绰归葬武功，唯载以布车一乘。太祖与群公，皆步送出同州郭门外。太祖亲于车后酹酒而言曰："尚书平生为事，妻子兄弟不知者，吾皆知之。惟尔知吾心，吾知尔

意。**方欲共定天下，不幸遂舍我去，奈何！"因举声恸哭，不觉失卮于手。至葬日，又遣使祭以太牢，太祖自为其文。**

●晏子

译文

　　太祖非常惋惜，哀哭之声感动了左右随从。等到将要下葬的时候，太祖对公卿大臣们说："苏尚书平生谦和礼让，提倡俭省节约。我想满足他生平的意愿，又担心那些庸俗的人散布流言蜚语；如果对他厚加赠封，又违背了当初倾心相交的情谊。实在是进退两难，我心有疑虑不好决断。"尚书令史麻瑶进阶上前说道："从前晏子是齐国贤明的大夫，一件狐皮袍子穿了三十年。他死的时候，只留下一辆车子。齐侯没有改变他的意愿。苏绰既然操行清白，谦虚礼让自居，臣以为葬礼应该从俭，以表彰他的美德。"太祖称赞麻瑶讲得有理，推荐他入朝任职。苏绰归葬武功郡时，只用一辆布质的车子送葬。太祖与公卿大臣们都步行送到同州城门外。太祖亲自在灵车后以酒浇地祭奠说道："苏尚书平生做事，他的妻子、孩子、兄弟们有不知道的，我都知道。只有你懂得我的心思，我明白你的心意。正准备共同平定天下，你竟不幸舍我而去，我该怎么办！"说到这里太祖放声痛哭，酒杯从手里掉下去也没有觉察。等到安葬那天，太祖又派使者以牛、羊、猪三牲祭奠，还亲自写了悼文。

原　文

　　绰又著《佛性论》《七经论》，并行于世。明帝二年，以绰配享太祖庙庭。子威嗣。

　　威少有父风，袭爵美阳伯。娶晋公护女新兴公主，拜车骑大将军、仪同三司，进爵怀道县公。建德初，稍迁御伯下大夫。大象末，开府仪同大将军。

译文

　　苏绰还著有《佛性论》《七经论》，都在世间流传。明帝二年，把苏绰神位放在太祖的宗庙里一同祭祀。苏绰的儿子苏威承袭封爵。

　　苏威年轻时就有父亲的风度，承袭爵位为美阳伯。他娶晋公宇文护的女儿新兴公主为妻，被授予车骑大将军、仪同三司，进封爵位为怀道县公。建德初年，逐渐升任御伯下大夫。大象末年，任开府仪同大将军。

　　隋开皇初，以绰著名前代，乃下诏曰："昔汉高钦无忌之义，魏武抱子幹之风，前代名贤，后王斯重。魏故度支尚书、美阳伯苏绰，文雅政事，遗迹可称。展力前王，垂声著绩。宜开土宇，用旌善人。"于是追封邳国公，邑二千户。

　　隋朝开皇初年，由于苏绰在前朝著名，所以皇帝下诏道："从前汉高帝钦佩无忌的义气，魏武帝称述子幹的遗风，前代有名望的贤人，都被其后代的帝王所推重。魏国已故度支尚书、美阳伯苏绰，其施政办事，艺文礼乐皆备，遗风值得赞颂。他施展才力辅佐前代君王，名垂青史。应当赐予封地，以表彰贤能的人。"于是追封苏绰为邳国公，食邑二千户。

　　绰弟椿，字令钦。性廉慎，沉勇有决断。正光中，关右贼乱，椿应募讨之，授荡寇将军。累功封迁奉朝请、厉威将军、中散大夫，赐爵美阳子，加都督、持节、平西将军、太中大夫。大统初，拜镇东将军、金紫光禄大夫，赐姓贺兰氏。四年，出为武都郡守。改授西夏州长史，除帅都督，行弘农郡事。

　　椿当官强济，特为太祖所知。十四年，置当州乡帅，自非乡望允当众心，不得预焉。乃令驿追椿领乡兵。其年，破槃头氏有功，除散骑常侍，加大都督。十六年，征随郡，军还，除武功郡守。既为本邑，以清俭自居，小大之政，必尽忠恕。寻授使持节、车骑大将军、仪同三司，进爵为侯。武成二年，进位骠骑大将军、开府仪同三司、大都督。保定三年，卒。子植嗣。

　　苏绰的弟弟苏椿，字令钦。他为人正直、行事谨慎，沉稳果敢而有决断力。正光年间，关外边塞有贼军作乱，苏椿响应朝廷的招募令而讨伐他们，被授予荡寇将军。他不断积累功业，后来被封为奉朝请，升任厉威将军、中散大夫，还被赐予美阳子的爵位，

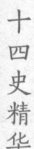

加封都督、持节、平西将军、太中大夫。大统初年，苏椿被任命为镇东将军、金紫光禄大夫，御赐姓氏贺兰。大统四年，出任武都郡守。后来，他调动官职，被授予西夏州长史，任帅都督，管辖弘农郡。

苏椿为官期间，将所管辖地方治理得非常富庶，因此被太祖赏识。大统十四年，朝廷设立本州乡兵的帅都督，苏椿自知不是本乡有名望、能信服众人的人，难以胜任，就没有参与选拔。于是，朝廷派驿吏追上苏椿，告知任命他统领乡兵。这年，苏椿攻破樊头氏部落有功，被封为散骑常侍，加封大都督。大统十六年，苏椿征讨随郡，回来后被封为武功郡守。此后，苏椿就一直在武功郡，以清正节俭自居，各种各样的大小政事，一定尽忠职守。很快，他被授予持节、车骑大将军、仪同三司的官职，进爵位为侯。武成二年，苏椿晋升为骠骑大将军、开府仪同三司、大都督的官职。保定三年，苏椿去世。苏椿有一子苏植承袭爵位。

原文

史臣曰：《书》云："惟后非贤弗乂，惟贤非后罔食"。是以知人则哲，有国之所先；用之则行，为下之常道。若乃庖厨、胥靡、种德、微管之臣，罕闻于世；黜鲁、逐荆、抱关、执戟之士，无乏于时。斯固《典》《谟》所以昭则，《风》《雅》所以兴刺也。诚能监前事之得丧，劳虚己于吐握，其知贤也必用，其授爵也勿疑，则舜禹汤武之德可连衡矣，稷契伊吕之流可比肩矣。

译文

史臣说："《尚书》说：'帝王不用贤才就治理不好国家，贤才不被帝王任用就没有俸禄。'所以知人善任就是圣明，这是治理国家最首要的事；贤才如果受到任用就应奋发有为，这是作为臣子的应尽职责。至于像伊尹、傅说、皋陶、管仲这些古代名臣，从微贱而升至高位，这种事世上少有；而被放逐在外、执戟守城侍卫之人，倒是并不少见。这就是《尚书》中的《尧典》《皋陶谟》要昭示古代圣王用人的准则，《诗经》要讽刺贤才得不到任用的原因啊。君主们如果真的能借鉴前代事迹的得失，不辞辛劳、虚己待人，礼贤下士，知道有人是贤才就一定加以任用，授给他们爵位时不要有所疑虑，这样他们的德行就可以与舜、禹、商汤、周武王这些古代圣王媲美，稷、契、伊尹、吕望这样的名臣也就能并肩出现了。

原文

太祖提剑而起，百度草创。施约法之制于竞逐之辰，修治定之礼于鼎峙之日。终能斲雕为朴，变奢从俭，风化既被，而下肃上尊；

疆场屡扰，而内亲外附。斯盖苏令绰之力也。名冠当时，庆流后嗣，宜哉。

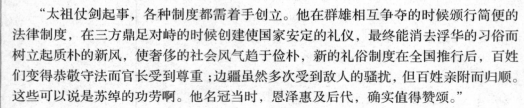

译 文

"太祖仗剑起事，各种制度都需着手创立。他在群雄相互争夺的时候颁行简便的法律制度，在三方鼎足对峙的时候创建使国家安定的礼仪，最终能消去浮华的习俗而树立起质朴的新风，使奢侈的社会风气趋于俭朴，新的礼俗制度在全国推行后，百姓们变得恭敬守法而官长受到尊重；边疆虽然多次受到敌人的骚扰，但百姓亲附而归顺。这些可以说是苏绰的功劳啊。他名冠当时，恩泽惠及后代，确实值得赞颂。"

二十四史精华

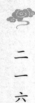

南 史

[唐] 李延寿

陈后主本纪

原　文

后主讳叔宝，字元秀，小字黄奴，宣帝嫡长子也。梁承圣二年十一月戊寅，生于江陵。明年，魏平江陵，宣帝迁于长安，留后主于穰城。天嘉三年，归建邺，立为安成王世子。光大二年，累迁侍中。

译　文

后主名叫叔宝，字元秀，小字黄奴，是宣帝的嫡长子。梁朝承圣二年十一月戊寅日，出生在江陵。第二年，魏朝攻陷了江陵，宣帝迁都长安，把后主留在穰城。天嘉三年，后主回到建邺，立为安成王的世子。光大二年，后主屡次晋升官至侍中。

原　文

太建元年正月甲午，立为皇太子。十四年正月甲寅，宣帝崩。乙卯，始兴王叔陵构逆伏诛。丁巳，太子即皇帝位于太极前殿，大赦，在位文武及孝悌力田为父后者，并赐爵一级，孤老鳏寡不能自存者，赐谷人五斛、帛二匹。癸亥，以侍中、丹阳尹、长沙王叔坚为骠骑将军、开府仪同三司、扬州刺史。乙丑，尊皇后为皇太后。丁卯，立皇弟叔重为始兴王，奉昭烈王祀。己巳，立妃沈氏为皇后。辛未，立皇弟叔俨为寻阳王，叔慎为岳阳王，叔达为义阳王，叔熊为巴山王，叔

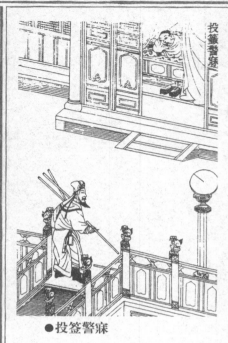

●投签警寐

虞为武昌王。甲戌,设无碍大会于太极前殿。

译文

太建元年正月甲午日,后主被立为皇太子。十四年正月甲寅日,宣帝逝世。乙卯日,始兴王陈叔陵叛乱被杀。丁巳日,太子在太极前殿即皇帝位,实行大赦,在职的文武官员以及孝顺友爱、努力耕田、有子女的人,都赐给爵位一级,孤老鳏寡不能自谋生计的人,每人赐谷五斛、帛二匹。癸亥日,任命侍中、丹阳尹、长沙王陈叔坚为骠骑将军、开府仪同三司、扬州刺史。乙丑日,尊皇后为皇太后。丁卯日,立皇弟陈叔重为始兴王,敬奉昭烈王的祭祀。己巳日,立妃子沈氏为皇后。辛未日,立皇弟陈叔俨为寻阳王,陈叔慎为岳阳王,陈叔达为义阳王,陈叔熊为巴山王,陈叔虞为武昌王。甲戌日,在太极前殿设立无碍大会。

原文

三月癸亥,诏内外众官九品以上,各荐一人。又诏求忠谠(dǎng),无所隐讳。己巳,以新除翊左将军永阳王伯智为尚书仆射(yè)。

夏四月丙申,立皇子永康公胤为皇太子,赐天下为父后者爵一级,王公以下赉(lài)帛各有差。庚子,诏:"镂金银薄、庶物化生、土木人、彩华之属,及布帛短狭轻疏者,并伤财废业,尤成蠹(dù)患。又僧尼道士,挟邪左道,不依经律,人间淫祀祆书诸珍怪事,详为条制,并皆禁绝。"

译文

三月癸亥日,诏令朝内外众官员凡在九品以上的,各举荐一人。又下诏征求忠正言论,不要有什么隐瞒忌讳。己巳日,任命新任翊左将军永阳王陈伯智为尚书仆射。

夏四月丙申日,立皇子永康公陈胤为皇太子,赐天下有子女的人爵位一级,王公以下官员赏帛多少不等。庚子日,后主发出诏令说:"镂金银饰、各种仿制品、土木人、彩布饰花之类以及短窄轻稀的布帛,都是耗费财物荒废生产的,特别容易成为祸害。另外僧尼道士,搞邪门左道,不依照经律法条,社会上的各种世俗滥祀祆书,珍奇怪事,都要详加条例限制,都要加以禁绝。"

秋七月辛未，大赦。是月，自建邺至荆州，江水色赤如血。

八月癸未，天有声如风水相激。乙酉夜，又如之。

九月丙午，设无碍大会于太极前殿，舍身及乘舆御服，大赦。辛亥夜，天东北有声如虫飞，渐移西北。丙寅，以骠骑将军、开府仪同三司、扬州刺史长沙王叔坚为司空，征南将军、江州刺史豫章王叔英即本号开府仪同三司。

至德元年春正月壬寅，大赦，改元。以征南将军、江州刺史豫章王叔英为中卫大将军；以司空、骠骑将军、开府仪同三司、扬州刺史长沙王叔坚为江州刺史；征东将军、开府仪同三司、东扬州刺史司马消难进号车骑将军。癸卯，立皇子深为始安王。

秋八月丁卯，以骠骑将军、开府仪同三司长沙王叔坚为司空。

九月丁巳，天东南有声如虫飞。

秋七月辛未日，实行大赦。本月，从建邺到荆州，长江水像血一样赤红。

八月癸未日，天空中有声音好像是风和水互相激荡。乙酉日夜，又发生了这种情况。

九月丙午日，在太极前殿设无碍大会，舍身苦行，不用车子和御服。大赦天下。辛亥日晚上，天空东北有像昆虫飞的声音，渐渐移向西北。丙寅日，任命骠骑大将军、开府仪同三司、扬州刺史长沙王陈叔坚为司空，征南将军、江州刺史豫章王陈叔英在本官号上加封开府仪同三司。

至德元年春正月壬寅日，大赦天下，改换年号。任命征南将军、江州刺史豫章王陈叔英为中卫大将军，任命司空、骠骑将军、开府仪同三司、扬州刺史长沙王陈叔坚为江州刺史，征东将军、开府仪同三司、东扬州刺史司马消难晋升为车骑将军。癸卯日，立皇子陈深为始安王。

秋八月丁卯日，任命骠骑将军、开府仪同三司长沙王陈叔坚为司空。

九月丁巳日，天空的东南方有如同虫飞的声音。

冬十一月丁酉，立皇弟叔平为湘东王，叔敖为临贺王，叔宣为阳山王，叔穆为西阳王，叔俭为南安王，叔澄为南郡王，叔兴为沅陵王，叔韶为岳山王，叔纯为新兴王。

十二月丙辰，头和国遣使朝贡。司空、长沙王叔坚有罪免。戊午夜，天开，自西北至东南，其内有青黄杂色，隆隆若雷声。

冬十一月丁酉日，后主立皇弟陈叔平为湘东王，陈叔敖为临贺王，陈叔宣为阳山王，陈叔穆为西阳王，陈叔俭为南安王，陈叔澄为南郡王，陈叔兴为沅陵王，陈叔韶为岳山王，陈叔纯为新兴王。

十二月丙辰日，头和国派遣使者前来朝贡。司空、长沙王陈叔坚有罪被免职。戊午日夜，天空开裂，自西北至东南，其中有青黄等各种颜色，隆隆地响，好像是雷声。

原文

二年春正月丁卯，分遣大使，巡省风俗。癸巳，大赦。

夏五月戊子，以吏部尚书江总为尚书仆射。

秋七月壬午，皇太子加元服，在位文武赐帛各有差。孝悌力田为父后者，赐爵一级；鳏寡癃老不能自存者，人谷五斛。

冬十一月丙寅，大赦。是月，盘盘、百济国并遣使朝贡。

译文

至德二年正月丁卯日，后主分别派遣大使，巡察社会民俗风情。癸巳日，实行大赦。

夏五月戊子日，任命吏部尚书江总为尚书仆射。

秋七月壬午日，皇太子加冠冕，在职的文武官员赐帛数量不等。孝顺友爱、努力耕田和有子女的，赐爵位一级；鳏寡病老无力自谋生计的，每人赐谷五斛。

冬十一月丙寅日，实行大赦。本月，盘盘、百济国都派遣使者前来朝贡。

原文

三年春正月戊午朔，日有蚀之。庚午，镇左将军长沙王叔坚即本号开府仪同三司。

三月辛酉，前丰州刺史章大宝举兵反。

夏四月庚戌，丰州义军主陈景详斩大宝，传首建邺。

冬十月己丑，丹丹国遣使朝贡。

十一月己未，诏修复仲尼庙。辛巳，幸长干寺，大赦。

十二月癸卯，高丽国遣使朝贡。

是岁，梁明帝殂。

至德三年正月戊午日初一，发生日食。庚午日，镇左将军长沙王陈叔坚依本官号加封开府仪同三司。

三月辛酉日，前丰州刺史章大宝起兵反叛。

夏四月庚戌日，丰州义军首领陈景详斩杀章大宝，把首级传到建邺。

冬十月己丑日，丹丹国派遣使者前来朝贡。

十一月己未，诏令修复孔子庙。辛巳日，视察长干寺，实行大赦。

十二月癸卯日，高丽国派遣使者前来朝贡。

这一年，梁明帝逝世。

原文

四年春正月甲寅，诏王公以下各荐所知，无隔舆皂。

二月丙申，立皇弟叔谟为巴东王，叔显为临江王，叔坦为新会王，叔隆为新宁王。

夏五月丁巳，立皇子庄为会稽王。

秋九月甲午，幸玄武湖，肄舻舰阅武。丁未，百济国遣使朝贡。

冬十月癸亥，以尚书仆射江总为尚书令，吏部尚书谢伷为尚书仆射。

十一月己卯，大赦。

译文

至德四年春正月甲寅日，后主诏令王公以下官员各自举荐所了解的贤人，不计较身份的低微皆可举荐。

二月丙申日，立皇弟陈叔谟为巴东王，陈叔显为临江王，陈叔坦为新会王，陈叔隆为新宁王。

夏五月丁巳日，立皇子陈庄为会稽王。

秋九月甲午日，驾临玄武湖，视察军舰检阅军队。丁未日，百济国派遣使者前来朝贡。

冬十月癸亥日，任命尚书仆射江总为尚书令，吏部尚书谢伷为尚书仆射。

十一月己卯日，大赦天下。

　　祯明元年春正月戊寅，大赦，改元。乙未，地震。

　　秋九月庚寅，梁太傅安平王萧岩、荆州剌史萧瓛，遣其都官尚书沈君公诣荆州剌史陈慧纪请降。辛卯，岩等帅其文武官男女济江。甲午，大赦。

　　冬十一月丙子，以萧岩为平东将军、开府仪同三司、东扬州剌史。丁亥，以骠骑大将军、开府仪同三司豫章王叔英为兼司徒。

　　十二月丙辰，以前镇卫大将军、开府仪同三司、东扬州剌史鄱阳王伯山为镇卫大将军、开府仪同三司。

　　祯明元年春季的正月戊寅日，实行大赦，改换年号。乙未日，发生地震。

　　秋九月庚寅日，梁朝的太傅安平王萧岩、荆州剌史萧瓛，派遣他们的都官尚书沈君公到荆州剌史陈慧纪那里请求投降。辛卯日，萧岩等率领他们的文武官员和男女众人渡过长江。甲午日，实行大赦。

　　冬十一月丙子日，任命萧岩为平东将军、开府仪同三司、东扬州剌史。丁亥日，任命骠骑大将军、开府仪同三司豫章王陈叔英兼任司徒。

　　十二月丙辰日，任命前镇卫大将军、开府仪同三司、东扬州剌史鄱阳王陈伯山为镇卫大将军、开府仪同三司。

　　二年春正月辛巳，立皇子恮为东阳王，恬为钱唐王。

　　夏四月戊申，有群鼠无数，自蔡洲岸入石头，渡淮至于青塘两岸，数日自死，随流出江。是月，郢州南浦水黑如墨。

　　五月甲午，东冶铸铁，有物赤色，大如数升，自天坠镕所，有声隆隆如雷，铁飞出墙外，烧人家。

　　六月戊戌，扶南国遣使朝贡。庚子，废皇太子胤为吴兴王，立扬州剌史始安王深为皇太子。辛丑，以太子詹事袁宪为尚书仆射。丁巳，大风自西北激涛水入石头城，淮渚暴溢，漂没舟乘。

冬十月己亥,立皇子藩为吴王。己酉,幸莫府山,大校猎。

十一月丁卯,诏克日于大政殿讯狱。丙子,立皇弟叔荣为新昌王,叔匡为太原王。

译文

祯明二年正月辛巳日,立皇子陈恮为东阳王,陈恬为钱塘王。

夏四月戊申日,有一大群老鼠无数只,从蔡州的江岸进入石头城,渡过淮河到达青塘两岸,不几天自行死去,随着长江流水漂出长江。本月,郢州的南浦水黑得像墨一样。

五月甲午日,东冶铸造铁器,有一个红色物体,有几升大小,从天上落入熔炉中,发出雷鸣一般的隆隆声,铁水又飞出墙外,烧了居民的宅院。

六月戊戌日,扶南国派遣使者前来朝贡。庚子日,把皇太子陈胤废黜为吴兴王,立扬州刺史始安王陈深为皇太子。辛丑日,任命太子詹事袁宪为尚书仆射。丁巳日,大风从西北方激起浪涛,水进入石头城,淮河暴涨,淹没了舟船。

冬十月己亥日,立皇子陈藩为吴王。己酉日,驾临莫府山,进行大范围狩猎。

十一月丁卯日,诏令限定日期在大政殿审理案件。丙子日,立皇弟陈叔荣为新昌王,陈叔匡为太原王。

原文

初隋文帝受周禅,甚敦邻好,宣帝尚不禁侵掠。太建末,隋兵大举,闻宣帝崩,乃命班师,遣使赴吊,修敌国之礼,书称姓名顿首。而后主益骄,书末云:"想彼统内如宜,此宇宙清泰。"隋文帝不说,以示朝臣。清河公杨素以为主辱,再拜请罪,及襄邑公贺若弼并奋求致讨。后副使袁彦聘隋,窃图隋文帝状以归,后主见之,大骇曰:"吾不欲见此人。"每遣间谍,隋文帝皆给衣马,礼遣以归。

译文

起初隋文帝受周朝的禅让,十分注意与邻国友邦修好,宣帝并不怎么防范侵掠。太建末年,隋兵大举南下,听说宣帝去世,便命令回军,派遣使者前往陈国吊祭,用敌国的礼节,书信称姓名顿首,而后主越发骄傲,在回信的末尾说:"想来你所统驭的地区如果自觉满意,这天下就会清静太平。"隋文帝读后很不高兴,把它拿给朝臣看。清河公杨素认为这是对君主的耻辱,跪拜请罪,他和襄邑公贺若弼都奋力请求兴兵讨伐。后来陈国副使袁彦出使隋朝,暗中里把隋文帝的相貌画下来带回朝中,后主见了,大惊说:"我不愿意见到这个人。"每次陈朝派遣间谍,隋文帝都送给衣

●张丽华

服马匹，以礼相待，打发他们回去。

原文

后主愈骄，不虞外难，荒于酒色，不恤政事，左右嬖佞珥貂者五十人，妇人美貌丽服巧态以从者千余人。常使张贵妃、孔贵人等八人夹坐，江总、孔范等十人预宴，号曰"狎客"。先令八妇人襞采笺，制五言诗，十客一时继和，迟则罚酒。君臣醋饮，从夕达旦，以此为常。而盛修宫室，无时休止。税江税市，征取百端。刑罚酷滥，牢狱常满。

译文

后主愈加骄傲，不担心境外的强敌，沉溺于酒色，不问政事，左右心腹奸佞小人位居高位、佩貂尾者有五十个，随侍身边容貌美丽、衣服华艳、佩戴珠玉耳饰的女子有一千多人。后主经常让张贵妃、孔贵人等八人杂坐在一起，江总、孔范等十人一起宴饮，号称"狎客"。先让八个妇人折叠彩纸，作五言诗，十个狎客同时接续唱和，谁写迟了就罚酒。君臣醋饮，从晚上直到第二日早晨，这是常有的事。后主还大修宫室，无休无止。征收江税市税，名目百种，酷刑繁多，牢狱经常人满为患。

原文

覆舟山及蒋山柏林，冬月常多采醴，后主以为甘露之瑞。前后灾异甚多。有神自称老子，游于都下，与人对语而不见形，言吉凶多验，得酒辄醮之，经三四年乃去。船下有声云"明年乱"。视之，得婴儿长三尺而无头。蒋山众鸟鼓两翼以拊膺，曰"奈何帝！奈何帝！"又建邺城无故自坏。青龙出建阳门，井涌雾，赤地生黑白毛，大风拔朱雀门，临平湖草旧塞，忽然自通。后主又梦黄衣人围城，乃尽去绕城橘树。又见大蛇中分，首尾各走。夜中索饮，忽变为血。有血沾阶至于坐床头而火起。有狐入其床下，捕之不见。以为袄，乃自卖于佛寺为奴以禳之。于郭内大皇佛寺起七层塔，未毕，火从中起，飞至石头，烧死者甚众。又采木湘州，拟造正寝，筏至牛渚矶，尽没水中，既而渔人见筏浮于海上。起齐云观，国人歌曰："齐云观，寇来无际畔。"始北齐末，诸省官人多称省主，未几而灭。至是举朝亦有此称，识者以为省主，主将见省之兆。

覆舟山和蒋山的柏树林，冬天经常分泌出许多汁液，后主认为是祥瑞的甘露。在这前后灾害很多。有个神人自称是老子，漫游京城，和人对面说话而不见身影，预言吉凶大多应验，得到酒就饮尽，过了三四年才离开。江中船下有声音说"明年乱"。仔细一搜寻，发现有一个婴儿，身长三尺却无头。蒋山的群鸟扇动着两个翅膀拍着胸，说"奈何帝！奈何帝！"又有建邺城墙无故自己损坏。有青龙飞出建阳门，井中涌出雾气，红土地上生出黑白毛，大风吹毁了朱雀门，临平湖之前被草阻塞，忽然自己畅通。后主又梦见有穿黄衣服的人围攻都城，于是便全部砍掉了环绕城市的橘树。他又看见一条大蛇从中间分开，头尾各自爬行。他在夜里要水喝，水却忽然变成了血。有血洒在台阶上，又弄到坐床的头上而起火。有狐狸钻入他的床下，去捉它却又看不见了。后主以为是反常的妖异现象，于是便到佛寺中自己卖身为奴来消灾。他在城内大皇佛寺建了一座七层塔，还没有建成，火就从里面烧起来，大火飞到石头城，烧死的人很多。又在湘州采伐木材，准备建造死后的棺木，木筏行到牛渚矶，全部沉没在水中，不久有一个渔夫看见木筏漂在海上。盖起了一座齐云观，国中人有歌谣说："齐云观，寇来无际畔。"当初在北齐末年，各台省的长官多称为省主，不久北齐就灭亡了。到现在整个朝廷也有这种说法，有识者认为省主，就是国主被省的征兆。

隋文帝谓仆射高颎（yè jiǒng）曰："我为百姓父母，岂可限一衣带水不拯之乎？"命大作战船。人请密之，隋文帝曰："吾将显行天诛，何密之有！使投柿于江，若彼能改，吾又何求。"及纳梁萧瓛、萧岩，隋文愈忿，以

●玉树新声

晋王广为元帅,督八十总管致讨。乃送玺书,暴后主二十恶。又散写诏书,书三十万纸,遍喻江外。

　　隋文帝对仆射高颎说:"我作为天下百姓的父母,怎么可以因被一衣带水的长江阻隔而不去拯救南方的百姓?"就命令大造战船。有人请求保守秘密,隋文帝说:"我将要公开替天行道进行讨伐,有什么秘密要保?让人把削下的木片投到江中,如果他能改悔,我又有别的要求吗?"等到后主接受了萧瓛、萧岩的投降,隋文帝越发愤怒,任命晋王杨广为元帅,督统八十总管进行讨伐。派人送去了盖有玉玺的信,揭露后主的二十条罪恶。又散发诏书,写成三十万张,遍撒江外,让长江以南地区的人们都知道。

　　诸军既下,江滨镇戍相继奏闻。新除湘州刺史施文庆、中书舍人沈客卿掌机密,并抑而不言。

　　隋朝各路军队沿江而下,江边镇守的军将相继奏知朝廷。新任命的湘州刺史施文庆、中书舍人沈客卿掌管机密,都把情报扣下而不上报。

　　初萧岩、萧瓛之至也,德教学士沈君道梦殿前长人,朱衣武冠,头出栏上,攘臂怒曰:"那忽受叛萧误人事。"后主闻之,忌二萧,故远散其众,以岩为东扬州刺史,瓛为吴州刺史。使领军任忠出守吴兴郡,以襟带二州。使南平王嶷镇江州,永嘉王彦镇南徐州。寻召二王赴期明年元会,命缘江诸防船舰,悉从二王还都为威势,以示梁人之来者,由是江中无一斗船。上流诸州兵,皆阻杨素军不得至。都下甲士尚十余万人。及闻隋军临江,后主曰:"王气在此,齐兵三度来,周兵再度至,无不摧没。虏今来者必自败。"孔范亦言无渡江理。但奏伎纵酒,作诗不辍。

　　起初萧岩、萧瓛前来,德教学士沈君道梦见殿前有个高个子的人,身穿红衣服头戴武士冠，头超出殿前栏杆，挥动手臂愤怒地说："怎么忽然接纳叛徒萧氏而误了国家大事！"后主听说后，猜忌二萧，所以把他们的兵众远远地分散开，任命萧岩为东扬州刺史，任命萧瓛为吴州刺史。让领军任忠出朝镇守吴兴郡，以便像襟带一样环绕二州。派南平王陈嶷镇守江州，永嘉王陈彦镇守南徐州。不久又召二王还京准备明年元旦的朝会，命令沿江的各防御舰船，全部跟随二王回到京城来造成威势，用以显示给前来投降的梁人看，因此江中已经没有一只战船。上游各州的军兵，都因为在阻止杨素的军队而不能到来。京城的带甲战士还有十余万人。等到听说隋军到了江中，后主说："王气在此，齐兵三度来犯，周兵两次到达，无不被摧毁。敌人现在来侵，必然自取败运。"孔范也说没有渡江的道理。只是继续观看伎人奏乐和纵情饮酒，共同作诗。

原　文

　　三年春正月乙丑朔，朝会，大雾四塞，入人鼻皆辛酸。后主昏睡，至晡时乃罢。是日，隋将贺若弼自北道广陵济，韩擒趋横江济，分兵晨袭采石，取之。进拔姑孰，次于新林。时弼攻下京口，缘江诸戍望风尽走，弼分兵断曲阿之冲而入。丙寅，采石戍主徐子建至告变。戊辰，乃下诏曰："犬羊陵纵，侵窃郊畿，蜂虿有毒，宜时扫定，朕当亲御六师，廓清八表，内外并可戒严。"于是以萧摩诃为皇畿大都督，樊猛为上流大都督，樊毅为下流大都督，司马消难、施文庆并为大监军，重立赏格，分兵镇守要害，僧尼道士尽皆执役。

译　文

　　祯明三年正月乙丑日初一，举行朝会，大雾弥漫四方，进入人的鼻孔都感到辛辣。后主昏然睡去，到傍晚才醒。这一天，隋将贺若弼从北面的广陵渡江，韩擒虎前往横江渡江，分兵于清晨袭击采石，将它攻占。又进军占领姑孰，驻扎在新林。当时贺若弼攻下京口，沿江各个据点的守军全都望风逃走，贺若弼分兵截断曲阿的要冲而攻入。丙寅日，采石的守军主将徐子建赶到都城，报告了情况的变化。戊辰日，下诏书说："虏寇猖狂，已侵占近郊，蜂蝎有毒，应及时扫除，朕定要亲自率领六军，肃清八方敌寇，京城内外全部戒严。"于是任命萧摩诃为皇畿大都督，樊猛为上流大都督，樊毅为下流大都督，司马消难、施文庆都为大监军，确立优厚的奖赏条例，分兵镇守要害，僧尼道士全都被强迫参加劳役。

　　庚午，贺若弼攻陷南徐州。辛未，韩擒又陷南豫州。隋军南北道并进。辛巳，贺若弼进军锺山，顿白土冈之东南，众军败绩。弼乘胜进军宫城，烧北掖门。是时，韩擒率众自新林至石子冈，镇东大将军任忠出降擒，仍引擒经朱雀航趣宫城，自南掖门入。城内文武百司皆遁出，唯尚书仆射袁宪、后合舍人夏侯公韵侍侧。宪劝端坐殿上，正色以待之。后主曰："锋刃之下，未可及当，吾自有计。"乃逃于井。二人苦谏不从，以身蔽井，后主与争久之方得入。沈后居处如常。太子深年十五，闭合而坐，舍人孔伯鱼侍焉。戎士叩合而入，深安坐劳之曰："戎旅在涂，不至劳也。"既而军人窥井而呼之，后主不应。欲下石，乃闻叫声。以绳引之，惊其太重，及出，乃与张贵妃、孔贵人三人同乘而上。隋文帝闻之大惊。开府鲍宏曰："东井上于天文为秦，今王都所在，投井其天意邪。"先是江东谣多唱王献之《桃叶辞》，云："桃叶复桃叶，度江不用楫，但度无所苦，我自接迎汝。"及晋王广军于六合镇，其山名桃叶，果乘陈船而度。丙戌，晋王广入据台城，送后主于东宫。

　　庚午日，贺若弼攻下南徐州。辛未日，韩擒虎又攻陷了南豫州。隋军南北道并进。辛巳日，贺若弼进军钟山，驻扎在白土冈的东南面，守卫的众军溃败。贺若弼乘胜进军宫城，火烧北掖门。这时候，韩擒虎率领军兵从新林到石子冈，镇东大将军任忠出城向韩擒虎投降，又引导韩擒虎经过朱雀航奔向宫城，从南掖门进入。城内文武百官都逃跑了，只有尚书仆射袁宪、后阁舍人夏侯公韵在后主身边侍候。袁宪劝后主端坐在殿上，面色严肃地等待他们。后主说："刀剑砍下来，来不及抵挡，我自有办法。"便逃到了井里。两人苦苦劝谏而不听从，就用身体把井挡住，后主与他们争了好久才得以进入井中。沈皇后的居住、举止和平常一样。太子陈深十五岁，关上门坐在里边，舍人孔伯鱼在旁边侍候。军士敲门闯入，陈深安然坐在那里慰劳他们说："军旅征战路途中，我没有能够前去慰劳。"随后军人窥视井中而进行呼叫，后主不答应。后来要把石头投下去，才听到叫声。他们用绳子往上拉他，都很惊奇他怎么这么沉，等到拉上来一看，原来是后主与张贵妃、孔贵人三个人一同乘着绳子上来。隋文帝听说后非常吃惊。开府鲍宏说："东井在天文上的分野是秦地，现在是京城所在的地方，投井大概是天意吧！"先前江东民谣经常唱王献之的《桃叶辞》，说："桃叶复桃叶，渡江不用楫。但渡无所苦，我自迎接汝。"等到晋王杨广驻军在六合镇，当地那座山叫作桃叶山，果然是乘坐着陈朝的船渡江的。丙戌日，晋王杨广进入并占据台城，把后主送到了东宫。

●韩擒虎

原 文

三月己巳，后主与王公百司，同发自建邺，之长安。隋文帝权分京城人宅以俟，内外修整，遣使迎劳之，陈人讴咏，忘其亡焉。使还奏言："自后主以下，大小在路，五百里累累不绝。"隋文帝嗟叹曰："一至于此。"及至京师，列陈之舆服器物于庭，引后主于前，及前后二太子、诸父诸弟众子之为王者，凡二十八人；司空司马消难、尚书令江总、仆射袁宪、骠骑萧摩诃、护军樊毅、中领军鲁广达、镇军将军任忠、吏部尚书姚察、侍中中书令蔡征、左卫将军樊猛，自尚书郎以上二百余人，文帝使纳言宣诏劳之。次使内史令宣诏让后主，后主伏地屏息不能对，乃见宥。隋文帝诏陈武、文、宣三帝陵，总给五户分守之。

译 文

三月己巳日，后主和王公百官，一同从建邺出发，前往长安。隋文帝临时分出京城居民的房舍来等候他们，内外修整，派遣使者迎接和慰劳他们，陈朝人讴歌咏叹，忘记了他们的亡国。使者回来上奏说："从后主往下，大大小小走在路上，五百里绵绵不绝。"隋文帝叹息说："竟然到了这种地步。"等到了京城，把陈朝的车服器物摆放在庭院中，引导后主走到前面，还有前后两个太子、各个叔伯兄弟儿子当中做王的，共二十八人；司空司马消难、尚书令江总、仆射袁宪、骠骑萧摩诃、护军樊毅、中领军鲁广达、镇军将军任忠、吏部尚书姚察、侍中中书令蔡征、左卫将军樊猛，自尚书郎以上二百多人，文帝让纳言宣读诏书慰劳他们。然后又让内史令宣读诏书责备后主，后主伏在地上屏住呼吸不能对答，才被宽免。隋文帝诏令陈朝的武、文、宣三个皇帝的陵墓，总共派给五户人家分别守护。

　　初,武帝始即位,其夜奉朝请史普直宿省,梦有人自天而下,导从数十,至太极殿前,北面执玉策金字曰:"陈氏五帝三十二年。"及后主在东宫时,有妇人突入,唱曰"毕国主"。有鸟一足,集其殿庭,以嘴画地成文,曰:"独足上高台,盛草变为灰,欲知我家处,朱门当水开。"解者以为独足盖指后主独行无众,盛草言荒秽,隋承火运,草得火而灰。及至京师,与其家属馆于都水台,所谓上高台当水也。其言皆验。或言后主名叔宝,反语为"少福",亦败亡之征云。

　　起初,武帝刚即位,当天夜里奉朝请史普在殿中值勤,梦见有人从天而降,引导和随从的人有几十个,到太极殿前,面向北方拿着金字玉册说:"陈氏五帝共三十二年。"后来后主在东宫的时候,有个妇女突然进来,唱道:"毕国主。"有鸟都是一只脚,聚集在大殿庭院中,用嘴划地成文,说:"独足上高台,盛草变为灰,欲知我家处,朱门当水开。"能解的人认为独足就是指后主专断独行不得民心,盛草是说荒芜,隋朝承的是火运,草遇到火而变为灰,等到了京城,和他的家属在都水台建立馆舍,就是所谓上高台挡水了。那些话都应验了。还有人说后主名叫叔宝,反语为"少福",也是败亡的征兆。

　　既见宥,隋文帝给赐甚厚,数得引见,班同三品。每预宴,恐致伤心,为不奏吴音。后监守者奏言:"叔宝云,'既无秩位,每预朝集,愿得一官号'。"隋文帝曰:"叔宝全无心肝。"监者又言:"叔宝常耽醉,罕有醒时。"隋文帝使节其酒,既而曰:"任其性;不尔,何以过日。"未几,帝又问监者叔宝所嗜。对曰:"嗜驴肉。"问饮酒多少?对曰:"与其子弟日饮一石。"隋文帝大惊。及从东巡,登芒山,侍饮,赋诗曰:"日月光天德,山川壮帝居,太平无以报,愿上东封书。"并表请封禅,隋文帝优诏谦让不许。后从至仁寿宫,常侍宴,及出,隋文帝目之曰:"此败岂不由酒;将作诗功夫,何如思安时事。当贺若弼度京口,彼人密启告急,叔宝为饮酒,遂不省之。高颎至日,犹见启在床下，未开封。此亦是可笑，盖天亡也。昔苻氏所征得国，皆荣贵其主。苟欲求名，不知违天命，与之官，乃违天也。"

译 文

后主被宽免以后，隋文帝赐给他的东西非常优厚，后主多次得到隋文帝的召见，等级和三品官相同。后主常常参加宴会，怕他伤心，所以不奏吴地音乐。后来监守人上奏道："陈叔宝说：'现在没有官职级别，又常常参加朝廷的集会，所以希望得到一个官号。'"隋文帝说："陈叔宝全无心肝。"监守人又说："陈叔宝经常沉醉，很少有清醒的时候。"隋文帝让他节制饮酒，稍后又说："随他的性子吧，不然，他怎么过日子呢？"不久，文帝又问监守人陈叔宝嗜好什么东西。回答说："他爱吃驴肉。"问他饮酒多少，回答说："和他的子弟每天饮一石。"隋文帝大惊。后来随从东巡，登芒山，陪同饮酒，并且赋诗说："日月光天德，山川壮帝居，太平无以报，愿上东封书。"并且上表请求封禅，隋文帝宽厚地下诏谦让而不答应。后来跟随到了仁寿宫，常常陪从宴会，等他出去后，隋文帝看着他说："这样的失败难道不是因为酒吗，如果把精力都放在作诗上，怎么可能会考虑安定天下的大事！当贺若弼渡过京口的时候，那边的人秘密写信告急，陈叔宝为了饮酒，便没有看它，高颎到的时候，看见信还放在床下边，连信封都没有打开。这也的确可笑，看来是天意要灭亡陈国的。从前苻氏征伐攻占各个国家，都是让战败国的国主保持其荣华富贵。如果想要求得虚名，却不知道这违背天命，给他官做，就是违背天命。"

原 文

隋文帝以陈氏子弟既多，恐京下为过，皆分置诸州县，每岁赐以衣服以安全之。

后主以隋仁寿四年十一月壬子，终于洛阳，时年五十二。赠大将军，封长城县公，谥曰炀。葬河南洛阳之芒山。

译 文

隋文帝因为陈氏的子弟太多，恐怕在京城造成麻烦，都分别给安置在各个州县，每年赐给衣服以安抚和保全他们。

后主于隋朝的仁寿四年十一月壬子日，在洛阳去世，当时五十二岁。追赠为大将军，封为长城县公，谥号为炀。葬在河南洛阳的芒山。

北 史

[唐] 李延寿

尔朱荣传

原文

　　尔朱荣字天宝,北秀容人也。世为部落酋帅,其先居尔朱川,因为氏焉。

　　高祖羽健,魏登国初为领人酋长,率契胡武士从平晋阳,定中山,拜散骑常侍。以居秀容川,诏割方三百里封之,长为世业。道武初,以南秀容川原沃衍,欲令居之。羽健曰:"家世奉国,给侍左右,北秀容既在划内,差近京师,岂以沃堵,更迁远地?"帝许之。所居处曾有狗舐地,因而穿之得甘泉,因名狗舐泉。

●秋猎

译文

　　尔朱荣,字天宝,北秀容人。他家世代担任部落的酋长,他的祖先居住在尔朱川,因此以尔朱作为姓氏。

　　他的高祖尔朱羽健,北魏道武帝登国初年任领人酋长,率领契胡的武士跟随魏军攻破晋阳,平定中山,被封为散骑常侍。因其定居在秀容川,朝廷下诏划定周围三百里的土地赏赐给他，作为世代的家业。道武帝初年，因为南秀容原野肥沃宽广，所以天子想让他迁到那里居住。尔朱羽健说："以后我家世代为国家效劳，侍奉在皇帝陛下左右，北秀容既然已经被开垦，又靠近京城，怎么能因为土地的肥沃与贫瘠，再次迁往较远的地方呢？"道武帝同意了他的请求。他住的地方曾经有一块地被狗用舌头舔过，因而在那块地方挖掘出的一股甘泉，便取名狗舐泉。

原文

曾祖郁德、祖代勤，继为酋长。代勤，太武敬哀皇后舅也。既以外亲，兼数征伐有功，给复百年，除立义将军。曾围山而猎，部人射虎，误中其髀。代勤仍令拔箭，竟不推问，曰："此既过误，何忍加罪。"部内咸感其意。位肆州刺史，封梁郡公，以老致仕，岁赐帛百疋以为常。卒，谥曰庄。孝庄初，追赠太师、司徒公、录尚书事。

译文

尔朱荣的曾祖尔朱郁德、祖父尔朱代勤，相继担任酋长。尔朱代勤，是太武帝敬哀皇后的舅舅。因为他是外戚，加上多次征战有功，朝廷在他的封地内免除一百年的徭役，授予他立义将军之职。他曾到山中围猎，部落中有人用箭射猛虎，误中了他的大腿。尔朱代勤让人将箭拔出，竟不追问是谁射的，说："这是误伤，怎么忍心再加罪于他呢？"部落内的人都为他所感动。尔朱羽健官至肆州刺史，被封为梁郡公，后因年老辞官，朝廷每年赐给他一百匹布帛作为常例。尔朱羽健去世后，谥号为庄。孝庄帝初年，追赠为太师、司徒公、录尚书事。

原文

父新兴，太和中继为酋长。曾行马群，见一白蛇，头有两角，咒之，求畜牧蕃息。自是牛羊驼马，日觉滋盛，色别为群，谷量之。朝廷每有征讨，辄献私马，兼备资粮，助裨军用。孝文嘉之。及迁洛，特听冬朝京师，夏归部落。每入朝，诸公王朝贵，竞以珍玩遗之，新兴亦报以名马。位散骑常侍、平北将军、秀容第一领人酋长。新兴每春秋二时，恒与妻子阅畜牧于川泽，射猎自娱。明帝时，以年老，启求传爵于荣。卒，谥曰简。孝庄初，赠太师、相国、西河郡王。

　　尔朱荣的父亲尔朱新兴，在太和年间继任为酋长。他曾经巡察马群，遇见一条白蛇，头上长有两只角，因而向白蛇祝愿祈祷，请求畜牧兴旺。从此，他的牛羊驼马，日渐繁盛。他根据牲畜身上的毛色将它们分列成群，用山谷来测算出它们的数量。朝廷每次征讨，他都献出自己养的马，又准备好军粮，供应军需用度。孝文帝因此嘉奖他。迁都洛阳后，朝廷特别允许他冬天到京城朝拜，夏天回到部落。每次入朝，所有的王公显贵，都竞相送给他珍奇古玩，他也回送名马报答。他的官位一直做到散骑常侍、平北将军、秀容第一领人酋长。每年春、秋两个季节，他都与妻儿到山川大泽中检阅畜牧的情况，并以骑马射猎为乐。孝明帝时，尔朱新兴因为自己年迈，请求朝廷将他的爵位传给儿子尔朱荣。他去世后，谥号为简。孝庄帝初年，追赠封号为太师、相国、西河郡王。

　　荣洁白美容貌，幼而神机明决。及长，好射猎，每设围誓众，便为军阵之法，号令严肃，众莫敢犯。秀容界有池三所，在高山上，清深不测，相传曰祁连池，魏言天池也。父新兴曾与荣游池上，忽闻箫鼓音，谓荣曰："古老相传，闻此声，皆至公辅。吾年老暮，当为汝耳。"荣袭爵，后除直寝、游击将军。

　　尔朱荣肤色白净、容貌俊美，从小就神情机警而且聪明果决。长大后，他喜欢骑马射猎，每次围猎向众人宣誓，然后演练军队布阵的方式，号令严明，众人都不敢违犯。秀容一带有三处水池，都在高山上，清冽幽深不可测，相传叫祁连池，就是北魏时所说的天池。他的父亲尔朱新兴和他一起到祁连池游赏，忽然听到空中传来箫笛锣鼓的声音，父亲对他说："古代传说，听到这种声音的人，都官至王公宰辅。我年纪已到迟暮，这应当说的是你啊。"他继承父亲的爵位，后来又被授予直寝、游击将军。

　　正光中，四方兵起，遂散畜牧，招合义勇。以讨贼功，进封博陵郡公，其梁郡前爵听赐第二子。时荣率众至肆州，刺史尉庆宾闭城不纳。荣怒，攻拔之，乃署其从叔羽生为刺史，执庆宾还秀容。自是兵威渐盛，朝廷亦不能罪责。及葛荣吞杜洛周，荣恐其南逼鄴城，表

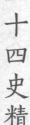

求东援相州,帝不许。荣以山东贼盛,虑其西逸,乃遣兵固守滏口以防之。于是北捍马邑,东塞井陉。

译文

正光年间,刀兵四起,天下大乱,尔朱荣遣散畜群,招募义勇。因讨贼立下战功,被晋封为博陵郡公,过去的爵位赐给了他的二儿子。他率领军队到肆州,刺史尉庆宾闭门不纳。他非常恼怒,挥军攻下城池,任命他的堂叔尔朱羽生为刺史,把尉庆宾押解回到秀容。从此他的兵马逐渐强盛,朝廷也不能加罪于他。葛荣吞并杜洛周以后,尔朱荣担心他会向南进攻邺城,上表请求向东援助相州,孝明帝不准许。他又认为太行山以东一带盗贼强大,怕他们向西进犯,便派兵把守滏口防御。于是尔朱荣北边防御马邑,东边驻守井陉。

原文

寻属明帝崩,事出仓卒,荣乃与元天穆等密议,入匡朝廷。抗表云:"今海内草草,异口一言,皆云大行皇帝鸩毒致祸,举潘嫔之女以诳百姓,奉未言之儿而临四海。求以徐纥、郑俨之徒,付之司败。更召宗亲,推其明德。"于是将赴京师。灵太后甚惧,诏以李神轨为大都督,将于太行杜防。荣抗表之始,遣从子天光、亲信奚毅及仓头王相入洛,与从弟世隆密议废立。天光乃见庄帝,具论荣心,帝许之。天光等还北,荣发晋阳,犹疑所立,乃以铜铸孝文及咸阳王禧等五王子孙像,成者当奉为主。唯庄帝独就。师次河内,重遣王相密迎庄帝与帝兄彭城王劭、弟始平王子正。武泰元年四月,庄帝自高渚度,至荣军,将士咸称万岁。

译文

不久孝明帝驾崩,由于事出突然,尔朱荣就与元天穆等人密议,准备进京匡扶朝廷。他们向朝廷上表抗议说:"现在国内议论纷纷,虽然出自不同人之口却说同一句话,认为皇帝是被鸩酒毒死的,朝廷抛出潘嫔的女儿以欺骗天下百姓,抬出不会说话的小孩子来君临天下。我们请求把徐纥、郑俨等人交给主管刑法的部门处置。还要召集皇室宗亲,宣扬孝明帝的英明品德。"于是准备统率军队进京。灵太后非常恐慌,就下诏命李神轨为大都督,准备在太行山一带阻击尔朱荣。尔朱荣上表抗言之初,就派他的侄子尔朱天光、亲信奚毅和奴仆王相偷偷进入洛阳,与他的堂弟尔朱世隆密谋废立皇帝的事。尔朱天光见到孝庄帝，谈了尔朱荣的打算，孝庄帝同意即位。尔朱天光等人回到尔朱荣那里，尔朱荣就从晋阳出兵向洛阳进发，他还怀疑拥立的皇帝是否合适，就用铜铸造孝文帝和咸阳王元禧等五位君王子孙的像，谁的铜像能铸成就拥立谁为君主。结果只有孝庄帝的像铸造成功。军队到达河内，他又派王相秘密将孝庄帝，与他的哥哥彭城王元劭、弟弟始平王元子正接来。武泰元年四月，孝庄帝从高渚过黄河来到尔朱荣的军队，将士们一齐高呼万岁。

原 文

及庄帝即位，诏以荣为使持节、都督中外诸军事、大将军、开府、尚书令、领军将军、领左右、太原王。及度河，太后乃下发入道，内外百官皆向河桥迎驾。

译 文

等到孝庄帝即位，下诏封尔朱荣为使持节、都督中外诸军事、大将军、开府、尚书令、领军将军、领左右、太原王。当尔朱荣率军渡过黄河，灵太后就散开发髻入道修行，朝廷内外的官员都到河桥迎接孝庄帝。

原 文

荣惑武卫将军费穆之言，谓天下乘机可取。乃谲朝士共为盟誓，将向河阴西北三里，至南北长堤，悉命下马西度，即遣胡骑四面围之。妄言丞相高阳王欲反，杀百官王公卿士二千余人，皆敛手就戮。又命二三十人拔刀走行宫。庄帝及彭城王、霸城王俱出帐。荣先遣并州人郭罗察共西部高车叱列杀鬼在帝左右，相与为应。及见事起，假言防卫，抱帝入帐，余人即害彭城、霸城二王。乃令四五十人迁帝于河桥，沉灵太后及少主于河。时又有朝士百余人后至，仍于堤东被围。遂临以白刃，唱云能为禅文者出，当原其命。时有陇西李神俊、顿丘李谐、太原温子升并当世辞人，皆在围中，耻是从命，俯伏不应。有御史赵元则者，恐不免死，出作禅文。荣令人诚军士，言元氏既灭，尔朱氏兴。其众咸称万岁。荣遂铸金为己像，数四不成。时荣所信幽州人刘灵助善卜占，言今时人事未可。荣乃曰："若我作不吉，当迎天穆立之。"灵助曰："天穆亦不吉，唯长乐王有王兆耳。"荣亦精神恍惚,不自支持,遂便愧悔。至四更中,乃迎庄帝,望马首叩头请死。其士马三千余骑,既滥杀朝士,乃不敢入京,即欲向北为移都之计。持疑经日,始奉驾向洛阳宫。及上北芒,视城阙,复怀畏惧,不肯更前。武卫将军汎礼苦执不听。复前入城,不朝戍,北来之人,皆乘马入殿。诸贵死散,无复次序,庄帝左右,唯有故旧数人。荣犹执移都之议,上亦无以拒焉。又在明光殿重谢河桥之事,誓言无复二心。庄帝自起止之,因复为荣誓,言无疑心。荣喜,因求酒一遍。及醉熟,帝欲诛之,左右苦谏乃止。即以床辇向中常侍省。荣夜半方寤,遂达旦不眠。自此不复禁中宿矣。

译文

　　尔朱荣被武卫将军费穆的谗言迷惑,以为可以乘机夺取天下。于是便诈称官员们要共同设盟立誓,将大家引向河阴西北三里的地方,到南北长堤旁,命令他们都下马向西渡河,随即派胡族骑兵将他们四面包围,扬言丞相高阳王想谋反,借机杀死了王公卿士两千多人,所有的官员都束手被杀。他又命令二三十个心腹持刀来到行宫。孝庄帝和彭城王、霸城王都走出军帐。尔朱荣事先派并州人郭罗察和西部高车国的叱列杀鬼守在孝庄帝身边,作为接应。他们二人看见事变发生,假称要保护皇帝,抱起孝庄帝进入军帐,其他人便杀害了彭城王和霸城王。他又命令四五十人将孝庄帝迁移到河桥,将灵太后和少主元钊沉入黄河淹死。这时又有一百多位朝臣随后赶来,仍然在河堤东面被包围。军士们拔出利刃,尔朱荣高声说能够写传位诏书的人站出来,可以活命。当时被包围的群臣中有陇西人李神俊、顿丘人李谐、太原人温子升都是当代写文章的高手,由于耻于做这件事,便俯伏在地上不答应。御史赵元则,害怕会被杀戮,就出来起草传位的禅文。尔朱荣又命人告诫将士们,说元氏就要灭亡,尔朱氏即将兴起,大家都高呼他万岁。他用金属铸造自己的像,铸造了四次都没有成功。这时候,他所信赖的幽州人刘灵助善于占卜,说今天时机还不成熟。他便说:"如果我当皇帝不吉利,当迎立元天穆为帝。"刘灵助说:"元天穆也不吉利,只有长乐王有称帝的兆头。"尔朱荣听后精神恍惚,不能自持,又惭愧又悔恨,到四更天时,又请出孝庄帝,跪在孝庄帝的马前叩头请死。他的三千多骑兵因滥杀朝臣,便不敢进入京城,尔朱荣便有了向北迁都的想法。经过徘徊迟疑了一整天,军队才护卫着皇帝的车驾向洛阳进发。等到他登上北邙山,看到城门,又心怀畏惧,不肯再向前走。武卫将军汎礼苦苦相劝,他也不听。接着又向前行进,入城后,也不朝拜皇帝、保卫京城,跟他从北边来的人,都骑着马进入宫殿。朝廷公卿大臣死的死、逃的逃,朝堂站班也没有了次序,孝庄帝左右身旁,只有几名旧臣侍奉。尔朱荣仍然坚持迁都的意见,孝庄帝也无法拒绝。他又在明光殿重新为河桥滥杀之事向朝廷谢罪，发誓说自己不再有二心。孝庄帝站起来劝止他，也向着他发誓，说自己没有任何疑心。尔朱荣高兴，因而请求饮酒，等到他醉倒后，孝庄帝想杀掉他，左右的人苦苦劝阻才作罢，于是便把尔朱荣睡的床抬到中常侍省。尔朱荣到半夜才醒酒，直到天明也不敢入睡，从此再不敢在宫中住宿。

原文

　　荣女先为明帝嫔，欲上立为后，帝疑未决。给事黄门侍郎祖莹曰："昔文公在秦，怀嬴入侍。事有反经合义，陛下独何疑焉？"上遂从之。荣意甚悦。

译文

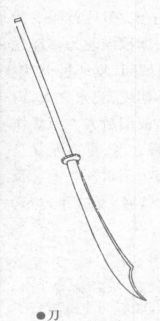

●刀

　　尔朱荣的女儿原为孝明帝的嫔妃，尔朱荣想让孝庄帝立她为皇后，孝庄帝迟疑不定。给事黄门侍郎祖莹说："过去晋文公在秦，怀嬴奉父亲秦穆公之命嫁给他。事情虽然违背常道但仍符合道义，陛下您为何还迟疑呢？"孝庄帝同意立尔朱荣的女儿为后，尔朱荣非常高兴。

原文

　　于时人间犹或云荣欲迁都晋阳，或云欲肆兵大掠，迭相惊恐，人情骇震。京邑士子，十不一存，率皆逃窜，无敢出者，直卫空虚，官守废旷。荣闻之，上书谢愆。无上王请追尊帝号；诸王、刺史，乞赠三司；其位班三品，请赠令仆；五品之官，各赠方伯；六品已下及白身，赠以镇郡。诸死者无后，听继，即授封爵。均其高下，节级别科，使恩洽存亡，有慰生死。诏如所表。又启帝，遣使巡城劳问，于是人情遂安，朝士逃亡者，亦稍来归阙。荣又奏请番直，朔望之日，引见三公、令、仆、尚书、九卿及司州牧、河南尹、洛阳河阴执事之官，参论国政，以为常式。

qiǎn

译文

　　这时民间有传说尔朱荣想迁都晋阳，也有的说他想纵兵大肆掳掠，人人惊恐不安。

京城中的读书人，十个当中留不下一个，全都竞相逃到别处，没有人敢出来，宫中值班的守卫空虚，官衙内空旷荒废。尔朱荣听说后，就上书向朝廷谢罪。无上王上表请求追尊先帝庙号；死去的各王和刺史，请追赠三司；位列三品的官员，请追赠尚书令或仆射；五品的官员，要追赠为地文官；六品以下以及不在品位的，追赠为镇郡官员。那些被杀害的官员如果没有后代，就任期指定其他人继承，都授予封爵。根据地位的高低、官阶的大小，使恩德施加在每个生者和亡者的身上，以使他们得到抚慰。皇帝的诏令与上述表奏相似。无上王又启奏孝庄帝，派使者到京城各处安抚慰问，人们的情绪因此稍微安定了一些，逃亡的朝臣也渐渐归来。尔朱荣又奏请朝廷，让朝臣们轮流当值，每月初一和十五，召见三公、令、仆、尚书、九卿以及司州牧、河南尹、洛阳和河阴执事等官员，参与讨论国家大事，并以此作为常制。

原文

五月，荣还晋阳，乃令元天穆向京，为侍中、太尉公、录尚书事、京畿大都督，兼领军将军，封上党王。树置腹心在列职，举止所为，皆由其意。七月，诏加荣柱国大将军。

译文

五月，尔朱荣回到晋阳，便命令元天穆进京，任侍中、太尉公、录尚书事、京畿大都督，兼领军将军，封为上党王。他还在各个职务上安插心腹，他们的一举一动，都要按照他的意思去办。七月，朝廷加封尔朱荣为柱国大将军。

原文

时葛荣向京师，众号百万，相州刺史李神俊闭门自守。荣率精骑七千，马皆有副，倍道兼行，东出滏口。而与葛荣众寡非敌。葛荣闻之，喜见于色，乃令其众办长绳，至便缚取。自邺以北，列阵数十里，箕张而进。荣潜军山谷为奇兵，分督将已上三人为一处，处有数百骑，令所在扬尘鼓噪，使贼不测多少。又以人马逼战，刀不如棒，密勒军士，马上各赍袖棒一枚，至战时，虑废腾逐，不听斩级，使以棒棒之而已。乃分命壮勇，所当冲突，号令严明，将士同奋。荣身自陷阵，出于贼后，表里合击，大破之。于阵禽葛荣，余众悉降。荣恐其疑惧，乃普令各从所乐，亲属相随，任所居止。于是群情喜悦，登即四散，数十万众，一朝散尽。待出百里之外，乃始分道押领，随便安置，咸得其宜。获其渠帅，量才授用，新附者咸安。时人服其处分机速。乃槛车送葛荣赴阙。诏加荣大丞相、都督河北畿外诸军事。

释 文

当时葛荣领军进逼洛阳，号称雄兵百万。相州刺史李神俊闭门自守。尔朱荣率领精锐骑兵七千骑，每个骑兵配两匹马，日夜兼程，东出滏口拦击葛荣。其兵力却与葛荣相差悬殊。葛荣听说后，喜形于色，便命令他的士兵准备长绳，等尔朱荣来了就将他捆起来。葛荣自邺城以北，列阵数十里，像簸箕一样摆开阵势前进。尔朱荣暗中在山谷中埋伏军队作为奇兵，将督将以上职务的军官每三人分为一处，每处率数百骑骑兵，让他们指挥士兵在驻地擂鼓呐喊，扬起尘土，让敌人测算不出有多少人马。他又派一支人马进攻敌兵，交战时刀不如棍棒好用，他密令军士，袖子里各准备一根木棒，到交战时，考虑便于冲破敌阵，不让骑兵斩掉敌人的首级，只抡起棒子猛打就行了。他又命令勇壮的骑兵，遇到敌人就奋勇冲击，他号令严明，将士上下一心，一起拼杀。

●棒

尔朱荣亲自冲锋陷阵，出现在敌兵的后队，与前面的军队前后夹击，大败敌兵。尔朱荣在战场上活捉葛荣，其他人全部投降。尔朱荣怕这些投降的将士心存疑惧，就下令让他们各自从事自己愿意干的职业，亲属们也可以跟着，任意挑选居住的地方。于是大家都很高兴，立即四处散去，数十万人马，一时间全部解散。等到散去的士兵走出一百里之外，才分道遣送，遇到合适的地方就安置，使这些人都得到恰当的安排。俘获的敌兵将领，也都量才使用，新归附的人都很安心。人们都佩服尔朱荣处置得正确迅速。他又派囚车将葛荣送往洛阳。朝廷下诏因此加封尔朱荣为大丞相、都督河北畿外诸军事。

原 文

初，荣将讨葛荣，军次襄垣^{yuán}，遂大猎，有双兔起于马前，荣弯弓誓之曰："中则禽葛荣，不中则否。"既而并应弦而殪，三军咸悦。及后，命立碑于其所，号双兔碑。又将战夜，梦一人从葛荣索千牛刀，葛荣初不肯与，此人自称己是道武皇帝，葛荣乃奉刀，此人手持授荣。寤^{wù}而喜，自知必胜。

起初，尔朱荣开始讨伐葛荣时，军队到达襄垣，便大规模围猎。有两只兔子出现在尔朱荣的马前，他弯弓立誓说："射中了就能捉住葛荣，射不中就抓不住。"说完两只兔子应弦而死，三军将士都欢腾雀跃。后来，他命令在那里立碑，取名双兔碑。将要开战的前夜，他梦见一个人向葛荣索要千牛刀，葛荣开始不肯给，此人自称是道武皇帝，葛荣才把刀交出，这人又将刀授予他。睡醒之后他很高兴，知道这一仗一定能获取胜利。

原 文

又诏以冀州之长乐、相州之南赵、定州之博陵、沧州之浮阳、平州之辽西、燕州之上谷、幽州之渔阳七郡，各万户，通前满十万，为太原国邑。又加位太师。

译 文

朝廷又下诏把冀州的长乐、相州的南赵、定州的博陵、沧州的浮阳、平州的辽西、燕州的上谷、幽州的渔阳七郡，各分出一万户，加上原来的共十万户，作为太原国的封邑。朝廷又加封尔朱荣为太师。

原 文

建义初，北海王元颢南奔梁，梁立为魏主，资以兵将。时邢杲以三齐应颢。朝廷以颢孤弱，永安二年春，诏元天穆先平齐地，然后征颢。颢乘虚径进，荥阳、武牢并不守，车驾出居河北。荣闻之，驰传朝行宫于上党之长子，舆驾于是南趣。荣为前驱，旬日之间，兵马大集。天穆克平邢杲，亦度河以会。车驾幸河内。荣与颢相持于河上，无船不得即度。议欲还北，更图后举，黄门郎杨侃、高道穆等并固执以为不可。属马渚诸杨云有小船数艘，求为乡导。荣乃令都督尔朱兆等率精骑夜济。颢奔，车驾度河，入居华林园。诏加荣天柱大将军，增封通前二十万户，加前后部羽葆鼓吹。

译 文

建义初年，北海王元颢投奔南梁，梁武帝封他为魏王，资助他兵马。这时邢杲在三齐之地响应元颢。朝廷认为元颢势单力弱，永安二年春，下诏命元天穆先平定齐地，然后征讨元颢。元颢乘洛阳空虚率兵直进，连克荥阳、武牢两地，孝庄帝离开洛阳躲避到河北。尔朱荣听说后，骑快马到上党长子县的皇帝行宫，领着皇帝的车驾南进。他作为前驱，在十来天的时间内聚集了许多兵马。元天穆平定邢杲后，也渡过黄河与尔朱荣会合。孝庄帝前往河内，尔朱荣与元颢的军队在黄河两岸对峙，由于没有船只所以不能马上渡过。他们想率军北还，以后再图谋大举，黄门郎杨侃、高道穆等人却坚持认为不能北还。马渚的杨姓人家说有几条小船，并愿意当向导。尔朱荣便派都督尔朱兆等人率精锐骑兵乘夜渡过黄河。元颢逃走，孝庄帝渡过黄河入住华林园，孝庄帝下诏加封尔朱荣为天柱大将军，赠给封地民户连从前的共有二十万户，又加赠前后部羽葆鼓吹的仪仗。

二十四史精华

原　文

　　荣寻还晋阳，遥制朝廷，亲戚腹心，皆补要职，百僚朝廷动静，莫不以申。至于除授，皆须荣许，然后得用。庄帝虽受制权臣，而勤政事，朝夕省纳，孜孜不已。数自理冤狱，亲览辞讼。又选司多滥，与吏部尚书李神俊议正纲纪，而荣乃大相嫌责。曾关补定州曲阳县令，神俊以阶县不奏，别更拟人。荣大怒，即遣其所补者往夺其任。荣使入京，虽复微蔑，朝贵见之，莫不倾靡。及至阙下，未得通奏，恃荣威势，至乃忿怒。神俊遂上表逊位。荣欲用世隆摄选，上亦不违。荣曾启北人为河内诸州，欲为掎角势，上不即从。天穆入见论事，上犹未许。天穆曰："天柱既有大功，为国宰相，若请普代天下官属，恐陛下亦不得违。如何启数人为州，便停不用？"帝正色曰："天柱若不为人臣，朕亦须代；如其犹存臣节，无代天下百官理。"荣闻，大怒曰："天子由谁得立？今乃不用我语！"皇后复嫌内妃嫔，甚有妒恨之事。帝遣世隆语以大理，后曰："天子由我家置立，今便如此。我父本日即自作，今亦复决？"世隆曰："兄止自不为，若本自作，臣今亦得封王。"帝既外迫强臣，内逼皇后，恒怏怏不以万乘为贵。

译　文

　　尔朱荣不久又回到晋阳，把持朝廷，他的亲信都担任要职，朝中百官有什么动静，全都详细报告。至于官员的任免，也都得经过他允许，然后才能任用。孝庄帝虽然受他控制，却勤于政事，朝夕过问朝政，孜孜不倦。他多次亲自处理冤案，阅读案件卷宗。

又因为人事部门滥用职权，他与吏部尚书李神俊商议要严肃朝廷法度，尔朱荣对此加以谴责。他曾要朝廷补任一名定州曲阳县的县令，李神俊认为是县级官员，所以没有奏报给他，另拟他人，尔朱荣知道后雷霆大怒，就派他选定的那位官员到任上夺得这个官职。尔朱荣又派人进京，来人虽然地位卑微，但朝臣见了，全都心怯胆寒。这个人来到宫殿下，不让人奏报，依仗尔朱荣的权势，便大发脾气。李神俊便上表请求辞去职务。尔朱荣想让尔朱世隆接替，孝庄帝也不敢违拗他的意见。尔朱荣曾经奏报朝廷让北人任河内诸州的刺史，想与晋阳形成掎角之势，孝庄帝没有立即同意。元天穆入宫见孝庄帝，又说起这件事，孝庄帝仍然不同意。元天穆说："天柱大将军尔朱荣既然立有大功，任国家的宰相，如果请求将天下的官吏都换掉，恐怕陛下您也不能违背。为什么他启奏委任几个人任州官，您就不允许呢？"孝庄帝厉色说道："天柱大将军如果不做朝廷的臣子，连我也可以代替；如果他还有做大臣的礼节，就没有代替天下百官的道理。"尔朱荣听说后，十分愤怒地说："天子是谁立的？今天竟然不听我的话！"尔朱皇后也与嫔妃们不和，对很多事情都心生嫉妒。孝庄帝派尔朱世隆用道理劝说她，皇后说："天子是我们家拥立的，他今天才能这样。我父亲那时应该自己当皇帝，为什么今天又要重做决定？"尔朱世隆说："哥哥只是自己不愿意当，如果他自己当皇帝，我也可以封王了。"孝庄帝外被强臣逼迫，内被皇后挟持，常郁郁不乐，并不因为自己位居万乘之尊而感到荣耀。

北史

原　文

　　先是，葛荣枝党韩娄仍据幽、平二州，荣遣都督侯深讨斩之。时万俟丑奴（mó qí）、萧宝夤（yín bīn）拥众幽、泾，荣遣其从子天光为雍州刺史，令率都督贺拔岳、侯莫陈悦等入关讨之。天光至雍州，以众少未进，荣大怒，遣其骑兵参军刘贵驰驿诣军，加天光杖罚。天光等大惧，乃进讨，连破之，禽丑奴、宝夤，并槛车送阙。天光又禽王庆云、万俟道乐，关中悉平。于是天下大难便尽。庄帝恒不虑外寇，唯恐荣为逆。常时诸方未定，欲使与之相持，及告捷之日，乃不甚喜，谓尚书令、临淮王彧曰："即今天下便是无贼？"临淮见帝色不悦，曰："臣恐贼平以后，方劳圣虑。"帝畏余人怪，还以他语解之，曰："其实抚宁荒余，弥成不易。"

译　文

　　在此之前，葛荣的余党韩娄仍占据幽、平二州，尔朱荣派都督侯深讨伐并将他斩首。当时万俟丑奴、萧宝夤在豳、泾握有重兵，尔朱荣派他的侄子尔朱天光任雍州刺史，命令尔朱天光率领都督贺拔岳、侯莫陈悦等人入关讨伐他们。尔朱天光到达雍州，因为人马少而没有进兵。尔朱荣为此非常恼怒，就派他的骑兵参军刘贵从驿道兼程前往尔朱天光的军中，对他施行杖罚。尔朱天光等人非常惧怕，便发兵进讨。连破敌兵，擒获万俟丑奴和萧宝夤，并用囚车将他们送到京城。尔朱天光又擒获王庆云、万俟道乐，使关中全部平定。于是，天下大规模的动荡已经结束。孝庄帝不忧虑外患，而是怕尔朱荣谋反。以前各方都没有平定，他想让尔朱荣与四方敌兵相互制约，等到天下平定的捷报传来，他却不太高兴，对尚书令、临淮王彧说："当今天下真的没有乱臣贼子吗？"临淮王见皇帝陛下的脸色不高兴，就说："恐怕四处的贼兵平定后，您会更加忧虑。"孝庄帝怕其他人听了生疑，便用别的话搪塞，说："抚慰赈济天下的灾民，更不容易。"

原　文

　　荣好射猎，不舍寒暑，法禁严重，若一鹿出，乃有数人殒命。曾有一人，见猛兽便走，谓曰："欲求活邪！"遂即斩之。自此猎如登战场。曾见一猛兽在穷谷中，乃令余人重衣空手搏之，不令复损，于是数人被杀，遂禽得之。持此为乐焉。列围而进，虽阻险不得回避，其下甚苦之。

译　文

　　尔朱荣喜欢射猎，不分盛夏寒冬都要进行，他在打猎场上的法令非常严格，如果有一只鹿逃走，就会有几个人被处死。曾经有一个人看见猛兽就逃走，尔朱荣对那个人说："你还想要活命啊！"就杀了他。从此猎场就犹如战场。他曾经在山谷中发现一头猛兽，便命令手下人穿上甲胄与猛兽空手搏斗，不让损伤猛兽，于是有好几个人被猛兽扑咬死，才终于将它擒获。他以此为乐。围猎野兽时，士兵们向前行进，不管遇到多大的艰难险阻都不能回避，他的部下深以此为苦。

原　文

　　太宰元天穆从容言荣勋业，宜调政养人。荣便攘肘谓天穆曰："太后女主，不能自正，推奉天子者，此是人臣常节。葛荣之徒，本是奴才，乘时作乱，譬如奴走，禽获便休。顷来受国大宠，未能混一海内，何宜今日便言勋也？如闻朝士犹自宽纵，今秋欲共兄戒勒士马，校猎嵩原，令贪汙朝贵，入围搏虎。仍出鲁阳，历三荆，悉拥生蛮，北填六镇。回军之际，因平汾胡。明年简练精骑，分出江、淮，萧衍若降，乞万户侯；如其不降，径度数千骑，便往缚取。待六合宁一，八表无尘，然后共兄奉天子巡四方，观风俗，布政教，如此乃可称勋耳。今若止猎，兵士懈怠，安可复用也？”

译 文

太宰元天穆从容谈论尔朱荣已经立下的不世功勋，建议他应该安定下来调整政策、爱护人民。他捋起衣袖露出手肘对元天穆说："灵太后这个女人，不施行正道，我之所以推立天子，这是做臣子的本分。葛荣那些人，本是奴才，却借机造反，就好比奴隶逃走，必须抓住他才能罢休。近几年来我受朝廷过分的宠爱，却没能统一天下，今天怎么能说有什么功劳呢？听说朝臣们还很放纵，今年秋天我想和你一起指挥将士，在嵩原围猎，让那些迂腐贪婪的朝廷大臣，进入围场与猛虎搏斗。然后从鲁阳出发，经过三荆之地，将生蛮全部征服，把他们充实到北方六镇中。等到班师回军的时候，顺势降服汾地的胡人。明年再挑选精锐部队，分兵出击江、淮，梁帝萧衍如果投降，我就请求封他为万户侯；如果不投降，就直接派数千骑兵渡江，将他俘获。等到天下统一，四面八方没有征战的烟尘，我再与你一起护卫天子巡游四方，观览风景，布施政教，这样才可以称得上是功勋啊。如果现在停止围猎，将士们松懈怠惰，那怎么可以再用他们打仗呢？"

原 文

及见四方无事，乃遣人奏曰："参军许周劝臣取九锡，臣恶其此言，已发遣令去。"荣时望得殊礼，故以意讽朝廷。帝实不欲与之，因称其忠。荣见帝年长明悟，为众所归，欲移自近，皆使由己。每因醉云，入将天子，拜谒金陵后，还复恒朔。而侍中朱元龙辄从尚书索太和中迁京故事，于是复有移都消息。

译 文

当看见四方平安无事，他便派人奏报朝廷，说："参军许周劝我让朝廷赐予九锡，我很讨厌这句话，已下令将他革职。"尔朱荣当时很希望得到朝廷特殊的礼遇，所以想用这句话来讽喻朝廷。孝庄帝实在不愿意赐给他，因而就称赞他的忠诚来搪塞他。尔朱荣见孝庄帝年龄越来越大，也越发聪明颖悟，被众人所尊崇，就想要靠近他，对他加以控制。他经常假借喝醉酒说，将带上天子，拜谒金陵后，再回到恒朔。而侍中朱元龙常向尚书询问太和年间孝文帝迁都的旧事，于是朝野上下又传扬着要迁都的消息。

荣乃暂来向京，言看皇后娩难。帝惩河阴之事，终恐难保，乃与城阳王徽、侍中杨侃、李彧、尚书右仆射元罗谋，皆劝帝刺杀之。唯胶东侯李侃晞、济阴王晖业言荣若来，必有备，恐不可图。又欲杀其党与，发兵拒之。帝疑未定，而京师人怀忧惧，中书侍郎邢子才之徒，已避之东出。荣乃遍与朝士书，相任留。中书舍人温子升以书呈帝，帝恒望其不来，及见书，以荣必来，色甚不悦。武卫将军奚毅，建义初往来通命，帝每期之甚重，然以为荣通亲，不敢与之言情。毅曰："若必有变，臣宁死陛下难，不能事契胡。"帝曰："朕保天柱无异心，亦不忘卿忠款。"

尔朱荣要暂时来京城居住，说是看望难产的皇后。孝庄帝鉴于尔朱荣在河阴大肆杀害朝臣的教训，害怕自己终将难以自保，便与城阳王元徽，侍中杨侃、李彧，尚书右仆射元罗密谋，他们都劝孝庄帝诛杀尔朱荣。只有胶东侯李侃晞、济阴王元晖业认为尔朱荣如果来京，一定会有所防备，恐怕不容易谋图。又想杀了他的党羽，再发兵抗拒尔朱荣。孝庄帝因而犹疑未决，而京城里的人都心怀恐惧，中书侍郎邢子才等胆小怕事的人，已向东逃出洛阳躲避。尔朱荣给朝中大臣们寄来书信，表示希望他们能够留任。中书舍人温子升把书信呈交给孝庄帝，孝庄帝一直希望尔朱荣不要来京城，等看到书信，认为他必定会来，面色很不高兴。武卫将军奚毅，建义初年往来于朝廷与尔朱荣之间传递命令，孝庄帝常常对他抱有很大希望，然而认为他与尔朱荣是亲戚，因此不敢和他说心里话。奚毅说："如果有什么变化，我宁可为陛下效忠而死，也不能侍奉这个契胡人。"孝庄帝说："我担保天柱大将军没有异心，也不忘记你对我的忠诚。"

三年八月，荣将四五千骑，发并州向京。时人皆言其反，复道天子必应图之。九月初，荣至京。有人告云，帝欲图之。荣即具奏。帝曰："外人亦言王欲害我，岂可信之？"于是荣不自疑，每入谒帝，从人不过数十，皆不持兵仗。帝欲止，城阳王曰："纵不反，亦何可耐？况何可保耶？"又北人语讹，语"尔朱"为"人主"。上又闻其在北言，我

姓人主。先是，长星出中台，扫大角。恒州人高荣祖颇明天文，荣问之曰："是何祥也？"答曰："除旧布新象也。昔长星扫大角，秦以之亡。"荣闻之悦。又荣下行台郎中李显和曾曰："天柱至，那无九锡，安须王自索也？亦是天子不见机！"都督郭罗察曰："今年真可作禅文，何但九锡。"参军褚光曰："人言并州城上有紫气，何虑天柱不应。"荣下人皆陵侮帝左右，无所忌惮，其事皆上闻。奚毅又见，求闻。帝即下明光殿与语。帝又疑其为荣，不告以情。及知毅赤诚，乃召城阳王徽及杨侃、李彧，告以毅语。

北史

译文

永安三年八月，尔朱荣率四五千骑兵，从并州出发前往京城。人们都说他要谋反，又说天子一定会对付他。九月初，尔朱荣到达京城，有人告诉他，孝庄帝想图谋害他。他立即将这话奏报给孝庄帝。孝庄帝说："外人也传言你想加害我，这怎么能够相信呢？"于是尔朱荣不再疑心，每次入宫谒见皇帝，随从不超过数十名，而且都不带兵器。孝庄帝想停止杀尔朱荣的计划，城阳王劝他说："他纵然不反，又怎么能忍受呢？况且又怎么担保他不反呢？"另外北边的人说话发音不准，说"尔朱"为"人主"。孝庄帝又听说尔朱荣在北边对人说，他姓"人主"。原先，长星出自中台星，扫动大角星。恒州人高荣祖通晓天文，尔朱荣问他："这是什么吉祥的预兆？"高荣祖回答："是除旧布新的景象呀，过去长星扫过大角星，秦朝便灭亡了。"他听后非常高兴。再则尔朱荣手下的行台郎中李显和曾经说过："天柱大将军来到京城，朝廷怎么能不赐给九锡，难道要大王自己去要吗？也是天子没有看到时机！"都督郭罗察说："今年真可以写传位的禅文了，岂止是赐给九锡。"参军褚光说："有人说并州城上空出现紫色的帝王之气，何愁不应验在天柱大将军身上。"尔朱荣手下的人经常凌辱孝庄帝身边的侍臣，以至肆无忌惮，这些事孝庄帝都听说了。奚毅又叩见孝庄帝，询问皇帝的打算。孝庄帝到明光殿与他说话。孝庄帝又怀疑他是尔朱荣派来的，所以没有告诉他实情。等了解到奚毅的赤诚忠心后，便召集城阳王元徽，以及杨侃、李彧，把奚毅说的情况告诉给他们。

原文

荣小女嫁与帝兄子陈留王，小字伽邪，荣尝指之曰："我终当得此女婿力。"徽又云："荣虑陛下终为此患，脱有东宫，必贪立孩幼。若皇后不生太子，则立陈留以安天下。"并言荣指陈留语状。帝既有图荣意,夜梦手持一刀自害,落十指节,都不觉痛。恶之,以告城阳王徽及杨侃。徽解梦曰:"蝮蛇螫手,壮士解腕。割指节与解腕何异? 去患乃是吉祥。"闻者皆言善。

　　尔朱荣的小女儿嫁给孝庄帝哥哥的儿子陈留王,陈留王小名叫伽邪,尔朱荣曾指着他说:"我最终会凭借这个女婿的力量。"元徽又说:"尔朱荣忧虑陛下最终成为他的祸患,如果有了太子,他一定会立一个小孩子当太子。假如皇后不生太子,就立陈留王来安定天下。"并叙述了尔朱荣指着陈留王说话的情况。孝庄帝既然产生了除掉尔朱荣的想法,夜里梦见自己拿一把刀自残,把十个手指砍下来也不知道疼。他非常讨厌这个梦,便告诉了城阳王元徽和杨侃。元徽释梦说:"蝮蛇咬伤手腕,壮士割断手腕。割掉手指与斩断手腕有什么区别? 除掉灾难才能吉祥。"听的人都说对。

　　九月十五日,天穆到京,驾迎之。荣与天穆并从入西林园讌射。荣乃奏曰:"近来侍官皆不习武,陛下宜将五百骑出猎,因省辞讼。"先是奚毅言荣因猎挟天子移都,至是,其言相符。

　　九月十五日,元天穆到达京城,孝庄帝亲自迎接他。尔朱荣与元天穆一起跟着孝庄帝到西林园宴饮。尔朱荣奏报说:"近来侍臣们都不练习武艺,陛下应该率五百骑兵出去打猎,顺便检查诉讼情况。"先前奚毅曾说过尔朱荣想借围猎的机会挟制天子迁都,这时尔朱荣的话正与奚毅所说的一样。

　　至十八日,召中书舍人温子升告以杀荣状,并问以杀董卓事。子升具通本,上曰:"王允若即赦凉州人,必不应至此。"良久,语子升曰:"朕之情理,卿所具知,死犹须为,况必不死! 宁与高贵乡公同日死,不与常道乡公同日生。"上谓杀荣、天穆,即赦其党,便应不动。应诏王道习曰:"尔朱世隆、司马子如、朱元龙比来偏被委付,具知天下虚实,谓不宜留。"城阳王及杨侃曰:"若世隆不全,仲远、天光岂有来理?"帝亦谓然,无复杀意。城阳曰:"荣数征伐,腰间有刀,或能

狠戾伤人。临事，愿陛下出。"乃伏侃等十余人于明光殿东。其日，荣与天穆并入，坐食未讫，起出。侃等从东阶上殿，见荣、天穆出至中庭，事不果。

译文

到了十八日，孝庄帝召见中书舍人温子升，告诉他准备杀掉尔朱荣的情况，并询问汉代王允杀董卓的故事。温子升便陈说了全部过程。皇上说："王允如果能立即赦免董卓的死罪，一定不会到这一步。"孝庄帝停了很久，对温子升说："我的处境想法，你都知道，即使死也必须这样干，更何况不一定会死呢！我宁愿与高贵乡公同日死，也不愿与常道乡公同日生。"孝庄帝又说杀死尔朱荣、元天穆后，就赦免他们的党羽，这样他们就不会有什么举动。应诏王道习说："尔朱世隆、司马子如、朱元龙近来都受尔朱荣的重用，详细了解天下的虚实，我认为也应该杀了他们。"城阳王元徽和杨侃说："如果尔朱世隆不能保全性命，尔朱仲远和尔朱天光又哪里有来京的道理？"孝庄帝也认为他们说得对，不再有诛杀他们的想法。城阳王说："尔朱荣数年征战，腰间带有佩刀，或许能凶狠地杀伤别人。到行动时，希望陛下离开。"于是孝庄帝便将杨侃等十多人埋伏在明光殿东侧。这一天，尔朱荣与元天穆一起进宫，孝庄帝还没有吃完饭，他们就站起来出去了。杨侃等人从明光殿东面的台阶上殿，看见尔朱荣和元天穆已走到院子中间，刺杀行动没有成功。

原文

十九日是帝忌日。二十日荣忌日。二十一日，暂入，即向陈留王家，饮酒极醉。遂言病动，频日不入。上谋颇泄，世隆等以告荣。荣轻帝，不谓能反。预帝谋者皆惧。

译文

十九日是孝庄帝的忌日，二十日是尔朱荣的忌日。二十一日，尔朱荣突然入宫，随即到了陈留王的家中，喝得酩酊大醉。便推说疾病发作，很多天不进入宫中。这时，孝庄帝的计划有些已经泄露出去，尔朱世隆等人听到后报告给尔朱荣。他却轻视孝庄帝，不认为他会违背自己。参与孝庄帝制订处死尔朱荣计划的人都很害怕。

原文

二十五日旦，荣、天穆同入，其日大欲革易。上在明光殿东序中西面坐，荣与天穆并御床西北小床上南坐，城阳入，始一拜。荣见光禄卿鲁安等持刀从东户入，即驰向御坐，帝拔千牛刀手斩之，时年三十八。得其手板上有数牒启，皆左右去留人名，非其腹心，悉在出限。帝曰："竖子！若过今日，便不可制。"时又天穆与荣子菩提亦就戮，于是内外喜叫，声满京城。既而大赦。

译　文

　　二十五日早晨，尔朱荣、元天穆一同进宫。这一天他们对朝政想做大的改变。孝庄帝在明光殿东边面西坐着，尔朱荣与元天穆并排在御座西北的小床上面南坐着，城阳王元徽走进来，只一拜，尔朱荣看见光禄卿鲁安等人拿着刀从东门进来，便跃身奔向御座，孝庄帝拔出千牛刀亲手杀死了他，他死时仅三十八岁。在缴获他的手板上发现有几行文字，都是他决定朝廷要去留的大臣名单，只要不是他的心腹，都在赶出朝廷的范围。孝庄帝看了后骂道："小子！如果过了今天，就不能制服你了。"这时，元天穆与尔朱荣的儿子尔朱菩提也被杀死。于是朝廷内外欢喜的叫喊声传遍京城。不久大赦了尔朱荣的党羽。

原　文

　　荣虽威名大振，而举止轻脱，止以驰射为伎艺，每入朝见，更无所为，唯戏上下马。于西林园宴射，恒请皇后出观，并召王公妃主，共在一堂。每见天子射中，辄自起舞叫，将相卿士，悉皆盘旋，乃至妃主妇人，亦不免随之举袂。及酒酣耳热，必自匡坐唱虏歌，为《树梨普梨》之曲。见临淮王或从容闲雅，爱尚风素，固令为敕勒舞。日暮罢归，便与左右连手蹋地，唱《回波乐》而出。性甚严暴，愠喜无恒，弓箭刀槊，不离于手，每有瞋嫌，即行忍害，左右恒有死忧。曾欲出猎，有人诉之，披陈不已，发怒，即射杀之。曾见沙弥重骑一马，荣即令相触，力穷不复能动，遂使傍人以头相击，死而后已。

译　文

　　尔朱荣虽然威名远扬，但举止轻率，只认为骑马射箭是能事，每次入京朝见皇帝，更是没有别的事做，只把上马下马当作游戏。在西林园饮酒射箭，他常常请皇后出来观看，并召集王公、嫔妃、公主，共处一堂。每当看见天子射中目标，他便跳跃喊叫，将相大臣们，也都跟着他呼喊，以至嫔妃公主及宫中的其他妇人，也不免随着撩起衣裙欢呼。等到酒酣耳热时，他就坐在那里唱胡人的歌，配以《树梨普梨》的曲子。他

见临淮王元彧风度文静儒雅，崇尚风流，却坚持要临淮王跳敕勒舞。天黑归来，他与随从手拉着手，用脚在地上踏着节拍，唱着《回波乐》走出园林。他的性情十分残酷暴烈，喜怒无常，弓箭刀槊，从不离手，每当有愤怒和怀疑的时候，便要杀人，因而身边的人常有死亡的恐惧与担忧。他曾经想外出打猎，有人劝阻他，可陈说还未说完，就引起他的恼怒，就将这个人射杀了。他曾见到两个和尚同骑一匹马，便让这两个和尚互相撞击，二人力尽不能再撞击了，他便让旁边的人让两个和尚的头相撞，直到撞死为止。

原 文

　　节闵帝初，世隆等得志，乃诏赠假黄钺、相国、录尚书、都督中外诸军事、晋王，加九锡，给九旒銮辂，武贲班剑三百人，辒辌车，准晋太宰、安平献王故事，谥曰武。又诏百官议荣配飨，司直刘季明曰："晋王若配永安，则不能终臣节。以此论之，无所配。"世隆作色曰："卿合配？"季明曰："下官预在议限，据理而言，不合上心，诛翦唯命。"众为之危，季明自若。世隆意不已，乃配享孝文庙庭。

译 文

　　节闵帝初年，尔朱世隆等人受宠得志，朝廷便下诏追赠尔朱荣为假黄钺、相国、录尚书、都督中外诸军事、晋王，赐给九锡，赠给九旒銮辂，佩剑的武贲郎三百人，赠丧车一辆。参照晋太宰、安平献王的旧例，追赠谥号武。朝廷又召集百官议论尔朱荣的配飨，司直刘季明说："晋王如果配飨孝庄帝，他却没有尽到臣子的礼节。由此看来，无法配飨。"尔朱世隆厉色问："你说应该怎么配享？"刘季明答道："我的职责就是议论这件事，是根据道理来说，不合乎您的心意，是杀是剐随您处置。"众人都替他担心，他镇定自若。尔朱世隆不甘心，便让尔朱荣配飨在孝文帝的庙庭中。

北
史

二
五
一

隋　书

[唐] 魏徵等

炀帝本纪·下

原文

八年春正月辛巳，大军集于涿郡。以兵部尚书段文振为左候卫大将军。壬午，下诏曰：

"天地大德，降繁霜于秋令，圣哲至仁，著甲兵于刑典。故知造化之有肃杀，义在无私，帝王之用干戈，盖非获已。阪泉、丹浦，莫匪龚行，取乱覆昏，咸由顺动。况乎甘野誓师，夏开承大禹之业，商郊问罪，周发成文王之志。永监前载，属当朕躬。

译文

大业八年正月辛巳日，大军在涿郡集结。炀帝任命兵部尚书段文振为左候卫大将军。壬午日，朝廷颁下诏书说：

"天地具有伟大的德行，也要在秋季降落繁霜；圣贤对人民有至高的仁爱，也要把关于武备战争的事写在刑法典籍上。因此知道自然界之所以有天气萧索草木枯落，意思是要表明天地无私；帝王之所以动用军武，大概都并非是为了自己有所获得。黄帝发动阪泉之战、尧帝发动丹浦之战，无一不是恭敬地执行上天的惩罚，征服暴乱消灭昏暗，全都是顺应人民的行动。更何况在甘地原野誓师讨伐有扈，夏启承继了大禹的事业；在商地郊野责问殷纣罪过，武王姬发完成了文王的志愿。借鉴前代，征服昏王的使命恰好落在了我的肩上。

二十四史精华

　　"粤我有隋，诞膺灵命，兼三才而建极，一六合而为家。提封所渐，细柳、盘桃之外，声教爰暨，紫舌、黄枝之域。远至迩安，罔不和会，功成治定，于是乎在。而高丽小丑，迷昏不恭，崇聚勃、碣之间，荐食辽、獩之境。虽复汉、魏诛戮，巢窟暂倾，乱离多阻，种落还集。萃川薮于往代，播实繁以迄今，眷彼华壤，翦为夷类。历年永久，恶稔既盈，天道祸淫，亡征已兆。乱常败德，非可胜图，掩慝怀奸，唯日不足。移告之严，未尝面受，朝觐之礼，莫肯躬亲。诱纳亡叛，不知纪极，充斥边垂，亟劳烽候，关柝以之不静，生人为之废业。在昔薄伐，已漏天网，既缓前擒之戮，未即后服之诛，曾不怀恩，翻为长恶，乃兼契丹之党，虔刘海戍，习靺鞨之服，侵轶辽西。又青丘之表，咸修职贡，碧海之滨，同禀正朔，遂复夺攘琛赆，遏绝往来，虐及弗辜，诚而遇祸。轺轩奉使，爰暨海东，旌节所次，途经藩境，而拥塞道路，拒绝王人，无事君之心，岂为臣之礼！此而可忍，孰不可容！且法令苛酷，赋敛烦重，强臣豪族，咸执国钧，朋党比周，以之成俗，贿货如市，冤枉莫申。重以仍岁灾凶，比屋饥馑，兵戈不息，徭役无期，力竭转输，身填沟壑。百姓愁苦，爰谁适从？境内哀惶，不胜其弊。回首面内，各怀性命之图，黄发稚齿，咸兴酷毒之叹。省俗观风，爰届幽朔，吊人问罪，无俟再驾。于是亲总六师，用申九伐，拯厥阽危，协从天意，殄兹逋秽，克嗣先谟。

　　"我堂堂隋朝，承受了上天的旨意，兼有天地人三才而建立至尊，统一天地四方而成为一家天下。我管辖的疆界版图，一直延伸到日落之处的细柳、出产蟠桃的地区之外；声威教化所及，包括了言语不通的紫舌、黄枝等地。远方归附近处安定，无不和谐安定，功业告成，天下大治，到此已成为现实。然而高丽这跳梁小丑，却糊涂昏聩不肯恭顺，在渤海、碣石之间聚集，多次吞并辽水、獩貊之境。虽然汉、魏时代一再诛讨杀戮，使其巢穴暂时倾覆，但由于世事动荡、关山阻隔，高丽部族得以再次集聚。从前他们聚集于河川湖泽流域，流传繁衍至今。眼看那华夏的土地，就将沦灭为

●屈尊劳将

细柳在汉代长安城外，是当时的军营，汉代初期匈奴骑兵经常逼近长安，所以汉朝在细柳驻扎重兵

夷狄的邦国。经历了长久岁月，其已恶贯满盈，上天的正道因其淫逸过度而降下灾祸，看来高丽灭亡的征兆已经显现。他们搅乱纲常败坏道德，不能详尽叙述；包藏祸心怀藏奸佞，只觉时日已久。朝廷的文书告示，从未当面接受，朝拜天子的礼仪，不肯亲自参加。招诱接纳逃亡叛变之徒，没有限度。这类匪人充斥边地，使边防哨所劳碌不堪，边关因此不得安宁，人民因此而荒废生业。从前予以讨伐，但天网疏漏，既宽免了先前被擒后应遭的诛戮，又免去之后所应得的刑罚，竟然不感念皇恩，反而经常作

恶，于是伙同契丹党徒，掠杀我朝海防人员，青丘国以外地区，都遵行贡纳，碧海之滨，夺他国献给天子的财宝，阻拦隔绝相互往来，到祸害。天子的使臣奉命出使，来到海东，沿途停留的地方，多经过属国的境土，而高丽竟然堵塞道路，拒绝我朝派出的使臣，哪里还有侍奉天子的心思，这难道是做臣子该有的礼节！这种现象如果都可以忍受，那还有什么不可以容忍的呢！而且高丽国法令苛刻严酷，赋税繁重，权臣豪族，都执掌国家的权力。他们结党营私，这已然形成风气。公开行贿犹如在市场上行商交易，人民的冤枉得不到昭雪，又加上连年凶灾，家家饥饿，征战不断，服徭役没有尽头，为运输物资耗尽了精力，身死野外而被抛尸于沟壑。百姓幽怨痛苦，不知道该依附于谁？国境之内百姓哀怨惶恐，实在承受不住这些沉重的灾难。他们回顾往事，面对国内当前的景象，都各怀保全性命的打算，老人孩童，都发出了对残酷暴虐的感叹。如今我视察风俗，来到幽州北部，慰问人民责问罪臣，不需要等待第二次驾临了。于是亲自统领军队，来申明进行制裁的九种办法，拯救面临危险的百姓，顺从上天的旨意，消灭这些逍遥法外的恶人，继承先贤的谋略。

原 文

　　"今宜援律启行，分麾届路，掩勃澥（hui）而雷震，历夫馀以电扫。比戈按甲，誓旅而后行，三令五申，必胜而后战。左第一军可镂方道，第二军可长岑道，第三军可海冥道，第四军可盖马道，第五军可建安道，第六军可南苏道，第七军可辽东道，第八军可玄菟（tu）道，第九军可

扶馀道，第十军可朝鲜道，第十一军可沃沮道，第十二军可乐浪道。右第一军可黏蝉道，第二军可含资道，第三军可浑弥道，第四军可临屯道，第五军可候城道，第六军可提奚道，第七军可踏顿道，第八军可肃慎道，第九军可碣石道，第十军可东暆道，第十一军可带方道，第十二军可襄平道。凡此众军，先奉庙略，骆驿引途，总集平壤。莫非如豼如貔之勇，百战百胜之雄，顾眄则山岳倾颓，叱咤则风云腾郁，心德攸同，爪牙斯在。朕躬驭元戎，为其节度，涉辽而东，循海之右，解倒悬于遐裔，问疾苦于遗黎。其外轻赍游阙，随机赴响，卷甲衔枚，出其不意。又沧海道军舟舻千里，高帆电逝，巨舰云飞，横断浿江，迳造平壤，岛屿之望斯绝，坎井之路已穷。其余被发左衽之人，控弦待发，微、卢、彭、濮之旅，不谋同辞。杖顺临逆，人百其勇，以此众战，势等摧枯。

【译文】

"现在应当授令出征，分发旌旗指挥军队踏上征途，大军要如迅雷震击一般突袭勃灒，像闪电掠过一样行经夫馀。摆好队伍誓师然后出发，三令五申，要有必胜把握才能开战。左路第一军出镂方道，第二军出长岑道，第三军出海冥道，第四军出盖马道，第五军出建安道，第六军出南苏道，第七军出辽东道，第八军出玄菟道，第九军出扶馀道，第十军出朝鲜道，第十一军出沃沮道，第十二军出乐浪道。右路第一军出黏蝉道，第二军出含资道，第三军出浑弥道，第四军出临屯道，第五军出候城道，第六军出提奚道，第七军出踏顿道，第八军出肃慎道，第九军出碣石道，第十军出东暆道，第十一军出带方道，第十二军出襄平道。凡是此次出征的各路大军，首先要遵循朝廷的作战方略，然后陆续出发，最后会师平壤。我军将士无不像豼豹那样勇猛，具有百战百胜的雄心气概，雄视就会使山岳崩塌，怒吼就会让风云飞腾，将士同心同德，猛士俱在。我亲自担任元帅，指挥调度军队，渡过辽水向东进发，沿着大海之滨进军，解救边远地区处境极端困苦危急的人民，慰问流难百姓的疾苦。那些轻装前进游动于敌军空隙中的部队，应当见机行事赶赴接应，藏好铠甲衔枚噤声，出其不意进行突袭。还有海路军队船只首尾相接长达千里，风帆高扬迅如闪电，巨舰奔驰疾若飞云，大小船只截断浿江，径直开赴平壤，似落入孤岛希望已经断绝，像陷入废井退路已经穷尽。其他随我出征的少数民族部队，无不拉弓待发，微、卢、彭、濮等地的军队，不用商量就众人一词。依仗顺服讨伐叛逆，人人都百倍勇敢，凭借这样壮大的队伍来与敌人作战，那势头就如同摧毁朽木一般。

"然则王者之师，义存止杀，圣人之教，必也胜残。天罚有罪，本在元恶，人之多僻，胁从罔治。若高元泥首辕门，自归司寇，即宜解缚焚榇，弘之以恩。其余臣人归朝奉顺，咸加慰抚，各安生业，随才任用，无隔夷夏。营垒所次，务在整肃，刍荛有禁，秋毫勿犯，布以恩宥，喻以祸福。若其同恶相济，抗拒官军，国有常刑，俾无遗类。明加晓示，称朕意焉。"

总一百一十三万三千八百，号二百万，其馈运者倍之。癸未，第一军发，终四十日，引师乃尽，旌旗亘千里。近古出师之盛，未之有也。乙未，以右候卫大将军卫玄为刑部尚书。甲辰，内史令元寿卒。

"既然如此那么王者之师，其宗旨在于制止杀戮，圣人教诲我们，如果一定要动用武力，那也只是打败凶残的人使其不能作恶。上天惩罚有罪的人，根本在于惩治元凶，至于多数人的毛病，作为胁从就不予处置了。假如高丽国首领高元到军营门口请罪投降，到司寇那里去自首的话，就应解开他的绑绳、烧掉棺材，向他弘扬恩惠。其余臣民归附朝廷恭敬顺从的，都要加以安慰抚恤，让他们各安其业，量才任用，不要有蛮夷民族与中原民族的分别。军营驻扎的地方，务必整齐严肃，禁止砍伐放牧，做到秋毫无犯，宣告朝廷为何对他们施恩宽宥，向他们说明怎样才能远离灾祸谋求幸福。如果同罪的人相助为恶，抗拒官军，那么依照国家的刑法，将使他们尽数伏诛。以上种种，要明明白白地传达知晓，这才符合朕的心意。"

这次出兵总共有一百一十三万三千八百人，号称二百万，那些运送物资的人数还要加倍。癸未日，第一军出发，四十天后，各路部队全部上路，旌旗绵亘千里。近代以来出兵打仗有这么盛大的规模，还从来没有过。乙未日，炀帝任命右候卫大将军卫玄为刑部尚书。甲辰日，内史令元寿去世。

二月甲寅，诏曰："朕观风燕裔，问罪辽滨。文武协力，爪牙思奋，莫不执锐勤王，舍家从役，罕蓄仓廪之资，兼损播殖之务。朕所以夕惕愀然，虑其匮乏。虽复素饱之众，情在忘私，悦使之人，宜从其厚。诸行从一品以下，佽飞募人以上家口，郡县宜数存问。若有粮食乏少，皆宜赈给；或虽有田畴，贫弱不能自耕种，可于多丁富室劝课相助。使夫居者有敛积之丰，行役无顾后之虑。"壬戌，司空、京兆尹、光禄大夫观王雄薨。

二月甲寅日，炀帝颁下诏书说："我到燕地观察民风得失，在辽河之滨讨伐罪人。文臣武将同心协力，勇武部属均思奋勉，无不手持兵器为王室效命，舍弃家业随军服役，家中仓库里没存下多少资财，又耽搁了播种栽植的家务。我因此感到恐惧而不敢懈怠，担心惦念着那些匮乏的家庭。即使没有功劳食享俸禄的民众，也为了国家大义忘却私利，对那些愉快受命、离家远征的人还是应当给予优厚的待遇。众位出征的人，凡官职在从一品以下、应募的勇士以上，这些人家所在郡县应当经常慰问；如果有人家缺少粮食，都应该给予救济。有的家庭虽然有田地，但由于贫困体弱而不能自己耕种，可以鼓励督促成年男子多的富裕人家相助。要让留守的人有丰厚的贮积，服役在外的人无后顾之忧。"壬戌日，司空、京兆尹、光禄大夫观王杨雄去世。

三月辛卯，兵部尚书、左候卫大将军段文振卒。癸巳，上御师。甲午，临戎于辽水桥。戊戌，大军为贼所拒，不果济。右屯卫大将军、左光禄大夫麦铁杖，武贲郎将钱士雄、孟金叉等，皆死之。甲午，车驾渡辽。大战于东岸，击贼破之，进围辽东。乙未，大顿，见二大鸟，高丈余，皜身朱足，游泳自若。上异之，命工图写，并立铭颂。

五月壬午，纳言杨达卒。

于时诸将各奉旨，不敢赴机。既而高丽各城守，攻之不下。

三月辛卯日，兵部尚书、左候卫大将军段文振去世。癸巳日，炀帝统御大军。甲午日，在辽水桥对垒列阵。戊戌日，大军遭敌军抵抗，未能渡过辽水。右屯卫大将军、左光禄大夫麦铁杖，虎贲郎将钱士雄、孟金叉等人，全都战死。甲午日，炀帝车驾渡过辽水。两军在辽水东岸展开大战，隋军击破贼军，进兵围困辽东城。乙未日，大军停战，看到两只鸟，有一丈多高，白身红足，无拘无束地在水中游泳。炀帝感到惊奇，命令画工描绘它，并立铭碑颂赞。

五月壬午日，纳言杨达去世。

当时众将领各奉旨意，不敢自寻机会出战。不久高丽各城都坚守不出，隋军攻打不下来。

六月己未，幸辽东，责怒诸将。止城西数里，御六合城。

七月壬寅，宇文述等败绩于萨水，右屯卫将军辛世雄死之。九军并陷，将帅奔还亡者二千余骑。癸卯，班师。

九月庚辰，上至东都。己丑，诏曰："军国异容，文武殊用，匡危拯难，则霸德攸兴，化人成俗，则王道斯贵。时方拨乱，屠贩可以登朝，世属隆平，经术然后升仕。丰都爰肇，儒服无预于周行，建武之朝，功臣不参于吏职。自三方未一，四海交争，不遑文教，唯尚武功。设官分职，罕以才授，班朝治人，乃由勋叙，莫非拔足行阵，出自勇夫，斅学之道，既所不习，政事之方，故亦无取。是非暗于在己，威福专于下吏，贪冒货贿，不知纪极，蠹政害民，实由于此。自今已后，诸授勋官者，并不得回授文武职事，庶遵彼更张，取类于调瑟，求诸名制，不伤于美锦。若吏部辄拟用者，御史即宜纠弹。"

六月己未日，炀帝到辽东城，怒责众位将领。炀帝在城西边数里地停留，统帅六合城。

七月壬寅日，宇文述等人在萨水战败，右屯卫将军辛世雄战死。各路军队全部被打败，将帅仅两千人奔亡逃回。癸卯日，全军撤回。

九月庚辰日，炀帝来到东都。己丑日，炀帝颁下诏书说："军务与国家政务有不同的法度，文臣武将也有不同的作用。匡扶危机，拯救祸难，霸道就会兴盛；教化人民养成良好习俗，王道就会显贵。当治理乱世之时，屠夫商贩也可以上朝秉政，而在升平的时世，只有掌握经学的人才能入仕。周文王在灭纣缔建丰都时，儒生不能加入朝官的行列，汉光武帝建武时期，有军功的大臣不能参与治国的职事。我隋朝立国之初，天下未曾统一，四海战乱纷争，无暇顾及文治教化，只有崇尚武功。当时设立官位分别职守，很少根据才能授任，在朝廷治理百姓的人，都是根据功勋大小依次授用，这些官员都是从军队中选拔出来的，出身武夫行列，教学之道，都未曾学习过，处理政务的方法，也没有可取的地方。自己糊涂是非不明，对待下属又作威作福。贪污受贿，不知纲纪，败坏政治危害人民，实在都是由于这个原因。从今以后，所有被授给勋官的人，都不得再授任文武职务，希望遵循改弦更张的原则，要采取类似调瑟的办法，寻找名家能手，才不会损伤美锦。如果吏部擅自拟定文武职务，御史即应检举弹劾。"

原文

冬十月甲寅，工部尚书宇文恺卒。

十一月己卯，以宗女华容公主嫁于高昌王。辛巳，光禄大夫韩寿卒。甲申，败将宇文述、于仲文等并除名为民，斩尚书右丞刘士龙以谢天下。是岁，大旱，疫，人多死，山东尤甚。密诏江、淮南诸郡阅视民间童女，姿质端丽者，每岁贡之。

译文

冬十月甲寅日，工部尚书宇文恺去世。

十一月己卯日，炀帝将宗室之女华容公主嫁给高昌王。辛巳日，光禄大夫韩寿去世。甲申日，败将宇文述、于仲文等人一并除去名籍贬为百姓，炀帝斩杀尚书右丞刘士龙来向天下谢罪。这一年，天下大旱，瘟疫流行，许多人病死，崤山以东地区尤为严重。炀帝密令江、淮以南各郡官员察看民间少女，挑选相貌品质端庄秀丽的，每年向朝廷进献。

原文

九年春正月丁丑，征天下兵，募民为骁果，集于涿郡。壬午，贼帅杜彦冰、王润等陷平原郡，大掠而去。辛卯，置折冲、果毅、武勇、雄武等郎将官，以领骁果。乙未，平原李德逸聚众数万，称"阿舅贼"，劫掠山东。灵武白榆妄，称"奴贼"，劫掠牧马，北连突厥，陇右多被其患。遣将军范贵讨之，连年不能克。戊戌，大赦。己亥，遣代王侑、刑部尚书卫玄镇京师。辛丑，以右骁骑将军李浑为右骁卫大将军。

● 剪彩为花
炀帝在东都时，生活奢侈，冬天甚至用丝绸剪成假花，装饰树木

大业九年春正月丁丑日，朝廷征调天下兵士，招募百姓为敢死队兵士，在涿郡集结。壬午日，贼帅杜彦冰、王润等人攻陷平原郡，大肆掳掠后离去。辛卯日，设置折冲、果毅、武勇、雄武等郎将官，统领敢死兵士。乙未日，平原李德逸聚集几万人，人称"阿舅贼"，在崤山以东地区进行抢掠。灵武人白榆妄，人称"奴贼"，专门劫掠牧马，向北与突厥结盟，陇西地区多受其害。炀帝派将军范贵去讨伐他，连年征战未能平定。戊戌日，朝廷实行大赦。己亥日，炀帝派代王杨侑，刑部尚书卫玄镇守京城。辛丑日，炀帝任命右骁骑将军李浑为右骁卫大将军。

原 文

二月己未，济北人韩进洛聚众数万为群盗。壬午，复宇文述等官爵。又征兵讨高丽。

三月丙子，济阴人孟海公起兵为盗，众至数万。丁丑，发丁男十万城大兴。戊寅，幸辽东。以越王侗、民部尚书樊子盖留守东都。庚子，北海人郭方预聚徒为盗，自号卢公，众至三万，攻陷郡城，大掠而去。

夏四月庚午，车驾渡辽。壬申，遣宇文述、杨义臣趣平壤。

五月丁丑，荧惑入南斗。己卯，济北人甄宝车聚众万余，寇掠城邑。

六月乙巳，礼部尚书杨玄感反于黎阳。丙辰，玄感逼东都。河南赞务裴弘策拒之，反为贼所败。戊辰，兵部侍郎斛斯政奔于高丽。庚午，上班师。高丽犯后军，敕右武卫大将军李景为后拒。遣左翊卫大将军宇文述、左候卫将军屈突通等驰传发兵，以讨玄感。

二月己未日，济北人韩进洛聚集数万人为强盗。壬午日，朝廷恢复宇文述等人的官职爵位。朝廷又调兵征讨高丽。

三月丙子日，济阴人孟海公起兵造反，人数多达数万。丁丑日，朝廷征派十万名成年男子修筑大兴城。戊寅日，炀帝巡视辽东，任命越王杨侗、民部尚书樊子盖留守东都。庚子日，北海人郭方预聚集徒众为盗，自称卢公，人数多达三万，攻破郡城，大肆掳掠后离去。

夏四月庚午日，炀帝车驾渡过辽水。壬申日，朝廷派宇文述、杨义臣率部奔赴

平壤。

五月丁丑日，荧惑星进入南斗星区。己卯日，济北人甄宝车聚集万余人，骚扰掠夺城镇。

六月乙巳日，礼部尚书杨玄感在黎阳反叛。丙辰日，杨玄感率部逼近东都，河南赞务裴弘策进行抵御，反被贼兵打败。戊辰日，兵部侍郎斛斯政逃亡高丽国。庚午日，炀帝率军撤退。高丽国侵扰后军，炀帝命令右武卫大将军李景殿后抵挡。炀帝派左翊卫大将军宇文述、左候卫将军屈突通等飞马传令，调兵遣将讨伐杨玄感。

原 文

秋七月己卯，令所在发人城县府驿。癸未，余杭人刘元进举兵反，众至数万。

八月壬寅，左翊卫大将军宇文述等破杨玄感于阌乡，斩之。余党悉平。癸卯，吴人朱燮、晋陵人管崇拥众十万余，自称将军，寇江左。甲辰，制骁果之家蠲免赋役。丁未，诏郡县城去道过五里已上者，徙就之。戊申，制盗贼籍没其家。乙卯，贼帅陈填等众三万，攻陷信安郡。辛酉，司农卿、光禄大夫、葛国公赵元淑以罪伏诛。

译 文

秋七月己卯日，朝廷命令各地派人修筑县府驿站。癸未日，余杭人刘元进举兵造反，军队人数多达数万。

八月壬寅日，左翊卫大将军宇文述等在阌乡打败杨玄感，杀了他。余部全部平定。癸卯日，吴人朱燮、晋陵人管崇，聚众十万余人，自称将军，侵犯江东地区。甲辰日，朝廷下令敢死兵士的家庭免除租税徭役。丁未日，炀帝诏令郡县城距离驰道超过五里以上的，要迁移到驰道附近。戊申日，朝廷规定反贼家产全部没收，反贼家人入官家为奴。乙卯日，贼帅陈慎等三万人，攻陷信安郡。辛酉日，司农卿、光禄大夫、葛国公赵元淑因为犯罪被诛杀。

原 文

九月己卯，济阴人吴海流、东海人彭孝才并举兵为盗，众数万。庚辰，贼帅梁慧尚率众四万，陷苍梧郡。甲午，车驾次上谷，以供费不给，上大怒，免太守虞荷等官。丁酉，东阳人李三儿、向但子举兵作乱，众至万余。

闰月己巳，幸博陵。庚午，上谓侍臣曰："朕昔从先朝周旋于此，年甫八岁，日月不居，倏经三纪，追惟平昔，不可复希！"言未卒，流涕呜咽，侍卫者皆泣下沾襟。

译文

九月己卯日，济阴人吴海流，东海人彭孝才一同起兵为强盗，多达数万人。庚辰日，贼帅梁慧尚率领四万人，攻陷苍梧郡。甲午日，炀帝驻扎在上谷，因供给费用不足，炀帝大怒，免去太守虞荷等人的官职。丁酉日，东阳人李三儿、向但子起兵作乱，乱军多达一万多人。

闰九月己巳日，炀帝驾莅博陵。庚午日，炀帝对侍奉左右的人说："我过去跟随先帝多次来到这里，那时候我才刚刚八岁，光阴易逝，很快过了三十六年，追思往日生活，已经不可再得了！"话未说完，就泪流满面，低声哭泣，侍臣卫士们都感慨流泪，泪水浸湿了衣襟。

原文

冬十月丁丑，贼帅吕明星率众数千围东郡，武贲郎将费青奴击斩之。乙酉，诏曰："博陵昔为定州，地居冲要，先皇历试所基，王化斯远，故以道冠《豳风》，义高姚邑。朕巡抚氓庶，爰届兹邦，瞻望郊廛，缅怀敬止，思所以宣播德泽，覆被下人，崇纪显号，式光令绪。可改博陵为高阳郡。赦境内死罪已下。给复一年。"于是召高祖时故吏，皆量材授职。壬辰，以纳言苏威为开府仪同三司。朱燮、管崇推刘元进为天子。遣将军吐万绪、鱼俱罗讨之，连年不能克。齐人孟让、王薄等众十余万，据长白山，攻剽诸郡，清河贼张金称众数万，渤海贼帅格谦自号燕王，孙宣雅自号齐王，众各十万，山东苦之。丁亥，以右候卫将军郭荣为右候卫大将军。

译文

冬十月丁丑日，贼帅吕明星率领几千人包围东都，虎贲郎将费青奴出击并斩杀了吕明星。乙酉日，炀帝颁下诏书说："博陵从前叫定州，地处要冲，先帝曾经普遍考察建立基业的地方，这个地方先王的德化深远，所以道行杰出像《豳风》诗所赞美的一样，德义高于舜住过的姚邑。我巡视抚慰百姓，来到这一邦国，远望城内郊野民宅，缅怀追思前代，思虑如何传播德惠，泽及百姓，光照当代，以及后人。所以想尊崇这

建立基业的地方，让它的名称高贵显赫，来光大先帝留下的美好事业。可以把博陵改名为高阳郡，赦免境内犯了死罪以下的人。免除这里一年徭役。"于是征召高祖时代的老官吏，都衡量其才能授予职务。壬辰日，炀帝任命纳言苏威为开府仪同三司。朱燮、管崇推举刘元进为天子。炀帝派将军吐万绪、鱼俱罗去讨伐他们，连年不能平定。齐人孟让、王薄等聚众十余万人，占据长白山，攻击抢掠各郡，清河贼张金称聚众数万，渤海贼帅格谦自称燕王，孙宣雅自称齐王，聚众各十万人，崤山以东深以为苦。丁亥日，炀帝任命右候卫将军郭荣为右候卫大将军。

原　文

十一月己酉，右候卫将军冯孝慈讨张金称于清河，反为所败，孝慈死之。

十二月甲申，车裂玄感弟朝请大夫积善及党与十余人，仍焚而扬之。丁亥，扶风人向海明举兵作乱，称皇帝，建元白乌。遣太仆卿杨义臣击破之。

译　文

十一月己酉日，右候卫将军冯孝慈在清河讨伐张金称，反被张金称打败，冯孝慈战死。

十二月甲申日，朝廷对杨玄感的弟弟朝请大夫杨积善及党羽十余人，执行车裂酷刑，再焚尸扬灰。丁亥日，扶风人向海明起兵作乱，自称皇帝，立年号白乌。炀帝派遣太仆卿杨义臣率兵打败了他。

原　文

十年春正月甲寅，以宗女为信义公主，嫁于突厥曷娑那可汗（hé）。

二月辛未，诏百僚议伐高丽，数日无敢言者。戊子，诏曰："竭力王役，致身戎事，咸由徇义，莫匪勤诚，委命草泽，弃骸原野，兴言念之，每怀愍恻（mǐn）。往年出车问罪，将届辽滨，庙算胜略，具有进止。而谅惛凶（hūn），囧识成败（jiǒng bì），高颎愎很，本无智谋，临三军犹儿戏，视人命如草芥，不遵成规，坐贻挠退，遂令死亡者众，不及埋藏。今宜遣使人分道收葬，设祭于辽西郡，立道场一所。恩加泉壤，庶弭穷魂之冤（mǐ），泽及枯骨，用弘仁者之惠。"辛卯，诏曰：

"黄帝五十二战，成汤二十七征，方乃德施诸侯，令行天下。卢

●黄帝

芳小盗，汉祖尚且亲戎，隗嚣余烬，光武犹自登陇，岂不欲除暴止戈，劳而后逸者哉！

"朕纂成宝业，君临天下，日月所照，风雨所沾，孰非我臣，独隔声教。蕞尔高丽，僻居荒表，鸱张狼噬，侮慢不恭，抄窃我边陲，侵轶我城镇。是以去岁出军，问罪辽、碣，殪长蛇于玄菟，戮封豕于襄平。扶馀众军，风驰电逝，追奔逐北，径逾浿水，沧海舟楫，冲贼腹心，焚其城郭，污其宫室。高元伏锧泥首，送款军门，寻请入朝，归罪司寇。朕以许其改过，乃诏班师。而长恶靡悛，宴安鸩毒，此而可忍，孰不可容！便可分命六师，百道俱进。朕当亲执武节，临御诸军，秣马丸都，观兵辽水，顺天诛于海外，救穷民于倒悬，征伐以正之，明德以诛之，止除元恶，余无所问。若有识存亡之分，悟安危之机，翻然北首，自求多福；必其同恶相济，抗拒王师，若火燎原，刑兹无赦。有司便宜宣布，咸使知闻。"

丁酉，扶风人唐弼举兵反，众十万，推李弘为天子，自称唐王。

译　文

大业十年春正月甲寅日，炀帝以宗室之女信义公主，嫁给突厥曷娑那可汗。

二月辛未日，炀帝命令百官商议进攻高丽国的事，几天当中都没有敢说话的。戊子日，炀帝颁下诏书说："尽力以事君王的事务，投身于兵戎战事，都是遵循舍生取义，无不勤勉忠诚，将性命丢弃在草泽之中，将尸骨抛撒在原野之上，一想到这些，我的心中常常充满了悲痛之情。前些年出兵兴师问罪，大军将至辽水之滨，由朝廷制定的克敌制胜的谋略，都有进退去留的部署。然而杨谅昏聩凶恶，不懂得成败的关键，高颍刚愎乖戾，根本没有智谋，他们统领三军如同儿戏，视士兵的生命如同草芥，不遵守作战的常规，以至造成了屈服败退的结局，让士兵们死亡惨重，连尸骨都来不及掩埋。现在应派使者分道收葬阵亡士兵，在辽西郡设置祭坛，建一所道场，把恩惠施加于九泉之下，或许能够安抚坟墓中的冤魂，使恩泽降及枯骨，以此来宏大仁者的恩惠。"

辛卯日，炀帝颁下诏书说：

"黄帝进行了五十二次战争，成汤发动了二十七次征讨，这才使王德施予诸侯，号令颁行天下。卢芳只是小股盗贼，汉高帝尚且亲自征讨，隗嚣虽然已是残余势力，汉光武帝还亲自登陇地西征。难道不正是为了铲除暴虐，停止干戈，先辛劳然后安适吗？

"我继承了帝王的事业，统治着天下，凡是日月所能照临，风雨所能浸润的地方，谁不是我的臣民，怎能隔断声威教化。小小的高丽，偏居在边远地区，嚣张贪婪，轻慢不恭，掠取我边疆财富，侵袭我城镇居民。因此我去年出兵，讨伐辽水、碣石，在玄菟射死凶残的首恶，在襄平诛杀贪暴的元凶。扶馀各部，风驰电掣，追逐逃敌，一直越过浿水，再者海上乘船，直冲敌人心腹之地，焚毁其城郭，污损其宫室。高元伏法服罪，被押送至营门，随即请求入朝，到司寇处听从治罪处罚。我已经允许他改正过错，于是下令撤军。然而高元却怙恶不悛，安于毒害，这等恶行如果可以容忍，那还有什么不可容忍！立即可以分别命令六军，从各道同时进兵。我应当亲自掌握符节，指挥众军，在丸都喂马备战，在辽水阅兵示威，顺应天意在海外诛杀顽劣，解救处境极困苦的人民。进行征战是为了纠正邪恶，阐明德威来诛灭元凶，其余人等不予追究。如果有人能认识到存亡的道理，领悟安危的预兆，幡然悔悟，北面称臣，可以得到福佑。如果与敌人狼狈为奸，抗拒我朝大军，我军将如燎原大火，所到之处，坚决惩处决不宽恕。主管官员适时宣布我的诏令，使他们全都知晓。"

丁酉日，扶风人唐弼起兵反叛，人数多达十万，推举李弘为天子，自称唐王。

原文

三月壬子，行幸涿郡。癸亥，次临渝宫，亲御戎服，祃祭黄帝，斩叛军者以衅鼓。

夏四月辛未，彭城贼张大彪聚众数万，保悬薄山为盗。遣榆林太守董纯击破，斩之。甲午，车驾次北平。

五月庚子，诏举郡孝悌廉洁各十人。壬寅，贼帅宋世谟陷琅邪郡。庚申，延安人刘迦论举兵反，自称皇王，建元大世。

六月辛未，贼帅郑文雅、林宝护等众三万，陷建安郡，太守杨景祥死之。

秋七月癸丑，车驾次怀远镇。乙卯，曹国遣使贡方物。甲子，高丽遣使请降，因送斛斯政。上大悦。

译文

三月壬子日，炀帝巡幸涿郡。癸亥日，停驻在临渝宫，炀帝亲穿军装，祭祀黄帝，斩杀叛军，用其血来涂战鼓。

夏四月辛未日，彭城贼张大彪聚集数万人，驻守在悬薄山当强盗。炀帝派榆林太守董纯打败他们，杀了张大彪。甲午日，炀帝车驾驻扎在北平。

五月庚子日，朝廷下令各郡举拔孝敬父母、顺从兄长、操守廉洁的各十人。壬寅日，贼帅宋世谟攻陷琅邪郡。庚申日，延安人刘迦论起兵反叛，自称"皇王"，建年号为"大世"。

六月辛未日，贼帅郑文雅、林宝护等三万人，攻陷建安郡，太守杨景祥战死。

秋七月癸丑日，炀帝车驾驻扎在怀远镇。乙卯日，曹国派使臣贡奉土产。甲子日，高丽派使臣乞降，押送斛斯政请罪。炀帝非常高兴。

原　文

八月己巳，班师。庚午，右卫大将军、左光禄大夫郑荣卒。

冬十月丁卯，上至东都。己丑，还京师。

十一月丙申，支解斛斯政于金光门外。乙巳，有事于南郊。己酉，贼帅司马长安破长平郡。乙卯，离石胡刘苗王举兵反，自称天子，以其弟六儿为永安王，众至数万。将军潘长文讨之，不能克。是月，贼帅王德仁拥众数万，保林虑山为盗。

十二月壬申，上如东都。其日，大赦天下。戊子，入东都。庚寅，贼帅孟让众十余万，据都梁宫。遣江都郡丞王世充击破之，尽虏其众。

译　文

八月己巳日，大军凯旋。庚午日，右卫大将军、左光禄大夫郑荣去世。

冬十月丁卯日，炀帝回到东都。己丑日，炀帝返回京城。

十一月丙申日，在金光门外肢解斛斯政。乙巳日，炀帝到南郊祭祀。己酉日，贼帅司马长安攻破长平郡。乙卯日，离石胡刘苗王起兵反叛，自称天子，命其弟六儿为永安王，人数多达数万。炀帝派将军潘长文去讨伐，未能平定。这一月，贼帅王德仁拥有数万之众，驻守林虑山当强盗。

十二月壬申日，炀帝到东都。那一天，朝廷大赦天下。戊子日，炀帝进入东都。庚寅日，贼帅孟让率众十余万，占据都梁宫，炀帝派江都郡丞王世充打败了他，全部俘虏了他的部属。

原　文

十一年春正月甲午朔，大宴百僚。突厥、新罗、靺鞨、毕大辞、诃

mò hé

咄、传越、乌那曷、波腊、吐火罗、俱虑建、忽论、靺鞨、诃多、沛汗、龟兹^{qiū}、疏勒、于阗、安国、曹国、何国、穆国、毕、衣密、失范延、伽折、契丹等国并遣使朝贡。戊戌，武贲郎将高建毗破贼帅颜宣政于齐郡，虏男女数千口。乙卯，大会蛮夷，设鱼龙曼延之乐，颁赐各有差。

译文

大业十一年春正月甲午日初一，大宴百官。突厥、新罗、靺鞨、毕大辞、诃咄、传越、乌那曷、波腊、吐火罗、俱虑建、忽论、靺鞨、诃多、沛汗、龟兹、疏勒、于阗、安国、曹国、何国、穆国、毕、衣密、失范延、伽折、契丹等国都派使臣朝贡。戊戌日，武贲郎将高建毗在齐郡打败贼帅颜宣政，俘虏男女数千人。乙卯日，大会蛮夷，表演鱼龙曼延等百戏之乐，颁赏各不相同。

原文

二月戊辰，贼帅扬仲绪率众万余，攻北平，滑公李景破斩之。庚午，诏曰："设险守国，著自前经，重门御暴，事彰往策，所以宅土宁邦，禁邪固本。而近代战争，居人散逸，田畴无伍，郛郭不修^{fú}，遂使游惰实繁，寇歔未息。今天下平一，海内晏如，宜令人悉城居，田随近给，使强弱相容，力役兼济，穿窬无所厝其奸宄^{yú} ^{cuò} ^{guǐ huàn}，萑蒲不得聚其逋逃。有司具为事条，务令得所。"丙子，上谷人王须拔反，自称漫天王，国号燕，贼帅魏刁儿自称历山飞，众各十余万，北连突厥，南寇赵。

译文

二月戊辰日，贼帅杨仲绪率万余人攻北平。滑公李景击败并杀了他。庚午日，炀帝颁下诏书说："设置险要固守国土，前代经籍早已写明这一道理，设置层层门户抵御强暴，往昔的典策上已有明确记载。凭借它可以使国土安定，郡国安宁，禁绝邪恶，坚固根本。然而近代由于战争频繁，居民逃散，田地上没有成群耕种的人，城郭没有修缮整治，遂使游手好闲之人大量增加，偷盗抢劫行为屡发不止。现在天下统一，海内安宁，应当让百姓全部城中居住，就近供给田地，使强弱相容共处，劳役合力互助。这样一来，穿壁翻墙的盗窃者将无处藏匿他们为非作歹的行为，芦苇丛密之地也不得再聚集逃亡的罪犯。主管官员要详细拟定好办事条例，务必使百姓各安生业。"丙子日，上谷人王须拔造反，自称"漫天王"，国号燕，贼帅魏刁儿自称"历山飞"，部众各有十余万人，在边塞联合突厥，向南侵扰赵地。

五月丁酉,杀右骁卫大将军、光禄大夫、郕公李浑,将作监、光禄大夫李敏,并族灭其家。癸卯,贼帅司马长安破西河郡。己酉,幸太原,避暑汾阳宫。

秋七月己亥,淮南人张起绪举兵为盗,众至三万。辛丑,光禄大夫、右御卫大将军张寿卒。

八月乙丑,巡北塞。戊辰,突厥始毕可汗率骑数十万,谋袭乘舆,义成公主遣使告变。壬申,车驾驰幸雁门。癸酉,突厥围城,官军频战不利。上大惧,欲率精骑溃围而出,民部尚书樊子盖固谏乃止。齐王暕以后军保于崞县。甲申,诏天下诸郡募兵,于是守令各来赴难。

九月甲辰,突厥解围而去。丁未,曲赦太原、雁门郡死罪已下。

五月丁酉日,炀帝杀右骁卫大将军、光禄大夫、郕公李浑,将作监、光禄大夫李敏,并诛灭他们的家族。癸卯日,贼帅司马长安攻破西河郡。己酉日,炀帝驾临太原,在汾阳宫避暑。

秋七月己亥日,淮南人张起绪起兵为盗,聚众三万。辛丑日,光禄大夫、右御卫大将军张寿去世。

八月乙丑日,炀帝巡视北部边关。戊辰日,突厥始毕可汗率领数十万骑兵,谋划袭击炀帝,义成公主派使臣来报告这一变故。壬申日,炀帝车驾疾驰雁门。癸酉日,突厥围困城池,官军屡战不胜。炀帝非常恐惧,想率领精锐骑兵突围出去,因为民部尚书樊子盖极力劝阻才放弃突围的打算。齐王杨暕率领后军在崞县保护炀帝。甲申日,炀帝诏令天下各郡招募士兵,于是,郡守县令各自率部赶来勤王。

九月甲辰日,突厥解除对雁门的包围,撤走了部队。丁未日,赦免太原、雁门郡死罪以下犯人。

冬十月壬戌,上至于东都。丁卯,彭城人魏骐驎聚众万余为盗,寇鲁郡。壬申,贼帅卢明月聚众十余万,寇陈、汝间。东海贼帅李子通拥众度淮,自号楚王,建元明政,寇江都。

十一月乙卯,贼帅王须拔破高阳郡。

十二月戊寅，有大流星如斛，坠明月营，破其冲车。庚辰，诏民部尚书樊子盖发关中兵，讨绛郡贼敬盘陀、柴保昌等，经年不能克。谯郡人朱粲拥众数十万，寇荆襄，僭称楚帝，建元昌达。汉南诸郡多为所陷焉。

　　冬十月壬戌日，炀帝到达东都。丁卯日，彭城人魏骐驎聚众万余人为强盗，侵扰鲁郡。壬申日，贼帅卢明月聚众十余万，侵扰陈、汝地区。东海贼帅李子通拥众兵渡过淮河，自号"楚王"，建年号为"明政"，侵扰江都。

　　十一月乙卯日，贼帅王须拔攻破高阳郡。

　　十二月戊寅日，有像斛那样大的流星，坠入明月营，砸坏了攻城用的战车。庚辰日，炀帝诏令民部尚书樊子盖调关中兵士，讨伐绛郡贼敬盘陀、柴保昌等，过了一年也不能平定。谯郡人朱粲拥有数十万人，侵扰荆襄，自称"楚帝"，建年号为"昌达"。汉南诸郡多被他攻陷。

　　十二年春正月甲午，雁门人翟（zhái）松柏起兵于灵丘，众至数万，转攻傍县。

　　二月己未，真腊国遣使贡方物。甲子夜，有二大鸟似雕，飞入大业殿，止于御幄（wò），至明而去。癸亥，东海贼卢公暹率众万余，保于苍山。

　　夏四月丁巳，显阳门灾。癸亥，魏刁儿所部将甄（zhēn）翟儿复号历山飞，众十万，转寇太原。将军潘长文讨之，反为所败，长文死之。

　　五月丙戌朔，日有蚀之，既。癸巳，大流星陨（yǔn）于吴郡，为石。壬午，上于景华宫征求萤火，得数斛，夜出游山，放之，光遍岩谷。

　　大业十二年春正月甲午日，雁门人翟松柏在灵丘起兵，聚众达数万人，进攻附近各县。

　　二月己未日，真腊国派使臣进贡土产。甲子日当夜，有两只像雕的大鸟，飞入大业殿，停在御前的帐幕上，天亮以后才飞走。癸亥日，东海贼卢公暹率万余人，据守在苍山。

　　夏四月丁巳日，显阳门发生火灾。癸亥日，魏刁儿部下将领甄翟儿又自称"历山飞"，率领十万之众，转而进攻太原。将军潘长文率兵讨伐，反被打败，潘长文战死。

　　五月丙戌日初一，有日食，是日全食。癸巳日，大流星在吴郡地区陨落，变成石头。

壬午日，炀帝在景华宫求取萤火虫，得到数斛，晚间炀帝出宫游山时，把萤火虫尽数放飞，萤光照遍山谷。

秋七月壬戌，民部尚书、光禄大夫济北公樊子盖卒。甲子，幸江都宫，以越王侗、光禄大夫段达、太府卿元文都、检校民部尚书韦津、右武卫将军皇甫无逸、右司郎卢楚等总留后事。奉信郎崔民象以盗贼充斥，于建国门上表，谏不宜巡幸。上大怒，先解其颐，乃斩之。戊辰，冯翊人孙华自号总管，举兵为盗。高凉通守冼瑶彻举兵作乱，岭南溪洞多应之。己巳，荧惑守羽林，月余乃退。车驾次汜水，奉信郎王爱仁以盗贼日盛，谏上请还西京。上怒，斩之而行。

秋七月壬戌日，民部尚书、光禄大夫、济北公樊子盖去世。甲子日，炀帝驾临江都宫，命令越王杨侗、光禄大夫段达、太府卿元文都、检校民部尚书韦津、右武卫将军皇甫无逸、右司郎卢楚等人总管留守后方的事宜。奉信郎崔民象以盗贼比比皆是为由，于建国门上表，劝炀帝不宜巡游。炀帝大怒，叫人先割去崔民象的下巴，再砍头。戊辰日，冯翊人孙华自称"总管"，起兵造反。高凉通守冼瑶彻起兵作乱，岭南溪洞人大多响应他。己巳日，荧惑星停在羽林星座，一个多月才退去。炀帝车驾驻扎在汜水，奉信郎王爱仁因盗贼日益猖獗，劝请炀帝返回西京。炀帝愤怒，杀了王爱仁，然后继续巡行。

八月乙巳，贼帅赵万海众数十万，自恒山寇高阳。壬子，有大流星如斗，出王良阁道，声如隤墙。癸丑，大流星如瓮，出羽林。

九月丁酉，东海人杜扬州、沈觅敌等作乱，众至数万。右御卫将军陈稜击破之。戊午，有二枉矢出北斗魁，委曲蛇形，注于南斗。壬戌，安定人荔非世雄杀临泾令，举兵作乱，自号将军。

冬十月己丑，开府仪同三司、左翊卫大将军、光禄大夫、许公宇文述薨。

十二月癸未，鄱阳贼操天成举兵反，自号元兴王，建元始兴，攻陷豫章郡。乙酉，以右翊卫大将军来护儿为开府仪同三司、行左翊卫大将军。壬辰，鄱阳人林士弘自称皇帝，国号楚，建元太平，攻陷九江、庐陵郡。唐公破甄翟儿于西河，掳男女数千口。

译文

八月乙巳日，贼帅赵万海率众数十万人，从恒山出发，侵犯高阳。壬子日，有如斗一样大的流星，出现在王良、阁道星座附近，声音洪大好像城墙倒塌。癸丑日，像瓮一样的大流星，出现在羽林星座处。

九月丁酉日，东海人杜扬州、沈觅敌等人作乱，聚众数万人马。右御卫将军陈稜击败了他们。戊午日，有两颗枉矢星出现在北斗星座的魁星处，运行轨迹像蛇一样曲折辗转，然后汇集向南斗星座。壬戌日，安定人荔非世雄杀临泾县令，起兵作乱，自号"将军"。

冬十月己丑日，开府仪同三司、左翊卫大将军、光禄大夫、许公宇文述去世。

十二月癸未日，鄱阳贼操天成起兵反叛，自称"元兴王"，建年号"始兴"，攻陷豫章郡。乙酉日，炀帝任命右翊卫大将军来护儿为开府仪同三司，代理左翊卫大将军。壬辰日，鄱阳人林士弘自称皇帝，国号楚，建年号为"太平"，攻陷九江、庐陵郡。唐公在西河打败甄翟儿，俘虏男女数千人。

原文

十三年春正月壬子，齐郡贼杜伏威率众渡淮，攻陷历阳郡。丙辰，勃海贼窦建德设坛于河间之乐寿，自称长乐王，建元丁丑。辛巳，贼帅徐圆朗率众数千，破东平郡。弘化人刘企成聚众万余人为盗，傍郡苦之。

译文

大业十三年春正月壬子日，齐郡贼杜伏威率部渡过淮河，攻陷历阳郡。丙辰日，勃海贼窦建德在河间的乐寿设立坛场，自称"长乐王"，建年号为"丁丑"。辛巳日，贼帅徐圆朗率领数千人，攻破东平郡。弘化人刘企成聚众万余人当强盗，邻郡深受其害。

原文

二月壬午，朔方人梁师都杀郡丞唐世宗，据郡反，自称大丞相。遣银青光禄大夫张世隆击之，反为所败。戊子，贼帅王子英破上谷郡。己丑，马邑校尉刘武周杀太守王仁恭，举兵作乱，北连突厥，自称定杨可汗。庚寅，贼帅李密、翟让等陷兴洛仓。越王侗遣武贲郎将刘长恭、光禄少卿房崱（zè）击之，反为所败，死者十五六。庚子，李密自号魏公，称元年，开仓以振群盗，众至数十万，河南诸郡相继皆陷焉。壬寅，刘武周破武贲郎将王智辩于桑乾（gān）镇，智辩死之。

译文

二月壬午日，朔方人梁师都杀郡丞唐世宗，占据郡城造反，自称"大丞相"。炀帝派银青光禄大夫张世隆攻打他，反被打败。戊子日，贼帅王子英攻破上谷郡。己丑日，马邑校尉刘武周杀太守王仁恭，起兵作乱，向北联合突厥，自称"定杨可汗"。庚寅日，贼帅李密、翟让等攻占兴洛仓。越王杨侗派虎贲郎将刘长恭、光禄少卿房崱进攻他，反被打败，官兵十分之五六都战死。庚子日，李密自称"魏公"，始称"元年"，打开粮仓，赈济群盗，部属多达数十万人，黄河以南各郡相继被他攻占。壬寅日，刘武周在桑乾镇打败虎贲郎将王智辩，王智辩战死。

原文

三月戊午，庐江人张子路举兵反。遣右御卫将军陈稜讨平之。丁丑，贼帅李通德众十万，寇庐江，左屯卫将军张镇州击破之。

夏四月癸未，金城校尉薛举率众反，自称西秦霸王，建元秦兴，攻陷陇右诸郡。己丑，贼帅孟让，夜入东都外郭，烧丰都市而去。癸巳，李密陷回洛东仓。丁酉，贼帅房宪伯陷汝阴郡。是月，光禄大夫裴仁基、淮阳太守赵佗（tuó）等并以众叛归李密。

译文

三月戊午日，庐江人张子路起兵造反，炀帝派右御卫将军陈稜征讨平定了他。丁丑日，贼帅李通德率众十万，侵扰庐江，左屯卫将军张镇州击败了他。

夏四月癸未日，金城校尉薛举率众造反，自称"西秦霸王"，建年号为"秦兴"，攻陷陇右诸郡。己丑日，贼帅孟让，夜入东都外城，焚烧丰都市后离去。癸巳日，李密攻陷回洛东仓。丁酉日，贼帅房宪伯攻陷汝阴郡。这一个月，光禄大夫裴仁基、淮阳太守赵佗等人都率众叛归李密。

原文

五月辛酉，夜有流星如瓮，坠于江都。甲子，唐公起义师于太原。丙寅，突厥数千寇太原，唐公击破之。

秋七月壬子，荧惑守积尸。丙辰，武威人李轨举兵反，攻陷河西诸郡，自称凉王，建元安乐。

八月辛巳，唐公破武牙郎将宋老生于霍邑，斩之。

九月己丑，帝括江都人女寡妇，以配从兵。是月，武阳郡丞元宝藏以郡叛归李密，与贼帅李文相攻陷黎阳仓。彗星见于营室。

●遣使求仙

秦始皇为求长生不老之术，多次派遣方士出海，妄图求得仙药。事实证明，除了空耗钱财之外，什么都没有得到

译　文

五月辛酉日，夜间有大如瓮的流星，坠入江都。甲子日，唐公李渊在太原兴起义军。丙寅日，突厥数千人侵犯太原，李渊打败了他们。

秋七月壬子日，荧惑星停在积尸星的位置。丙辰日，武威人李轨起兵造反，攻陷黄河以西诸郡，自称"凉王"，建年号为"安乐"。

八月辛巳日，唐公在霍邑打败武牙郎将宋老生，将他斩首。

九月己丑日，炀帝搜求江都百姓的女儿及寡妇，强行与他的随从士兵婚配。这一月，武阳郡丞元宝藏叛变，带全郡归降李密，并与贼帅李文相并力攻陷黎阳仓。彗星显现于营室星座。

原　文

冬十月丁亥，太原杨世洛聚众万余人，寇掠城邑。丙申，罗令萧铣以县反，鄱阳人董景珍以郡反，迎铣于罗县，号为梁王，攻陷傍郡。戊戌，武贲郎将高毗败济北郡贼甄宝车于嵌山。

十一月丙辰，唐公入京师。辛酉，遥尊帝为太上皇，立代王侑为帝，改元义宁。上起宫丹阳，将逊于江左。有乌鹊来巢幄帐，驱不能止。荧惑犯太微。有石自江浮入于扬子。日光四散如流血。上甚恶之。

●巡幸江都

隋炀帝杨广一生巡游全国，巡行江都时随即中原大乱。次年，马邑鹰扬府校尉刘武周杀太守王仁恭举兵反隋，杨广最后死在了江都

译　文

冬十月丁亥日，太原人杨世洛聚集万余人，侵犯掠夺城邑。丙申日，罗县县令萧铣据县反叛，鄱阳人董景珍据郡反叛，到罗县迎接萧铣，称为"梁王"，攻陷附近的郡县。戊戌日，虎贲郎将高毗在嵎山打败济北郡贼甄宝车。

十一月丙辰日，李渊进入京城。辛酉日，李渊遥尊炀帝为太上皇，立代王杨侑为皇帝，改年号为"义宁"。炀帝在丹阳兴建宫室，准备在江左退位。有乌鸦来到帐幕上筑巢，驱赶不去。荧惑星进入太微星座。有石头从长江浮入扬子江。太阳光线四散呈血红色。炀帝对此非常厌恶。

原　文

二年三月，右屯卫将军宇文化及，武贲郎将司马德戡、元礼，监门直阁裴虔通，将作少监宇文智及，武勇郎将赵行枢，鹰扬郎将孟景，内史舍人元敏，符玺郎李覆、牛方裕，千牛左右李孝本、弟孝质，直长许弘仁、薛世良，城门郎唐奉义，医正张恺等，以骁果作乱，入犯宫闱。上崩于温室，时年五十。萧后令宫人撤床箦为棺以埋之。化及发后，右御卫将军陈稜奉梓宫于成象殿，葬吴公台下。发敛之始，容貌若生，众咸异之。大唐平江南之后，改葬雷塘。

译　文

义宁二年三月，右屯卫将军宇文化及，虎贲郎将司马德戡、元礼，监门直阁裴虔通，将作少监宇文智及，武勇郎将赵行枢，鹰扬郎将孟景，内史舍人元敏，符玺郎李覆、牛方裕，千牛左右李孝本、李孝本的弟弟李孝质，直长许弘仁、薛世良，城门郎唐奉义，医正张恺等人，率勇猛敢死之人作乱，进犯皇宫。炀帝驾崩于温室，时年五十。萧皇后命宫人拆掉床席做棺材埋葬炀帝。宇文化及启程后，右御卫将军陈稜在成象殿侍奉炀帝的灵柩，埋葬在吴公台下，入殓之时，炀帝容貌如同活着一般，大家都觉得奇怪。大唐平定江南之后，将隋炀帝改葬于雷塘。

　　初，上自以藩王，次不当立，每矫情饰行，以钓虚名，阴有夺宗之计。时高祖雅信文献皇后，而性忌妾媵。皇太子勇内多嬖幸，以此失爱。帝后庭有子，皆不育之，示无私宠，取媚于后。大臣用事者，倾心与交。中使至第，无贵贱，皆曲承颜色，申以厚礼。婢仆往来者，无不称其仁孝。又常私入宫掖，密谋于献后，杨素等因机构扇，遂成废立。自高祖大渐，暨谅暗之中，烝淫无度，山陵始就，即事巡游，以天下承平日久，士马全盛，慨然慕秦皇、汉武之事。乃盛治宫室，穷极侈靡，召募行人，分使绝域。诸蕃至者，厚加礼赐，有不恭命，以兵击之。盛兴屯田于玉门、柳城之外。课天下富室，益市武马，匹直十余万，富强坐是冻馁者十家而九。帝性多诡谲，所幸之处，不欲人知。每之一所，辄数道置顿，四海珍羞殊味，水陆必备焉，求市者无远不至。郡县官人，竞为献食，丰厚者进擢，疏俭者获罪。奸吏侵渔，内外虚竭，头会箕敛，人不聊生。于时军国多务，日不暇给，帝方骄怠，恶闻政事，冤屈不治，奏请罕决。又猜忌臣下，无所专任，朝臣有不合意者，必构其罪而族灭之。故高颎、贺若弼先皇心膂，参谋帷幄，张衡、李金才藩邸惟旧，绩著经纶，或恶其直道，或忿其正议，求其无形之罪，加以刎颈之诛。其余事君尽礼，謇謇匪躬，无辜无罪，横受夷戮者，不可胜纪。政刑弛紊，贿货公行，莫敢正言，道路以目。六军不息，百役繁兴，行者不归，居者失业。人饥相食，邑落为墟，上不之恤也。东西游幸，靡有定居，每以供费不给，逆收数年之赋。所

●恣燕淫太子迷花

　　炀帝少时虽有好名声，但很大程度上是伪装。炀帝做太子时，就曾调戏其父随文帝杨坚的妃子宣华夫人

至唯与后宫流连耽湎，惟日不足，招迎姥媪，朝夕共肆丑言，又引少年，令与宫人秽乱，不轨不逊，以为娱乐。区宇之内，盗贼蜂起，劫掠从官，屠陷城邑，近臣互相掩蔽，隐贼数不以实对。或有言贼多者，辄大被诘责，各求苟免，上下相蒙，每出师徒，败亡相继。战士尽力，必不加赏，百姓无辜，咸受屠戮。黎庶愤怨，天下土崩，至于就擒，而犹未之寤也。

【译文】

　　当初，炀帝自认为凭借藩王身份，按照次位不应被立为太子，于是常常掩饰真情，粉饰行为，用手段猎取虚名，暗中有夺取太子之位的计划。当时高祖非常宠信文献皇后，而皇后忌恨侍妾。皇太子杨勇在宫内有许多宠爱的侍妾，因此失去皇后的喜爱。炀帝有儿子在后宫，他都不亲自抚养，以表示自己别无儿女私情，以此来讨好皇后。对当权的大臣，他倾心同他们结交。凡王宫中派使者来，无论贵贱，炀帝都委曲己意摆出一副奉承的脸色，再三赠以厚礼。来来往往的婢女仆人，没有不称赞他仁厚孝敬的。他又常常私下进入宫中，与文献皇后密谋，杨素等人乘机勾结煽动，于是就成功策划了废掉太子杨勇改立杨广的计谋。自从高祖病危，炀帝就去宫内守丧，他竟在后宫淫乱无休。高祖的陵墓刚修好，他就去各地巡游，认为天下太平日子已经持续很长时间了，士卒兵马正处在全盛时期，心情激昂地仰慕秦皇、汉武的事业。于是大兴土木建造宫室，任意挥霍，极其奢侈，招募使臣，分别派往极远的地方。各藩国来京朝拜的，给予隆重的礼遇，赐给极丰厚的物品，如果有不肯恭顺从命的，就派军队予以攻打。在玉门、柳城以外地区大兴屯田活动。向天下富裕人家抽税，资助国家购买军马，每匹马价值十几万钱，富强之家十之八九都因此而受冻挨饿。炀帝的性格非常奸猾诡诈，所到之处，都不愿意别人知道。每到一个地方，总是在几条线路上设置停留食宿的地方，四海珍贵的食物，特殊的美味，水陆产品无不齐备，为采购这些食品，无论多远也都必须前往。郡县官员，争先来进献食物，贡物丰厚的晋爵升官，粗疏俭朴的受到惩处。贪官污吏趁机大肆侵吞掠夺，致使朝廷内外财力枯竭，赋税繁苛，民不聊生。那时候的军务与国政有很多事情要办理，时间根本不够用。炀帝正处在骄奢怠惰心态中，很厌恶听到政务方面的事，致使冤屈的案件不得申诉处治，奏章请示很少决断。他又猜忌臣子，对谁也不信任，朝廷大臣稍有不合他心意的，必定罗织罪名而诛灭他整个家族。所以像高颎、贺若弼等先皇的亲信心腹，曾参与谋划指挥国家大事，张衡、李金才等藩邸旧臣，筹划治理国事政绩卓著。对待这些忠臣良将，炀帝或者厌恶他们耿直的性情，或者气愤他们刚正的议论，于是给他们搜罗些毫无根据的罪名，施以斩首的惩罚。其余的人或奉事君王尽礼，或正言直谏，尽忠而不顾自身，无辜无罪，出乎意料地被横杀的人，无法全部记述。政事刑罚松弛紊乱，贿赂公开进行，没有人敢直言上谏，国人慑于暴政，敢怒而不敢言，道路以目。六军征战不息，各种徭役繁多，服役远行的不能回家，在家留居的失去生业。人们饿极了就互相残食，城镇村落沦为废墟，这都是因为炀帝不抚恤百姓的缘故。炀帝东西游玩，没有固定的居室，常常因供应费用不足而预收几年的赋税。炀帝所到之处，只是与后宫的嫔妃享乐，唯恐时日不够，竟招迎一些年老的妇女，朝夕在一起放肆地讲那些丑恶污秽的下流话。又引来一些年轻人，让他们与宫中妇女大肆淫乱，所有这些既不合法度，也不恭敬，炀帝却以此为欢娱行乐。疆土境域之内，盗贼蜂起，抢劫掠夺部下僚属官吏，攻陷城镇大肆屠杀，炀帝身边侍臣互相掩盖真相，隐瞒盗贼数目不把实情告诉炀帝。间或有人说盗贼很多，立即遭到严厉追问责罚，各自为求苟且免祸，上下互相蒙骗，所以常常出兵打仗，失败丧亡的事情相继发生。战士们尽力作战，却从来得不到奖赏，百姓们本无罪，却都惨遭屠杀。民众愤怒怨恨，天下土崩瓦解，炀帝直到被拿捉时还没有醒悟呢！

原文

史臣曰：炀帝爰在弱龄，早有令闻，南平吴、会，北却匈奴，昆弟之中，独著声绩。于是矫情饰貌，肆厥奸回，故得献后钟心，文皇革虑，天方肇乱，遂登储两，践峻极之崇基，承丕显之休命。地广三代，威振八纮，单于顿颡，越裳重译。赤仄之泉，流溢于都内，红腐之粟，委积于塞下。负其富强之资，思逞无厌之欲，狭殷、周之制度，尚秦、汉之规摹。恃才矜己，傲狠明德，内怀险躁，外示凝简，盛冠服以饰其奸，除谏官以掩其过。淫荒无度，法令滋章，教绝四维，刑参五虐，锄诛骨肉，屠剿忠良，受赏者莫见其功，为戮者不知其罪。骄怒之兵屡动，土木之功不息。频出朔方，三驾辽左，旌旗万里，征税百端，猾吏侵渔，人不堪命。乃急令暴条以扰之，严刑峻法以临之，甲兵威武以董之，自是海内骚然，无聊生矣。俄而玄感肇黎阳之乱，匈奴有雁门之围，天子方弃中土，远之扬、越。奸宄乘衅，强弱相陵，关梁闭而不通，皇舆往而不反。加之以师旅，因之以饥馑，流离道路，转死沟壑，十八九焉。于是相聚萑蒲，蝟毛而起，大则跨州连郡，称帝称王，小则千百为群，攻城剿邑，流血成川泽，死人如乱麻，炊者不及析骸，食者不遑易子。茫茫九土，并为麋鹿之场，惸惸黔黎，俱充蛇豕之饵。四方万里，简书相续，犹谓鼠窃狗盗，不足为虞，上下相蒙，莫肯念乱，振蜉蝣之羽，穷长夜之乐。土崩鱼烂，贯盈恶稔，普天之下，莫匪仇雠，左右之人，皆为敌国。终然不悟，同彼望夷，遂以万乘之尊，死于一夫之手。亿兆靡感恩之士，九牧无勤王之师。子弟同就诛夷，骸骨弃而莫掩，社稷颠陨，本枝殄绝，自肇有书契以迄于兹，宇宙崩离，生灵涂炭，丧身灭国，未有若斯之甚也。《书》曰："天作孽，犹可违，自作孽，不可逭。"《传》曰："吉凶由人，祆不妄作。"又曰："兵犹火也，不戢将自焚。"观隋室之存亡，斯言信而有征矣！

　　史臣说：炀帝在年轻的时候，早就有美好的声誉。向南平定吴郡、会稽郡，向北打退匈奴，在诸位兄弟中间，名声业绩都特别显著。从这时起，他就开始掩饰真情，伪装面貌，肆行奸诈，所以得到文献皇后的喜爱，让隋文帝也改变想法，上天开始降下祸乱，于是他当上了太子，继而登上了皇帝宝座，承继了上天宏大美好的使命。领土比三代更加宽广，声威振及八方边陲地区，单于入朝跪拜，越裳经过辗转翻译前来通好。像汉代赤仄之类的钱币，在京都内流溢，腐烂变质的粟米，堆积在塞下。炀帝倚仗国家富强的资财，想放纵那无尽的欲望，认为殷、周的制度狭小，崇尚秦、汉的规模。仗恃才能自我夸耀，用倨傲凶狠来显示德行。内心充满邪恶骄躁情绪，外表上却摆出凝重简朴的姿态。炀帝以冠服严整来掩饰他的邪恶，铲除谏官来遮掩他的过错。炀帝贪恋酒色毫无节制，法规制定得愈加详明，教化中断，绝礼、义、廉、耻四维之权，刑罚里用了断耳、截鼻、宫、黥、大辟五种酷刑，铲除诛杀骨肉亲人，屠戮剿灭忠良之士。受赏赐的人看不到他有什么功劳，被杀戮的人也不知道犯了什么罪。骄狂气盛的军队多次出动，大兴土木，工程不息。炀帝频繁出击北方，三次驾临辽东，旌旗绵延万里，苛捐杂税多种多样，奸猾官吏侵夺掠取，人民不能活命。于是用紧急的命令、猝发的条文去骚扰百姓，用严厉的刑法来对付百姓，用军队的威武来管理百姓，从此就海内骚动不安，民不聊生了。不久，杨玄感发动黎阳之乱，匈奴又围困雁门关，天子正舍弃中原，远赴扬、越地区。奸贼趁空作乱，恃强凌弱，关卡桥梁关闭不通，炀帝的车驾去而不返。

●宣华夫人

　　宣华夫人是隋文帝的妃子，隋炀帝做皇帝后，将宣华夫人收入后宫，这在中国古代是违背伦理的行为

再加上征战频繁，饥馑连年，人民流转离散于道路，辗转死亡在大沟深谷中的，已达十分之八九。于是，这些饥寒交迫的百姓相聚在芦苇丛生的地方，聚众起事的多如猬毛，大的造反队伍则跨州连郡，称帝称王，小的造反队伍就千百人会合为群，攻城略邑，血流成河成泽，死人如乱麻堆积，做饭的来不及把骨头劈开就当作柴火烧，饥饿的人无暇交换子女就把他们当饭吃了。茫茫九州的土地，都成了麋鹿的场苑，满怀恐惧的平民百姓，都充当了毒虫野兽的食物。四面八方、万里之外，告急文书相继而来，仍然认为那是小窃小盗，不值得担忧，上下相互蒙骗，没有谁愿意考虑这动乱局面。炀帝仍然像蜉蝣一样，享尽彻夜的欢乐。国家土崩瓦解，犹鱼腐烂，炀帝恶贯满盈，罪孽深重，普天之下，人人都是他的仇敌，左右侍奉他的人，似乎都变成了敌国。他最终也未醒悟，同那望夷宫前被杀的秦二世一样，于是以天子这样尊贵的地位，而死在一人手中。亿兆人中没有对炀帝感恩的人，九州没有勤王的军队。他的子弟同时遭到诛杀，尸骨暴露街头而无人掩埋。国家衰落，嫡庶子孙，全部灭绝。自从有文字记载迄今，宇宙分崩离析，生灵涂炭，帝王身死国灭的，还没有比这更严重的。《尚书》说："天作孽，还可以逃避；自作孽，就不可能逃避了。"《左传》说："吉凶祸福，缘由在人，怪异现象，不会无缘无故兴起。"又说："战争好比是烈火，如不止息必将自焚。"看看隋朝的兴亡，这些话确实可靠而且得到验证了。

旧唐书

[后晋] 刘昫等

太宗本纪·上

太宗文武大圣大广孝皇帝讳世民，高祖第二子也。母曰太穆顺圣皇后窦氏。隋开皇十八年十二月戊午，生于武功之别馆。时有二龙戏于馆门之外，三日而去。高祖之临岐州，太宗时年四岁。有书生自言善相，谒高祖曰："公贵人也，且有贵子。"见太宗，曰："龙凤之姿，天日之表，年将二十，必能济世安民矣。"高祖惧其言泄，将杀之，忽失所在，因采"济世安民"之义以为名焉。太宗幼聪睿，玄鉴深远，临机果断，不拘小节，时人莫能测也。

译 文

太宗文武大圣大广孝皇帝名叫世民，是唐高祖李渊的第二个儿子。太宗的生母是太穆顺圣皇后窦氏。隋朝开皇十八年十二月戊午日，在武功正官别馆出生。当时有两条龙在馆门之外游戏，三天以后飞去。高祖到岐州时，太宗只有四岁。有个书生自称善于看相，觐见高祖道："您是贵人，而且有贵子。"见到太宗，道："龙凤的姿容，帝王的相貌，到二十岁，必定能济世安民。"高祖害怕他的言语泄露，想要杀他，那个书生忽然不见了，因此高祖采纳"济世安民"之

●唐太宗李世民

义来作为太宗的名字。太宗小时候聪明机智，见解高明、深远，面临关键大事刚毅果断，不拘小节，当时的人就感到他高深莫测。

大业末，炀帝于雁门为突厥所围，太宗应募救援，隶屯卫将军云定兴营。将行，谓定兴曰："必赍旗鼓以设疑兵。且始毕可汗举国之师，敢围天子，必以国家仓卒无援。我张军容，令数十里幡旗相续，夜则钲鼓相应，虏必谓救兵云集，望尘而遁矣。不然，彼众我寡，悉军来战，必不能支矣。"定兴从焉。师次崞县，突厥候骑驰告始毕曰：王师大至。由是解围而遁。及高祖之守太原，太宗时年十八。有高阳贼帅魏刀儿，自号历山飞，来攻太原，高祖击之，深入贼阵。太宗以轻骑突围而进，射之，所向皆披靡，拔高祖于万众之中。适会步兵至，高祖与太宗又奋击，大破之。

大业末年，隋炀帝在雁门被突厥所包围，太宗响应招募前去救援，隶属于屯卫将军云定兴的军中。临出行前，太宗对云定兴道："一定要携带旗鼓来布置疑兵。始毕可汗动用全国的军队，敢于包围天子，必定是认为国家在仓促之间没有军队前来勤王。我军张大军容，让几十里间军旗连绵不断，夜晚就敲钲和鼓互相呼应，敌军必定认为救兵云集，就会望尘而逃。不然的话，敌众我寡兵力悬殊，敌军全军来战，我军必定支持不了多久。"云定兴采纳了太宗的建议。云定兴的军队在崞县驻扎，突厥侦察骑兵飞马报告始毕可汗道："隋朝大军已到。"由此突厥解围遁逃而去。等到高祖留守太原，太宗已经十八岁了。高阳有个贼酋叫魏刀儿，自称"历山飞"，率兵前来攻打太原，高祖出兵迎战，孤军深入贼人阵营中。太宗用精锐的骑兵突围而进，张弓射敌，敌军溃散，在万人军中救出高祖。正逢步军已到，高祖与太宗又奋力攻击，大破敌军。

时隋祚已终，太宗潜图义举，每折节下士，推财养客，群盗大侠，莫不愿效死力。及义兵起，乃率兵略徇西河，克之。拜右领大都督，右三军皆隶焉，封燉煌郡公。

当时隋朝运数已尽，太宗暗中谋划起义，常常礼贤下士，拿出财物来供养门客，群侠大盗，都愿意为他誓死效忠。等到义军起事，太宗就率军攻打西河，一举攻克。太宗被任命为右领大都督，右三军都隶属于他，被封为燉煌郡公。

大军西上贾胡堡，隋将宋老生率精兵二万屯霍邑，以拒义师。会久雨粮尽，高祖与裴寂议，且还太原，以图后举。太宗曰："本兴大义以救苍生，当须先入咸阳，号令天下；遇小敌即班师，将恐从义之徒一朝解体。还守太原一城之地，此为贼耳，何以自全！"高祖不纳，促令引发。太宗遂号泣于外，声闻帐中。高祖召问其故，对曰："今兵以义动，进战则必克，退还则必散。众散于前，敌乘于后，死亡须臾而至，是以悲耳。"高祖乃悟而止。八月己卯，雨霁，高祖引师趣霍邑。太宗恐老生不出战，乃将数骑先诣其城下，举鞭指麾，若将围城者，以激怒之。老生果怒，开门出兵，背城而阵。高祖与建成合阵于城东，太宗及柴绍阵于城南。老生麾兵疾进，先薄高祖，而建成坠马，老生乘之，高祖与建成军咸却。太宗自南原率二骑驰下峻坂，冲断其军，引兵奋击，贼众大败，各舍仗而走。悬门发，老生引绳欲上，遂斩之，平霍邑。

起义大军往西攻打贾胡堡，隋将宋老生率领精兵两万人在霍邑屯扎来抗拒义军。恰逢连雨天而且粮草用尽，高祖与裴寂议论，准备暂且回到太原，以后再图谋举事。太宗说："本来兴起大义是为了挽救苍生百姓，应当先攻下咸阳，号令天下；遇到小小敌军就撤退，恐怕跟从我们起义的人也会一时解散。回军守卫太原一个城池，这不过是盗贼罢了，怎么能够自我保全！"高祖不予采纳，催促命令引军出发。太宗于是在外大声号泣，哭声传到高祖帐内。高祖召见他寻问哭的缘故，太宗回答说："现在军队举大义而起事，进军奋战则必胜，撤退则军队必定溃散。众军在前面溃散，敌军就在后面乘虚进攻，死亡就在眼前，因此才悲痛啊！"高祖这才醒悟而下令停止

●柴绍
柴绍是李渊的女婿，唐朝开国功臣之一

二十四史精华

二八二

撤军。八月己卯日，雨过天晴，高祖率军奔赴霍邑。太宗担心宋老生据守不战，于是率领几个骑兵先奔袭到城下，举鞭指挥，好像要围城的样子，以激怒宋老生。宋老生果然被激怒，开门出兵，背靠城而列阵。高祖与李建成在城东会合列阵，太宗和柴绍在城南列阵。宋老生指挥军队猛冲，首先直逼高祖，而李建成坠落马下，宋老生乘势攻击，高祖和李建成都退军。太宗从南面率领两千骑兵冲下高坡，冲断了宋老生的军队，奋力攻击，大败隋军，隋兵都扔下武器而逃。霍邑悬门降下，宋老生拉住绳子想要爬上城，太宗趁势斩了他，平定了霍邑。

原文

至河东，关中豪杰争走赴义。太宗请进师入关，取永丰仓以赈 ^{zhèn} 穷乏，收群盗以图京师，高祖称善。太宗以前军济河，先定渭北。三辅吏民及诸豪猾诣军门请自效者日以千计，扶老携幼，满于麾下。收纳英俊，以备僚列，远近闻者，咸自托焉。师次于泾阳，胜兵九万，破胡贼刘鹞子 ^{yào}，并其众。留殷开山、刘弘基屯长安故城。太宗自趣 ^{qū} 司竹，贼帅李仲文、何潘仁、向善志等皆来会，顿于阿城，获兵十三万。长安父老赍 ^{jī} 牛酒诣旌门者不可胜纪，劳而遣之，一无所受。军令严肃，秋毫无所犯。寻与大军平京城。高祖辅政，受唐国内史，改封秦国公。会薛举以劲卒十万来逼渭滨，太宗亲击之，大破其众，追斩万余级，略地至于陇坻 ^{dǐ}。

译文

到了河东，关中豪杰争着奔赴参加义军。太宗请求进军入关，攻取永丰仓来赈济穷困百姓，收服群盗来谋取京城，高祖称赞准许。太宗带领前军渡过黄河，先平定了渭北。三辅的官员、百姓以及豪杰绅士到军门请求效力的每天数以千计，扶老携幼，布满在军营之内。太宗收纳英俊豪杰作为僚属，远近听说这件事的人，都来献身投效。军队在泾阳驻扎，有精锐之兵九万人，击破胡贼刘鹞子，兼并了他的部队。留下殷开山、刘弘基在长安故城屯扎。太宗亲自率军奔赴司竹，贼酋李仲文、何潘仁、向善志

●殷开山

殷开山，名峤，以学行知名，是唐朝开国功臣之一

等人都率兵来会合，在阿城驻扎，获得兵士十三万人。长安城里牵着牛、拿着酒到军门劳军的百姓不可胜数，太宗安慰他们而后把他们送走，什么也不接受。太宗的军队军令严明整肃，秋毫无犯。不久太宗与大军一起平定京城。高祖掌管国政，太宗任唐国内史，改封为秦国公。这时薛举统领精兵十万前来逼近渭水之滨，太宗亲自攻打，大破敌军，追杀一万多人，攻占敌军土地一直到陇坻。

原 文

　　义宁元年十二月，复为右元帅，总兵十万徇东都。及将旋，谓左右曰："贼见吾还，必相追蹑。"设三伏以待之。俄而隋将段达率万余人自后而至，度三王陵，发伏击之，段达大败，追奔至于城下。因于宜阳、新安置熊、谷二州，戍之而还。徙封赵国公。高祖受禅，拜尚书令、右武候大将军，进封秦王，加授雍州牧。

译 文

　　义宁元年十二月，太宗再次被任命为右元帅，统兵十万攻取东都。等到将要回军时，对左右的人道："贼兵见我军回撤，必定会相继跟踪追击。"于是设下三处埋伏以等待追兵。不久，隋将段达率领一万多人从后追到，经过三王陵时，太宗发动伏兵攻击，段达大败，太宗追杀敌军直到城下。于是在宜阳、新安设置熊、谷二州，派人留守而后回军。太宗被改封为赵国公。高祖接受禅让即皇帝位后，任命太宗为尚书令、右武候大将军，晋封秦王，加授为雍州牧。

原 文

　　武德元年七月，薛举寇泾州，太宗率众讨之，不利而旋。九月，薛举死，其子仁杲（gǎo）嗣立。太宗又为元帅以击仁杲，相持于折墌（zhǐ）城，深沟高垒者六十余日。贼众十余万，兵锋甚锐（shuò），数来挑战，太宗按甲以挫之。贼粮尽，其将牟（móu）君才、梁胡郎来降。太宗谓诸将军曰："彼气衰矣，吾当取之。"遣将军庞玉先阵于浅水原南以诱之，贼将宗罗睺（hóu）并军来拒，玉军几败。既而太宗亲御大军，奄（yǎn）自原北，出其不意。罗睺望见，复回师相拒。太宗将骁骑数十入贼阵，于是王师表里齐奋，罗睺大溃，斩首数千级，投涧谷而死者不可胜计。太宗率左右二十余骑追奔，直趣（qū）折墌以乘之。仁杲大惧，婴城自守。将夕，大军继至，四面合围。诘朝，仁杲请降，俘其精兵万余人、男女五万口。

武德元年七月，薛举进犯泾州，太宗率领众军加以讨伐，战败退回。九月，薛举死去，他的儿子薛仁杲继立。太宗又被任命为元帅攻打薛仁杲，两军在折墌城对峙，双方挖下深沟筑起高高营垒相持了六十多天。贼众十多万，军队的气势强盛，多次前来挑战，太宗按兵不动以挫败敌军的锐气。贼人粮草用尽，贼将牟君才、梁胡郎前来投降。太宗对诸位将军说道："敌军锐气丧失衰退了，我军可以出击了。"于是派将军庞玉先在浅水原南列阵来引诱贼人，贼将宗罗睺集中军队前来抗击，庞玉军几乎支撑不住。不久太宗亲统大军，出其不意，从浅水原北面冲杀出来。宗罗睺远远望见，再次回军抵挡。太宗率领精锐骑兵数十人攻入贼阵，于是大军里外配合一齐奋力攻击，宗罗睺全军溃败，太宗斩贼首级数千，掉入山涧山谷而死的更是不可胜数。太宗率领随从二十多个骑兵追赶逃跑敌军，一直追逐敌军至折墌城。薛仁杲非常恐惧，据城自守。傍晚时分，太宗大军陆续到来，四面合围。早晨，薛仁杲请降，太宗俘虏他的精兵一万余人，男女五万人。

原文

既而诸将奉贺，因问曰："始大王野战破贼，其主尚保坚城，王无攻具，轻骑腾逐，不待步兵，径薄城下，咸疑不克，而竟下之，何也？"太宗曰："此以权道迫之，使其计不暇发，以故克也。罗睺恃往年之胜，兼复养锐日久，见吾不出，意在相轻。今喜吾出，悉兵来战，虽击破之，擒杀盖少。若不急蹑，还走投城，仁杲收而抚之，则便未可得矣。且其兵众皆陇西人，一败披退，不及回顾，败归陇外，则折墌自虚，我军随而迫之，所以惧而降也。此可谓成算，诸君尽不见耶？"诸将曰："此非凡人所能及也。"获贼兵精骑甚众，还令仁杲兄弟及贼帅宗罗睺、翟长孙等领之。太宗与之游猎驰射，无所间然。贼徒荷恩慑气，咸愿效死。时李密初附，高祖令密驰传迎太宗于豳(bīn)州。密见太宗天姿神武，军威严肃，惊悚叹服，私谓殷开山曰："真英主也。不如此，何以定祸乱乎？"凯旋，献捷于太庙。拜太尉、陕东道行台尚书令，镇长春宫，关东兵马并受节度。寻加左武候大将军、凉州总管。

　　不久诸将祝贺，趁机请教说："刚开始大王野战攻破敌军，贼酋还据守坚城，而大王没有攻城器具，带着轻骑兵转战追击，不等待步兵，直接兵临城下，我们都怀疑不能攻下，然而竟然成功了，这是为什么？"太宗道："这是用灵活权宜的办法逼迫敌军，让他们没时间拿出应对的计谋，因此获胜。宗罗睺仰仗以往的胜利，加上长期养精蓄锐，见我军不出战，就轻视我军。现在敌军见我军出战非常高兴，调动全部军队迎战，虽然我军大胜，但擒捉杀掉的还很少。假如不急速追逐，敌军一旦逃回折墌城，薛仁杲收拢安抚，那就不可能战胜了。况且敌军都是陇西人，战败逃散，无暇回顾，败逃到陇外，折墌城内自然空虚，我军随后进逼，因此薛仁杲恐惧投降。这些可以说是已定的胜算，各位将军难道看不出来吗？"诸将道："这不是普通人所能料到的。"太宗的军队擒获贼兵很多精锐骑兵，仍然让薛仁杲兄弟和贼帅宗罗睺、翟长孙等人率领。太宗与他们游乐骑射，没有什么猜忌。投降的贼徒既感恩又害怕，都愿意誓死效忠。当时李密刚刚归附，高祖命令他从驿路到豳州迎接太宗。李密见到太宗天姿英明威武，军威严肃，悚惧叹服，私下对殷开山道："真是一位英主。不然，凭什么来平定祸乱呢？"太宗凯旋，在太庙进献战利品。高祖任命太宗为太尉、陕东道行台尚书令，镇守长春宫，将关东兵马全部调拨他节制。不久又加授太宗左武候大将军、凉州总管。

　　宋金刚之陷浍州也，兵锋甚锐。高祖以王行本尚据蒲州，吕崇茂反于夏县，晋、浍二州相继陷没，关中震骇，乃手敕曰："贼势如此，难与争锋，宜弃河东之地，谨守关西而已。"太宗上表曰："太原王业所基，国之根本，河东殷实，京邑所资。若举而弃之，臣窃愤恨。愿假精兵三万，必能平殄武周，克复汾、晋。"高祖于是悉发关中兵以益之，又幸长春宫亲送太宗。

　　宋金刚攻陷浍州时，军队气势强盛。高祖因为王行本还占据蒲州，吕崇茂也在夏县反叛，晋、浍二州接连陷落，关中震动惊骇，于是亲自下令道："贼人气势如此厉害，难以与他们一较胜负，应该放弃河东地区，好好守住关西。"太宗上表道："太原是王业的基础，国家的根本，河东地区富庶，京城也要依赖他。倘若全部抛弃，我私下感到愤闷遗憾。希望让我统领三万精兵，必定能消灭平定刘武周，收复汾、晋二州。"高祖于是将关中部队全部调动过来加强太宗的兵力，又亲自驾临长春宫为太宗饯行。

二年十一月，太宗率众趣龙门关，履冰而渡之，进屯柏壁，与贼将宋金刚相持。寻而永安王孝基败于夏县，于筠、独孤怀恩、唐俭并为贼将寻相、尉迟敬德所执，将还浍州。太宗遣殷开山、秦叔宝邀之于美良川，大破之，相等仅以身免，悉虏其众，复归柏壁。于是诸将咸请战，太宗曰："金刚悬军千里，深入吾地，精兵骁将，皆在于此。武周据太原，专倚金刚以为捍。士卒虽众，内实空虚，意在速战。我坚营蓄锐以挫其锋，粮尽计穷，自当遁走。"

武德二年十一月，太宗率军奔赴龙门关，踏着冰渡过黄河，进驻柏壁，与贼将宋金刚对峙。不久永安王李孝基在夏县被打败，于筠、独孤怀恩、唐俭都被贼将寻相、尉迟敬德活捉，贼军就要回浍州。太宗派殷开山、秦叔宝在美良川拦截，大败贼军，寻相等人只身逃脱，他的部众尽数被俘，唐军再次回到柏壁。于是众将纷纷请战，太宗道："宋金刚孤军千里之外深入我军腹地，精兵强将，都在这里。刘武周占据太原，完全依靠宋金刚来抵抗。他的士卒虽多，后方实际却很空虚，意在速战。我军巩固营垒养精蓄锐以挫其锋芒，贼军粮尽计穷，自当逃跑。"

●秦琼

秦琼，字叔宝，是隋末唐初的一员勇将。相传，李世民称帝后在一天夜里做噩梦，于是找来秦琼和尉迟恭守护在殿外，这才安寝。自此，秦琼便成为民间家喻户晓的"门神"

三年二月，金刚竟以众馁而遁，太宗追之至介州。金刚列阵，南北七里，以拒官军。太宗遣总管李世勣、程咬金、秦叔宝当其北，翟长孙、秦武通当其南。诸军战小却，为贼所乘。太宗率精骑击之，冲其阵后，贼众大败，追奔数十里。敬德、相率众八千来降，还令敬德督之，与军营相参。屈突通惧其为变，骤以为请。太宗曰："昔萧王推赤心置人腹中，并能毕命，今委任敬德，又何疑也。"于是刘武周奔于突厥，并、汾悉复旧地。诏就军加拜益州道行台尚书令。

译 文

武德三年二月，宋金刚终因军众缺粮饥饿而逃遁，太宗率军直追到介州。宋金刚排列军阵，南北七里长，来抗拒官军。太宗派总管李世勣、程咬金、秦叔宝攻打宋金刚的北面军队，派翟长孙、秦武通攻打宋金刚南面的军队。各路军队与敌兵交战稍稍退却，贼兵就趁势追击。太宗率精锐骑兵攻击敌军后部，大胜贼众，追赶数十里。尉迟敬德、寻相率领残部八千人投降，太宗仍旧命令尉迟敬德统率降兵，与太宗军营混在一起。屈突通担心尉迟敬德叛变，急忙劝阻。太宗说道："当年萧王刘秀对人推心置腹，众人都能尽力效命，现在我委任尉迟敬德，你又何必疑惧。"这时刘武周逃到突厥，并、汾二州又全部恢复了失地，高祖命令就在军中加拜太宗为益州道行台尚书令。

兵部尚书英国公李世勣
李靖汾阳州刺孙余姓徐军真汤姓彭
镇邑郡战功封果国解牧对封国公实封九百
卢闻观十三年命为新州判史仍图于英勣不就永敬中谥高祖造于太师
赠食邑王百户户八十六赠为射扬州大都督谥司勣武

●李世勣

李世勣，本姓徐，是民间传说中的徐茂功的原型。他本是隋末瓦岗军李密的部下，后来投降唐朝，被赐李姓，并成为唐朝名将。后来为避唐太宗李世民的名讳，又改名为李勣。他归附唐朝后，朝廷派他回故地安抚部下，巩固这些地方的统治

原 文

七月，总率诸军攻王世充于洛邑，师次谷州。世充率精兵三万阵于慈涧，太宗以轻骑挑之。时众寡不敌，陷于重围，左右咸惧。太宗命左右先归，独留后殿。世充骁将单雄信数百骑夹道来逼，交枪竞进，太宗几为所败。太宗左右射之，无不应弦而倒，获其大将燕颀。世充乃拔慈涧之镇归于东都。太宗遣行军总管史万宝自宜阳南据龙门，刘德威自太行东围河内，王君廓自洛口断贼粮道。又遣黄君汉夜从孝水河中下舟师袭回洛城，克之。黄河已南，莫不响应，城堡相次来降。大军进屯邙山。九月，太宗以五百骑先观战地，卒与世充万余人相遇，会战，复破之，斩首三千余级，获大将陈智略，世充仅以身免。其所署筠州总管杨庆遣使请降，遣李世勣

率师出轩辕道安抚其众。荥、汴、洧、豫九州相继来降。世充遂求救于窦建德。

译文

　　七月，太宗统率各军在洛邑攻打王世充，驻军谷州。王世充率三万精兵在慈涧列阵，太宗用轻骑兵挑衅。当时众寡悬殊，太宗身陷重围，身边的人都很恐惧。太宗命令身边的人先行回营，独自一人率领军队殿后。王世充的勇将单雄信率领数百骑兵夹击进逼，争先猛攻，太宗几乎被他打败。太宗张弓搭箭左右射敌，贼众纷纷应弦而倒，俘虏了王世充的大将燕颀。王世充于是将慈涧的守兵撤回到东都。太宗派行军总管史万宝从宜阳往南占据龙门，刘德威从太行山往东包围河内，王君廓从洛口斩断贼军运粮通道。太宗又派黄君汉连夜从孝水河中用水军偷袭回洛城，一举攻克。黄河以南地区，全都响应，城堡一个个前来归降。大军进驻邙山。九月，太宗用五百轻骑兵先行观察战场地势，突然遭遇王世充的一万多人马，两军交战，太宗再次获胜，斩首三千人，俘虏了大将陈智略，仅王世充本人逃脱。王世充手下的筠州总管杨庆派使者请求归降，太宗派李世勣率军从轩辕道前往安抚杨庆的降军。荥、汴、洧、豫等九州相继归降。王世充于是向窦建德求救。

原文

　　四年二月，又进屯青城宫。营垒未立，世充众二万自方诸门临谷水而阵。太宗以精骑阵于北邙山，令屈突通率步卒五千渡水以击之，因诫通曰："待兵交即放烟，吾当率骑军南下。"兵才接，太宗以骑冲之，挺身先进，与通表里相应。贼众殊死战，散而复合者数焉。自辰及午，贼众始退。纵兵乘之，俘斩八千人，于是进营城下。世充不敢复出，但婴城自守，以待建德之援。太宗遣诸军掘堑，匝布长围以守之。吴王杜伏威遣其将陈正通、徐召宗率精兵二千来会于军所。伪郑州司马沈悦以武牢降，将军王君廓应之，擒其伪荆王王行本。

译文

　　武德四年二月，太宗又进驻青城宫。营垒尚未建好，王世充军队的两万人从方诸门出发面临谷水列阵。太宗以精锐骑兵在北邙山上列阵，命令屈突通率五千步兵渡水攻击王世充，并告诫他说："等到双方交战的时候就放烟，我自当率骑兵南下接应。"双方军队刚一交手，太宗就带领骑兵冲锋，自己一马当先，与屈突通里外呼应。贼众拼死作战，多次打散又多次聚集。从上午八点左右一直战到中午十二点左右，贼众才

●屈突通

屈突通本是隋朝大臣，为官清廉，铁面无私，民间有"宁服三斗葱，不逢屈突通"的俗语。后来屈突通归降唐朝，成为开国功臣。

开始退却。太宗率兵追击，俘获、斩首共八千人，于是进兵驻扎到城下。王世充不敢再出战，只是据城自守，等待窦建德的援兵。太宗派各军挖掘壕沟，四周布置几道工事以围守。吴王杜伏威派他的大将陈正通、徐召宗率两千精兵前来与太宗军营会合。伪郑州司马沈悦献出武牢投降，将军王君廓响应他，活捉了伪荆王王行本。

原文

会窦建德以兵十余万来援世充，至于酸枣。萧瑀、屈突通、封德彝皆以腹背受敌，恐非万全，请退师谷州以观之。太宗曰："世充粮尽，内外离心，我当不劳攻击，坐收其敝。建德新破孟海公，将骄卒惰，吾当进据武牢，扼其襟要。贼若冒险与我争锋，破之必矣。如其不战，旬日间世充当自溃。若不速进，贼入武牢，诸城新附，必不能守。二贼并力，将若之何？"通又请解围就险以候其变，太宗不许。于是留通辅齐王元吉以围世充，亲率步骑三千五百人趣武牢。

译文

恰巧窦建德率兵十余万来援救王世充，援军到达酸枣。萧瑀、屈突通、封德彝都担心腹背受敌，恐怕不能全胜，请求退师到谷州等待时机。太宗道："王世充粮食已尽，内外离心，我军不需要费力攻击，就可以坐享胜果。窦建德新近打败孟海公，将官骄傲而士兵疲惫，我军当占据武牢，扼守山川要冲。贼军假若与我军一争胜负，我军必定攻破贼军。如果不战，十日内王世充就会自我崩溃。若不迅速进攻，贼军进入武牢，各城刚刚归附，必定无法坚守。二贼兵合一处，该把他们怎么办呢？"屈突通又请求解除包围圈到险要之处以等候敌军内部生变，太宗不同意。于是留下屈突通辅助齐王李元吉围困王世充，亲自率领三千五百骑兵奔赴武牢。

原文

建德自荥阳西上，筑垒于板渚，太宗屯武牢，相持二十余日。谍

二十四史精华

者曰:"建德伺官军刍尽,候牧马于河北,因将袭武牢。"太宗知其谋,遂牧马河北以诱之。诘朝,建德果悉众而至,陈兵氾水,世充将郭士衡阵于其南,绵亘数里,鼓噪,诸将大惧。太宗将数骑升高丘以望之,谓诸将曰:"贼起山东,未见大敌。今度险而嚣,是无政令;逼城而阵,有轻我心。我按兵不出,彼乃气衰,阵久卒饥,必将自退,追而击之,无往不克。吾与公等约,必以午时后破之。"建德列阵,自辰至午,兵士饥倦,皆坐列,又争饮水,逡巡敛退。太宗曰:"可击矣!"亲率轻骑追而诱之,众继至。建德回师而阵,未及整列,太宗先登击之,所向皆靡。俄而众军合战,嚣尘四起。太宗率史大奈、程咬金、秦叔宝、宇文歆等挥幡而入,直突出其阵后,张我旗帜。贼顾见之,大溃。追奔三十里,斩首三千余级,虏其众五万,生擒建德于阵。太宗数之曰:"我以干戈问罪,本在王世充,得失存亡,不预汝事,何故越境,犯我兵锋?"建德股慄而言曰:"今若不来,恐劳远取。"高祖闻而大悦,手诏曰;"隋氏分崩,崤函隔绝。两雄合势,一朝清荡。兵既克捷,更无死伤。无愧为臣,不忧其父,并汝功也。"

译 文

窦建德从荥阳西上,在板渚筑起营垒,太宗驻军武牢,两军对峙二十多天。探子报告道:"窦建德探听官军牲畜的饲料已尽,准备在我军到黄河北岸放马吃草时,趁机偷袭武牢。"太宗知道他们的阴谋,于是故意在黄河北岸放马吃草来诱敌。第二天早晨,窦建德果然率领全部兵马到来,在氾水边列队,王世充大将郭士衡在南面列阵,军队绵延数里,擂鼓呐喊,诸将大为惊恐。太宗率领几名骑兵登上高坡遥望敌军,对诸将道:"贼人从山东起兵,没有遇见过强敌。现在渡过险要之处叫嚣,这表明队伍缺乏军纪;逼近城墙而列阵,有轻视我们的意思。我军按兵不出,敌军就会泄气,列阵过久士卒饥饿,必将自行撤退,这时再来追击,可以无往而不胜。我与你们约定,必定在午时以后打败敌军。"窦建德排出阵势,从上午八点左右一直列阵到中午十二点左右,兵士又饿又累,都坐在阵列中,又争着饮水,徘徊不决收兵退却。太宗道:"可以攻击了!"亲自率领轻骑兵追击引诱敌军,大军陆续赶到。窦建德回军列阵,还来不及整顿阵列,太宗就先行攻击,攻击所向,敌军纷纷溃败。不久,众军会合作战,尘土飞扬,呼叫四起。太宗率领史大奈、程咬金、秦叔宝、宇文歆等人挥动大旗冲入敌军,直接突入敌阵后面,张扬唐军旗帜。贼人回头看见官军旗帜,纷纷崩溃。太宗率军追逐攻打三十里，斩首三千多人，俘虏贼众五万，在阵中活捉窦建德。太宗责备他道："我兴师问罪，本是针对王世充，得失存亡，与你无关，为什么越过边境，冒犯我军锋锐？"窦建德战战兢兢地说："我倘若现在不来，怕劳烦你长途奔袭攻打我！"高祖得到消息后大喜，手书诏书道："隋朝分崩离析，崤山、函谷关隔绝东西。双雄会合，一朝荡平干净。军队已经获胜，更没有多少死伤。做臣子的问心无愧，做君父的不担忧，这都是你的功劳。"

原 文

乃将建德至东都城下。世充惧，率其官属二千余人诣军门请降，山东悉平。太宗入据宫城，令萧瑀、窦轨等封守府库，一无所取，令记室房玄龄收隋图籍。于是诛其同恶段达等五十余人，枉被囚禁者悉释之，非罪诛戮者祭而诔之。大飨将士，班赐有差。高祖令尚书左仆射裴寂劳于军中。

译 文

于是太宗带着窦建德来到东都城下。王世充害怕，统率他的官属两千多人到军门请降，山东地区全部平定。太宗进入洛阳占据宫城，命令萧瑀、窦轨等人封存守卫府库，什么东西都不拿，只命令记室房玄龄收取隋朝地图与户籍。于是杀了段达等王世充的同党五十多人，将含冤被囚禁的人全部释放，对无罪被杀的人加以祭祀并写祭文哀悼。用酒食犒劳将士，按照品级等第赏赐物品。高祖派尚书左仆射裴寂在军中慰劳将士。

原 文

六月，凯旋。太宗亲披黄金甲，阵铁马一万骑，甲士三万人，前后部鼓吹，俘二伪主及隋氏器物辇辂献于太庙。高祖大悦，行饮至礼以享焉。高祖以自古旧官不称殊功，乃别表徽号，用旌勋德。十月，加号天策上将、陕东道大行台，位在王公上。增邑二万户，通前三万户。赐金辂一

司空梁国公房玄龄

● 房玄龄

房玄龄是唐初名臣，善于谋划，与杜如晦并称"房谋杜断"

乘，衮<ruby>冕<rt>gǔn</rt></ruby>之服，玉璧一双，黄金六千斤，前后部鼓吹及九部之乐，班剑四十人。

译　文

六月，大军凯旋。太宗亲自披挂黄金铠甲，排列铁马骑兵一万骑，穿铠甲士兵三万人，前后军列都敲鼓吹号，在太庙贡献俘获的两个伪主窦建德、王世充以及隋朝器物车乘。高祖大喜，举行饮至之礼来款待。高祖认为自古以来旧的官阶与太宗的特殊功劳不相称，于是另设徽号，来表彰太宗的功勋德行。十月，加授太宗天策上将封号、陕东道大行台，位在王公之上。增加食邑二万户，连同以前的共计三万户。赐给金车一辆，王公的衮衣和冠冕一套，玉璧一双，黄金六千斤，前后部军乐队和九部之乐，班剑仪仗四十人。

原　文

于时海内渐平，太宗乃锐意经籍，开文学馆以待四方之士。行台司勋郎中杜如晦等十有八人为学士，每更直阁下，降以温颜，与之讨论经义，或夜分而罢。

译　文

这时候天下渐渐太平，太宗于是专心致志阅读经史典籍，开设文学馆来接待四方才学之士。太宗任用行台司勋郎中杜如晦等十八人为学士，每次在太宗跟前轮流值班，太宗则屈尊以温和的态度与学士们讨论经义，有时谈论直到半夜才结束。

原　文

未几，窦建德旧将刘黑<ruby>闼<rt>tà</rt></ruby>举兵反，据洺州。十二月，太宗总戎东讨。五年正月，进军肥乡，分兵绝其粮道，相持两月。黑闼窘急求战，率步骑二万，南渡洺水，晨压官军。太宗亲率精骑，击其马军，破之，乘胜<ruby>蹂<rt>róu</rt></ruby>其步卒，贼大溃，斩首万余级。先是，太宗遣堰洺水上流使浅，令黑闼得渡。及战，乃令决堰，水大至，深丈余，贼徒既败，赴水者皆溺死焉。黑闼与二百余骑北走突厥，悉虏其众，河北平。时徐圆朗阻兵徐、<ruby>兖<rt>yǎn</rt></ruby>，太宗回师讨平之，于是河、济、江、淮诸郡邑皆平。十月，加左右十二卫大将军。

不久，窦建德的旧将刘黑闼举兵造反，占据洺州。十二月，太宗统领全军向东前去讨伐。武德五年正月，太宗进军肥乡，分兵断绝敌军粮道，双方对峙两个月。刘黑闼被困急于求战，率领步兵、骑兵两万人，南渡洺水，早晨便迫近官军。太宗亲自率领精锐骑兵，攻击刘黑闼的骑兵，大胜，乘胜冲击踩踏他的步兵，贼兵溃败，斩首级一万多人。先前太宗派人筑坝堵塞洺水上流使水流变浅，让刘黑闼得已渡水。等到两军交战之时，才命令挖开拦河坝，大水汹涌而至，有一丈多深，贼兵已经战败，逃到水中的都淹死了。刘黑闼与两百多骑兵向北逃到突厥，太宗悉数俘虏了刘黑闼的其余部众，河北一带就此平定。当时徐圆朗带兵在徐、兖二州阻碍太宗，太宗便回师讨伐平定了他，于是河、济、江、淮一带州郡城镇全都平定。十月，高祖加授太宗左右十二卫大将军。

七年秋，突厥颉利、突利二可汗自原州入寇，侵扰关中。有说高祖云：“只为府藏子女在京师，故突厥来，若烧却长安而不都，则胡寇自止。”高祖乃遣中书侍郎宇文士及行山南可居之地，即欲移都。萧瑀等皆以为非，然终不敢犯颜正谏。太宗独曰：“霍去病，汉廷之将帅耳，犹且志灭匈奴。臣忝备藩维，尚使胡尘不息，遂令陛下议欲迁都，此臣之责也。幸乞听臣一申微效，取彼颉利。若一两年间不系其颈，徐建移都之策，臣当不敢复言。”高祖怒，仍遣太宗将三十余骑行划。还日，固奏必不可移都，高祖遂止。八年，加中书令。

● 萧瑀

萧瑀是南朝梁皇族后裔，也是隋炀帝萧皇后的弟弟，在隋朝时就以为官清正知名。唐朝建立后，得到唐高祖、唐太宗重用

武德七年秋，突厥颉利、突利两个可汗从原州入侵，侵略扰乱关中。有人劝说高祖道：“只因为皇家府藏金银物资和青年子女都在京城，因此突厥前来入侵，倘若烧掉长安而不作为都城，那么胡人必定停止入侵。”高祖于是派遣中书侍郎宇文士及巡视山南可以居住的好地方，打算迁都。萧瑀等人都认

为不妥，然而终究不敢冒犯高祖的威严而直言劝谏。只有太宗道："霍去病，是汉朝的将帅啊，还立志消灭匈奴。我惭愧位列王爵，尚且让胡人入侵不止，竟然令陛下议论想要迁都，这是我的责任。希望陛下听任我报效一次微劳，攻取那个颉利可汗。倘若一两年内不将他捉住，再慢慢商议迁都的策略，我再不敢说什么了。"高祖很生气，但仍旧派太宗率领三十多骑骑兵巡行关中。太宗回军之日，坚决奏请不可迁都，高祖于是停止迁都。武德八年，高祖加授太宗为中书令。

九年，皇太子建成、齐王元吉谋害太宗。六月四日，太宗率长孙无忌、尉迟敬德、房玄龄、杜如晦、宇文士及、高士廉、侯君集、程知节、秦叔宝、段志玄、屈突通、张士贵等于玄武门诛之。甲子，立为皇太子，庶政皆断决。太宗乃纵禁苑所养鹰犬，并停诸方所进珍异，政尚简肃，天下大悦。又令百官各上封事，备陈安人理国之要。己巳，令曰："依礼，二名不偏讳。近代已来，两字兼避，废阙已多，率意而行，有违经典。其官号、人名、公私文籍，有'世民'两字不连续者，并不须讳。"罢幽州大都督府。辛未，废陕东道大行台，置洛州都督府，废益州道行台，置益州大都督府。壬午，幽州大都督庐江王瑗谋逆，废为庶人。乙酉，罢天策府。

武德九年，皇太子李建成、齐王李元吉谋害太宗。六月四日，太宗率领长孙无忌、尉迟敬德、房玄龄、杜如晦、宇文士及、高士廉、侯君集、程知节、秦叔宝、段志玄、屈突通、张士贵等人在玄武门杀了李建成、李元吉。六月八日，太宗被立为皇太子，各种政务都由太宗决断。太宗于是放掉宫廷花园中所养的鹰犬，并停止收取各方进贡的奇珍异宝，政令崇尚简要严肃，天下人都很拥护。太宗又命令百官各个呈上封章奏事，详细陈述安定人心治国的关键问题。己巳日，太宗命令道："依照礼法，皇帝的两个字的名字不要为某一个字避讳。近代以来，两个字的名字都避讳，废缺地方已经很多，如此任意避讳，有违经典。那些官号、人名、公私文籍图书，有'世''民'两个字但不连续的，可以不用避讳。"撤销幽州大都督府。辛未日，太宗废除陕东道大行台，设置洛州都督府；废除益州道行台，设置益州大都督府。壬午日，幽州大都督庐江王李瑗图谋叛逆，太宗将他贬为平民。乙酉日，太宗撤销天策府。

七月壬辰，太子左庶子高士廉为侍中，右庶子房玄龄为中书令，尚书右仆射萧瑀为尚书左仆射，吏部尚书杨恭仁为雍州牧，太子左庶子长孙无忌为吏部尚书，右庶子杜如晦为兵部尚书，太子詹事宇文士及为中书令，封德彝为尚书右仆射。

七月壬辰日，太子左庶子高士廉任侍中，右庶子房玄龄任中书令，尚书右仆射萧瑀为尚书左仆射，吏部尚书杨恭仁为雍州牧，太子左庶子长孙无忌为吏部尚书，右庶子杜如晦为兵部尚书，太子詹事宇文士及为中书令，封德彝为尚书右仆射。

八月癸亥，高祖传位于皇太子，太宗即位于东宫显德殿。遣司空、魏国公裴寂柴告于南郊。大赦天下。武德元年以来责情流配者并放还。文武官五品已上先无爵者赐爵一级，六品已下加勋一转。天下给复一年。癸酉，放掖庭宫女三千余人。甲戌，突厥颉利、突利寇泾州。乙亥，突厥进寇武功，京师戒严。丙子，立妃长孙氏为皇后。己卯，突厥寇高陵。

八月癸亥日，高祖传位给皇太子，太宗在东宫显德殿即皇帝位。太宗派司空、魏国公裴寂在南郊烧柴祭天。大赦天下，武德元年以来由于直言被责罚流放的人都被放回来。文武官员五品以上先前无爵位者赐给爵位一级，六品以下加勋级一等。天下免赋税徭役一年。癸酉日，太宗放宫廷宫女三千人回家。甲戌日，突厥颉利、突利入侵泾州。乙亥日，突厥入侵武功，京师戒严。丙子日，太宗立妃长孙氏为皇后。乙卯日，突厥入侵高陵。

辛巳，行军总管尉迟敬德与突厥战于泾阳，大破之，斩首千余级。癸未，突厥颉利至于渭水便桥之北，遣其酋帅执失思力入朝为觇，自张形势，太宗命囚之。亲出玄武门，驰六骑幸渭水上，与颉利隔津而语，责以负约。俄而众军继至，颉利见军容既盛，又知思力就拘,由是大惧,遂请和,诏许焉。即日还宫。乙酉,又幸便桥,与颉利刑白马设盟,突厥引退。

译文

辛巳日,行军总管尉迟敬德与突厥在泾阳大战,大破突厥,斩杀一千多人。癸未日,突厥颉利到达渭水便桥北,派其统帅执失思力入朝察看局势,并大肆宣扬其军势,太宗下命囚禁他。太宗于是亲自从玄武门出发,率领六骑骑兵来到渭水边,与颉利隔着渭水对话,斥责他背弃定约。不久大军陆续到达,颉利见军容盛大威严,又知道执失思力被捕,由此大为恐惧,于是请求和好,太宗诏令同意。太宗当天回宫。乙酉日,太宗又驾到便桥,与颉利杀白马结盟,突厥带兵退走。

原文

九月丙戌,颉利献马三千匹、羊万口,帝不受,令颉利归所掠中国户口。丁未,引诸卫骑兵统将等习射于显德殿庭,谓将军已下曰:"自古突厥与中国更有盛衰。若轩辕善用五兵,即能北逐獯鬻;周宣驱驰方、召,亦能制胜太原。至汉、晋之君,逮于隋代,不使兵士素习干戈,突厥来侵,莫能抗御,致遗中国生民涂炭于寇手。我今不使汝等穿池筑苑,造诸淫费,农民恣令逸乐,兵士唯习弓马,庶使汝斗战,亦望汝前无横敌。"于是每日引数百人于殿前教射,帝亲自临试,射中者随赏弓刀、布帛。朝臣多有谏者,曰:"先王制法,有以兵刃至御所者刑之,所以防萌杜渐,备不虞也。今引裨卒之人,弯弧纵矢于轩陛之侧,陛下亲在其间,正恐祸出非意,非所以为社稷计也。"上不纳。自是后,士卒皆为精锐。壬子,诏私家不得辄立妖神,妄设淫祀,非礼祠祷,一皆禁绝。其龟易五兆之外,诸杂占卜,亦皆停断。长

●习射殿庭

唐太宗亲自训练将士,练习骑射,重视武备。唐朝能够打败众多强敌,是与太宗的努力分不开的

孙无忌封齐国公，房玄龄邢国公，尉迟敬德吴国公，杜如晦蔡国公，侯君集潞国公。

译文

　　九月丙戌日，颉利进献良马三千匹，羊一万头，太宗不接受，命令颉利归还掳掠的中原百姓。丁未日，太宗率领诸卫骑兵统将在显德殿殿庭练习射箭，对将军及其以下的官员说："从古以来，突厥与中原互有盛衰。像轩辕善于使用五种兵器，就能北逐獯鬻；周宣王驱使方叔、召虎，也能在太原取胜。到了汉、晋的君王，以及隋代，平时不操练兵士，突厥来犯，没有人能够抵御，致使中原百姓在敌寇手中处于极端困苦的处境。我现在不让你们挖池塘筑苑围，消耗过多的费用，让农民安逸享乐，兵士只需练习射箭骑马，期望你们有战斗力，也期望你们天下无敌。"于是每天率领数百人在殿前教他们射箭，皇帝亲自考试，射中的人随即赏赐弓刀、布匹绸缎。朝中有很多劝谏的臣子，他们说："先王制度法令，规定拿武器到皇帝处所的人要根据刑法论处，用来预防意外，这是防患于未然。现在率领副将士卒一类的人，在皇宫殿前檐下平台及台阶上弯弓放箭，天子却在旁边，恐怕祸出意外，这不是为国着想的做法。"太宗不采纳。从此以后，士兵都成了精锐。壬子日，太宗诏令私人之家不得擅立妖神，随意设立不适当的祭祀，所以不合礼法的祭祀祈祷，一概禁绝。除了龟卜易卦五种占卜以外，其他杂七杂八的占卜方法也都停止方法使用。长孙无忌封为齐国公，房玄龄封为邢国公，尉迟敬德封为吴国公，杜如晦封为蔡国公，侯君集封为潞国公。

原文

　　冬十月丙辰朔，日有蚀之。癸亥，立中山王承乾为皇太子。癸酉，裴寂食实封一千五百户，长孙无忌、王君廓、尉迟敬德、房玄龄、杜如晦一千三百户，长孙顺德、柴绍、罗艺、赵郡王孝恭一千二百户，侯君集、张公谨、刘师立一千户，李世勣、刘弘基九百户，高士廉、宇文士及、秦叔宝、程知节七百户，安兴贵、安修仁、唐俭、窦轨、屈突通、萧瑀、封德彝、刘义节六百户，钱九陇、樊世兴、公孙武达、李孟常、段志玄、庞卿恽、张亮、李药师、杜淹、元仲文四百户，张长逊、张平高、李安远、李子和、秦行师、马三宝三百户。

　　十一月庚寅，降宗室封郡王者并为县公。

　　十二月癸酉，亲录囚徒。

　　是岁，新罗、龟兹、突厥、高丽、百济、党项并遣使朝贡。

冬十月丙辰日初一，有日食。癸亥日，太宗立中山王李承乾为皇太子。癸酉日，裴寂享实封户一千五百户。长孙无忌、王君廓、尉迟敬德、房玄龄、杜如晦享实封一千三百户。长孙顺德、柴绍、罗艺、赵郡王李孝恭享实封一千二百户。侯君集、张公瑾、刘师立享实封一千户。李世勣、刘弘基享实封九百户。高士廉、宇文士及、秦叔宝、程知节享实封七百户。安兴贵、安修仁、唐俭、窦轨、屈突通、萧瑀、封德彝、刘义节享实封六百户。钱九陇、樊世兴、公孙武达、李孟常、段志玄、庞卿恽、张亮、李药师、杜淹、元仲文享实封四百户。张长逊、张平高、李安远、李子和、秦行师、马三宝享实封三百户。

十一月庚寅日，宗室封为郡王者一律降为县公。

十二月癸酉日，太宗亲自审查并记录囚徒罪状。

这一年，新罗、龟兹、突厥、高丽、百济、党项都派遣使者前来朝贡。

●长孙顺德

长孙顺德是唐太宗长孙皇后的本家叔父，也是唐朝的开国功臣之一

贞观元年春正月乙酉，改元。辛丑，燕郡王李艺据泾州反，寻为左右所斩，传首京师。庚午，以仆射窦轨为益州大都督。

三月癸巳，皇后亲蚕。尚书左仆射、宋国公萧瑀为太子少师。丙午，诏："齐故尚书仆射崔季舒、给事黄门侍郎郭遵、尚书右丞封孝琰等，昔仕邺中，名位通显，志存忠谠，抗表极言，无救社稷之亡，遂见龙逢之酷。其季舒子刚、遵子云、孝琰子君遵，并以门遭时谴，淫刑滥及。宜从褒奖，特异常伦，可免内侍，量才别叙。"

贞观元年春正月乙酉日，改元。辛丑日，燕郡王李艺占据泾州造反，不久被身边亲信所杀，首级被传送到京师示众。二月庚午日，太宗任命仆射窦轨为益州大都督。

三月癸巳日，举行皇后亲自养蚕典仪。尚书左仆射、宋国公萧瑀为太子少师。丙午日，太宗下诏："齐朝已故尚书仆射崔季舒、给事黄门侍郎郭遵、尚书右丞封孝琰等人，过去在邺中做官，名位显贵，心存忠诚正直，上表抗争极谏，设法挽救国家的

旧唐书

危亡，却遭受像关龙逢一样被囚禁杀害的酷刑。崔季舒之子崔刚、郭遵之子郭云、封孝琰之子封君遵，都因为家门而获罪，受到株连而受刑。应该给予褒奖，特别应与一般情况有所不同，可以免除在宫廷侍候，量才另行录用。"

夏四月癸巳，凉州都督、长乐王幼良有罪伏诛。

六月辛巳，尚书右仆射、密国公封德彝薨。壬辰，太子少师宋国公萧瑀为尚书左仆射。

是夏，山东诸州大旱，令所在赈恤，无出今年租赋。

秋七月壬子，吏部尚书、齐国公长孙无忌为尚书右仆射。

八月戊戌，贬侍中、义兴郡公高士廉为安州大都督。户部尚书裴矩卒。是月，关东及河南、陇右沿边诸州霜害秋稼。

夏四月癸巳日，凉州都督、长乐王幼良有罪被判死刑。

六月辛巳日，尚书右仆射、密国公封德彝去世。壬辰日，太子少师宋国公萧瑀为尚书右仆射。

这年夏天，山东各州大旱，太宗命令灾区各地赈济抚恤，免缴今年田租赋税。

秋七月壬子日，吏部尚书、齐国公长孙无忌为尚书右仆射。

八月戊戌日，太宗贬侍中、义兴郡公高士廉为安州大都督。户部尚书裴矩去世。本月，关东及河南陇右沿边各州下霜危害秋季庄稼。

九月辛酉，命中书侍郎温彦博、尚书右丞魏徵等分往诸州赈恤。中书令、郢国公宇文士及为殿中监。御史大夫、检校吏部尚书、参预朝政、安吉郡公杜淹署位。

十二月壬午，上谓侍臣曰："神仙事本虚妄，空有其名。秦始皇非分爱好，遂为方士所诈，乃遣童男女数千人随徐福入海求仙药，方士避秦苛虐，因留不归。始皇犹海侧踟蹰以待之，还至沙丘而死。汉武帝为求仙，乃将女嫁道术人，事既无验，便行诛戮。据此二事，神仙不烦妄求也。"尚书左仆射、宋国公萧瑀坐事免。戊申，利州都督义安王孝常、右武卫将军刘德裕等谋反，伏诛。

是岁，关中饥，至有鬻男女者。

九月辛酉日，太宗命中书侍郎温彦博、尚书右丞魏徵等人分头到各州赈济抚恤。中书令、郢国公宇文士及任殿中监。御史大夫、检校吏部尚书、参预朝政、安吉郡公杜淹就任。

十二月壬午日，太宗对侍臣道："神仙之事原本虚假不实，空有其名。秦始皇特别爱好，于是被方士欺骗，竟派遣童男童女数千人跟随徐福入海求取仙药，方士躲避秦朝严酷刑法，因而长留海外不归。秦始皇还在海边徘徊等待仙药，回到沙丘就病死了。汉武帝为求仙，竟将女儿嫁给道人，事情既然无法验证，便将道术之士杀掉。根据这两件事，可知神仙不能妄求。"尚书左仆射、宋国公萧瑀因事获罪被免职。戊申日，利州都督义安王李孝常、右武卫将军刘德裕等人谋反，被判死刑。

这年，关中饥荒，甚至有卖儿女的。

二年春正月辛丑，尚书右仆射、齐国公长孙无忌为开府仪同三司。徙封汉王恪为蜀王，卫王泰为越王，楚王祐为燕王。复置六侍郎，副六尚书事，并置左右司郎中各一人。前安州大都督、赵王元景为雍州牧，蜀王恪为益州大都督，越王泰为扬州大都督。

二月丙戌，靺鞨内属。

三月戊申朔，日有蚀之。丁卯，遣御史大夫杜淹巡关内诸州。出御府金宝，赎男女自卖者还其父母。庚午，大赦天下。

贞观二年春正月辛丑日，尚书右仆射、齐国公长孙无忌为开府仪同三司。太宗改封汉王李恪为蜀王，卫王李泰为越王，楚王李祐为燕王。太宗恢复设置六侍郎，辅助六尚书处理政事，并设置左右司郎中各一人。前安州大都督、赵王李元景为雍州牧，蜀王李恪为益州大都督，越王李泰为扬州大都督。

二月丙戌日，靺鞨归附。

三月戊申日初一，有日食。丁卯日，太宗派遣御史大夫杜淹巡视关内各州。太宗拿出后宫的金银宝器，把卖身的男女赎还给他们的父母。庚午日，大赦天下。

旧唐书

夏四月己卯，诏骸骨暴露者，令所在埋瘗。丙申，契丹内属。初诏天下州县并置义仓。夏州贼帅梁师都为其从父弟洛仁所杀，以城降。

五月，大雨雹。

夏四月己卯日，太宗诏令凡是暴露的尸骨，在所在地埋葬。丙申日，契丹归附。太宗首次诏令天下州县都设置义仓。夏州贼酋梁师都被其堂弟梁洛仁所杀，献城池归降。

五月，天上下大冰雹。

六月庚寅，皇子治生，宴五品以上，赐帛有差，仍赐天下是日生者粟。辛卯，上谓侍臣曰："君虽不君，臣不可以不臣。裴虔通，炀帝旧左右也，而亲为乱首。朕方崇奖敬义，岂可犹使宰民训俗。"诏曰：

"天地定位，君臣之义以彰；卑高既陈，人伦之道斯著。是用笃厚风俗，化成天下。虽复时经治乱，主或昏明，疾风劲草，芬芳无绝，剖心焚体，赴蹈如归。夫岂不爱七尺之躯，重百年之命？谅由君臣义重，名教所先，故能明大节于当时，立清风于身后。至如赵高之殒二世，董卓之鸩弘农，人神所疾，异代同愤。况凡庸小竖，有怀凶悖，遐观典策，莫不诛夷。辰州刺史、长蛇县男裴虔通，昔在隋代，委质晋藩，炀帝以旧邸之情，特相爱幸。遂乃志蔑君亲，潜图弑逆，密伺间隙，招结群丑，长戟流矢，一朝窃发。天下之恶，孰云可忍！宜其夷宗焚首，以彰大戮。但年代异时，累逢赦令，可特免极刑，除名削爵，迁配驩州。"

六月庚寅日，皇子李治出生，太宗宴请五品以上官员，按照品级等第赐给绸缎，又赏赐天下这一天出生的人粟米。辛卯日，太宗对侍臣道："君王即使不像君王，臣子也不可以不像臣子。裴虔通是隋太宗的左右侍从之臣，然而他亲自成为祸乱之首。我正崇尚奖励忠孝仁义，岂能使百姓顺应这种风俗。"于是诏命道：

"天地定下君臣之位，君臣之道义因此彰显；高低的地位既然已经规定，人伦之道这才明确。因此风俗淳厚，天下教化可成。即使时常经过治和乱，君主有的昏庸有的英明，但疾风知劲草，流芳千古的忠臣不会断绝，以至剖心焚体，视死如归。难道他们不爱惜自己七尺之躯，不重视自己的性命？确实是由于君臣义重，等级名分和礼教在前，因此能在当时明白大节，在身后树立清名。至于赵高杀害秦二世，董卓鸩杀弘农王，人神共愤，不同朝代的人共同愤恨。况且凡庸俗小人，胸怀凶狠叛逆，远观典籍，这样的人都被诛杀。辰州刺史、长蛇县男裴虔通，过去在隋代，曾寄身于晋王手下，炀帝由于藩邸之情，特加喜爱宠信。他竟然心无君上，暗中图谋弑君，窥探时机，召集叛逆，长矛飞箭，一朝暗中发动。如此天下大恶，谁能容忍！本应诛灭他的宗族，焚烧他的首级，处死昭告天下。但由于年代不同，累次遇到大赦之令，可以特别免除死刑，削除官职爵位，发配充军到骥州。"

原文

秋七月戊申，诏："莱州刺史牛方裕、绛州刺史薛世良、广州都督府长史唐奉义、隋武牙郎将高元礼，并于隋代俱蒙任用，乃协契宇文化及，构成弑逆。宜依裴虔通，除名配流岭表。"太宗谓侍臣曰："天下愚人，好犯宪章，凡赦宥之恩，唯及不轨之辈。古语曰：'小人之幸，君子之不幸。''一岁再赦，好人喑哑。'凡养稂莠者伤禾稼，惠奸宄者贼良人。昔文王作罚，刑兹无赦。又蜀先主尝谓诸葛亮曰：'吾周旋陈元方、郑康成间，每见启告理乱之道备矣，曾不语赦也。'夫小人者，大人之贼，故朕有天下已来，不甚放赦。今四海安静，礼义兴行，非常之恩，施不可数，将恐愚人常冀侥倖，唯欲犯法，不能改过。"

译文

秋七月戊申日，太宗诏曰："莱州刺史牛方裕、绛州刺史薛世良、广州都督府长史唐奉义、隋武牙郎将高元礼，都在隋朝受到重用，竟然勾结宇文化及，谋杀帝王。应该依照处理裴虔通之法，削除官职爵位，发配充军到岭表。"太宗对侍奉之臣说："天下愚昧的人，喜欢犯法，凡是大赦宽免的恩德，只有利于不法之徒。古语道：'小人的幸运，是君子的不幸。''一年赦免两次，好人会从此不再说话。'凡是培育杂草就会伤害庄稼，给予犯法作乱的人恩惠就是危害好人。过去文王制定刑法，施刑而不赦免。另外蜀先主刘备曾经对诸葛亮说：'我在陈元方、郑康成之间交际应酬，经常听他们谈及治乱的办法都很详备，但从不谈及大赦之事。'小人，是君子的危害，所以我据有天下以来，不常发布大赦。现在天下平定，礼义兴起施行，特别的恩德，不可多次施行，如果多次发布大赦，恐怕愚昧的人就会常常心存侥幸，只想犯法，不能改过。"

原　文

　　八月甲戌朔，幸朝堂，亲览冤屈。自是，上以军国无事，每日视膳于西宫。癸巳，公卿奏曰："依礼，季夏之月，可以居台榭。今隆暑未退，秋霖方始，宫中卑湿，请营一阁以居之。"帝曰："朕有气病，岂宜下湿。若遂来请，糜费良多。昔汉文帝将起露台，而惜十家之产。朕德不逮于汉帝，而所费过之，岂谓为民父母之道也。"竟不许。是月，河南、河北大霜，人饥。

译　文

　　八月甲戌日初一，太宗驾到朝堂，亲自鉴察冤屈。从此，太宗认为军国无事，每天到西宫侍候父母吃饭。癸巳日，公卿奏道："依照礼制，夏季，太宗可以居住在台榭。现在盛暑未退，秋雨连绵开始，宫中低下潮湿，请建造一个楼阁来居住。"太宗道："我有湿气之病，自然不适宜住在低下潮湿之处。但假如同意公卿兴建楼阁的请求，就耗费太多。过去汉文帝要兴建承露台，然而可惜建台要耗费十家的产业而作罢。我的德行不如汉文帝，然而所耗费用却超过了他，难道能说这是做百姓父母之道吗？"终究没有准许。这个月，河南、河北大霜冻，人们遭遇大饥荒。

原　文

　　九月丙午，诏曰："尚齿重旧，先王以之垂范；还章解组，朝臣于是克终。释菜合乐之仪，东胶西序之制，养老之义，遗文可睹。朕恭膺大宝，宪章故实，乞言尊事，弥切深衷。然情存今古，世踵浇季，而策名就列，或乖大体。至若筋力将尽，桑榆且迫，徒竭凤兴之勤，未悟夜行之罪。其有心惊止足，行堪激励，谢事公门，收骸闾里，能以礼让，固可嘉焉。内外文武群官年高致仕、抗表去

●露台惜费

　　汉文帝崇尚节俭，因为建造露台要花费十户人家的财产，所以不建露台。这是古人节俭的典范

职者，参朝之日，宜在本品见任之上。"丁未，谓侍臣曰："妇人幽闭深宫，情实可愍。隋氏末年，求采无已，至于离宫别馆，非幸御之所，多聚宫人，皆竭人财力，朕所不取。且洒扫之余，更何所用？今将出之，任求伉俪，非独以惜费，亦人得各遂其性。"于是遣尚书左丞戴胄、给事中杜正伦等，于掖庭宫西门简出之。

译 文

九月丙午日，太宗下诏说："尊敬老年人，敬重老臣，前代帝王已经为后人做出榜样；退还官印解除绶带，朝臣可以善终。供奉时蔬并伴奏音乐而祭祀先师的仪式，在东胶敬养退职官员而在西序敬养老年士人的制度，这些养老之义，可参见史册。我恭承皇位，效法旧典，尊老求教之事，更是甚为关切。然而事情存在古今之别，时代相接浮薄之世，而出仕就位，有时违背大礼。至于筋力将尽，年事衰老，竭尽早晚的勤劳，还没醒悟做官为炫耀乡里这个错误观念。其中有心里告诫自己要知足，行为上能激励世风，辞退官职，回乡养老，能够礼让，实在可嘉。内外文武群臣年高退休、上表请辞的，参见朝会之日，应位列本品现任官员之上。"丁未日，太宗对侍臣道："妇人关闭在深宫，情况实在可怜。隋朝末年，采求宫女不止，至于离宫别馆，不是天子驾到之地，多聚集宫人妇女，都竭尽了人力财力，是我所不取的。再说她们除洒扫宫廷之外，还有什么用处？现在将她们放出，任凭她们选择配偶，这不仅是怕浪费，也是让这些妇女满足天性。"于是派尚书左丞戴胄、给事中杜正伦等人，在掖庭宫西门选择后遣送出去。

原 文

　　冬十月庚辰，御史大夫、安吉郡公杜淹卒。戊子，杀瀛州刺史卢祖尚。

　　十一月辛酉，有事于圆丘。

　　十二月壬午，黄门侍郎王珪为侍中。

译 文

冬十月庚辰日，御史大夫、安吉郡公杜淹去世。戊子日，太宗杀瀛州刺史卢祖尚。

十一月辛酉日，在圆丘祭天。

十二月壬午日，黄门侍郎王珪为侍中。

原 文

　　三年春正月辛亥，契丹渠帅来朝。戊午，谒太庙。癸亥，亲耕籍田。辛未，司空、魏国公裴寂坐事免。

二月戊寅，中书令、邢国公房玄龄为尚书左仆射，兵部尚书、检校侍中、蔡国公杜如晦为尚书右仆射，刑部尚书、检校中书令、永康县公李靖为兵部尚书，右丞魏徵为守秘书监，参预朝政。

●杜如晦
杜如晦也是太宗朝的名臣，善于决断

译文

贞观三年春正月辛亥日，契丹首领来觐见。戊午日，太宗拜谒太庙。癸亥日，举行天子亲自耕种农田的礼仪。辛未日，司空、魏国公裴寂因犯法被免官。

二月戊寅日，中书令、邢国公房玄龄为尚书左仆射，兵部尚书、检校侍中、蔡国公杜如晦为尚书右仆射，刑部尚书、检校中书令、永康县公李靖为兵部尚书，尚书右丞魏徵试用为秘书监，参预朝政。

原文

夏四月辛巳，太上皇徙居大安宫。甲午，太宗始于太极殿听政。

五月，周王元方薨。

六月戊寅，以旱，亲录囚徒。遣长孙无忌、房玄龄等祈雨于名山大川，中书舍人杜正伦等往关内诸州慰抚。又令文武官各上封事，极言得失。己卯，大风折木。

秋八月己巳朔，日有蚀之。薛延陀遣使朝贡。

译文

夏四月辛巳日，太上皇迁居大安宫。甲午日，太宗开始在太极殿听政。

五月，周王李元方去世。

六月戊寅日，因为干旱，太宗亲自审查并记录囚徒罪状。太宗派遣长孙无忌、房玄龄等人在名山大川求雨，中书舍人杜正伦等人往关内各州安抚慰问。太宗又命令文武官员各人上密封的奏章，让大家尽量说出朝政得失。己卯日，大风吹断了树木。

秋八月己巳日初一，有日食。薛延陀派使者前来朝贡。

　　九月癸丑，诸州置医学。

　　冬十一月丙午，西突厥、高昌遣使朝贡。庚申，以并州都督李世勣为通汉道行军总管，兵部尚书李靖为定襄道行军总管，以击突厥。

　　十二月戊辰，突利可汗来奔。癸未，杜如晦以疾辞位，许之。癸丑，诏建义以来交兵之处，为义士勇夫殒身戎阵者各立一寺，命虞世南、李伯药、褚亮、颜师古、岑文本、许敬宗、朱子奢等为之碑铭，以纪功业。

　　是岁，户部奏言：中国人自塞外来归及突厥前后内附、开四夷为州县者，男女一百二十余万口。

●李靖

　　李靖，字药师，是隋朝名将韩擒虎的外甥，是唐初名将，中国古代著名的军事家。唐初的重大军事行动，李靖基本上都亲自参与，为唐王朝的巩固立下了汗马功劳

　　九月癸丑日，各州设置医学。

　　冬十一月丙午日，西突厥、高昌派使者前来朝贡。庚申日，太宗任命并州都督李世勣为通汉道行军总管，兵部尚书李靖为定襄道行军总管，以打击突厥。

　　十二月戊辰日，突利可汗前来归附。癸未日，杜如晦因病辞去官位，太宗同意。癸丑日，太宗诏令在举起义旗以后交兵之处，替阵战中牺牲的义士勇夫各建立一座寺庙。太宗命令虞世南、李伯药、褚亮、颜师古、岑文本、许敬宗、朱子奢等人为他们撰写碑铭，以记载他们的功业。

　　这一年，户部奏称：从塞外归来的中原人以及突厥前后归附、开辟四边少数民族地区为州县的地方，男女有一百二十余万人口。

新唐书

［宋］欧阳修、宋祁

武则天传

原文

高宗则天顺圣皇后武氏，并州文水人。父士彠，见《外戚传》。文德皇后崩，久之，太宗闻士彠女美，召为才人，方十四。母杨，恸泣与诀，后独自如，曰："见天子庸知非福，何儿女悲乎？"母韪其意，止泣。既见帝，赐号武媚。及帝崩，与嫔御皆为比丘尼。高宗为太子时，入侍，悦之。王皇后久无子，萧淑妃方幸，后阴不悦。它日，帝过佛庐，才人见且泣，帝感动。后廉知状，引内后宫，以挠妃宠。

译文

高宗则天顺圣皇后武曌，并州文水人。父亲武士彠，其事迹记载于《外戚传》。文德皇后去世，许久之后，太宗听说武士彠的女儿长得漂亮，召她入宫为才人，当时她才十四岁。武则天的母亲杨氏，失声痛哭和女儿告别，而武则天还像平常一样，说："能见到天子，怎知不是福分，为什么要这样学小儿女做离别悲伤呢？"母亲认为她的想法对，就不再哭。见到太宗后，太宗赐给她武媚的称号。等到太宗去世，武则天与太宗其他的侍妾、

●武则天

二十四史精华

三〇八

宫女都当了比丘尼。高宗当太子的时候，入宫侍奉太宗，一见到武则天后就很喜欢她。高宗的王皇后长期没有儿子，萧淑妃正受到高宗的宠幸，王皇后暗地里很不高兴。有一天，高宗经过佛寺，武则天见到他后直流眼泪，高宗受到触动。王皇后查知这一情况，将武则天领进后宫，希望借此削弱高宗对萧淑妃的宠幸。

才人有权数，诡变不穷。始，下辞降体事后，后喜，数誉于帝，故进为昭仪。一旦顾幸在萧右，寖与后不协。后性简重，不曲事上下，而母柳见内人尚宫无浮礼，故昭仪伺后所薄，必款结之，得赐予，尽以分遗。由是后及妃所为必得，得辄以闻，然未有以中也。昭仪生女，后就顾弄，去，昭仪潜毙儿衾下，伺帝至，阳为欢言，发衾视儿，死矣。又惊问左右，皆曰："后适来。"昭仪即悲涕，帝不能察，怒曰："后杀吾女，往与妃相谗媢，今又尔邪！"由是昭仪得入其訾，后无以自解，而帝愈信爱，始有废后意。久之，欲进号"宸妃"，侍中韩瑗、中书令来济言："妃嫔有数，今别立号，不可。"昭仪乃诬后与母厌胜，帝挟前憾，实其言，将遂废之。长孙无忌、褚遂良、韩瑗及济濒死固争，帝犹豫；而中书舍人李义府、卫尉卿许敬宗素险侧，狙势即表请昭仪为后，帝意决，下诏废后。诏李勣、于志宁奉玺绶进昭仪为皇后，命群臣及四夷酋长朝后肃义门，内外命妇入谒。朝皇后自此始。

武则天有权术，诡诈多变。起初，她低声下气、卑躬屈节地侍奉王皇后，王皇后很高兴，多次在高宗面前称赞她，武则天因此被晋封为昭仪。武则天一旦受到高宗的眷顾，宠幸超过萧淑妃，便渐渐与王皇后不和。王皇后性情庄严持重，不会曲意奉承上下左右的人，再加上她的母亲柳氏见到宫女、宫中女官不太客气，所以武则天便有机可乘。她对王皇后薄待的人，必定殷勤交结，从高宗那里得到的赏赐，也全都分送给她们。所以王皇后和萧淑妃的所作所为武则天都知道，并报告高宗，只是还没有找到足以攻击陷害她们的借口。武则天生了一个女儿，王皇后前来看望、逗弄孩子，随后就离开，武则天偷偷在被里把女儿掐死，等到高宗到来，武则天佯装高兴地和皇帝交谈，一会儿掀开被子看女儿，发现已经死了。武则天又故作吃惊地询问左右侍从，侍从都说："王皇后刚才来过。"武则天立即放声痛哭。高宗没有察知实情，发怒道："皇后杀死我的女儿，过去她与淑妃互相忌妒、说坏话，现在又如此可恶！"从此武则天得以在高宗那里不断地诋毁王皇后，王皇后无法解释清楚。因而高宗对武则天越发相信和宠爱，开始有废掉王皇后的想法。过了许久，高宗想晋封武则天为"宸妃"，侍中韩瑗、中书令来济说："天子的妃嫔有一定的数目和称号，现在另立封号，这不合适。"武则天于是诬告王皇后与她的母亲请巫师施厌胜术，诅咒自己。高宗对王皇后心怀旧恨，这次又相信武则天的话，准备废掉王皇后。长孙无忌、褚遂良、韩瑗和来济冒死争辩，高宗犹豫不决；而中书舍人李义府、卫尉卿许敬宗一向邪佞不正，窥测形势即上表请求立武则天为皇后，高宗于是不再犹豫，下诏废掉王皇后。高宗诏令李勣、于志宁手捧玺印晋封武则天为皇后，又命令群臣及四方少数民族首长到肃义门朝见武皇后，宫廷内外受有封号的妇女入宫谒见武皇后。群臣朝见皇后就是从这个时候开始的。

原文

　　后见宗庙，再赠士彟至司徒，爵周国公，谥忠孝，配食高祖庙。母杨，再封代国夫人，家食魏千户。后乃制《外戚诫》献诸朝，解释讥噪。于是逐无忌、遂良，踵死徙，宠煽赫然。后城宇深，痛柔屈不耻，以就大事，帝谓能奉己，故扳公议立之。已得志，即盗威福，施施无惮避，帝亦儒昏，举能钳勒，使不得专，久稍不平。麟德初，后召方士郭行真入禁中为蛊祝，宦人王伏胜发之，帝怒，因是召西台侍郎上官仪，仪指言后专恣，失海内望，不可承宗庙，与帝意合，乃趣使草诏废之。左右驰告，后遽从帝自诉，帝羞缩，待之如初，犹意其恚，且曰："是皆上官仪教我！"后讽许敬宗构仪，杀之。

释文

　　武皇后到宗庙祭见祖先，天子又追赠武士彟官至司徒，爵位周国公，谥号忠孝，配祭高祖庙。母亲杨氏，又晋封代国夫人，赐给她家在魏州的封户一千户。皇后于是作《外戚诫》献给朝廷，以消释人们的非议。此后她贬逐长孙无忌、褚遂良，直至处死、流放，可谓荣宠炽盛、威势显赫。武皇后心机深隐难测，极尽柔媚驯服，借以成就大事，不感到羞耻。高宗以为她能侍奉自己，所以违背公议立她为皇后。等到她一得志，就窃取权力，无所畏避，高宗懦弱糊涂，武皇后就对他加以辖制、约束，使他不得自作主张，时间长了高宗就渐渐感到不平。麟德初年，武皇后召道士郭行真入宫施用诅咒害人的邪术，宦官王伏胜向高宗告发这件事，高宗发怒，因此召见西台侍郎上官仪，上官仪指出武皇后独断专行，使天下人失望，不宜奉祀宗庙。这正合高宗的心意，于是催促他草拟诏书废黜武皇后。高宗身边的人跑去报告武皇后，武皇后急忙到高宗那里为自己申诉，高宗畏缩，又像原先那样对待武皇后，还担心她会怨恨，

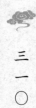

就对她说："这都是上官仪教我的！"武皇后示意许敬宗诬陷上官仪，将他杀掉。

原 文

初，元舅大臣怫旨，不阅岁屠覆，道路目语，及仪见诛，则政归房帷，天子拱手矣。群臣朝、四方奏章，皆曰"二圣"。每视朝，殿中垂帘，帝与后偶坐，生杀赏罚惟所命。当其忍断，虽甚爱，不少隐也。帝晚益病风不支，天下事一付后。后乃更为太平文治事，大集诸儒内禁殿，撰定《列女传》《臣轨》《百僚新诫》《乐书》等，大氐千余篇。因令学士密裁可奏议，分宰相权。

译 文

起初，长孙无忌、褚遂良违旨，不到一年就被杀害，人们因此在路上相遇都只用眼睛说话，等到上官仪被杀，政权就完全归于武皇后，高宗不过拱手无为而已。群臣觐见、四方奏章，都称"二圣"。每次临朝处理政事，殿中垂帘，高宗与武皇后相对而坐，生杀赏罚都听由武皇后吩咐。当她狠心决断的时候，即便是她很宠爱的人，也不稍加怜悯。高宗晚年患严重的风邪病身体不支，天下的事情全交付给武皇后处理。于是武皇后接连做了一些太平年代以文教治民的事情，在皇宫内聚集许多儒士，撰成《列女传》《臣轨》《百僚新诫》《乐书》等书，大约有一千余篇。武皇后又让学士们秘密裁决是否可以上奏议论，借此分割宰相的权力。

原 文

始，士彟婆相里氏，生子元庆、元爽。又婆杨氏，生三女：伯嫁贺兰越石，蚤寡，封韩国夫人；仲即后；季嫁郭孝慎，前死。杨以后故，宠日盛，徙封荣国。始，兄子惟良、怀运与元庆等遇杨及后礼薄，后衔不置。及是，元庆为宗正少卿，元爽少府少监，惟良司卫少卿，怀运淄州刺史。它日，夫人置酒，酣，谓惟良曰："若等记畴日事乎？今谓何？"对曰："幸以功臣子位朝廷，晚缘戚属进，忧而不荣也。"夫人怒，讽后伪为退让，请惟良等外迁，无示天下私。繇是，惟良为始州刺史；元庆，龙州；元爽，濠州，俄坐事死振州。元庆至州，忧死。韩国出入禁中，一女国姝，帝皆宠之。韩国卒，女封魏国夫人，欲以备嫔职，难于后，未决。后内忌甚，会封泰山，惟良、怀运以岳牧来集，从还京师，后毒杀魏国，归罪惟良等，尽杀之，氏曰"蝮"，以韩国子敏之奉士彟祀。初，魏国卒，敏之入吊，帝为恸，敏之哭不对。后曰："儿疑我！"恶之。俄贬死。杨氏徙酂、卫二国，咸亨元年卒，追封鲁国，谥忠烈，诏文武九品以上及五等亲与外命妇赴吊，以王礼葬咸阳，给班剑、葆杖、鼓吹。时天下旱，后伪表求避位，不许。俄又赠士彟太尉兼太子太师、太原郡王，鲁国忠烈夫人为妃。

【译文】

起初，武士彟娶相里氏，生儿子武元庆、武元爽。又娶杨氏，生三个女儿：大女儿嫁给贺兰越石，很早就守寡，被封为韩国夫人；二女儿就是皇后武则天；三女儿嫁给郭孝慎，早死。杨氏因为武皇后的缘故，蒙受的恩宠与日俱增，改封为荣国夫人。早先，武士彟哥哥的儿子武惟良、武怀运与武元庆等人对待杨氏和武则天不够好，武则天一直怀恨在心。等到这时候，武元庆任宗正少卿，武元爽任少府少监，武惟良任司卫少卿，武怀运任淄州刺史。有一天，荣国夫人设宴，酒正喝得高兴，对武惟良说："你们还记得从前的事吗？现在有什么话好说？"武惟良回答说："惟良等有幸以功臣子弟的身份列居于朝廷，最近因为是外戚而进身，只感到忧虑而不觉得荣耀。"荣国夫人大怒，示意武则天假意退让，请求高宗让武惟良等人出任地方官，正好以此向天下人显示她没有私心。因此，武惟良出任始州刺史；武元庆出任龙州刺史；武元爽任濠州刺史，不久因事犯罪死于振州。武元庆到了龙州因忧虑而死。韩国夫人出入宫中，有一个女儿姿容极美，很受高宗的宠爱。韩国夫人去世，她的女儿被封为魏国夫人，高宗想封她为妃嫔，因害怕武皇后，所以没有决定下来。武皇后心里很忌妒，正好高宗到泰山祭天，武惟良、武怀运以地方长官的身份在泰山会集，又随从高宗回京师，武皇后毒死魏国夫人，嫁祸给武惟良、武怀运，将他们杀死，改他们的姓为"蝮"，让韩国夫人的儿子贺兰敏之承继武士彟的血脉奉祀宗庙。起初，魏国夫人去世，贺兰敏之入宫吊唁，高宗极为悲痛，贺兰敏之只哭不说话。武皇后说："这个孩子怀疑我！"因此厌恶他。不久贺兰敏之被贬逐而死。杨氏又相继改封酂、卫二国夫人，咸亨元年去世，追封鲁国夫人，赐谥号忠烈，高宗诏令文武官员九品以上以及杨氏的五服以内亲属与宫廷外有封号的妇女都往杨氏的宅第吊唁，用亲王的礼仪将杨氏葬在咸阳，官府供给手持班剑、羽葆的仪仗队和鼓吹乐队。当时天下大旱，武皇后

●蝮蛇

蝮是一种毒蛇，武则天用这样的字眼给敌人改姓，可见其心肠的狠毒

假意上表请求离开皇后的位置，高宗不允许。高宗又追赠武士彟为太尉兼太子太师、太原郡王，追赠鲁国忠烈夫人杨氏为太原郡王妃。

● 老子

唐朝皇室以老子为始祖，所以《老子》一书在唐代是官员必须学习的

原　文

　　上元元年，进号天后，建言十二事：一、劝农桑，薄赋徭；二、给复三辅地；三、息兵，以道德化天下；四、南北中尚禁浮巧；五、省功费力役；六、广言路；七、杜谗口；八、王公以降皆习《老子》；九、父在为母服齐衰cuī三年；十、上元前勋官已给告身者无追核；十一、京官八品以上益禀lǐn入；十二、百官任事久，材高位下者得进阶申滞。帝皆下诏略施行之。

译　文

　　上元元年，武皇后进尊号为天后，提出十二条建议：一、鼓励种田养蚕，减轻赋税徭役；二、免除三辅地区的赋税徭役；三、停止战争，用道德教化天下百姓；四、南、北、中三尚署都禁止制作没有实际用处的奇巧物品；五、减省各种工程费用和百姓的劳役负担；六、广开言路；七、堵塞谗言；八、王公以下都必须学习《老子》；九、父亲仍在世时为死去的母亲服丧需着齐衰服三年；十、上元以前有朝廷已给授官凭证的勋官不再追查、核实；十一、京官八品以上的增加薪俸；十二、官吏长期任职，才能高地位低的可以进阶升级不得滞留。高宗下令施行所有建议。

原　文

　　萧妃女义阳、宣城公主幽掖廷，几四十不嫁，太子弘言于帝，后怒，鸩杀弘。帝将下诏逊位于后，宰相郝处俊固谏，乃止。后欲外示宽裕，劫人心使归己，即奏言："今群臣纳半俸、百姓计口钱以赡边兵，恐四方妄商虚实，请一罢之。"诏可。

译　文

　　萧淑妃的女儿义阳公主、宣城公主被幽禁在宫中旁舍，年近四十还没有出嫁。太

新唐书

三一三

子李弘把这件事告诉高宗，武皇后大怒，用毒酒毒死了李弘。高宗准备下诏把皇位让给武皇后，宰相郝处俊坚持劝谏，高宗才没有这样做。武皇后想要向外显示自己的宽大，夺取人心使天下人归附自己，就向高宗进言说："现在群臣交纳一半薪俸、百姓交纳人口税以供给边防部队，恐怕各地虚报数额，请求把这些负担一律免除。"高宗下诏同意。

　　仪凤三年，群臣、蕃夷长朝后于光顺门。即并州建太原郡王庙。帝头眩不能视，侍医张文仲、秦鸣鹤曰："风上逆，砭头血可愈。"后内幸帝殆，得自专，怒曰："是可斩，帝体宁刺血处邪？"医顿首请命。帝曰："医议疾，乌可罪？且吾眩不可堪，听为之！"医一再刺，帝曰："吾目明矣！"言未毕，后帝中再拜谢，曰："天赐我师！"身负缯宝以赐。

　　仪凤三年，群臣、四方少数民族酋长在光顺门朝见武皇后。同年就在并州建太原郡王庙。高宗头晕不能看东西，御医张文仲、秦鸣鹤说："这是风邪上升，用针刺头使它出血可以治好。"武皇后心里正庆幸高宗病危，自己可以独断专行，所以听到这话后生气地说："这两人应该斩首，皇帝的贵体哪里是可以用针刺出血的地方？"御医跪下磕头，乞求保全性命。高宗说："医师议论疾病，怎么可以定罪？况且我头晕得受不了，就听任他们治吧！"御医用针刺了两次，高宗说："我的眼睛能看清东西了！"话还没有说完，武皇后就在帘子里拜谢了两次，说道："这是上天赐给我们的御医啊！"她亲自拿来珍贵的丝织品赐给御医。

　　帝崩，中宗即位，天后称皇太后，遗诏军国大务听参决。嗣圣元年，太后废帝为庐陵王，自临朝，以睿宗即帝位。后坐武成殿，帝率群臣上号册。越三日，太后临轩，命礼部尚书摄太尉武承嗣、太常卿摄司空王德真册嗣皇帝。自是太后常御紫宸殿，施惨紫帐临朝。追赠五世祖后魏散骑常侍克己为鲁国公，妣裴即其国为夫人；高祖齐殷州司马居常为太尉、北平郡王，妣刘为王妃；曾祖永昌王谘议参军、赠齐州刺史俭为太尉、金城郡王，妣宋为王妃；祖隋东郡丞、赠并州刺史、大都督华为太尉、太原郡王，妣赵为王妃。皆置园邑，户

五十。考为太师、魏王，加实户满五千，妣为王妃，王园邑守户百。时睿宗虽立，实囚之，而诸武擅命。又谥鲁国公曰靖，裴为靖夫人；北平郡王曰恭肃，金城郡王曰义康，太原郡王曰安成，妃从夫谥。太后遣册武成殿使者告五世庙室。

译　文

　　高宗去世，中宗即皇帝位，天后武则天改称皇太后。高宗的遗诏说军政大事听凭皇太后参与决定。嗣圣元年，皇太后废中宗贬为庐陵王，亲自临朝听政，让睿宗即皇帝位。皇太后坐在武成殿，睿宗率领群臣进上尊号、册书。过了三天，皇太后临殿前平台，命礼部尚书代理太尉武承嗣、太常卿代理司空王德真册立继位的皇帝。从此皇太后常到紫宸殿，挂上浅紫色的帷帐处理政事。皇太后追赠武氏五代祖后魏散骑常侍武克己为鲁国公，五代祖母裴氏为鲁国夫人；高祖父齐殿州司马武居常为太尉、北平郡王，高祖母刘氏为郡王妃；曾祖父永昌王谘议参军、赠齐州刺史武俭为太尉、金城郡王，曾祖母宋氏为郡王妃；祖父隋东郡丞、赠并州刺史、大都督武华为太尉、太原郡王，祖母赵氏为郡王妃。并为他们设立陵园，每个陵园守护居民五十户。她又追赠父亲武士彠为太师、魏王，加赐封户满五千，母亲杨氏为魏王妃，魏王的护陵者有一百户。当时睿宗虽立为皇帝，实际上等于被囚禁，而武氏家族的人得以擅自发号施令。皇太后又赠给鲁国公谥号为靖，裴氏为靖夫人；北平郡王谥号为恭肃，金城郡王为义康，太原郡王为安成，王妃的谥号都随从丈夫。皇太后派遣在武成殿的册封使臣祭告她五代祖先的宗庙。

原　文

　　于是柳州司马李敬业、括苍令唐之奇、临海丞骆宾王疾太后胁逐天子，不胜愤，乃募兵杀扬州大都督府长史陈敬之，据州欲迎庐陵王，众至十万。楚州司马李崇福连和。盱眙人刘行举婴城不肯从，敬业攻之，不克。太后拜行举游击将军，擢其弟行实楚州刺史。敬业南度江取润州，杀刺史李思文，曲阿令尹元贞拒战死。太后诏左玉钤卫大将军李孝逸为扬州道行军大总管，率兵三十万讨之，战于高邮，前锋左豹韬果毅成三朗为唐之奇所杀。又以左鹰扬卫大将军黑齿常之为江南道行军大总管，并力。敬业兴三月败，传首东都，三州平。

柳州司马李敬业（即徐敬业）、括苍县令唐之奇、临海县丞骆宾王憎恶皇太后威迫、放逐皇帝，愤恨至极，于是招募兵士，杀死扬州大都督府长史陈敬之，占据扬州想迎立庐陵王，聚众达到十万人。楚州司马李崇福联合响应。盱眙人刘行举环城固守不肯追随李敬业，李敬业进军攻打，没有攻下。皇太后任命刘行举为游击将军，提拔他的弟弟刘行实为楚州刺史。李敬业南渡长江夺取润州，杀死润州刺史李思文。曲阿县令尹元贞率兵抵抗战死。皇太后命令左玉钤卫大将军李孝逸为扬州道行军大总管，率兵三十万讨伐李敬业，两军在高邮交战，前锋左豹韬卫果毅成三郎被唐之奇杀死。皇太后又任命左鹰扬卫大将军黑齿常之为江南道行军大总管，与李孝逸合力讨伐李敬业。李敬业起兵三个月就失败了，他的首级被送到东都，扬、润、楚三州因此平定。

●骆宾王

骆宾王与王勃、杨炯、卢照邻并称"初唐四杰"，是当时的著名才子。李敬业起兵时，骆宾王写下了著名的《讨武曌檄》，堪称檄文经典。李敬业兵败后，骆宾王下落不明，据说他出家为僧

始，武承嗣请太后立七庙，中书令裴炎沮（jǔ）止，及敬业之兴，下炎狱，杀之，并杀左威卫大将军程务挺。太后方怫恚，一日，召群臣廷让曰："朕于天下无负，若等知之乎？"群臣唯唯。太后曰："朕辅先帝逾三十年，忧劳天下。爵位富贵，朕所与也；天下安佚（yì），朕所养也。先帝弃群臣，以社稷为托，朕不敢爱身，而知爱人。今为戎首者皆将相，何见负之遽（jù）？且受遗老臣伉扈（kàng hù）难制有若裴炎乎？世将种能合亡命若徐敬业乎？宿将善战若程务挺乎？彼皆人豪，不利于朕，朕能戮之。公等才有过彼，蚤为之。不然，谨以事朕，无诒天下笑。"群臣顿首，不敢仰视，曰："惟陛下命。"

起初，武承嗣请求皇太后设立七庙供奉武氏七代祖先，被中书令裴炎阻止，等到李敬业起兵，皇太后将裴炎下狱，杀了他，又杀了左威卫大将军程务挺。那时皇太后正感到愤怒，有一天，召集群臣在朝廷上当面责问他们道："我没有什么对不起天下

人的地方，你们知道吗？"群臣连声称是。皇太后说："我辅佐先帝超过三十年，为天下人而担忧操劳。你们的爵位富贵，是我给予的；天下人的安闲逸乐，是我滋养的。先帝舍弃群臣而去，以国家相托，我不敢爱惜自己，而知道爱民。现在成为叛乱主谋的人都是将相，为什么这样快就辜负我呢？而且接受先帝遗命辅政的老臣中，傲慢跋扈难于控制有像裴炎这样的吗？世代的将门子孙中能收聚逃亡者的有像李敬业这样的吗？老将中英勇善战的有像程务挺的吗？他们都是人中豪杰，但只要不服从我，我能将他们杀掉。你们中有才能超过他们而又想造反的，请早点动手。如果不想这样，那就恭恭敬敬地侍奉我，不要让天下人讥笑你们。"群臣跪下磕头，不敢仰视，都说："一切听陛下吩咐。"

原文

久之，下诏阳若复辟者。睿宗揣非情，固请临朝，制可。乃冶铜匦为一室，署东曰"延恩"，受干赏自言；南曰"招谏"，受时政失得；西曰"申冤"，受抑枉所欲言；北曰"通玄"，受谶步秘策。诏中书门下一官典领。

译文

过了许久，皇太后下诏，假称要把政权归还给睿宗。睿宗估量出这不是皇太后真实的心意，就坚持请求皇太后继续临朝听政，皇太后下诏同意。于是下令铸造一个大铜匦，放入一室中，东边题名"延恩"，接受求赏赐者的自述；南边叫"招谏"，接受议论时政得失的奏疏；西边叫"申冤"，接受有冤屈者的申诉；北边叫"通玄"，接受观测天象灾异预言未来的文字。皇太后命令中书、门下省选一名官员掌管铜匦。

原文

太后不惜爵位，以笼四方豪桀自为助，虽妄男子，言有所合，辄不次官之，至不称职，寻亦废诛不少纵，务取实材真贤。又畏天下有谋反逆者，诏许上变，在所给轻传，供五品食，送京师，即日召见，厚饵爵赏歆动之。凡言变，吏不得何诘，虽耘夫荛子必亲延见，禀之客馆。敢稽若不送者，以所告罪之。故上变者遍天下，人人屏息，无敢议。

译文

皇太后不吝惜爵位，用它笼络四方豪杰来辅助自己。即使是狂妄之人，只要其言谈有符合自己心意的地方，她就不按寻常的次序授予官职，至于不称职，或罢免或诛杀从不宽纵，致力于选拔真正的贤才。皇太后又担心天下有图谋反叛的人，下诏允许百姓直接向朝廷密告谋反事件，告密的人由所在地方供给轻便驿车和五品官的饮食，送他们到京师，太后即时召见，用厚利的诱惑、官爵的赏赐来打动告密者。凡报告谋反的事，官吏不得究问，即使是农夫樵人，太后也必定亲自接见，命鸿胪寺的客馆供给食宿。对告密者有敢拖延不送的，按被告发人的罪名论处。因此向朝廷密告谋反事件的人遍布全国，人人都屏住呼吸，没有敢胡乱发表议论的。

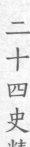

原文

　　新丰有山因震突出，太后以为美祥，赦其县，更名庆山。荆人俞文俊上言："人不和，疣赘生；地不和，堆阜出。今陛下以女主处阳位，山变为灾，非庆也。"太后怒，投岭外。

译文

　　新丰县因地震而涌出一座山，太后认为是祥瑞之兆，下令赦免该县的囚犯，改新丰县为庆山县。荆州人俞文俊上书说："人气不和，身上就会长出肉瘤；地气不和，地上才会生出土山。现在陛下以皇太后的身份居于帝位，所以山发生变化形成灾害，臣以为并不是喜庆的事。"太后发怒，把他流放到岭南。

原文

　　诏毁乾元殿为明堂，以浮屠薛怀义为使督作。怀义，鄠人，本冯氏，名小宝，伟岸淫毒，佯狂洛阳市，千金公主嬖之。主上言："小宝可入侍。"后召与私，悦之。欲掩迹，得通籍出入，使祝发为浮屠，拜白马寺主。诏与太平公主婿薛绍通昭穆，绍父事之。给厩马，中官为驺侍，虽承嗣、三思皆尊事惟谨。至是护作，士数万，巨木率一章千人乃能引。又度明堂后为天堂，鸿丽岩奥次之。堂成，拜左威卫大将军、梁国公。

译文

　　皇太后命令毁掉乾元殿建造明堂，让僧人薛怀义担任使臣监督这项工程。薛怀义是鄠县人，本姓冯，名小宝，英俊伟岸、淫荡狠毒，在洛阳市场上假装疯颠，受到千金公主的宠爱。公主报告皇太后说："冯小宝可入宫侍奉太后。"皇太后召见并与他私通，很喜欢他。皇太后想掩盖与冯小宝私通的痕迹，使冯小宝得以出入皇宫，于是就让他剃发为僧，担任白马寺住持。又诏命他改姓更名，与太平公主的丈夫薛绍互认为同族，让薛绍将他当作父辈来侍奉。又供给他御厩的马匹，出入有宦官充任侍从，即使是武承嗣、武三思也都对他十分恭敬。薛怀义监造明堂，动用数万名民工，大木头一般一根要一千人才能拉得动。他又测量明堂后面的土地建造天堂，建筑的宏大、华丽、庄严、幽深仅次于明堂。明堂、天堂建成，太后封薛怀义为左威卫大将军、梁国公。

　　始作崇先庙于西京，享武氏。承嗣伪款洛水石，导使为帝，遣雍人唐同泰献之，后号为"宝图"，擢同泰游击将军。于是汜人又上瑞石，太后乃郊上帝谢况，自号圣母神皇，作神皇玺，改宝图曰"天授圣图"，号洛水曰永昌水，图所曰圣图泉，勒石洛坛左曰"天授圣图之表"，改汜水曰广武。时柄去王室，大臣重将皆挠不得逞，宗室孤外无寄足地。于是，韩王元嘉等谋举兵唱天下，迎还中宗。琅邪王冲、越王贞先发，诸王仓卒无应者，遂败。元嘉与鲁王灵夔等皆自杀，余悉坐诛，诸王牵连死灭殆尽，子孙虽婴褓亦投岭南。太后身拜洛受图，天子率太子、群臣、蛮夷以次列，大陈珍禽、奇兽、贡物、卤簿坛下，礼成去。

　　皇太后开始在西京建造崇先庙，供奉武氏祖先。武承嗣在洛水的石头上伪造刻辞，以此劝诱太后称帝，派雍州人唐同泰献上石头，太后为它命名为"宝图"，并提拔同泰为游击将军。汜水人又进献吉祥的石头，皇太后于是在南郊祭祀天帝来感谢上苍的赐予，自称圣母神皇，制作圣母神皇玺印，又改称宝图为"天授圣图"，改称洛水为永昌水，把得到圣图的地方命名为圣图泉，在洛水坛左刻字"天授圣图之表"，又将汜水县改名为广武县。当时李氏皇室失去权力，朝廷的重臣大将都屈从于皇太后而不能有所作为，李氏宗室被孤立没有立足之地。于是，韩王李元嘉等人图谋起兵，以迎回中宗。琅邪王李冲、越王李贞首先行动，其他诸王因时间仓促没能响应，于是失败。李元嘉与鲁王李灵夔等都自杀，其余都牵连获罪被杀，诸王受牵连几乎死尽，他们的子孙即使仍在襁褓之中也被放逐到岭南。皇太后亲自拜洛水接受"天授圣图"，睿宗率领太子、群臣、少数民族酋长依次排列，大量珍禽、奇兽、贡品、仪仗陈列于洛水坛下，一直到受图典礼结束才离开。

　　永昌元年，享万象神宫，改服衮冕，揸大圭，执镇圭，睿宗亚献，太子终献。合祭天地，五方帝、百神从，以高祖、太宗、高宗配，引魏王士彟从配。班九条，训百官。遂大飨群臣。号士彟周忠孝太皇，杨忠孝太后。以文水墓为章德陵，咸阳墓为明义陵。太原安成王为周安成王，金城郡王为魏义康王，北平郡王为赵肃恭王，鲁国公为太原靖王。

译文

　　永昌元年，在万象神宫祭祀，皇太后改穿衮冕，腰带上插着大圭，手里拿着镇圭，睿宗第二个献祭，睿宗的太子第三个献祭。这一次是合祭天地，五方帝、众神随从受祭，以唐高祖、太宗、高宗配享，又拉上魏王武士彟随从配享。皇太后在万象神宫颁布九条政令，用它教导百官。于是大宴群臣。皇太后又追赠武士彟为周忠孝太皇，杨氏为周忠孝太后。称武氏在文水的陵墓为章德陵，在咸阳的陵墓为明义陵。追赠太原安成王为周安成王，金城郡王为魏义康王，北平郡王为赵肃恭王，鲁国公为太原靖王。

原文

　　载初中，又享万象神宫，以太穆、文德二皇后配皇地祇（qí），引周忠孝太后从配。作瞾、两、埊、⼄、囝、〇、𡆅、忠、𢘑、𤀹、𠥱、𠀀十有二文。太后自名瞾。改诏书为制书。以周、汉为二王后，虞、夏、殷后为三恪，除唐属籍。拜薛怀义辅国大将军，封鄂国公，令与群浮屠作《大云经》，言神皇受命事。春官尚书李思文诡言：“《周书·武成》为篇，辞有'垂拱天下治'，为受命之符。”后喜，皆班示天下，稍图革命。然畏人心不肯附，乃阴忍鸷（zhì）害，肆斩杀怖天下。内纵酷吏周兴、来俊臣等数十人为爪吻，有不慊（qiè）若素疑惮者，必危法中之。宗姓侯王及它骨鲠（gěng）臣将相骈（fú）颈就铁，血丹狴（bì）户（lián），家不能自保。太后操奁具坐重帷，而国命移矣。

译文

　　载初年间，皇太后又在万象神宫祭祀，祭皇地祇时以唐高祖太穆皇后、唐太宗文德皇后配享，又拉上周忠孝太后随从配享。自造瞾、两、埊、⼄、囝、〇、𡆅、忠、𢘑、𤀹、𠥱、𠀀等十二个字。太后自己用"瞾"作名字。下令改称诏书为制书，确定以周、汉两朝的王族后裔为"二王"，以虞、夏、殷三朝的王族后裔为

"三恪"，废除唐皇族名册。皇太后拜薛怀义为辅国大将军，又封他为鄂国公，命令他同和尚们一起撰写《大云经》，谈圣母神皇受命于天的事。春官尚书李思文诡称："《周书·武成》篇中，有'垂拱天下治'的话，是皇太后受命于天的凭证。"皇太后很高兴，把这些都颁布于天下，开始图谋改朝换代。但她担心人心不肯归附，于是像鸷鸟一样阴毒残忍，大肆杀戮以恐吓天下人。她纵容酷吏周兴、来俊臣等数十位爪牙，对不满意自己或自己一向疑忌的人，必定用严酷之法陷害。唐皇族侯王及其他正直之臣、将相大批被杀，鲜血染红监狱，家族不能保全。皇太后手拿梳妆用具坐在皇宫的层层帷幕之中，轻而易举将国家权力转移到自己手中。

御史傅游艺率关内父老请革命，改帝氏为武。又胁群臣固请，妄言凤集上阳宫，赤雀见朝堂。天子不自安，亦请氏武，示一尊。太后知威柄在己，因大赦天下，改国号周，自称圣神皇帝，旗帜尚赤，以皇帝为皇嗣。立武氏七庙于神都。尊周文王为文皇帝，号始祖，姒（sì）曰文定皇后；武王为康皇帝，号睿祖，姒姜曰康惠皇后；太原靖王为成皇帝，号严祖，姒曰成庄皇后；赵肃恭王为章敬皇帝，号肃祖，姒曰章敬皇后；魏义康王为昭安皇帝，号烈祖，姒曰昭安皇后；祖周安成王为文穆皇帝，号显祖，姒曰文穆皇后；考忠孝太皇为孝明高皇帝，号太祖，姒曰孝明高皇后。罢唐庙为享德庙，四时祠高祖以下三室，余废不享。至日，祀上帝万象神宫，以始祖及考姒配，以百神从祀。尽王诸武。诏并州文水县为武兴，比汉丰、沛，百姓世给复。以始祖冢为德陵，睿祖为乔陵，严祖为节陵，肃祖为简陵，烈祖为靖陵，显祖为永陵，章德陵为昊陵，明义陵为顺陵。

●凤凰

凤凰是传说中的神鸟，是吉祥的象征。但凤凰并不存在，只是人们的想象。武则天为了称帝，假造凤凰出现这样的祥瑞

御史傅游艺率领关内父老请求皇太后顺应天命、实施变革，改皇帝的姓氏为武。皇太后又胁

追群臣坚持请求，胡说什么凤凰停留于上阳宫，赤雀出现在朝堂上。睿宗心中不安，也请求赐姓武氏，表示天下以武一姓为尊。皇太后知道权柄已完全掌握在自己手中，于是大赦天下，改国号为周，自称圣神皇帝，旗帜尊尚赤色，以睿宗皇帝为皇位继承人。在神都洛阳建立武氏七庙。追尊周文王为文皇帝，称始祖，其妻姒氏称文定皇后；周武王为康皇帝，称睿祖，其妻姜氏称康惠皇后；五代祖父太原靖王为成皇帝，称严祖，五代祖母称成庄皇后；高祖父赵肃恭王为章敬皇帝，称肃祖，高祖母称章敬皇后；曾祖父魏义康王为昭安皇帝，称烈祖，曾祖母称昭安皇后；祖父周安成王为文穆皇帝，称显祖，祖母称文穆皇后；父亲忠孝太皇为孝明高皇帝，称太祖，母亲称孝明高皇后。改唐朝太庙为享德庙，春夏秋冬四季祭唐高祖以下三庙，其余废弃不复祭祀。冬至夏至，皇太后在万象神宫祭祀天帝，以始祖和她的父母亲配享，以众神随从受祭。皇太后封武氏家族诸人全部为王。诏令改并州文水县为武兴县，与汉代的丰县、沛县一样，县中百姓世代免除徭役。皇太后下令尊称始祖墓为德陵，睿祖墓为乔陵，严祖墓为节陵，肃祖墓为简陵，烈祖墓为靖陵，显祖墓为永陵，章德陵为昊陵，明义陵为顺陵。

原文

太后虽春秋高，善自涂泽，虽左右不悟其衰。俄而二齿生，下诏改元为长寿。明年，享神宫，自制大乐，舞工用九百人，以武承嗣为亚献，三思为终献。帝之为皇嗣，公卿往往见之，会尚方监裴匪躬、左卫大将军阿史那元庆、白涧府果毅薛大信、监门卫大将军范云仙潜谒帝，皆腰斩都市，自是公卿不复上谒。

译文

皇太后虽然年事已高，却擅长修饰自己的容貌，即使她左右的人也没有感觉到她的衰老。不久她长出两颗新牙，就下诏改年号为长寿。第二年，在万象神宫祭祀，太后自编大型舞乐，所用舞者达到九百人，祭祀时让武承嗣第二个献祭，让武三思第三个献祭。睿宗作为皇位继承人，公卿大臣经常去拜见他，恰巧尚方监裴匪躬、左卫大将军阿史那元庆、白涧府果毅薛大信、监门卫大将军范云仙私下晋见睿宗，都被押赴闹市腰斩，从此公卿大臣不敢再晋见睿宗。

原文

有上封事言岭南流人谋反者，太后遣摄右台监察御史万国俊就按，得实即论决。国俊至广州，尽召流人，矫诏赐自尽，皆号哭不服，国俊驱之水曲，使不得逃，一日戮三百余人。乃诬奏流人怨望，请悉

二十四史精华

除之。于是太后遣右卫翊府兵曹参军刘光业、司刑评事王德寿、苑南面监丞鲍思恭、尚辇直长王大贞、右武卫兵曹参军屈贞筠，皆摄监察御史，分往剑南、黔中、安南等六道讯鞫，而擢国俊左台侍御史。光业等亦希功于上，惟恐杀人之少。光业杀者九百人，德寿杀七百人，其余亦不减五百人。太后久乃知其冤，诏六道使所杀者还其家。国俊等亦相踵而死，皆见有物为厉云。

译文

　　有人上密奏说被流放到岭南的人图谋造反，皇太后派代理右台监察御史万国俊前去查验，告诉他如果符合实情就定罪处决。万国俊到广州，召集所有被流放的人，诈称皇帝的命令，赐他们自尽，被流放的人都大声哭叫表示不服，万国俊将他们赶到水边，使他们无法逃跑，一天就杀掉三百多人。然后万国俊又捏造事实向皇太后报告说被流放的人都心怀不满，请求将他们全部除掉。于是皇太后派右卫翊府兵曹参军刘光业、司刑评事王德寿、苑南面监丞鲍思恭、尚辇直长王大贞、右武卫兵曹参军屈贞筠，都任代理监察御史，分别到剑南、黔中、安南等六道审讯被流放的人，而提拔万国俊为左台侍御史。刘光业等人也希求在朝廷建立功名，唯恐杀人过少。刘光业杀死九百人，王德寿杀死七百人，其余四位也都不少于五百人。皇太后很久之后才知道这些被杀的人是冤枉的，下令把六道使者所杀害的人的灵柩送回他们的家中。万国俊等人也相继死去，死时都见到有异物作祟。

原文

　　太后又自加号金轮圣神皇帝，置七宝于廷：曰金轮宝，曰白象宝，曰女宝，曰马宝，曰珠宝，曰主兵臣宝，曰主藏臣宝，率大朝会则陈之。又尊其显祖为立极文穆皇帝，太祖为无上孝明皇帝。延载二年，武三思率蕃夷诸酋及耆老请作天枢，纪太后功德，以黜唐兴周，制可。使纳言姚璹护作。乃大裒铜铁合冶之，署曰"大周万国颂德天枢"，置端门外。其制若柱，度高一百五尺，八面，面别五尺，冶铁象山为之趾，负以铜龙，石镵怪兽环之。柱颠为云盖，出大珠，高丈，围三之。作四蛟，度丈二尺，以承珠。其趾山周百七十尺，度二丈。无虑用铜铁二百万斤。乃悉镂群臣、蕃酋名氏其上。

皇太后又自加尊号，称金轮圣神皇帝，在朝廷上设置七种宝物：金轮宝、白象宝、女宝、马宝、珠宝、主兵臣宝、主藏臣宝，一般有大朝会的时候就把它们陈列出来。皇太后又尊武氏显祖为立极文穆皇帝，太祖为无上孝明皇帝。延载二年，武三思率领少数民族酋长和一些德高望重的老人请求建造天枢，记载太后的功德，借此贬唐兴周，皇太后下诏同意。她派纳言姚璹负责监造。于是大量收聚铜铁放在一块熔炼，铸造成天枢，题名为"大周万国颂德天枢"，放置在端门外。它的形状像柱子，高一百零五尺，八面，每面单宽五尺，将铁铸成山形作为它的基础部分，铁山上载有铜龙，四周还有用石头雕凿成的怪兽环绕。柱顶铸一个云盖，盖上铸一颗大珠，高一丈，周长三丈。又铸造四条蛟龙，每条蛟龙长一丈二尺，用来支撑大珠。天枢的山形基础圈围一百七十尺，高两丈。总共用铜铁二百万斤。于是把群臣、少数民族酋长的姓名全都刻在天枢上。

薛怀义宠稍衰，而御医沈南璆（qiú）进，怀义大望，因火明堂，太后羞之，掩不发。怀义愈很恣（zì yàng）怏怏。乃密诏太平公主择健妇缚之殿中，命建昌王武攸宁、将作大匠宗晋卿率壮士击杀之，以畚车载尸还白马寺。怀义负幸昵，气盖一时，出百官上，其徒多犯法。御史冯思勖劾其奸，怀义怒，遇诸道，命左右欧之，几死，弗敢言。默啜犯塞，拜新平、伐逆、朔方道大总管，提十八将军兵击胡，宰相李昭德、苏味道至为之长史、司马。后厌入禁中，阴募力少年千人为浮屠，有逆谋。侍御史周矩劾状请治验，太后曰："第出，朕将使诣狱（jǔ）。"矩坐台，少选，怀义怒马造廷，直往坐大榻上，矩召吏受辞，怀义即乘马去。矩以闻，太后曰："是道人素狂，不足治，力少年听穷劾。"矩悉投放丑裔。怀义构矩，俄免官。

皇太后对薛怀义的宠幸渐衰，而对御医沈南璆宠幸有加。薛怀义大为不满，于是放火烧明堂，皇太后感到羞愧，掩盖真相不予揭露。薛怀义更加愤恨放肆。于是皇太后密令太平公主挑选若干健壮妇女把薛怀义捆绑在殿中，命令建昌王武攸宁、将作大匠宗晋卿率领壮士将薛怀义击毙，用畚车把他的尸体送回白马寺。薛怀义依仗皇太后的宠爱，一时间气焰压倒世人，超出百官之上，他的部下也大多犯法。御史冯思勖揭发他的罪行，薛怀义发怒，有一次他在路上与冯思勖相遇，就命令自己的随从殴打冯思勖，几乎将他打死，冯思勖不敢再说什么。突厥默啜侵犯边地，皇太后拜薛怀义为新平、伐逆、朔方道大总管，带领十八个将军的部队攻打胡兵，宰相李昭德、苏味道竟然充当他的行军长史、司马。后来薛怀义厌倦进宫侍奉皇太后，暗中招募一千名有力气的少年充当和尚，蓄谋叛乱。侍御史周矩揭发他的罪状请求皇太后查治，皇太后说："你先出去，我会让他入狱的。"周矩坐在御史台办公，一会儿，薛怀义策马驰入御史台的庭院，径直到大床上坐下，周矩召来官吏准备审讯，薛怀义立即骑马离开。周矩将这件事报告皇太后，皇太后说："这个和尚一向狂妄，不值得惩治，那些有力气的少年听任你彻底查问、处理。"周矩将他们全流放到贫困的边远地区。后来薛怀义陷害周矩，不久周矩就被免官。

原文

　　太后祀天南郊，以文王、武王、士爱与唐高祖并配。太后加号天册金轮圣神皇帝。遂封嵩山，禅少室，册山之神为帝，配为后。封坛南有大槲，赦日置鸡其杪，赐号"金鸡树"。自制《升中述志》，刻石示后。改明堂为通天宫，铸九州鼎，各位其方，列廷中。又敛天下黄金作大仪钟，不克。久之，以崇先庙为崇尊庙，礼视太庙，旋复崇尊庙为太庙。

译文

　　皇太后在南郊祭天，以文王、武王、武士爱和唐高祖一起配享。皇太后给自己加天册金轮圣神皇帝的尊号。于是在嵩山祭天，在少室山祭地，册封山神为帝，其妻子为后。嵩山的祭坛南边有一棵大槲树，当在山上祭天发布大赦令时，把鸡放到槲树枝头，皇太后于是赐名"金鸡树"。皇太后自撰《升中述志》，刻在石上留示后人。将新明堂改名为通天宫，铸造九州鼎，按照各州的方向安放，列于通天宫廷中。又收聚全国的黄金铸造大仪钟，未能铸成。过了许久，改崇先庙为崇尊庙，祭祀礼仪都比照太庙，接着又改崇尊庙为太庙。

原文

　　自怀义死，张易之、昌宗得幸，乃置控鹤府，有监，有丞及主簿、录事等，监三品，以易之为之。太后自见诸武王非天下意，前此中宗自房州还，复为皇太子，恐百岁后为唐宗室蹂藉无死所，即引诸武及相王、太平公主誓明堂，告天地，为铁券使藏史馆。改昊陵署为攀龙台。久视初，以控鹤监为天骥府，又改奉宸府，罢监为令，以左右控鹤为奉宸大夫，易之复为令。

自从薛怀义死后，又有张易之、张昌宗得到皇太后的宠幸，于是设立控鹤府，设置监、丞和主簿、录事等官职，控鹤监是三品官，由张易之担任。皇太后自己觉察到封武氏家族诸人为王不符合天下人的意愿，在这之前中宗从房州回到神都，又被立为皇太子。皇太后害怕自己死后武氏被唐皇族欺压报复，死无葬身之地，就领着武氏诸人和相王（睿宗）、太平公主在明堂立誓，并祭告天地，把誓文铸刻在铁券上，藏于史馆。皇太后下令改昊陵署为攀龙台。久视初年，改控鹤府为天骥府，又改为奉宸府，改监为令，左右控鹤改为奉宸大夫，张易之又任奉宸令。

原　文

神龙元年，太后有疾，久不平，居迎仙院。宰相张柬之与崔玄暐等建策，请中宗以兵入诛易之、昌宗，于是羽林将军李多祚等帅兵自玄武门入，斩二张于院左。太后闻变而起，桓彦范进请传位，太后返卧，不复语。中宗于是复即位。徙太后上阳宫，帝率百官诣观风殿问起居，后率十日一诣宫，俄朝朔、望。废奉宸府官，选东都武氏庙于崇尊庙，更号崇恩，复唐宗庙。诸武王者咸降爵。是岁，后崩，年八十一。遗制称则天大圣皇太后，去帝号。谥曰则天大圣后，祔乾陵。

●桓彦范
桓彦范是武则天末年的禁军将领，在拥立中宗复位的政变中发挥了重要作用。中宗复位后，桓彦范又受到武三思的排挤，贬谪到岭南，后来被矫诏杀害

译　文

神龙元年，皇太后有病，长时间不能康复，在迎仙院居住。宰相张柬之与崔玄暐等人定计，劝请中宗让他们率兵入宫杀张易之和张昌宗。于是羽林将军李多祚等人带兵自玄武门入宫，在迎仙院左面击杀二张。皇太后知道发生事变，从床上起来，桓彦范上前请求皇太后传位给太子，皇太后回身躺下，不再说话。中宗于是又即帝位。将皇太后迁移到上阳宫居住，中宗率领百官到上阳宫观风殿向皇太后问安，以后中宗大约每十天到上阳

官问候皇太后一次，不久改成每月初一、十五朝见皇太后。中宗下令废除奉宸府的官职，将东都武氏七庙神主迁移到西京崇尊庙，改崇尊庙为崇恩庙，又下令恢复唐朝宗庙。凡武氏一族封王的全部降爵。这一年，皇太后去世，享年八十一岁。遗诏称要去掉帝号，改称则天大圣皇太后。皇太后去世后定谥号为则天大圣后，祔葬于高宗乾陵。

原 文

会武三思蒸韦庶人，复用事。于是大旱，祈陵辄雨。三思讽帝诏崇恩庙祠如太庙，斋郎用五品子。博士杨孚言："太庙诸郎取七品子，今崇恩取五品，不可。"帝曰："太庙如崇恩可乎？"孚曰："崇恩太庙之私，以臣准君则僭，以君准臣则惑。"乃止。及韦、武党诛，诏则天大圣皇后复号天后，废崇恩庙及陵。景云元年，号大圣天后。太平公主奸政，请复二陵官，又尊后曰天后圣帝，俄号圣后。太平诛，诏黜周孝明皇帝号，复为太原郡王，后为妃，罢昊、顺等陵。开元四年，追号则天皇后。太常卿姜皎建言："则天皇后配高宗庙，主题天后圣帝，非是，请易题为则天皇后武氏。"制可。

译 文

后来武三思与中宗韦皇后淫乱，武三思再次当政，于是出现大旱，中宗派人到乾陵祷求则天皇后，竟即时下雨。武三思劝诱中宗下诏规定武氏崇恩庙照旧像太庙一样的礼仪祭祀，斋郎用五品官子充任。太常博士杨孚说："太庙斋郎选取七品官子充任，现在崇恩庙斋郎选取五品官子充任，这不合适。"中宗说："太庙也像崇恩庙一样，可以吗？"杨孚说："崇恩庙祭奉的是太庙神主的家臣，臣子以君主为标准是逾越本分，而君主以臣子为标准就是迷乱了。"中宗于是停止用五品官子充任崇恩庙斋郎。等到韦氏、武氏乱党被诛灭，睿宗下令将则天大圣皇后改称为天后，废除崇恩庙及武氏诸陵。景云元年，天后被改称大圣天后。后来太平公主干预朝政，请求恢复设立昊、顺二陵的守陵官，又追尊太后为天后圣帝，不久改称圣后。太平公主被杀后，朝廷下令废除周孝明皇帝称号，仍改为太原郡王，孝明皇后改为太原郡王妃，又废除昊、顺等陵。开元四年，追称太后为则天皇后。太常卿姜皎建议："则天皇后配享于高宗庙，神主题作天后圣帝，那不正确，请求改题为则天皇后武氏。"玄宗下诏同意。

原 文

赞曰：或称武、韦乱唐同一辙，武持久，韦亟灭，何哉？议者谓否。武后自高宗时挟天子威福，胁制四海，虽逐嗣帝，改国号，然赏罚已出，不假借群臣，僭于上而治于下，故能终天年，阽乱而不亡。韦氏乘夫，淫蒸于朝，斜封四出，政放不一，既鸩杀帝，引睿宗辅政，权去手不自知，戚地已疏，人心相挻，玄宗藉其事以撼豪英，故取若掇遗，不旋踵宗族夷丹，势夺而事浅也。然二后遗后王戒，顾不厚哉！

译文

赞辞说：有的人说武则天、中宗李显的韦皇后祸乱唐朝同出一辙，可是为什么武则天能够支撑得长久，而韦皇后却立刻被消灭了？评议者认为她们并不一样。武皇后自从唐高宗时便挟持天子的威望和福祚，裹挟牵制天下，虽然驱逐承嗣帝位的皇子，改变国号然而却能自己决断赏罚事宜，不倚仗和凭借文武百官，虽然僭越了至高无上的皇权却能给天下一个升平治世，所以她能够寿终正寝、颐享天年，临近祸乱而不致灭亡。韦皇后凌驾在其夫之上，淫乱后宫、祸乱朝纲，卖官鬻爵之事天下皆知，政令颁布不一，等到她毒杀中宗，招来睿宗李旦为皇廷解围，重新辅佐朝政，韦后大权已逝还不自知，外戚势力已经被疏离，人心猜忌浮乱，玄宗李隆基借韦后的罪行鼓动豪强英雄起事，所以拿下她就好像在路边拾遗一样轻而易举，不必四处奔走呼号，天下大势所趋而使韦后的谋事就此搁浅。然而这两位皇后的故事被后来的皇帝引以为戒，看上去有些刻薄啊！

旧五代史

[宋] 薛居正等

冯道传

原文

冯道，字可道，瀛州景城人。其先为农为儒，不恒其业。道少纯厚，好学能文，不耻恶衣食，负米奉亲之外，唯以披诵吟讽为事，虽大雪拥户，凝尘满席，湛如也。天祐中，刘守光署为幽州掾。守光引兵伐中山，访于僚属，道常以利害箴之，守光怒，置于狱中，寻为人所救免。守光败，遁归太原，监军使张承业辟为本院巡官。承业重其文章履行，甚见待遇。时有周玄豹者，善人伦鉴，与道不洽，谓承业曰："冯生无前程，公不可过用。"时河东记室卢质闻之曰："我曾见杜黄裳司空写真图，道之状貌酷类焉，将来必副大用，玄豹之言不足信也。"承业寻荐为霸府从事，俄署太原掌书记，时庄宗并有河北，文翰甚繁，一以委之。

译文

冯道，字可道，瀛州景城人。他的祖先或种田或读书，没有固定的职业。冯道小时候善良淳厚，爱学习能写文章，不厌恶粗衣薄食，除备办饭食奉养双亲外，就只以读书为乐事，即使在大雪拥门的寒天，尘垢满席的陋室，也快乐自如。天祐年间，刘守光任命他做幽州掾吏。刘守光领兵讨伐中山国，向下属询问良计，冯道总是对他晓以利害，刘守光大怒，把冯道关进牢中，不久被人营救出来。刘守光战败逃回太原，监军使张承业任命冯道为本院巡官。张承业看重冯道的文章作为，对他以礼相待。当时有一个叫周玄豹的人，善于品评别人，跟冯道不合，就对张承业说："冯道没有前途，您不要过于信任使用他。"这时河东记室卢质听说后就说："我曾经见过杜黄裳司空的画像，冯道的形状面貌非常像他，将来必能充当大任，周玄豹的话不值得相信。"张承业随即推举冯道担任霸府从事，不久又授予他太原书记官，当时庄宗兼并黄河以北地区，往来文书非常多，全都交给冯道处理。

原　文

　　庄宗与梁军夹河对垒，一日，郭崇韬以诸校伴食数多，主者不办，请少罢减。庄宗怒曰："孤为效命者设食，都不自由，其河北三镇，令三军别择一人为帅，孤请归太原以避贤路。"遽命道对面草词，将示其众。道执笔久之，庄宗正色促焉，道徐起对曰："道所掌笔砚，敢不供职。今大王屡集大功，方平南寇，崇韬所谏，未至过当，阻拒之则可，不可以向来之言，喧动群议，敌人若知，谓大王君臣之不和矣。幸熟而思之，则天下幸甚也。"俄而崇韬入谢，因道之解焉，人始重其胆量。庄宗即位邺宫，除省郎，充翰林学士，自绿衣赐紫。梁平，迁中书舍人、户部侍郎。丁父忧，持服于景城。遇岁俭，所得俸余，悉赈于乡里，道之所居，唯蓬茨而已，凡牧宰馈遗，斗粟匹帛，无所受焉。时契丹方盛，素闻道名，欲掠而取之，会边人有备，获免。

译　文

　　庄宗与后梁军队隔着黄河对阵，一天，郭崇韬因众将校中吃闲饭不作为的人太多，后勤供应困难，请求罢免减少这类人的数量。庄宗大怒说："我为出力效命的将校设置饭食，竟不能自由，那黄河以北三镇，让三军另选一人统率，我就回太原为贤者让路。"立即命令冯道当面起草文告，将要向大家宣读。冯道拿起笔很久，庄宗神情严肃地催促他，冯道慢慢站起回答说："冯道既然掌管文笔，哪里敢不听命履行职责。现在大王屡建大功，正平定南方贼寇，郭崇韬所进谏的，不至于过分不妥当，不听从就行了，但不能因为他刚才所说的话，就让大家议论纷纷，敌人如果知道了，认为大王君臣不和了。请仔细地考虑，就是天下的大幸呀。"不久郭崇韬进来道歉，靠冯道解了围，别人从此敬重冯道的胆量。庄宗在邺宫即帝位，冯道任省郎，兼任翰林学士，官服从穿绿衣改赐穿紫衣。后梁平定后，冯道升为中书舍人、户部侍郎。冯道的父亲去世，他在景城服丧。遇上该年收成不好，就将自己所得俸禄的剩余，全都施给乡民救荒，冯道居住的地方，仅仅是茅草棚而已，凡是官吏们送给他财物，一斗粟一匹布，都不接受。当时契丹势力正盛，平素闻知冯道的名声，想把他抢夺过来，恰逢边防军人有准备，冯道才得以幸免。

原文

明宗入洛，遽谓近臣安重诲曰："先帝时冯道郎中何在？"重诲曰："近除翰林学士。"明宗曰："此人朕素谙悉，是好宰相。"俄拜端明殿学士，端明之号，自道始也。未几，迁中书侍郎、刑部尚书平章事。凡孤寒士子，抱才业、素知识者，皆与引用，唐末衣冠，履行浮躁者，必抑而置之。有工部侍郎任赞，因班退，与同列戏道于后曰："若急行，必遗下《兔园册》。"道知之，召赞谓曰："《兔园册》皆名儒所集，道能讽之。中朝士子止看文场秀句，便为举业，皆窃取公聊，何浅狭之甚耶！"赞大愧焉。复有梁朝宰臣李琪，每以文章自擅，曾进《贺平中山王都表》，云"复真定之逆城"。道让琪曰："昨来收复定州，非真定也。"琪昧于地理，顿至折角。其后百僚上明宗徽号凡三章，道自为之，其文浑然，非流俗之体，举朝服焉。道尤长于篇咏，秉笔则成，典丽之外，义含古道，必为远近传写，故渐畏其高深，由是班行肃然，无浇醨之态。继改门下侍郎、户部吏部尚书、集贤殿弘文馆大学士，加尚书左仆射，封始平郡公。一日，道因上谒既退，明宗顾谓侍臣曰："冯道性纯俭，顷在德胜寨居一茅庵，与从人同器食，卧则刍藁一束，其心晏如也。及以父忧退归乡里，自耕樵采，与农夫杂处，略不以素贵介怀，真士大夫也。"

译文

明宗进入洛阳后，马上对身边臣子安重诲说："先帝时的冯道郎中在哪里？"安重诲说："最近被授予翰林学士。"明宗说："这个人我很早就熟知了解他，是一位好的宰相材料。"不久任命为端明殿学士，端明这一名号，就是从冯道开始的。不久，冯道又升任中书侍郎、刑部尚书平章事。凡是贫寒无助的读书人，怀抱才识而未被知遇的人，都引荐任用，后唐末年的文人士大夫，行为浮躁的人，必定加以限制和废弃。有个叫任赞的工部侍郎，因一同退朝，跟同伴们在后面讥讽冯道说："这么着急地走，一定是丢了小孩读的《兔园册》。"冯道知道后，就叫来任赞对他说："《兔园册》

都是有名的文人撰集的，我冯道能背得出来。现在朝中的文士只看重文场中的华辞丽藻，便被录取做官，都是窃取的公卿官位，是多么无知浅薄呀！"任赞大为羞愧。又有梁朝宰臣李琪，常以精于文辞章句自居，曾经进献上《贺平中山王都表》，说"收复了叛逆的城池真定"。冯道责备他说："不久前收复的是定州，不是真定。"李琪不明地理，顿时挫折了傲气。后来百官为明宗上功德名号共奏三章，都是冯道一手写成，

文章浑然一体，不是一般流俗的风格，举朝臣僚都佩服。冯道特别擅长韵文歌赋，提笔就成，在典雅清丽之外，内含古朴德义道理，必被人们所传抄，所以同僚逐渐敬畏他的高深，因而同行时恭敬严肃，没有轻薄的样子。接着冯道改任门下侍郎、户部吏部尚书、集贤殿弘文馆大学士，加授尚书左仆射，封始平郡公。一天，冯道朝拜后已退下，明宗回头对侍臣说："冯道本性纯朴节俭，不久前在德胜寨住一座茅棚，与仆人同在一起吃饭，就睡在一捆茅草上，内心快乐自如。在他因父亲去世到乡下守丧时，自己耕种砍柴采摘，与农夫住在一起，全不因自己一向高贵而有其他想法，是真正的士大夫啊。"

●冯道"遗下兔园"

任赞用"遗下兔园"嘲讽冯道上朝应对还要靠蒙学课本。古代用木片或竹片记事著书，成篇的叫作策，也就是册。《欧阳史》记载：《兔园策》是乡校俚儒教田夫牧子诵读的开蒙书。《北梦琐言》记载：《兔园策》用的是徐陵、庾信那种绮艳轻靡的"徐庾体"诗赋骈文，不是粗浅朴实的言语，但是谁家里若是藏有一本，人们也大多看不上他。《困学纪闻》记载：《兔园策府》有三十卷，唐蒋王李恽命令僚佐官员杜嗣先仿照应试科目而做，自设问对，引经典史事为训注。李恽是唐太宗的儿子，所以用梁王"兔园"命名其书，正是冯道说的《兔园策》），这本书今已失传

原文

天成、长兴中，天下屡稔（rěn），朝廷无事。明宗每御延英，留道访以外事，道曰："陛下以至德承天，天以有年表瑞，更在日慎一日，以答天心。臣每记在先皇霸府日，曾奉使中山，经井陉之险，忧马有蹶失，不敢怠于衔辔；及至平地，则无复持控，果为马所颠仆，几至于损。臣所陈虽小，可以喻大。陛下勿以清晏（yàn）丰熟，便纵逸乐，兢兢（jīng）业业，臣之望也。"明宗深然之。他日又问道曰："天下虽熟，百姓得济否？"道曰："谷贵饿农，谷贱伤农，此常理也。臣忆得近代有举子聂夷中《伤田家诗》云：'二月卖新丝，五月粜（tiào）秋谷，医得眼下

疮，剜却心头肉。我愿君王心，化作光明烛，不照绮罗筵，偏照逃亡屋。'"明宗曰："此诗甚好。"遂命侍臣录下，每自讽之。道之发言简正，善于裨益，非常人所能及也。时以诸经舛缪，与同列李愚委学官田敏等，取西京郑覃所刊石经，雕为印版，流布天下，后进赖之。明宗崩，唐末帝嗣位，以道为山陵使，礼毕，出镇同州，循故事也。道为政闲澹，狱市无挠。一日，有上介胡饶，本出军吏，性粗犷，因事诟道于牙门，左右数报不应。道曰："此必醉耳！"因召入，开尊设食，尽夕而起，无挠愠之色。未几，入为司空。

译 文

　　天成、长兴年间，天下连年丰收，朝廷平安无事。明宗每次到延英殿，都留下冯道来咨询其他事情，冯道说："陛下以至高的道德承受天命，上天降以丰年表现祥瑞，更应该一天比一天小心谨慎，以回报上天的好心。我经常记得在先皇霸府时，曾经奉命到中山国去，经过井陉天险时，担心马匹有闪失，不敢放松马嚼子和缰绳；等到达平地后，就不再小心抓牢控制，终于被马颠下来摔倒在地，差点丧命。我所说的这件事情虽然小，但可用来说明大的道理。陛下不要因为清平安闲丰收熟稔，就放纵享乐，兢兢业业，才是我所希望的啊。"明宗深以为然。有一天又问冯道说："天下既然丰收，百姓能过上好日子吗？"冯道说："谷价贵则使谷农挨饿，谷价贱则损伤谷农的利益，这是一贯的道理。我记得近代有一个叫聂夷中的举人有首《伤田家诗》说：'二月卖新丝，五月粜新谷，医得眼下疮，剜却心头肉。我愿君王心，化作光明烛，不照绮罗筵，偏照逃亡屋。'"明宗说："这首诗非常好。"立即命令侍臣抄录下来，自己经常诵读它。冯道说话简明有理，善于帮助别人扬长避短，不是一般人能达到的。当时因为各种儒家经典错误百出，冯道与同僚李愚派学官田敏等人，取来洛阳郑覃刊刻的石经，雕刻成印版，流布天下，后来的读书人有赖于它。明宗驾崩，唐末帝即位，任命冯道为营造陵墓的山陵使，葬事结束后，冯道出任同州节度使，这是遵照以前惯例。冯道治理政事雅静淡泊，诉讼与交易皆无惊扰。一天，有一位叫胡饶的人，原是军吏出身，性情粗犷，因事到衙门辱骂冯道，冯道身边的人多次解释也不理会。冯道说："他一定是喝醉了！"于是叫他进来，摆上酒杯备上食物，喝到入夜那人才离开，冯道一点也不生气。不久，冯道入朝就任司空。

原 文

　　及晋祖入洛，以道为首相。二年，契丹遣使加徽号于晋祖，晋祖亦献徽号于契丹，谓道曰："此行非卿不可。"道无难色。晋祖又曰：

●晋高祖石敬瑭

"卿官崇德重，不可深入沙漠。"道曰："陛下受北朝恩，臣受陛下恩，何有不可！"及行，将达西楼，契丹主欲郊迎，其臣曰："天子无迎宰相之礼。"因止焉，其名动殊俗也如此。及还，朝廷废枢密使，依唐朝故事，并归中书，其院印付道，事无巨细，悉以归之。寻加司徒、兼侍中，进封鲁国公。晋祖曾以用兵事问道，道曰："陛下历试诸艰，创成大业，神武睿略，为天下所知，讨伐不庭，须从独断。臣本自书生，为陛下在中书，守历代成规，不敢有一毫之失也。臣在明宗朝，曾以戎事问臣，臣亦以斯言答之。"晋祖颇可其说。道尝上表求退，晋祖不之览，先遣郑王就省，谓曰："卿来日不出，朕当亲行请卿。"道不得已出焉。当时宠遇，无与为比。

〔译文〕

　　当晋高祖进入洛阳称帝后，任命冯道为首相。天福二年，契丹人派使者给晋高祖加称颂功德的徽号，晋高祖也给契丹国主献上徽号，对冯道说："此行非你去不可。"冯道面无难色。晋高祖又说："您官高德重，不宜深入沙漠。"冯道说："陛下受北朝的恩惠，臣又受陛下的恩惠，有什么不可！"等到出发后，将到达西楼，契丹国主想到郊外迎接，他的臣下说："天子没有迎接宰相的礼节。"因而才作罢，冯道的名声震动远方异族竟能如此。等到回来时，朝廷废除枢密使的官位，依唐朝旧例，全归到中书省，将院印交给冯道，事无巨细，全委托冯道办理。不久又加封司徒，兼侍中，晋封为鲁国公。晋高祖石敬瑭曾询问冯道用兵打仗的事，冯道说："陛下历尽各种艰险，开创立国大业，武略谋划，天下人都知道，讨伐不臣服的人，只须自己独自决定。我本是读书人出身，为陛下在中书省任职，恪守历代的成规，不敢有丝毫过失。我在后唐明宗朝时，明宗也曾问我关于打仗的事，我也用这些话回答。"晋高祖很欣赏他的说法。冯道曾经上表请求退隐，晋高祖不看表，先派郑王去看望冯道，对他说："您明天如果不出来任职，我就亲自来请您。"冯道不得已仍来任职。当时对冯道的恩宠厚遇，无人可比。

晋少帝即位，加守太尉，进封燕国公。道尝问朝中熟客曰："道之在政事堂，人有何说？"客曰："是非相半。"道曰："凡人同者为是，不同为非，而非道者，十恐有九。昔仲尼圣人也，犹为叔孙武叔所毁，况道之虚薄者乎！"然道之所持，始终不易。后有人间道于少帝曰："道好平时宰相，无以济其艰难，如禅僧不可呼鹰耳！"由是出道为同州节度使。岁余，移镇南阳，加中书令。

译 文

晋少帝即位，加封冯道守太尉，晋封为燕国公。冯道曾问朝中熟客说："我在政事堂，别人有什么议论？"熟客说："毁誉参半。"冯道说："凡与人相合的别人就称善，与人不合的别人就诋毁，而诋毁我的人，十个中恐怕就有九个。古时候孔仲尼是圣人，仍被叔孙武叔诋毁，何况我这样空虚浅薄的人呢！"然而冯道所坚持的，始终不改变。后来有人向少帝离间冯道说："冯道只能做和平时期的宰相，不能靠他度过艰难时期，就像参禅的僧人用不上鹰犬一样！"因此派冯道出朝任同州节度使。一年多后，又调任南阳，加封中书令。

原 文

契丹入汴，道自襄、邓召入，戎王因从容问曰："天下百姓，如何可救？"道曰："此时百姓，佛再出救不得，唯皇帝救得。"其后衣冠不至伤夷，皆道与赵延寿阴护之所至也。是岁三月，随契丹北行，与晋室公卿俱抵常山。俄而戎王卒，永康王代统其众。及北去，留其族解里以据常山。时汉军愤激，因共逐出解里，寻复其城。道率同列，四出按抚，因事从宜，各安其所。人或推其功，道曰："儒臣何能为，皆诸将之力也。"道以德重，人所取则，乃为众择诸将之勤宿者，以骑校白再荣权为其帅，军民由是帖然，道首有力焉。道在常山，见有中国士女为契丹所俘者，出橐装以赎之，皆寄于高尼精舍，后相次访其家以归之。又，契丹先留道与李崧、和凝及文武官等在常山，是岁闰七月二十九日，契丹有伪诏追崧，令选朝士十人赴木叶山行事。契丹麻答召道等至帐所，欲谕之，崧偶先至，知其旨，惧形于色。麻答将以明日与朝士齐遣之，崧乃不俟道，与凝先出，既而相遇于帐门之外，因与分手俱归。俄而李筠等纵火与契丹交斗，鼓鼙相及。是日若齐至，与麻答相见，稍或踌躇，则悉为俘矣。时论者以道布衣有至行，立公朝有重望，其阴报昭感，多此类也。

译　文

契丹人攻陷汴州，冯道经襄州、邓州应召而来，契丹国主从容问冯道说："天下百姓，怎样才能得救？"冯道说："这时的百姓，就是佛祖再世也救不得，只有皇帝救得。"以后中原百姓不被伤害夷灭，都是冯道和赵延寿暗中庇护的结果。这年三月，冯道跟随契丹人到北方去，与晋朝皇室公卿一起抵达常山。不久契丹国主去世，永康王代替统领契丹军队。等到永康王向北去时，留下他的族人解里来据守常山。当时常山的汉族军队出于激愤，一起赶走解里，收复了常山城。冯道率领同僚，四出安抚，采取适宜措施处理各类事务，使人各安其所。有人推举冯道的功劳，冯道说："文臣有什么作为，都是各位武将的力量。"冯道因为德高望重，是别人效仿的榜样，于是为众人从各将领中择取资历老而有功的人，以骑校白再荣临时充当他们的统帅，军民因而服帖，冯道出力最大。冯道在常山，看见有被契丹人捉去的中原女子，就用金银财宝赎回，在有尼姑的寺院中暂且安置，然后一一打听她们家人的下落，送她们回家。又有一事，契丹人先前留下冯道与李崧、和凝及文武官员在常山，这年闰七月二十九日，契丹有伪诏给李崧，让他挑选朝中文士十人到木叶山做事。契丹将领麻答准备将冯道等人叫到帐下，想告知他们，李崧偶然先到，知道麻答的用心，害怕得变了脸色。麻答准备在第二天与朝士们一起去木叶山，李崧却不等冯道到，与和凝先溜出来，不久在帐门外与冯道相遇，因而分头而回。随后李筠等人放火与契丹人交战，长鼙相接。这天若是一齐来到帐下，与麻答相见，稍有犹豫，就全被俘往北方了。当时议论的人认为冯道以布衣百姓的身份前往，在朝廷则德高望重，他的福荫必定昭感神灵，评论多诸如此类。

原　文

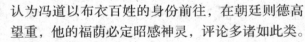

及自常山入觐，汉祖嘉之，拜守太师。乾祐中，道奉朝请外，平居自适。一日，著《长乐老自叙》云：

"余世家宗族，本始平、长乐二郡，历代之名实，具载于国史家牒。余先自燕亡归晋，事庄宗、明宗、闵帝、清泰帝，

●后汉高祖刘知远

又事晋高祖皇帝、少帝。契丹据汴京，为戎主所制，自镇州与文武臣僚、马步将士归汉朝，事高祖皇帝、今上。顾以久叨禄位，备历艰危，上显祖宗，下光亲戚。亡曾祖讳凑，累赠至太傅，亡曾祖母崔氏，追封梁国太夫人；亡祖讳炯，累赠至太师，亡祖母褚氏，追封吴国太夫人；亡父讳良建，秘书少监致仕，累赠至尚书令，母张氏，追封魏国太夫人。

　　冯道从常山回来入京师觐见，汉高祖嘉奖他，授予太师职。汉隐帝乾祐年间，他除了入朝拜见皇帝外，平时居家消遣，著《长乐老自叙》说：

　　"我出身世家宗族，本在始平、长乐两郡，历代名声业迹，全都记载在国史家谱中。我先从燕地逃回晋地，先后辅佐唐庄宗、明宗、闵帝、清泰帝，又臣服听命于晋高祖皇帝、少帝。契丹占据汴京，被契丹国王所挟制，从镇州与文武同僚、马军步军将士回归汉朝，为汉高祖皇帝、当今皇帝效力。回想长期以来忝居官位，备历艰难险阻，上显耀了祖宗，下光大了亲戚。已故曾祖讳名凑，追赠为太傅，已故曾祖母崔氏，追封为梁国太夫人；已故祖父讳名炯，追赠为太师，已故祖母褚氏，追封为吴国太夫人；亡父讳名良建，以秘书少监辞官退隐，追赠为尚书令，母亲张氏，追封为魏国太夫人。

　　"余阶自将仕郎，转朝议郎、朝散大夫、银青光禄大夫、金紫光禄大夫、特进、开府仪同三司。职自幽州节度巡官、河东节度巡官、掌书记，再为翰林学士，改授端明殿学士、集贤殿大学士、太微宫使，再为弘文馆大学士，又充诸道盐铁转运使、南郊大礼使、明宗皇帝晋高祖皇帝山陵使，再授定国军节度、同州管内观察处置等使，一为长春宫使，又授武胜军节度、邓随均房等州管内观察处置等使。官自摄幽府参军、试大理评事、检校尚书祠部郎中兼侍御史、检校吏部郎中兼御史中丞、检校太尉、同中书门下平章事、检校太师、兼侍中，又授检校太师、兼中书令。正官自行台中书舍人，再为户部侍郎，转兵部侍郎、中书侍郎，再为门下侍郎、刑部吏部尚书、右仆射，三为司空，两在中书，一守本官，又授司徒、兼侍中，赐私门十六载，又授太尉、兼侍中，又授戎太傅，又授汉太师。爵自开国男至开国公、鲁国公，再封秦国公、梁国公、燕国公、齐国公。食邑自三百户至一万一千户，食实封自一百户至一千八百户。勋自柱国至上柱国。功臣名自经邦致理翊赞功臣至守正崇德保邦致理功臣、安时处顺守义崇静功臣、崇仁保德宁邦翊圣功臣。

译文

"我的品级从将仕郎做起，转任朝议郎、朝散大夫、银青光禄大夫、金紫光禄大夫、特进、开府仪同三司。职位从幽州节度巡官、河东节度巡官、掌书记，再为翰林学士，改任端明殿学士、集贤殿大学士、太微宫使，再为弘文馆大学士，又充诸道盐铁转运使、南郊大礼使、唐明宗皇帝和晋高祖皇帝山陵使，再授以定国军节度、同州管内观察处置等使，一为长春宫使，又授武胜军节度，邓、随、均、房等州管内观察处置等使。官位从掌领幽州参军、试大理评事、检校尚书祠部郎中兼侍御史、检校吏部郎中兼御史中丞、检校太尉、同中书门下平章事、检校太师、兼侍中，又授检校太师、兼中书令。正任官从行台中书舍人，再任户部侍郎，转任兵部侍郎、中书侍郎，再为门下侍郎、刑部吏部尚书、右仆射，三次任司空，两次任中书令，一次任守本官，又授司徒、兼侍中，赐给私门十六载，又授太尉、兼侍中，又授契丹太傅，又授汉太师。爵位从开国男爵到开国公、鲁国公，再封为秦国公、梁国公、燕国公、齐国公。食邑从三百户增至一万一千户，食实封自一百户增至一千八百户。勋位从柱国升到上柱国。功臣名号从经邦致理翊赞功臣提升到守正崇德保邦致理功臣、安时处顺守义崇静功臣、崇仁保德宁邦翊圣功臣。

原文

"先娶故德州户掾褚讳濆女，早亡；后娶故景州弓高县孙明府讳师礼女，累封蜀国夫人。亡长子平，自祕书郎授右拾遗、工部度支员外郎；次子吉，自祕书省校书郎授膳部金部职方员外郎、屯田郎中；第三亡子可，自祕书省正字授殿中丞、工部户部员外郎；第四子幼亡；第五子义，自祕书郎改授银青光禄大夫、检校国子祭酒兼御史中丞，充定国军衙内都指挥使，职罢改授朝散大夫、左春坊太子司议郎、授太常丞；第六子正，自协律郎改授银青光禄大夫、检校国子祭酒兼御史中丞，充定国军节度使，职罢改授朝散大夫、太仆丞。长女适故兵部崔侍郎讳衍子太仆少卿名绚，封万年县君；三女子早亡。二孙幼亡。唐长兴二年敕，瀛州景城县庄来苏乡改为元辅乡，朝汉里为孝行里。洛南庄贯河南府洛阳县三州乡灵台里，奉晋天福五年敕，三州乡改为上相乡，灵台里改为中台里，时守司徒、兼侍中；又奉八年敕，上相乡改为太尉乡，中台里改为侍中里，时守太尉、兼侍中。

"我先娶已故德州户掾褚济的女儿为妻，早亡；后娶已故景州弓高县孙师礼的女儿，后封为蜀国夫人。已故长子冯平，从祕书郎升任右拾遗、工部度支员外郎；二儿子冯吉，从祕书省校书郎升任膳部金部职方员外郎、屯田郎中；已故三儿子冯可，从祕书省正字升任殿中丞、工部户部员外郎；四儿子小时候就去世；五儿子冯义，从祕书郎改授银青光禄大夫、检校国子祭酒兼御史中丞，兼任定国军衙内都指挥使，后解除原职改任朝散大夫、左春坊太子司议郎，授予太常丞；六儿子冯正，从协律郎改授银青光禄大夫、检校国子祭酒兼御史中丞，兼任定国军节度使，后改任朝散大夫、太仆丞。大女儿嫁给已故兵部侍郎崔衍的儿子太仆少卿名绚，封为万年县君；有三个女儿早亡，两个孙儿夭折。后唐长兴二年敕令，瀛州景城县老家来苏乡改为元辅乡，朝汉里改为孝行里。洛南老家原籍河南府洛阳县三州乡灵台里，奉晋天福五年敕令，三州乡改为上相乡，灵台里改为中台里，当时我官居守司徒，兼侍中；又奉天福八年敕令，上相乡改为太尉乡，中台里改为侍中里，当时我官居守太尉，兼侍中。

"静思本末，庆及存亡，盖自国恩，尽从家法，承训诲之旨，关教化之源，在孝于家，在忠于国，口无不道之言，门无不义之货。所愿者下不欺于地，中不欺于人，上不欺于天，以三不欺为素。贱如是，贵如是，长如是，老如是，事亲、事君、事长、临人之道，旷蒙天恕，累经难而获多福，曾陷蕃而归中华，非人之谋，是天之祐。六合之内有幸者，百岁之后有归所，无以珠玉含，当以时服敛，以篷簟葬，及择不食之地而葬焉，以不及于古人故。祭以特羊，戒杀生也，当以不害命之物祭。无立神道碑，以三代坟前不获立碑故。无请谥号，以无德故。又念自宾佐至王佐及领藩镇时，或有微益于国之事节，皆形于公籍。所著文章篇咏，因多事散失外，收拾得者，编于家集，其间见其志，知之者，罪之者，未知众寡矣。有庄、有宅、有群书，有二子可以袭其业。于此日五盥，日三省，尚犹日知其所亡，月无忘其所能。为子、为弟、为人臣、为师长、为夫、为父，有子、有犹子、有孙，奉身即有余矣。为时乃不足，不足者何？不能为大君致一统、定八方，诚有愧于历职历官，何以答乾坤之施。时开一卷，时饮一杯，食味别声被色，老安于当代耶！老而自乐，何乐如之！时乾祐三年朱明月长乐老序云。"

　　"静思家世渊源，福禄施于活着或死了的人，大都出自国家恩惠，全都秉守家法，接受训导的旨意，遵循教化的传统，在家孝顺，对国家忠诚，嘴里不说不道德的言语，家中没有不义之财。所希望的是下不欺于地，中不欺于人，上不欺于天，以三不欺作为一贯的准则。贫贱是这样，富贵也是这样，年壮是这样，年老也是这样，侍奉双亲、辅佐君主、对待长辈、统率部属的道理方式，是要广泛地取得上天的宽恕，我多次经历灾难最终获得福佑，我家曾陷于蕃地而得以回归中原，不是人的智谋，而是上天的庇佑。我是普天之下有幸的人，百年之后有个好的归宿，不用口含珠玉，应当穿平常的衣服入殓，用粗糙的竹席子裹葬，并选一个不长粮食的地方埋在那里，因为我赶不上古代圣贤。不要以公牛祭祀，禁戒杀生，应当以不残害生命之物来祭祀。不要立神道碑，因为夏商周三代坟前都不立碑。不要有谥号，因为没有德业。又自念从诸侯之佐到升为君王之相以及掌领藩镇时，对于国家有某些微小的贡献，都记载在国家的文籍中。所写的文章诗赋，由于忙于国事而散失的以外，尚能收集到的，编成一本私家集子，从中可见我的志趣，理解我的人，怪罪我的人，不知各有多少。我有田庄、有住宅、有许多书籍，有两个儿子可以继承家业。我在此每天五次洁手，三次反省，才能每天知道自己的过失，每月不忘自己应该去做的事。作为儿子、弟弟、人臣、师长、丈夫、父亲的多重身份，有儿子、侄子、孙子，供养自己就足足有余了。对于时势而言却有所不足，不足在什么地方呢？不能为英明的君王达到一统天下、安定八方，确实有愧于所担任过的官职，没有什么以报答天地君王的恩惠。有时读一卷书，有时饮一杯酒，吃美味辨佳音，身着丽服到老安乐于当世吧！年老而能自感快乐，还有什么快乐比得上呢！时乾祐三年夏月长乐老自序。"

●后周太祖郭威

及太祖平内难，议立徐州节度使刘赟为汉嗣，遣道与祕书监赵上交、枢密直学士王度等往迎之。道寻与赟自徐赴汴，行至宋州，会澶州军变。枢密使王峻遣郭崇领兵至，屯于衙门外，时道与上交等宿于衙内。是日，赟率左右甲士阖门登楼，诘崇所自，崇言太祖已副推戴。左右知其事变，以为道所卖，皆欲杀道等以自快。赵上交与王度闻之，皆惶怖不知所为，唯道偃仰自适，略无惧色，寻亦获免焉。道微时尝赋诗云："终闻海岳归明主，未省乾坤陷吉人。"至是其言验矣。广顺初，复拜太师、中书令，太祖甚重之，每进对不以名呼。及太祖崩，世宗以道为山陵使。会河东刘崇入寇，世宗召大臣议欲亲征，道谏止之，世宗因言："唐初，天下草寇蜂起，并是太宗亲平之。"道奏曰："陛下得如太宗否？"世宗怒曰："冯道何相少也。"乃罢。及世宗亲征，不令扈从，留道奉太祖山陵。时道已抱疾。及山陵礼毕，奉神主归旧宫，未及祔庙，一夕薨于其第，时显德元年四月十七日也，享年七十有三。世宗闻之，辍视朝三日，册赠尚书令，追封瀛王，谥曰文懿。

到周太祖平定后汉朝廷内乱，商议拥立徐州节度使刘赟为后汉即位皇帝，派冯道和秘书监赵上交、枢密直学士王度等人去徐州迎接。冯道立即与刘赟从徐州赶赴汴京，走到宋州，遇上澶州兵变。枢密使王峻派郭崇领兵到宋州，驻扎在衙门外面，这时冯道与赵上交等人住在衙门里。这一天，刘赟带领身边甲士关上门登上楼，责问郭崇来干什么，郭崇说太祖已被拥戴为皇帝。身边兵士知道事情有变，以为是被冯道出卖了，都要杀冯道来解气。赵上交与王度听到后，都害怕得没有了主意，只有冯道坐卧如常，全无怯色，随后也免于灾祸。冯道卑微时曾写诗说："终闻海岳归明主，未省乾坤陷吉人。"到此他的话应验了。广顺初年，冯道又被任命为太师、中书令，太祖很敬重他，每次冯道进见时太祖不直呼他的名字。等到太祖驾崩，周世宗任命冯道为山陵使。遇上河东刘崇进犯，世宗召集大臣商量想亲自征讨，冯道劝谏他，世宗便说："唐朝初年，天下草寇蜂起，都是太宗皇帝亲自平定他们。"冯道回对说："陛下比得上唐太宗吗？"世宗发怒说："冯道多轻视我呀！"冯道才作罢。到世宗亲往征伐，不叫冯道随从，

●后周世宗柴荣

留下他营造太祖陵墓。这时冯道已有病在身。等到山陵完工典礼后，奉太祖神主回旧时官殿，还未送进祖庙祭祀，冯道就在一天晚上在他的家里去世，这是显德元年四月十七日，享年七十三岁。世宗听到消息，停止上朝三天，册赠他为尚书令，追封为瀛王，谥号叫文懿。

原文

道历任四朝，三入中书，在相位二十余年，以持重镇俗为己任，未尝以片简扰于诸侯，平生甚廉俭，逮至末年，闺庭之内，稍徇奢靡。其子吉，尤恣狂荡，道不能制，识者以其不终令誉，咸叹惜之。

译文

冯道历任唐、晋、汉、周四朝，三次进中书省，居相位二十八年，以持重镇俗作为己任，不曾以片言只语惊扰诸侯，一生非常清廉节俭，直到晚年，家里才稍微豪华一点。他的儿子冯吉，特别恣意狂荡，冯道管不住他，有识之人因为他不能保住冯道的名声，都感到可惜。

原文

史臣曰：道之履行，郁有古人之风；道之宇量，深得大臣之体。然而事四朝，相六帝，可得为忠乎！夫一女二夫，人之不幸，况于再三者哉！所以饰终之典，不得谥为文贞、文忠者，盖谓此也。

译文

史臣评论说："冯道的操行，蔚然有古人遗风；冯道的器量，很有朝廷重臣的气势。然而在四个朝代供职，为六位皇帝做过宰相，能算得上是忠义吗！一个女子嫁给两个丈夫，已经是为人的不幸，何况冯道再三再四呢！所以冯道死后追尊的典礼，不能用谥号'文贞''文忠'等类似的字词，大概就是这个缘故。"

新五代史

[宋] 欧阳修

唐庄宗本纪·下

原文

　　存勖，克用长子也。初，克用破孟方立于邢州，还军上党，置酒三垂岗，伶人奏《百年歌》，至于衰老之际，声甚悲，坐上皆凄怆。时存勖在侧，方五岁，克用慨然捋须，指而笑曰："吾行老矣，此奇儿也，后二十年，其能代我战于此乎！"存勖年十一，从克用破王行瑜，遣献捷于京师，昭宗异其状貌，赐以鹦鹉卮、翡翠盘，而抚其背曰："儿有奇表，后当富贵，无忘予家。"及长，善骑射，胆勇过人，稍习《春秋》，通大义，尤喜音声歌舞俳优之戏。

译文

　　李存勖，是李克用的长子。起初，李克用在邢州攻破孟方立，回军上党，在三垂岗设宴，乐师演奏《百年歌》，唱到衰老的部分，声音很悲哀，弄得席间的人很凄怆。当时李存勖才五岁，坐在李克用旁边，李克用感慨地捋着须，指着李存勖笑着说："我们老了，这个孩子很奇特，二十年后，他能代替我在这里作战啊！"李存勖十一岁时跟随李克用打败王行瑜，李克用派他报捷，唐昭宗惊奇于李存勖的相貌，赐给他鹦鹉卮和翡翠盘，摸着他的背说："这个孩子外表奇异，以后必当富贵，不要忘了国家。"李存勖长大后，善于骑射，胆勇过人，略微学习《春秋》，就能懂得其中大义，尤其喜欢音乐、歌舞和戏剧。

天祐五年正月，即王位于太原。叔父克宁杀都虞候李存质，倖臣史敬镕告克宁谋叛。二月，执而戮之，且以先王之丧、叔父之难告周德威，德威自乱柳还军太原。梁夹城兵闻晋有大丧，德威军且去，因颇懈。王谓诸将曰："梁人幸我大丧，谓我少而新立，无能为也，宜乘其怠击之。"乃出兵趋上党，行至三重岗，叹曰："此先王置酒处也！"会天大雾昼暝，兵行雾中，攻其夹城，破之，梁军大败，凯旋告庙。九月，蜀王王建、岐王李茂贞及杨崇本攻梁大安，晋亦遣周德威攻其晋州，败梁军于神山。

天祐五年正月，李存勖在太原即晋王位。叔父李克宁杀死都虞候李存质，李存勖的宠臣史敬镕状告李克宁谋反。二月，李存勖捉住并杀掉了李克宁，并将先王去世、叔父发难的事告诉周德威，周德威为此带兵从乱柳回到太原。后梁在夹城的将士听说晋有大丧事，周德威的军队即将撤退，就松懈起来。晋王对众将说："后梁军以为我们有大丧事，认为我年轻刚即位，不会有所作为，我想乘其怠惰发动进攻。"于是进兵上党，走到三重岗，感叹地说："这是先王摆酒宴的地方啊！"那天大雾弥漫，白天昏暗，兵士在雾中进军，攻破后梁的夹城，大败后梁军，然后凯旋，祭告太庙。九月，蜀王王建、岐王李茂贞和杨崇本进攻后梁的大安，晋也派周德威攻打晋州，在神山打败后梁军。

●周德威

周德威是李存勖手下的一员猛将，屡立战功，后来在胡柳陂之战中为保护李存勖战死，没有看到后唐灭掉后梁

六年，刘知俊叛梁，来乞师，王自将至阴地关，遣周德威攻晋州，败梁军于蒙阬。七年冬，梁遣王景仁攻赵，赵王王镕来乞师，诸将皆疑镕诈，未可出兵，王不听，乃救赵。八年正月，败梁军于柏乡，斩首二万级，获其将校三百人，马三千匹。进攻邢州，不下，留兵围之，去，

攻魏。别遣周德威徇梁夏津、高唐，攻博州，破东武、朝城，遂击黎阳、临河、淇门，掠新乡、共城。

天祐六年，刘知俊叛反后梁，来求援军，晋王亲自率军到阴地关，派周德威攻打晋州，在蒙阮打败后梁军。天祐七年冬，后梁派王景仁攻后赵，赵王王镕来请求援军，诸将都怀疑王镕有诈，反对出兵，晋王不听，于是出兵救后赵。天祐八年正月，晋军在柏乡大败后梁军，斩杀二万人，俘房后梁将校三百人，缴获马三千匹。大军进攻邢州不下，留兵围困，转而去攻打魏。晋王另派周德威绕过后梁的夏津、高唐，进攻博州，接连攻下东武、朝城，又进攻黎阳、临河、淇门，抢掠新乡、共城。

燕王刘守光闻晋攻梁深入，乃大治兵，声言助晋，王患之，乃旋师。七月，会赵王王镕于承天军。刘守光称帝于燕。九年正月，遣周德威会镇、定以攻燕，守光求救于梁，梁军攻赵，屠枣强，李存审击走之。八月，朱友谦以河中叛于梁来降，梁遣康怀英讨友谦，友谦复臣于梁，而亦阴附于晋。十年十月，刘守光请降，王如幽州，守光背约不降，攻破之。十一年，杀燕王刘守光于太原，用其父仁恭于雁门。于是赵王王镕、北平王王处直奉册推王为尚书令，始建行台。七月，攻梁邢州，战于张公桥，晋军大败。

燕王刘守光听到晋兵深入攻打后梁的军情，就大规模聚集军队，声称是帮助晋王，晋王感到危险，立即回师。七月，晋王在承天军会见赵王王镕。刘守光在燕称帝。天祐九年正月，晋王派周德威会合镇、定二州军队攻燕，刘守光向后梁求救，后梁军攻打后赵，在枣强大肆屠城，被李存审击败逃走。八月，朱友谦以河中地反叛后梁降晋，后梁派康怀英讨伐，朱友谦又向后梁称臣，但暗中仍归附晋。天祐十年十月，刘守光请降，晋王到幽州，刘守光背约不降，晋兵攻破幽州。天祐十一年，晋王在太原杀死刘守光，将其父刘仁恭送到雁门祭祀先王墓。于是赵王王镕、北平王王处直奉册推晋王为尚书令，始建行台。七月，晋军进攻邢州，在张公桥激战，晋军大败。

十二年，魏州军乱，贺德伦以魏、博二州叛于梁来附。王入魏州，行至永济，诛其乱首张彦，以其兵五百自卫，号帐前银枪军。六月，王兼领魏博节度使。取德州。七月，取澶州。刘鄩军于洹水，王率百骑觇其营，遇鄩伏兵围之数重，决围而出，亡七八骑。八月，梁复取澶州，晋军与鄩对垒于莘，晋军数挑战，鄩闭壁不出。十三年正月，王留李存审于莘，声言西归。鄩闻晋王且去，即引兵击魏，攻城东。王行至贝州，返击鄩，大败之，追至于故元城，又败之，鄩走黎阳。三月，攻梁卫州，降其刺史米昭；克磁州，杀其刺史靳昭。四月，克洺州。八月，围邢州，降其节度使阎宝。梁张筠弃相州、戴思远弃沧州而逃，遂取二州，而贝州人杀梁守将张源德，以城降。

译 文

天祐十二年，魏州军内乱，贺德伦以魏、博二州反叛后梁投靠晋。晋王到魏州，来到永济，杀死乱军首领张彦，用张彦的五百降兵作为卫士，称帐前银枪军。六月，晋王兼任魏博节度使，攻取德州。七月，夺取澶州。刘鄩驻军洹水，晋王率百骑观营，遇刘鄩伏兵包围，晋王突围而出，丧失七八个骑兵。八月，后梁军夺回澶州，晋军与刘鄩在莘县对峙，晋军多次挑战，刘鄩闭关不战。天祐十三年正月，晋王留李存审守莘县，假称西归。刘鄩听说晋王已去，立即引兵攻打魏，攻打城东。晋王走到贝州，又返回大败刘鄩，追到故元城，再败刘鄩，刘鄩逃到黎阳。三月，晋王攻打后梁的卫州，刺史米昭被迫降晋；攻克磁州，杀死刺史靳昭。四月，晋军攻克洺州。八月，包围邢州，节度使阎宝降晋。后梁张筠放弃相州、戴思远放弃沧州逃跑，晋夺取这二州，贝州人杀后梁守将张源德，以城降晋。

原 文

契丹寇蔚州，执振武节度使李嗣本。十四年，契丹寇新州，遂寇幽州，李嗣源击走之。

冬，梁谢彦章军于杨刘。十二月，攻杨刘，王自负刍以堙堑，遂破之。十五年正月，梁、晋相距于杨刘，彦章决河水以隔晋军。六月，渡水击彦章，破其四寨。八月，大阅于魏，合卢龙、横海、昭义、安国及镇、定之兵十万、马万匹，军于麻家渡。谢彦章军于行台。十二月，进军临濮，梁军追之，战于胡柳，晋军大败，周德威死之。梁军暮休于土山，晋军复击，大败之，遂军德胜，为夹寨。十六年正月，王兼领卢龙军节度使。梁王瓒^{zàn}攻德胜南城,不克。十月,广德胜北城。十二月,败梁军于河南。十七年,朱友谦袭同州,梁遣刘鄩击友谦,李存审败梁军于同州。

译文

契丹进犯蔚州,掳去振武节度使李嗣本。天祐十四年,契丹进犯新州,又进犯幽州,被李嗣源击败。

冬天,后梁谢彦章驻军杨刘。十二月,晋军攻打杨刘,晋王亲自拿苇草填充堵塞壕沟,终于攻破杨刘城。天祐十五年正月,后梁与晋在杨刘对峙,谢彦章放黄河水来阻隔晋军。六月,晋军渡河进攻谢彦章,攻破他四座营寨。八月,晋王到魏州检阅军队,会合卢龙、横海、昭义、安国和镇州、定州的十万军兵,一万匹战马,驻屯麻家渡。谢彦章驻军行台。十二月,晋军进军临濮,后梁军追赶,在胡柳交战,晋军大败,周德威战死。后梁军夜宿土山,晋军突袭,大败梁军,于是驻军德胜,建两重寨子。天祐十六年正月,晋王兼任卢龙军节度使。后梁王瓒率军攻打德胜南城,没有攻破。十月,拓建德胜北城。十二月,在黄河南岸击败后梁军。天祐十七年,朱友谦袭击同州,后梁派刘鄩进攻朱友谦,李存审在同州大败后梁军。

原文

十八年正月,魏州僧传真献唐受命宝一。赵将张文礼弑其君镕,文礼来请命。二月,以文礼为镇州兵马留后。三月,河中节度使朱友谦、昭义军节度使李嗣昭、横海军节度使李存审、义武军节度使王处直、安国军节度使李嗣源、镇州兵马留后张文礼、领天平军节度使阎宝,大同军节度使李存璋、振武军节度使李存进、匡国军节度使朱令德,请王即皇帝位,王三辞,友谦等三请,王曰:"予当思之。"

译文

天祐十八年正月,魏州和尚传真献唐受命国宝一件。后赵将领张文礼弑其君王镕,张文礼请求降晋。二月,晋王任张文礼为镇州兵马留后。三月,河中节度使朱友谦、昭义军节度使李嗣昭、横海军节度使李存审、义武军节度使王处直、安国军节度使李嗣源、镇州兵马留后张文礼、领天平军节度使阎宝、大同军节度使李存璋、振武军节度使李存进、匡国军节度使朱令德,请求晋王即帝位,晋王谦让三次,朱友谦等人再三请求,晋王才说:"让我好好考虑一下。"

八月，遣赵王王镕故将符习及阎宝、史建瑭等攻张文礼于镇州。建瑭取赵州。张文礼卒，其子处瑾闭城拒守。九月，建瑭战死。十月，梁戴思远攻德胜北城，李嗣源败之于戚城。王处直叛附于契丹，其子都幽处直以来附。十二月，契丹寇涿州，遂寇定州。

八月，晋王派赵王王镕旧将符习及阎宝、史建瑭等人率兵到镇州攻打张文礼。史建瑭夺取赵州。张文礼死，他的儿子张处瑾闭城拒守。九月，史建瑭战死。十月，后梁戴思远进攻德胜北城，李嗣源在戚城击败后梁军。王处直叛晋归附契丹，他的儿子王都把王处直幽禁起来然后来归附。十二月，契丹进犯涿州，又进犯定州。

十九年正月，败契丹于新城、望都，追奔至于幽州。三月，阎宝败于镇州，以李嗣昭代之。四月，嗣昭战死，以李存进代之。八月，梁取卫州。九月，存进败镇人于东垣，存进战死。十月，李存审克镇州。王兼领成德军节度使。

天祐十九年正月，晋王在新城、望都击败契丹，一直追到幽州。三月，阎宝在镇州兵败，由李嗣昭取代他。四月，李嗣昭战死，由李存进接任。八月，后梁攻取卫州。九月，李存进在东垣击败镇州兵，李存进战死。十月，李存审攻克镇州。晋王兼任成德军节度使。

同光元年春三月，李继韬以潞州叛附于梁。

夏四月己巳，皇帝即位，大赦，改元，国号唐。行台左丞相豆卢革为门下侍郎，右丞相卢程为中书侍郎，同中书门下平章事；中门使郭崇韬、昭义监军张居翰为枢密使。以魏州为东京，太原为西京，镇州为北都。

同光元年春三月，李继韬以潞州叛晋，归附后梁。

夏四月己巳日，晋王即帝位为庄宗，大赦天下，改元同光，国号唐。庄宗任命行台左丞相豆卢革为门下侍郎，任命右丞相卢程为中书侍郎、同中书门下平章事；任命中门使郭崇韬、昭义监军张居翰为枢密使。以魏州为东京，太原为西京，镇州为北都。

原　文

闰月，追尊祖考为皇帝，妣为皇后：曾祖执宜、祖妣崔氏皆谥曰昭烈，庙号懿祖；祖国昌、祖妣秦氏皆谥曰文景，庙号献祖；考谥曰武，庙号太祖。立庙于太原，自唐高祖、太宗、懿宗、昭宗为七庙。壬寅，李嗣源取郓州。

五月辛酉，梁人取德胜南城。

六月，及王彦章战于新垒，败之。是月，卢程罢。

译　文

闰四月，庄宗追尊先祖、父亲为皇帝，祖母、母亲妣为皇后：曾祖李执宜、祖妣崔氏都谥昭烈，庙号懿祖；祖父李国昌、祖妣秦氏都谥文景，庙号献祖；父亲李克用谥武，庙号太祖。在太原建宗祠，自高祖、太宗、懿宗、昭宗至曾祖、祖父、父亲为七庙。壬寅日，李嗣源夺取郓州。

五月辛酉日，后梁军攻取德胜南城。

六月，后唐军在新垒打败王彦章军。这月，卢程被罢相。

原　文

秋八月，梁人克泽州，守将裴约死之。

九月戊辰，李嗣源及王彦章战于递坊，败之。

冬十月壬申，如郓州以袭梁。甲戌，取中都。丁丑，取曹州。己卯，灭梁。敬翔自杀。丙戌，贬郑珏为莱州司户参军，萧顷登州司户参军；杀李振、赵岩、张汉杰、朱珪，灭其族。己丑，德音降死罪囚，流已下原之。

译　文

秋八月，后梁军攻下泽州，守将裴约战死。

九月戊辰日，李嗣源在递坊打败王彦章。

冬十月壬申日，庄宗到郓州袭击后梁军。甲戌日，攻占中都。丁丑日，夺取曹州，己卯日，后唐灭后梁。朱敬翔自杀。丙戌日，庄宗贬郑珏为莱州司户参军，任命萧顷为登州司户参军；杀李振、赵岩、张汉杰、朱珪，灭其宗族。己丑日，庄宗下诏，为死罪囚犯减刑，赦免流配以下囚犯。

原　文

十一月乙巳，复北都为镇州，太原为北都。丙辰，复汴州为宣武军。丁巳，尚书左丞赵光胤为中书侍郎，礼部侍郎韦说同中书门下平章事。戊午，新罗国王金朴英遣使者来。辛酉，复永平军为西都。甲子，如洛京。

十二月庚午朔，至自汴州。辛巳，李继韬伏诛。继韬之弟继达杀其兄继俦于潞州。壬辰，畋于伊阙。

译　文

十一月乙巳日，后唐恢复北都为镇州，以太原为北都。丙辰日，恢复汴州旧称为宣武军。丁巳日，庄宗任命尚书左丞赵光胤为中书侍郎，礼部侍郎韦说同中书门下平章事。戊午日，新罗国王金朴英派使者来。辛酉日，恢复永平军为西都。甲子日，庄宗进入洛京。

十二月庚午日初一，庄宗从汴州回京。辛巳日，庄宗处死李继韬。李继韬弟弟李继达在潞州杀死其兄继俦。壬辰日，庄宗在伊阙打猎。

原　文

二年春正月，河南尹张全义及诸镇进暖殿物。己酉，求唐宦者。庚戌，新罗国王金朴英及其泉州节度使王逢规皆遣使者来。乙卯，渤海国王大諲譔使大禹谟来。庚申，如河阳。辛酉，至自河阳。丁卯，七庙神主至自太原，祔于太庙。朝献于太微宫。戊辰，享于太庙。

二月己巳朔，有事于南郊，大赦。癸酉，群臣上尊号曰昭文睿武光孝皇帝。戊寅，幸李嗣源第。癸未，立刘氏为皇后。

●王彦章

王彦章，后梁将领，擅使铁枪，后来被后唐俘虏，誓不投降，被杀害

二十四史精华

译 文

　　同光二年正月，河南尹张全义和各镇进贡暖殿贡物。己酉日，庄宗下令寻回唐朝宦官。庚戌日，新罗国王金朴英及其泉州节度使王逢规都派使者来。乙卯日，渤海国王大諲譔派使者大禹谟来。庚申日，庄宗到河阳。辛酉日，庄宗从河阳回京。丁卯日，庄宗把七庙神主从太原迁来安置到太庙里，早晨在太微宫祭祀献礼。戊辰日，庄宗祭祀太庙。

　　二月己巳日初一，庄宗在南郊祭天，大赦天下。癸酉日，群臣上尊号曰昭文睿武光孝皇帝。戊寅日，庄宗到李嗣源家。癸未日，庄宗立刘氏为皇后。

原 文

　　三月己酉，党项来。庚戌，赐从平汴州及入洛南郊立仗军士等功臣。庚申，工部郎中李涂为检视诸陵使。潞州将杨立反。

　　夏五月壬寅，教坊使陈俊为景州刺史，内园栽接使储德源为宪州刺史。丙辰，渤海国王大諲譔遣使者来。丙寅，李嗣源克潞州。

　　六月丙子，杨立伏诛。己丑，封回纥王仁美为英义可汗。

译 文

　　三月己酉日，党项派使者来朝。庚戌日，庄宗赏赐跟随自己攻占汴州及进入洛阳祭祀的立仗军士为功臣。庚申日，庄宗任命工部郎中李涂为检视诸陵使。潞州守将杨立谋反。

　　夏五月壬寅日，庄宗任命教坊使陈俊为景州刺史，内园栽接使储德源为宪州刺史。丙辰日，渤海国王大諲譔派使者来。丙寅日，李嗣源攻克潞州。

　　六月丙子日，杨立被处死。己丑日，庄宗封回纥王仁美为英义可汗。

原 文

　　秋七月己酉，如雷山赛天神。八月，大雨霖，河溢。九月壬子，置水于城门，以禳荧惑。甲寅，幸郭崇韬第。丙辰，黑水遣使者来。

　　冬十月癸未，左熊威军将赵晖妻一产三男子。十一月癸卯，畋于伊阙。丙午，至自伊阙。丁巳，回鹘使都督安千想来。十二月庚午，及皇后幸张全义第。

译 文

　　秋七月己酉日，庄宗到雷山举行赛天神活动。八月，大雨淋淋，黄河水泛滥。九月壬子日，在城门上蓄水，以祈祷消除火星灾异。甲寅日，庄宗驾临郭崇韬家。丙辰日，黑水派使者来。

冬十月癸未日，左熊威军将赵辉的妻子生三胞胎男婴。十一月癸卯日，庄宗到伊阙游猎。丙午日，自伊阙回京。丁巳日，回鹘使者都督安千想来朝。十二月庚午日，庄宗与皇后驾临张全义家。

原　文

三年春正月庚子，如东京，毁即位坛为鞠场。

二月己巳，聚鞠于新场。乙亥，射雁于王莽河。辛巳，突厥浑解楼、渤海国王大諲譔皆遣使者来。射雁于北郊。乙酉，射鸭于郭泊。庚寅，射雁于北郊。

三月乙未，寒食，望祭于西郊。庚申，至自东京。辛酉，改东京为邺都，以洛京为东都。夏四月乙亥，及皇后幸郭崇韬、朱汉宾第。旱。庚寅，赵光胤薨。五月丁酉，后太妃薨，废朝五日。己酉，黑水、女真皆遣使者来。六月辛未，宗正卿李纾为昭宗、少帝改卜园陵使。括马。

译　文

同光三年春正月庚子日，庄宗去东京，拆毁即位坛变成打鞠场。

二月己巳日，庄宗聚众在新场打鞠。乙亥日，庄宗在王莽河射雁。辛巳日，突厥浑解楼、渤海国王大諲譔派使者来。在北郊射雁。乙酉日，在郭泊射鸭。庚寅日，在北郊射雁。

三月乙未日寒食节，庄宗望祭西郊。庚申日，庄宗从东京回京。辛酉日，庄宗改东京为邺都，以洛京为东都。夏四月乙亥日，庄宗与皇后驾临郭崇韬、朱汉宾家。旱灾。庚寅日，赵光胤去世。五月丁酉日，皇太妃死，五日不上朝。己酉日，黑水、女真派使者来。六月辛未日，庄宗任命宗正卿李纾为昭宗、少帝改卜园陵使。搜刮战马。

原　文

秋七月壬寅，皇太后崩。

八月癸未，杀河南县令罗贯。九月庚子，魏王继岌为西川四面行营都统，郭崇韬为招讨使以伐蜀。自六月雨至于是月。丁巳，射雁于尖山。

秋七月壬寅日，皇太后死。

八月癸未日，庄宗杀河南县令罗贯。九月庚子日，庄宗任命魏王李继岌为西川四面行营都统，郭崇韬为招讨使讨伐蜀。从六月到九月阴雨连绵。丁巳日，庄宗在尖山射雁。

原文

冬十月壬午，奚、吐浑、突厥皆遣使者来。戊子，葬贞简太后于坤陵。

十一月丁未，高丽遣使者来。己酉，王衍降。郭崇韬杀王宗弼及其弟宗渥、宗训，灭其族。

十二月己卯，畋于白沙。癸未，至自白沙。

闰月辛亥，封弟存美为邕王，存霸永王，存礼薛王，存渥申王，存乂睦王，存确通王，存纪雅王。

译文

冬十月壬午日，奚、吐浑、突厥都派使者来。戊子日，将贞简太后葬于坤陵。

十一月丁未日，高丽派使者来。己酉日，王衍投降。郭崇韬杀死王宗弼、王宗渥、王宗训兄弟，灭其宗族。

十二月己卯日，庄宗在白沙游猎。癸未日，庄宗从白沙回京。

闰十二月辛亥日，庄宗封弟弟李存美为邕王，李存霸为永王，李存礼为薛王，李存渥为申王，李存乂为睦王，李存确为通王，李存纪为雅王。

原文

四年春正月壬戌，降死罪以下囚。甲子，魏王继岌杀郭崇韬及其二子于蜀。戊寅，契丹使梅老鞋里来。庚辰，杀其弟睦王存乂及河中护国军节度使李继麟，灭其族。乙酉，沙州曹义金遣使者来。丙戌，回鹘阿咄欲遣使者来。丁亥，杀李继麟之将史武、薛敬容、周唐殷、杨师太、王景、来仁、白奉国，皆灭其族。

译文

同光四年春正月壬戌日，庄宗下诏为死罪以下的犯人减刑。甲子日，魏王李继岌在蜀地杀死郭崇韬和他两个儿子。戊寅日，契丹使者梅老鞋里来朝。庚辰日，庄宗杀弟睦王李存义和河中护国军节度使李继麟，灭其宗族。乙酉日，沙州曹义金派使者来。丙戌日，回鹘阿咄欲派使者来。丁亥日，庄宗杀李继麟部将史武、薛敬容、周唐殷、杨师太、王景、来仁、白奉国，都灭其宗族。

原文

二月己丑，宣徽南院使李绍宏为枢密使。癸巳，邺都军将赵在礼反于贝州。甲午，畋于冷泉。赵在礼陷邺都，武宁军节度使李绍荣讨之。邢州军将赵太反，东北面招讨使李绍真讨之。甲辰，成德军节度使李嗣源讨赵在礼。

三月，赵太伏诛。李嗣源反。博州守将翟建自称刺史。甲子，杀王衍，灭其族。乙丑，如汴州。壬申，次荥泽。龙骧指挥军使姚彦温以前锋军叛降于李嗣源。嗣源入于汴州。甲戌，至自万胜。从马直指挥使郭从谦反。

夏四月丁亥朔，皇帝崩。

译文

二月己丑日，庄宗任命宣徽南院使李绍宏为枢密使。癸巳日，邺都军将赵在礼在贝州谋反。甲午日，庄宗在冷泉游猎。赵在礼攻陷邺都，庄宗派武宁军节度使李绍荣讨伐。邢州军将赵太谋反，庄宗派东北面招讨使李绍真讨伐。甲辰日，庄宗又派成德军节度使李嗣源讨伐赵在礼。

三月，庄宗处死赵太。李嗣源反叛后唐。博州守将翟建自称刺史。甲子日，庄宗杀王衍，灭其宗族。乙丑日，庄宗前往汴州。壬申日，庄宗到达荥泽。龙骧指挥军使姚彦温率领前锋军叛降归附李嗣源。李嗣源进入汴州。甲戌日，庄宗从万胜镇返回洛京。从马直指挥使郭从谦谋反。

夏四月丁亥日初一，庄宗驾崩。

宋 史

[元] 脱脱等

包拯传

包拯字希仁,庐州合肥人也。始举进士,除大理评事,出知建昌县。以父母皆老,辞不就。得监和州税,父母又不欲行,拯即解官归养。后数年,亲继亡,拯庐墓终丧,犹裴徊不忍去,里中父老数来劝勉。久之,赴调,知天长县。有盗割人牛舌者,主来诉。拯曰:"第归,杀而鬻之。"寻复有来告私杀牛者,拯曰:"何为割牛舌而又告之?"盗惊服。徙知端州,迁殿中丞。端土产砚,前守缘贡,率取数十倍以遗权贵。拯命制者才足贡数,岁满不持一砚归。

包拯,字希仁,庐州合肥人。最初考举进士,被授为大理评事,出任建昌县知县。因为父母亲年纪都大了,因此包拯推辞不去赴任。获得监管和州税的官职,父母又不想出行,包拯就辞去官职回家赡养老人。几年之后,他的父母相继去世,包拯在双亲的墓旁筑起草庐直到守

●包拯

丧期满，还是徘徊不忍离去，同乡父老多次前来劝慰勉励。过了很久，包拯才去接受调遣，担任了天长县知县。有盗贼将人家牛的舌头割掉了，牛的主人前来上诉。包拯说："你只管回家，把牛杀掉卖了。"不久有人来控告私杀耕牛，包拯说："你为什么割了人家的牛舌还要来控告别人呢？"这个盗贼听罢惊恐认罪。包拯后来调任端州知州，升任为殿中丞。端州这地方出产砚台，他的前任知州假借上贡的名义，随意多征几十倍的砚台来送给权贵们。包拯命令工匠只按照上贡朝廷的数目制造。一年任期满，他没有拿一块砚台回家。

原 文

　　寻拜监察御史里行，改监察御史。时张尧佐除节度、宣徽两使，右司谏张择行、唐介与拯共论之，语甚切。又尝建言曰："国家岁赂契丹，非御戎之策，宜练兵选将，务实边备。"又请重门下封驳之制，及废锢赃吏，选守宰，行考试补荫弟子之法。当时诸道转运加按察使，其奏劾官吏多摭细故，务苛察相高尚，吏不自安，拯于是请罢按察使。

译 文

　　不久，包拯被授为监察御史里行，改任监察御史。当时张尧佐担任节度、宣徽两使，右司谏张择行、唐介和包拯一齐奏论此事，言辞十分恳切。又曾建议说："国家每年交纳岁币与契丹，这并非防御戎狄的良策，应该训练士卒、选拔将领，致力于充实和巩固边防。"又请求朝廷重视门下省封驳制度，以及废罢和禁锢贪赃枉法的官吏，选拔郡守县宰，推行对补荫弟子进行考试的制度。当时各路转运使都兼任按察使，往往摘取无关紧要的小节来上奏弹劾官吏，专门以苛刻的考察来相互标榜，使得地方官吏十分不安，包拯于是请求朝廷免去各路按察使。

原 文

　　去使契丹，契丹令典客谓拯曰："雄州新开便门，乃欲诱我叛人，以刺疆事耶？"拯曰："涿州亦尝开门矣，刺疆事何必开便门哉？"其人遂无以对。

译 文

　　包拯出使契丹，契丹让典礼官对包拯说："雄州城新开放了一个关塞便门，是不是想招诱我国叛逆之人以刺探边疆情报呀？"包拯说："涿州城也曾经开放过关门，刺探边境情报何必用开放便门的方式呢？"那人于是无言以对。

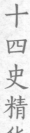

历三司户部判官,出为京东转运使,改尚书工部员外郎、直集贤院,徙陕西,又徙河北,入为三司户部副使。秦陇斜谷务造船材木,率课取于民;又七州出赋河桥竹索,恒数十万,拯皆奏罢之。契丹聚兵近塞,边郡稍警,命拯往河北调发军食。拯曰:"漳河沃壤,人不得耕,邢、洛、赵三州民田万五千顷,率用牧马,请悉以赋民。"从之。解州盐法率病民,拯往经度之,请一切通商贩。

历任三司户部判官,出任京东转运使,改授尚书工部员外郎、直集贤院,移任陕西,又调任河北,进京担任三司户部副使。秦陇、斜谷专门置办造船用的木材,随意向老百姓征取;而且这里的七个州交纳造河桥用竹索赋税,常常多达几十万,包拯都上奏朝廷停止了这些税收。契丹在边境附近集结军队,边境的州郡逐渐加强戒备,朝廷命令包拯到河北调发军粮。包拯说:"漳河地区土地肥沃,百姓却不能耕种,邢、洛、赵三州有民田一万五千顷,却都用来牧马,请求全部分给老百姓耕种。"朝廷答应了他的请求。解州盐法往往给百姓造成负担,包拯前往经营治理,请求朝廷全部通过商贩进行贸易。

除天章阁待制、知谏院。数论斥权倖大臣,请罢一切内除曲恩。又列上唐魏郑公三疏,愿置之坐右,以为龟监。又上言天子当明听纳,辨朋党,惜人才,不主先入之说,凡七事;请去刻薄,抑侥倖,正刑明禁,戒兴作,禁妖妄。朝廷多施行之。

包拯被任命为天章阁待制、知谏院。多次议论和斥责受宠信的权臣,请求朝廷废止所有由内廷授与的不正当的恩宠。又依次上陈唐代魏徵的三篇奏疏,希望皇帝把它们放在座位右侧,以此为鉴。又上章陈述天子应当明智地听取和采纳臣下的意见,辨清结党营私的人,爱惜有才能的人,不坚持先入为主的主观意见,一共是七件事;又请求去除刻薄不宽厚的做法,抑制投机得官的事,端正刑典,明确禁令,不要轻易大兴土木,禁止妖言妄说。朝廷大多实施推行。

除龙图阁直学士、河北都转运使。尝建议无事时徙兵内地,不报。至是，请："罢河北屯兵，分之河南兖、郓、齐、濮、曹、济诸郡，设有警，无后期之忧。借曰戍兵不可遽减，请训练义勇，少给糇粮，每岁之费，不当屯兵一月之用，一州之赋，则所给者多矣。"不报。徙知瀛州，诸州以公钱贸易，积岁所负十余万，悉奏除之。以丧子乞便郡，知扬州，徙庐州，迁刑部郎中。坐失保任，左授兵部员外郎、知池州。

译文

　　包拯被任命为龙图阁直学士、河北都转运使。曾建议在边境无事时将军队调往内地，但没有得到答复。至此时，包拯请求："罢除河北的屯兵，将他们分别安置在黄河以南的兖、郓、齐、濮、曹、济各郡，即使有紧急情况，也无须担心来不及调遣。如果说边境的守兵不能立刻削减，那么就请求朝廷训练义勇，稍加干粮供给，每年的费用不及屯兵一个月的费用、一州的财赋，那么供给的人数就很充足了。"没有得到答复。调任瀛州知州，各州用公款进行贸易，每年累计亏损十多万，包拯上奏加以罢免。由于丧子缘故，包拯请求在政务轻简的州郡任职，于是任扬州知州，又移任庐州，后迁升为刑部郎中。因为保荐官员有失而获罪，被降为兵部员外郎、池州知州。

原文

　　复官，徙江宁府，召权知开封府，迁右司郎中。拯立朝刚毅，贵戚宦官为之敛手，闻者皆惮之。人以包拯笑比黄河清，童稚妇女，亦知其名，呼曰"包待制"。京师为之语曰："关节不到，有阎罗包老。"旧制，凡讼诉不得径造庭下。拯开正门，使得至前陈曲直，吏不敢欺。中官势族筑园榭，侵惠民河，以故河塞不通，适京师大水，拯乃悉毁去。或持地券自言有伪增步数者，皆审验劾奏之。

译文

　　官复原职后，包拯移任江宁府知府，朝廷召任权知开封府，升为右司郎中。包拯在朝廷为人刚毅，贵戚宦官为之收敛，听说过包拯的人都很怕他。人们把包拯一笑比喻成黄河水变清，儿童妇女也知道他的大名，喊他为"包待制"。京城传言说："请托不到，有阎王爷包老。"以前的制度规定，凡是告状不得直接到官署庭下。包拯打开官府正门，让告状的人能够直接到他面前陈述是非曲直，使胥吏不敢欺骗长官。朝中官员和势家望族私筑园林楼树，侵占了惠民河，因而使河道堵塞不通，正逢京城发大水，包拯将那些园林楼谢全部毁掉。有人拿着地券虚报自己的田地数，包拯都严格地加以检验，上奏弹劾弄虚作假的人。

原文

　　迁谏议大夫、权御史中丞。奏曰："东宫虚位日久，天下以为忧，陛下持久不决，何也？"仁宗曰："卿欲谁立？"拯曰："臣不才备位，乞豫建太子者，为宗庙万世计也。陛下问臣欲谁立，是疑臣也。臣年七十，且无子，非邀福者。"帝喜曰："徐当议之。"请裁抑内侍，减节冗费，条责诸路监司，御史府得自举属官，减一岁休暇日，事皆施行。

译文

　　升任谏议大夫、权御史中丞。上奏说："太子空缺的时间已经很久了，天下人都很担忧，陛下长时间犹豫不决，这是为什么？"仁宗说："你想立谁为太子呢？"包拯说："微臣没什么才能而担任朝廷官职，之所以请求皇上预立太子，是为国家宗庙长远着想。陛下问我想让谁做太子，这是怀疑我啊。臣已年届七十，又没有儿子，并不是求福的人。"皇帝高兴地说："我会慢慢考虑这件事的。"包拯请求裁减内廷侍臣的人数，减损和节约浩大的开支，分条要求各路监司，御史府可以自行任用属官，减少每年的休假日期，这些事情都得到了实行。

原文

　　张方平为三司使，坐买豪民产，拯劾奏罢之；而宋祁代方平，拯又论之；祁罢，而拯以枢密直学士权三司使。欧阳修言："拯所谓牵牛蹊田而夺之牛，罚已重矣，又贪其富，不亦甚乎！"拯因家居避命，久之乃出。其在三司，凡诸笾库供上物，旧皆科率外郡，积以困民。拯特为置场和市，民得无扰。吏负钱帛多缧系，间辄逃去，并械其妻子者，类皆释之。迁给事中，为三司使。数日，拜枢密副使。顷之，迁礼部侍郎，辞不受，寻以疾卒，年六十四。赠礼部尚书，谥孝肃。

译文

　　张方平任三司使，因购买豪民的财产，包拯上奏弹劾并罢免了他的官职；宋祁取代张方平，包拯又加以指责；宋祁被罢免后，包拯以枢密直学士的身份权兼三司使。欧阳修说道："包拯真是《左传》中所说的'牵牛踩了别人的地而地主人把牛抢夺过来'，这种惩罚已经过重了，又贪恋三司使的肥缺，不也太过分了吗！"包拯因此待在家里回避，过了很长时间才出来。他在三司任职时，凡是各库的进贡物品，以前都向外地的州郡征收，老百姓负担很重、深受困扰。包拯特地设置场和市，百姓得以免遭困扰。官吏负欠公家钱帛的大多被拘禁，一旦在拘禁期间逃走的，就把他的妻儿抓起来，包拯都加以释放。

包拯升任给事中,担任三司使。几天后,又被任命为枢密副使。随即又升为礼部侍郎,包拯推辞不受。很快因病去世,享年六十四岁。朝廷追赠他为礼部尚书,谥号为"孝肃"。

　　拯性峭直,恶吏苛刻,务敦厚,虽甚嫉恶,而未尝不推以忠恕也。与人不苟合,不伪辞色悦人,平居无私书,故人、亲党皆绝之。虽贵,衣服、器用、饮食如布衣时。尝曰:"后世子孙仕宦,有犯赃者,不得放归本家,死不得葬大茔中。不从吾志,非吾子若孙也。"初,有子名繶,娶崔氏,通判潭州,卒。崔守死,不更嫁。拯尝出其媵,在父母家生子,崔密抚其母,使谨视之。繶死后,取媵子归,名曰綖。有奏议十五卷。

　　包拯性格严厉正直,对官吏苛刻之风十分厌恶,致力于敦厚宽容之政,虽然疾恶如仇,但都是以忠厚宽恕之道推行政务的,不随意附和别人,不装模作样地取悦别人,平时没有私人的书信往来,连亲旧故友的消息都断绝了。他虽然官位很高,但吃饭穿衣和日常用品都跟做平民时一样。他曾说:"后世子孙做官,有犯贪污之罪的,不得放回同宗姓的本家中,死后不得葬入大墓。不遵从我的志向,就不是我的子孙。"当初,包拯有一个儿子,名叫包繶,娶崔氏为妻,担任潭州通判时死了。崔氏为亡夫守节,不再改嫁。包拯曾经把她的陪嫁女送走,在娘家生孩子,崔氏暗中慰问她的母亲,让她好好照顾那个孩子。包繶死后,崔氏把陪嫁女的儿子带回家,取名包綖。包拯有《奏议》十五卷。

辽 史

[元] 脱脱等

耶律义先传

原 文

耶律义先,于越仁先之弟也。美风姿,举止严重。重熙初,补祗候郎君班详稳。十三年,车驾西征,为十二行纠都监,战功最,改南院宣徽使。

译 文

耶律义先,于越耶律仁先的弟弟。风姿俊美,举止庄严稳重。重熙初年,补官为祗候郎君班详稳。重熙十三年,兴宗西征,耶律义先担任十二行纠都监,因战功最多,改任南院宣徽使。

原 文

时萧革同知枢密院事,席宠擅权,义先疾之,因侍宴,言于帝曰:"革狡佞喜乱,一朝大用,必误国家。"言甚激切,不纳。它日侍宴,上命群臣博,负者罚一巨觥。义先当与革对,怃然曰:"臣纵不能进贤退不肖,安能与国贼博哉!"帝止之曰:"卿醉矣!"义先厉声诟不已。上大怒,赖皇后救,得解。翌日,上谓革曰:"义先无礼,当黜之。"革对曰:"义先天性忠直,今以酒失而出,谁敢言人之过?"上谓革忠直,益加信任。义先郁郁不自得,然议事未尝少沮。又於上前博,义先祝曰:"向言人过,冒犯天威。今日一掷,可表愚款。"俄得堂印。上愕然。

译文

当时萧革与他同知枢密院事,恃宠专权,耶律义先厌恶他。趁着侍宴的机会,对兴宗说:"萧革狡诈谄媚喜欢任意妄为,一旦得到大用,必定误国!"言词十分激烈直率,兴宗没有听从他的劝谏。又有一天侍宴,兴宗命群臣博戏,负者罚一大杯酒。耶律义先应当与萧革对阵,他失意地说:"臣纵然不能荐举贤能、斥退不肖之徒,但又怎能与国贼博戏呢!"兴宗制止他说:"你喝醉了!"耶律义先仍然高声诟骂不止,兴宗大怒,幸得皇后调停,才得以缓解。次日,兴宗对萧革说:"耶律义先无礼,应当罢黜他。"萧革回答:"耶律义先天性忠诚正直,这次如果因为醉酒失言而被罢黜,那以后有谁会当面指斥别人的过失呢?"兴宗认为萧革忠诚正直,对他更加信任。耶律义先郁郁寡欢,然而议事时仍不曾气馁。又有一次在兴宗面前博戏,耶律义先举杯祝酒说:"先前指责别人的过失,冒犯了天威。今日一掷,可表白我的诚意。"接着掷得个堂印(双四),兴宗惊讶无比。

原文

十六年,为殿前都点检,讨蒲奴里,多所招降,获其酋长陶得里以归,手诏褒奖,以功改南京统军使,封武昌郡王。奏请统军司钱营息,以赡贫民。未期,军器完整,民得休息。二十一年,拜惕隐,进王富春,薨,年四十二。

义先常戒其族人曰:"国中三父房,皆帝之昆弟,不孝不义尤不可为。"其接下无贵贱贤否,皆与均礼。其妻晋国长公主之女,每遇中表亲,非礼服不见,故内外多化之。清宁间,追赠许王。弟信先。

译文

重熙十六年,耶律义先任殿前都点检,讨伐蒲奴里,很多人投降,俘获其酋长陶得里凯旋,皇帝手书诏书加以褒奖,因功改任南京统军史,获封为武昌郡王。奏请统军可以主管司钱库所获的利息,来供养贫民。还未到期,军器完好无损,百姓得到休养生息。重熙二十一年,拜为惕隐,进封为富春王,逝世,时年四十二岁。

耶律义先常常告诫其族人说:"国中三父房,都是兴宗的兄弟,不孝不义之事尤其不能做。"他与部下交往无论贵贱贤愚,都与对方平礼相待。他的妻子是晋国长公主的女儿,每每遇到中表亲来,不穿礼服不相见,所以家中内外多为感化。清宁年间,追赠为许王。他的弟弟叫耶律信先。

金 史

［元］脱脱等

元好问传

原文

好问字裕之。七岁能诗。年十有四，从陵川郝晋卿学，不事举业，淹贯经传百家，六年而业成。下太行，渡大河，为《箕山》《琴台》等诗，礼部赵秉文见之，以为近代无此作也。于是名震京师。

中兴定五年第，历内乡令。正大中，为南阳令。天兴初，擢尚书省掾，顷之，除左司都事，转行尚书省左司员外郎。金亡，不仕。

译文

元好问，字裕之。七岁能作诗。十四岁的时候，跟随陵川的郝晋卿学习，他并没有致力于科举学业，而是博览贯通经传百家之书，仅用六年就完成了学业。元好问走出太行山，渡过黄河，写下《箕山》《琴台》等诗，礼部尚书赵秉文看见了这些诗，认为近代没有这样的

●元好问

作品。于是，元好问名震京师。

兴定五年，元好问参加科举考试中第，做过内乡县令。正大年间，任南阳令。天兴初年，升任尚书省掾，没过多久，任左司都事，转任尚书省左司员外郎。金国灭亡后，不再做官。

原　文

　　为文有绳尺，备众体。其诗奇崛而绝雕刿，巧缛而谢绮丽。五言高古沉郁；七言乐府不用古题，特出新意；歌谣慷慨挟幽、并之气。其长短句，揄扬新声，以写恩怨者又数百篇。兵后，故老皆尽，好问蔚为一代宗工，四方碑板铭志尽趋其门。其所著文章诗若干卷、《杜诗学》一卷、《东坡诗雅》三卷、《锦機》一卷、《诗文自警》十卷。

译　文

　　元好问写文章有法度，各种文体完备。他的诗词奇崛而绝无雕琢的痕迹，文辞精美而不落浮华的俗套。他的五言诗高古沉郁；七言乐府不用传统题目，特出新意；他写的歌谣慷慨豪迈，挟带幽州、并州一带的豪放风格。他写的词作，发挥新的格调，此外表达情谊抒发感伤的有几百篇。战乱以后，先辈名家都不在了，元好问蔚为一代巨匠，四方的人们凡是要写碑文墓铭的都跑到他家门下求请。他所著的文章和诗歌有若干卷、《杜诗学》一卷、《东坡诗雅》三卷、《锦機》一卷、《诗文自警》十卷。

原　文

　　晚年尤以著作自任，以金源氏有天下，典章法度几及汉、唐，国亡史作，己所当任。时金国实录在顺天张万户家，乃言于张，愿为撰述，既而为乐夔所沮而止。好问曰："不可令一代之迹泯而不传。"乃构亭于家，著述其上，因名曰"野史"。凡金源君臣遗言往行，采摭所闻，有所得辄以寸纸细字为记录，至百余万言。今所传者有《中州集》及《壬辰杂编》若干卷。年六十八卒。纂修《金史》，多本其所著云。

译　文

　　元好问在晚年尤其以著书立说为己任，他认为金人之所以取得天下，典章法度几乎达到汉、唐的水准，国亡了应该修撰历史，这是自己应当承担的任务。当时金国实录在顺天的张万户家中，元好问于是对张万户提出，愿意把金国实录撰写成书，后来被乐夔阻止才作罢。元好问说："不能让一个朝代的轨迹泯灭而得不到流传。"于是在

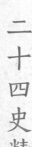

自己家中建造亭楼，在里面著述写作，把写的稿子称为"野史"。凡是金朝君臣的遗言和往来活动，都采访搜集获取，一得到些许资料就用方寸小纸、细小字迹进行记录，累计达一百多万字。流传至今的有《中州集》和《壬辰杂编》若干卷。元好问六十八岁时逝世。后来人编撰《金史》，大多依据他的著作。

金　史

元 史

[明] 宋濂

八思巴传

原文

帝师八思巴者,土番萨斯迦人,族款氏也。相传自其祖朵栗赤,以其法佐国主霸西海者十余世。八思巴生七岁,诵经数十万言,能约通其大义,国人号之圣童,故名曰八思巴。少长,学富五明,故又称曰班弥怛。岁癸丑,年十有五,谒世祖于潜邸,与语大悦,日见亲礼。

译文

帝师八思巴,吐蕃萨斯迦人,属款氏族。相传从他的祖先朵栗赤开始,就运用佛法辅佐国家的君主称霸西海已经十几代。八巴思七岁的时候,诵读了几十万字的经书,并能大概知晓它们的意思,国人都称他为"圣童",于是叫他"八思巴"。等他稍稍长大一些,学识逐渐深厚,精通佛教所谓五明之学,所以又称作"班弥怛"。癸丑年,他十五岁时,到忽必烈藩府进见,忽必烈和他倾谈得十分高兴,对他日渐亲厚礼敬。

原文

中统元年,世祖即位,尊为国师,授以玉印。命制蒙古新字,字成上之。其字仅千余,其母凡四十有一。其相关纽而成字者,则有韵关之法;其以二合三合四合而成字者,则有语韵之法;而大要则以谐声为宗也。至元六年,诏颁行于天下。诏曰:"朕惟字以书言,言以纪事,此古今之通制。我国家肇基朔方,俗尚简古,未遑制作,凡施用文字,因用汉楷及畏吾字,以达本朝之言。考诸辽、金,以及遐方诸国,例各有字,今文治浸兴,而字书有阙,于一代制度,实为未备。故特命国师八思巴创为蒙古新字,译写一切文字,期于顺言达事而已。自今以往,凡有玺书颁降者,并用蒙古新字,仍各以其国字副之。"遂升号八思巴曰大宝法王,更赐玉印。

译　文

　　中统元年,忽必烈登上帝位,尊八思巴为国师,授予他玉印。下令让他创制蒙古新文字。八思巴完成之后将文字呈献给忽必烈。这种蒙古文字只有一千多个,韵母共四十一个。用相关声母结合成字的,有"韵关法";用两个、三个或者四个韵母合成一个字的,有"语韵法";其要点就是遵循谐声的原则。至元六年,忽必烈下诏颁行于天下。诏书说:"我考虑到文字是用来记录语言的,语言是用来记录事情的,这是古往今来通行的规则。我们国家发端于北方,风俗崇尚简单古朴,还没来得及制作文字,但凡运用文字,都是沿袭使用汉族楷书以及畏吾文字,来表达我们的语言。考察辽、金,以及远方一些国家的情况,照例他们都有自己的文字。现在文教治国渐渐发展兴盛,却缺少文字,对于一个朝代制度而言,实在是不够完备。因此特意命令国师八思巴创制了蒙古新字,用它来翻译书写一切文字,只是希望能言语通畅、顺利说

●忽必烈

　　孛儿只斤·忽必烈(1215—1294),蒙古族,政治家、军事家。监国托雷第四子,元宪宗蒙哥弟。大蒙古国的末代可汗,同时也是元朝的开国皇帝,蒙古尊号"薛禅汗"。忽必烈青年时代,便"思大有为于天下"。1251年,长兄蒙哥继大汗位,忽必烈受封为王。1252年忽必烈即奉命征讨大理。1260年长兄去世,忽必烈在开平即汗位,建元中统,开始按中国传统的王朝年号纪年。1271年,改"大蒙古"国号为元,1272年迁都元大都(今北京)。随后即举兵南下,直至1279年灭南宋。1294年正月,忽必烈在大都病逝,谥号圣德神功文武皇帝,庙号世祖

明事物而已。从今往后，凡是颁布诏令文书，都要用蒙古新字，并附以各国文字。"
于是升八思巴的尊号为"大宝法王"，再赐给他玉印。

　　十一年，请告西还，留之不可，乃以其弟亦怜真嗣焉。十六年，八思巴卒，讣闻，赙赠有加，赐号皇天之下一人之上开教宣文辅治大圣至德普觉真智佑国如意大宝法王、西天佛子、大元帝师。至治间，特诏郡县建庙通祀。泰定元年，又以绘像十一，颁各行省，为之塑像云。

　　至元十一年，八思巴请求返回西域，忽必烈挽留不成，于是让他的弟弟亦怜真接替他。至元十六年，八思巴逝世。朝廷听到他的死讯，赐与了很多财物来治丧，并赐"皇天之下一人之上开教宣文辅治大圣至德普觉真智佑国如意大宝法王、西天佛子、大元帝师"的封号。至治年间，特地下诏命令各郡县为他建庙祭祀。泰定元年，又绘制了十一幅他的画像，颁发给各个行省，为他修建塑像。

　　亦怜真嗣为帝师，凡六岁，至元十九年卒。答儿麻八剌剌吉塔嗣，二十三年卒。亦摄思连真嗣，三十一年卒。乞剌斯八斡节儿嗣，成宗特造宝玉五方佛冠赐之。元贞元年，又更赐双龙盘纽白玉印，文曰"大元帝师统领诸国僧尼中兴释教之印"。大德七年卒。明年，以辇真监藏嗣，又明年卒。相家班嗣，皇庆二年卒。相儿加思巴嗣，延祐元年卒。二年，以公哥罗古罗思监藏班藏卜嗣，至治三年卒。旺出儿监藏嗣，泰定二年卒。公哥列思八冲纳思监藏班藏卜嗣，赐玉印，降玺书谕天下，其年卒。天历二年，以辇真吃剌失思嗣。

　　亦怜真继任帝师，共六年，至元十九年去世。答儿麻八剌剌吉塔继任，二十三年去世。亦摄思连真继任，三十一年去世。乞剌斯八斡节儿继任，成宗特地制造宝玉五方佛冠赐给他。元贞元年，又赐他双龙盘纽白玉印，印文为"大元帝师统领诸国僧尼中兴释教之印"。大德七年去世。第二年，辇真监藏继任，一年后去世。相家班继任，皇庆二年去世。相儿加思巴继任，延祐元年去世。延祐二年，公哥罗古罗思

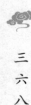

监藏班藏卜继任，至治三年去世。旺出儿监藏继任，泰定二年去世。公哥列思八冲纳思监藏班藏卜继任，获赐玉印，颁布诏书晓谕天下，当年去世。天历二年，辇真吃剌失思继任。

明　史

[清] 张廷玉等

花云传

原文

　　花云，怀远人。貌伟而黑，骁勇绝伦。至正十三年癸巳，杖剑谒太祖于临濠。奇其才，俾将兵略地，所至辄克。破怀远，擒其帅。攻全椒，拔之。袭缪家寨，群寇散走。太祖将取滁州，率数骑前行，云从。猝遇贼数千，云举铍翼太祖，拔剑跃马冲阵而进。贼惊曰："此黑将军勇甚，不可当其锋。"兵至，遂克滁州。甲午从取和州，获卒三百，以功授管勾。乙未，太祖渡江，云先济。既克太平，以忠勇宿卫左右。从下集庆，获卒三千，擢总管。徇镇江、丹阳、丹徒、金坛，皆克之。过马驮沙，剧盗数百遮道索战。云且行且斗三日夜，皆擒杀之，授前部先锋。从拔常州，守牛塘营。太祖立行枢密院于太平，擢云院

●朱元璋

判。丁酉，克常熟，获卒万余。命趋宁国，兵陷山泽中八日，群盗相结梗道。云操矛鼓噪出入，斩首千百计，身不中一矢。

译 文

花云，怀远人。体貌魁梧，肤色黝黑，勇猛无比。元至正十三年癸巳日，他身佩宝剑到临濠拜谒太祖。太祖认为他是个奇才，让他带兵攻占城邑，所到之处总被攻克。花云攻破怀远城，活捉敌将。攻打全椒，也攻克。偷袭缪家寨，众寇逃散。太祖准备攻取滁州，带领几个骑兵在前面走，花云也跟着。突然遇到几千敌兵，花云举起兵器掩护太祖，拔剑跃马冲入敌阵。敌兵大惊道："这个黑将军勇猛非凡，不可正面抵挡他的锋芒。"大军紧跟而至，于是攻下了滁州。甲午日，花云跟随太祖，攻克和州，抓获三百俘虏，论功授官管勾。乙未日，太祖挥师渡过长江，花云冲锋在前。攻下太平后，由于花云的忠勇，太祖让他做了身边的护卫。又跟着太祖打下集庆，抓获三千俘虏，擢升总管。领兵攻打镇江、丹阳、丹徒和金坛，都攻克了。经过马驮沙时，遇到几百名凶悍的强盗拦路挑战，花云边打边行军三天三夜，将强盗全部消灭，太祖封他为先锋。跟随太祖攻克常州，坚守牛塘营。太祖在太平设立行枢密院，提升花云做院判。丁酉日，攻占常熟，俘虏敌兵一万余人。花云奉命赶赴宁国，士兵陷在山泽中八天不能出来，众多强盗结伙阻拦。花云手持长矛，在战鼓和呐喊声中出入敌阵，杀敌千百人，而自身却未中一箭。

原 文

还驻太平。庚子闰五月，陈友谅以舟师来寇。云与元帅朱文逊、知府许瑗、院判王鼎结阵迎战，文逊战死。贼攻三日不得入，以巨舟乘涨，缘舟尾攀堞而上。城陷，贼缚云，云奋身大呼，缚尽裂，起夺守者刀，杀五六人，骂曰："贼非吾主敌，盍趣降！"贼怒，碎其首，缚诸樯丛射之，骂贼不少变，至死声犹壮，年三十有九。瑗、鼎亦抗骂死。太祖即吴王位，追封云东丘郡侯，瑗高阳郡侯，鼎太原郡侯，立忠臣祠，并祀之。

译 文

花云回军驻扎在太平。庚子年闰五月，陈友谅率领水军攻城。花云与元帅朱文逊、知府许瑗、院判王鼎合力迎敌，朱文逊战死。敌人连攻三天都不能入城，就乘坐大船趁着涨潮，沿着船尾攀爬上了城墙的垛口。城被攻陷，敌兵捆绑了花云。花云身体发力，大吼一声，绳索全绷断了，他起身夺过看守人的刀，杀死五六个人，骂道："贼兵本来就不是我主上的对手，为什么还不快点投降！"敌人恼怒，打破他的头，把他绑在桅杆上，用乱箭射他。花云痛骂敌人没有丝毫改变，至死声音还很雄壮，时年三十九岁。许瑷、王鼎也都在被俘虏后厉声骂贼而死。太祖做了吴王后，追封花云为东丘郡侯，许瑷为高阳郡侯，王鼎为太原郡侯，建造忠臣祠，一并祭祀他们。

原文

　　方战急，云妻郜祭家庙，挈三岁儿，泣语家人曰："城破，吾夫必死，吾义不独存，然不可使花氏无后，若等善抚之。"云被执，郜赴水死。侍儿孙瘗毕，抱儿行，被掠至九江。孙夜投渔家，脱簪珥属养之。及汉兵败，孙复窃儿走渡江，遇偾军夺舟弃江中，浮断木入苇洲，采莲实哺儿，七日不死。夜半，有老父雷老挈之行，逾年达太祖所。孙抱儿拜泣，太祖亦泣，置儿膝上，曰："将种也。"赐雷老衣，忽不见。赐儿名炜，累官水军卫指挥佥事。其五世孙为辽复州卫指挥，请于世宗，赠郜贞烈夫人，孙安人，立祠致祭。

原文

　　当战事正紧急的时候，花云的妻子郜氏祭告家庙，领着三岁的儿子，哭着对家人说："一旦城被攻破，我丈夫必死无疑。我坚守道义决不独自活在世上，但是不能让花家断了后代，你们好好抚养他长大吧。"花云被俘后，郜氏投水而死。侍儿孙氏葬完她后，就抱起孩子出行，路上被人劫掠到九江。孙氏在夜晚找到一户渔民，摘下簪子耳环托他们代养小孩。等陈友谅兵败，孙氏又回来偷小孩，渡江逃跑，遇上败军抢走船只，被抛入江中。孙氏靠漂浮的断木进入芦苇丛中，采摘莲子喂养孩子，孩子坚持了七天未死。半夜，有个老人雷老带着他们出行，过了一年终于到达太祖那里。孙氏抱着小孩拜见太祖，泣不成声，太祖也流着眼泪，把孩子抱到膝上，说："大将之后啊。"赐雷老衣裳，雷老忽然不见了。太祖赐花云子名炜，做官直至水军卫指挥佥事。花炜的五世孙任辽复州卫指挥，向明世宗请准，追封郜氏为贞烈夫人，孙氏为安人，立祠堂祭奠。

二十四史精华